企业财务管理

祝锡萍◎主编　刘刚◎副主编

電子工業出版社
Publishing House of Electronics Industry
北京·BEIJING

内容简介

本书系统阐述了企业财务管理学的基本理论、方法和企业财务管理的实际问题，以《企业财务通则》为统领，吸收了国内外财务管理经典教材的精髓，结合目前我国企业尤其是上市公司财务管理工作的实际，考虑经济管理类专业学生的教学需要，在教学内容的广度和深度上做了合理的把握。编者在内容表述上尽量通俗易懂、深入浅出，并配备了颇具启发性的思考题、练习题和案例题，供教学使用，使教学过程体现身临其境的情景。

本书可作为各类高等本科院校经济管理类专业财务管理课程的教学用书，也可作为企事业单位财会工作人员和各类管理人员自学、培训、进修和提高财务管理业务水平的参考用书。

图书在版编目（CIP）数据

企业财务管理 / 祝锡萍主编. —北京：电子工业出版社，2022.1
ISBN 978-7-121-34993-5

Ⅰ. ①企… Ⅱ. ①祝… Ⅲ. ①企业管理－财务管理 Ⅳ. ① F275

中国版本图书馆 CIP 数据核字（2021）第 266814 号

责任编辑：王陶然
印　　刷：三河市鑫金马印装有限公司
装　　订：三河市鑫金马印装有限公司
出版发行：电子工业出版社
　　　　　北京市海淀区万寿路 173 信箱　邮编：100036
开　　本：787 × 1092　1/16　印张：21.5　字数：550 千字
版　　次：2022 年 1 月第 1 版
印　　次：2022 年 1 月第 1 次印刷
定　　价：55.00 元

凡所购买电子工业出版社图书有缺损问题，请向购买书店调换。若书店售缺，请与本社发行部联系，联系及邮购电话：（010）88254888，88258888。

质量投诉请发邮件至 zlts@phei.com.cn，盗版侵权举报请发邮件至 dbqq@phei.com.cn。

本书咨询联系方式：（010）57565890，meidipub@phei.com.cn。

前　言

企业财务管理是管理企业资财的一门科学与艺术。随着我国社会主义市场经济体制的不断完善和资本市场的快速发展，企业财务管理的环境发生了深刻的变化。2021 年 4 月财政部发布的《企业财务通则》（公开征求意见稿），给出了中国特色社会主义新时代企业财务管理的基本框架、基本内容和基本要求，是企业开展财务管理工作的行为规范。

高校作为培养专业人才的摇篮，必须在课程设置和教学内容上反映时代变迁的需要。为此我们编写了《企业财务管理》一书。本书系统阐述企业财务管理学的基本理论和方法，介绍现实中企业财务管理工作的重要财务决策问题。在编写过程中，我们吸收了国内外财务管理经典教材的精髓，结合目前我国企业尤其是上市公司财务管理工作的实际情况，考虑经济管理类专业学生的需要，在教学内容的广度和深度上做了合理的把握，使本书在内容安排和写作风格上彰显以下特点：

第一，以《企业财务通则》为统领确定教材内容体系。全书整体内容的安排以财务通则的基本框架为基础，在保留财务管理经典内容的同时，在第三章“证券估价”中增加了期权估价等内容，在第四章“项目投资决策”中增加了项目投资决策的临界分析等内容，在第八章“资产营运管理”中增加了固定资产管理和无形资产管理等内容。

第二，以教学用书为主基调树立写作风格。本书作为经济管理类专业学习财务管理课程的教材，我们根据财务管理课程的教学要求，在内容表述上尽量通俗易懂、深入浅出，并配备了颇具启发性的思考题、练习题和案例题，供教学使用。

第三，以企业财务管理实例充实教学内容。我们在撰稿过程中，查阅了我国部分上市公司近年来出现的财务管理实际问题和典型案例，经过加工处理后融入各章节，使教学过程中有一种身临其境的感觉。

本书由浙江工业大学祝锡萍任主编，浙江工商大学杭州商学院刘刚任副主编，浙江工业大学会计专业硕士研究生金鑫、蔡心怡、宁仕财参与本教材编写。全书共分为九章，各章初稿撰稿人员分别为：祝锡萍（第一章、第四章、第九章）、刘刚（第五章、第六章）、金鑫（第二章、第三章）、宁仕财（第七章）、蔡心怡（第八章）。全书由祝锡萍总纂定稿。

本书可作为各类高等本科院校、职业技术学院经济管理类专业财务管理课程的教学用书。它不但便于教师备课，而且使学生在课堂教学和自学过程中感到比较轻松。本书也可作为企事业单位财会工作者和各类管理人员自学、培训、进修和提高财务管理业务水平的参考用书。

本书在编写和出版过程中，得到浙江工业大学管理学院会计系全体教师和浙江工业大学成人教育学院的大力支持，在此一并表示衷心感谢！

由于编者水平有限，书中缺点和错误在所难免，恳请读者不吝指正。

编　者

目　　录

第一章　企业财务管理导论

【引子】

重庆三峡水利电力（集团）股份有限公司（以下简称“公司”）2012 年第二次临时股东大会于 2012 年 12 月 14 日上午 9：00 在公司重庆办公室会议室以现场会议方式召开。会议审议通过了九项议案，其中三项议案的内容如下：

议案 2：关于制定《未来三年股东回报规划（2012—2014 年）》的议案。公司未来三年（2012—2014 年）股东回报规划如下：①公司优先选择现金分红的方式分配利润，也可选择股票、现金与股票相结合的方式分配利润，但利润分配不得超过累计可分配利润的范围。②在公司当年盈利且累计未分配利润为正的情况下，原则上公司每年度进行一次利润分配。公司也可以根据盈利情况及资金状况进行中期利润分配。③在保证公司持续经营和长期发展的情况下，公司应当采取现金方式分配股利，分配比例不少于当年实现的可供分配利润的 10%。具体分红比例由董事会根据公司盈利状况和未来资金使用计划提出预案，提交股东大会审议决定。④根据累计可供分配利润、公积金及现金流状况，在保证足额现金分红及公司股本规模合理的前提下，公司可以采用发放股票股利的方式进行利润分配，具体分红比例由公司董事会审议通过后，提交股东大会审议决定。

议案 6：关于延长公司发行债务融资工具决议及授权有效期的议案。公司 2010 年第五次临时股东大会审议通过了《关于公司发行债务融资工具的议案》，同意公司向中国银行间市场交易商协会申请注册、在银行间市场发行不超过人民币 4 亿元的债务融资工具，该决议及授权有效期于 2012 年 10 月 12 日到期。由此，2011 年 1 月 21 日公司获中国银行间市场交易商协会《接受注册通知书》，批准公司 3.9 亿元中期票据注册，注册额度自通知书发出之日起 2 年内有效。2011 年 2 月 25 日，公司在中国银行间债券市场发行了 1.9 亿元第一期中期票据，为保证公司发行债务融资工具即中期票据工作的顺利实施，优化公司资本结构及负债结构，经公司第七届董事会第四次会议审议，现提请股东大会同意，将公司发行债务融资工具决议及授权有效期延长至中国银行间市场交易商协会批文有效期为止。

议案 7：关于增加杨东河水电站配套工程项目投资的议案。为保证杨东河水电站顺利建设，结合工程进度需求，公司第七届董事会第一次会议同意全资子公司重庆三峡水利电力投资有限公司增加对杨东河水电站配套工程项目投资 5 700 万元。其中，建南—高峰 110kV 输电线路工程项目投资 2 400 万元，杨东河水电站新增移民项目投资 3 300 万元。

重庆三峡水利电力（集团）股份有限公司 2012 年第二次临时股东大会审议通过的上述三项议案中，“议案 2”是利润分配问题，“议案 6”是筹资问题，“议案 7”是投资问题。它们是企业财务管理的三个重要问题，也是本书要重点介绍的内容。

财务管理是管理资金的学问。它能改变人的思想，改变人的命运，为企业创造价值。

财务是理财事务的总称。财务管理是对主体的货币资源及相关资源实施管理的各项活动。

当今社会，财务活动已经渗透到整个社会的各个领域，财务管理成为家喻户晓的专业或工作。尤其是企业这一主体，财务管理涉及其生产经营的各个方面，已经成为企业管理的基石，它对企业的生存和发展发挥着重要的作用。

本章主要介绍企业财务管理的基本概念和基本理论，重点阐述财务管理的概念、目标、职能和内容，分析财务管理的环境，为学习本书后面的内容奠定基础。

第一节　财务管理的概念

一、企业财务的本质

“财务”的英文翻译是“Finance”，其最初的含义是“筹资”。“Finance”一般解释为金融，从这个意义上说，财务是金融的一部分。一般地说，广义的金融学有三大领域：一是货币银行学，主要涉及中央银行对货币政策的调控，称为宏观金融；二是金融市场学，金融市场是主体进行筹资和投资的场所，它是金融的核心；三是公司财务，主要指企业的投融资决策等问题，称为微观金融。然而公司财务由于其理论的迅速发展，已经成为独立于金融学的一个分支。在我国高校学科和专业分类中，财务管理已经从金融学中分离出来，成为工商管理学科（一级学科）下的会计学科（二级学科）的一个专业，而金融则属于经济学门类的一个学科。

经济大辞典中对“财务”的解释是：“企业事业机关单位或其他经济组织中，通过货币资金的筹集、支配和使用而同各有关方面发生的经济关系。”这个定义是泛指各个主体的财务，财务行为的主体可以大到一个国家，小到一个家庭，当然也可以是一个企业，或者一个非营利单位（如学校）。以国家为主体的财务属于财政学研究的问题，以家庭为主体的财务属于家政学的内容。本书主要研究以企业为主体的财务，称为企业财务。

理论界对企业财务的理解有不同的侧重点，归纳起来主要有两种观点：一是资金运动，二是经济关系。

（一）资金运动

资金是企业资产的货币表现（包括货币本身）。资金可以从两个方面去观察：一是资金的存在形态，表现为企业的各种资产（投资），即资金的运用；二是资金的来源，即广义的资本概念，包括债权人提供的债务资本和投资者提供的权益资本。

财务是在再生产过程中以价值形式表现的资金运动。显然这是广义的财务概念，它与经营很难区别，因为很多经营活动也会引起资金形态发生变化。财务与企业的经营活动是紧密联系在一起的，广义地说，财务是所有引起企业资金运动的事务，它的特征是“能以价值反映”。从价值表现看，企业的生产经营活动是资金运动的过程，包括资金的筹集、资金的使用、资金的收回和资金的分配。

1. 资金的筹集

企业从事生产经营活动，必须筹集资金，这是资金运动的起点。资金筹集就是要从一定的渠道采用一定的方式获得企业所需的资金。总体来说，企业的资金主要来源于投资者和债权人。由投资者提供的资金构成了企业的自有资金（权益资本），它是企业生产经营的“本钱”，财务会计中称为所有者权益。自有资金包括企业设立时由投资者投入的资本、企业设立以后由投资者追加的资本及企业在经营过程中留存的收益。债权人提供的资金形成企业的债务，会计上称为负债，包括流动负债和长期负债。企业从投资者和债权人那里获得的资金可能是货币资金，也可能是固定资产、存货等有形实物，或者无形资产。

2. 资金的使用

企业筹集资金的目的是组织生产经营活动。因此，资金运动的第二个环节是资金的投放和使用。企业需要将所筹集的资金投放到各种经营资产上，如购建固定资产、无形资产，购买存货，赊销形成应收款项等，当然也有一部分资金以货币形态存在。这就是资金的使用，财务管理中称为投资。当然，企业投资所形成的各种资产在生产经营过程中会发生耗费。这种耗费可以分为两类：一类是形成费用的耗费，直接在当期取得的收入中得到补偿，如企业发生的期间费用等；另一类是转化为其他形态资产的耗费，如原材料投入生产后转移到产品价值中，固定资产在使用过程中发生的耗费以折旧的方式转移到存货中去，待产品出售后仍然在取得的收入中得到补偿。因此，资金使用引起资金形态发生变化，这种形态变化会随着企业生产经营活动周而复始地发生。

3. 资金的收回

企业投放在各种形态上的资产最终通过销售过程收回资金，如产品出售后取得货款，变卖固定资产、无形资产后收回现金，或者收回股权投资、债权投资等。企业收回的资金首先需要补偿原先耗费的资金（成本费用），多余的资金形成了企业的盈利，不足补偿的部分便是企业的亏损。

4. 资金的分配

企业的盈利是企业在缴纳了所得税以后形成的净收益，净收益属于企业投资者所有。企业净收益的一部分以股利的形式分配给投资者，另一部分留存于企业。分配给投资者的收益实际上是资金退出企业，而留存于企业的这部分收益则使企业的所有者权益得以增加，意味着投资者对企业的投资增加了。

企业资金运动的这四个过程是相互联系、相互影响的，在一个经营过程的循环中依次发生资金形态的转换。企业资金运动所表现出来的特征是价值运动，这种价值运动就是财务活动。这是对企业财务的第一种理解。

（二）经济关系

对财务本质的另一种解释是经济关系，也称为财务关系，这种经济关系主要体现为利益关系。企业各种财务活动的结果表现为资金运动，而资金运动体现了企业与各相关利益主体的财务关系。这种财务关系包括企业与投资者的财务关系、企业与国家的财务关系、企业与债权人的财务关系、企业与经营者的财务关系、企业与职工的财务关系，以及企业与被投资单位的财务关系等。

1. 企业与投资者的财务关系

投资者是企业最重要的利益主体，它与企业的关系是投资和被投资的关系。投资者向企业出资，并拥有相应的股份，其目的就是赚取最大的报酬。企业接受投资者的出资，形成资本，并定期或不定期向投资者分配利润，形成企业的资本成本。投资者在企业中享有利益的依据是他们对企业拥有的股份。因此从理论上说，企业的利益就是投资者的利益。但是，投资者可能没有直接参与经营，他们的经济利益并不是在具体经营活动中直接体现的，而是反映在企业经营的最终结果上。明确地说，投资者在企业中的经济利益主要体现在两个方面：一是拥有企业的净资产，二是参与企业的收益分配。

2. 企业与国家的财务关系

就一般的非国有企业而言，国家仅仅是社会管理者；在国有企业中，国家既是投资者，又是社会管理者。国家的利益就是社会公众的利益。国家为了实现其职能，必须对每一个经济主体实施管制。而这种管制必须拥有一定的资源，消耗一定的人力、财力、物力。因此，国家机器的运转需要一定的收入，这种收入是从各经济主体取得的，其中最主要的是税收收入。由此可见，国家与非国有企业的主要经济关系就是征纳税的关系，国家向企业依法征收税款，企业向国家依法缴纳税金。而与国有企业的经济关系除了征纳税关系，国家作为投资者还要参与企业的利润分配。企业财务必然要面临与国家的这些利益关系，如何正确处理企业和国家的利益关系，就成为财务管理的重要内容。

3. 企业与债权人的财务关系

债权人是指将货币资金或其他资产出借给企业的主体。企业的债权人主要包括银行等金融机构、其他经济实体或个人。债权人与企业的经济关系是一种借贷关系。债权人对企业的利益要求就是按时收回本金，并获取一定量的利息。但是，债权人在这种借贷关系中往往处于被动地位。由于信息的不对称，债权人的利益往往会受到某种程度的损害。例如，企业将债权人提供的资金用于风险很大的项目。如果冒险成功，获得的收益由投资者和经营者享受，债权人只能按照出借资金的约定获得利息；如果冒险失败，企业偿付本金、支付利息的能力就会削弱，最终可能会使债权人受到损失。当然，债权人也会采取一些手段来保护自身利益。例如，债权人在向企业出借资金时，通常会对企业提出一些有助于保证贷款及时偿还的条件，将其写入借款合同，形成合同的保护性条款。比如，规定抵押或担保条款，规定如逾期未能偿还本金和利息应向债权人支付滞纳金和罚息，规定资金的使用范围，限制企业将资金投入风险较大的项目，以及对投资者分配现金股利的限制等。

4. 企业与经营者的财务关系

经营者是接受投资者的委托来具体管理企业的主体，一般是具有专业知识和专门经营技能的人。投资者与经营者是一种委托与代理的关系，它是现代企业代理理论的核心问题。企业与经营者的财务关系比较微妙，因为经营者被赋予很多经营权，他们更有机会谋求个人利益，而损害企业利益。为了使经营者按照投资者的要求去经营企业，可以采用两种方式：一是激励，即让经营者的利益与企业的利益联系起来，鼓励他们做出符合企业利益最大的行为，如将经营者的薪酬与其经营业绩挂钩，采用股票期权的激励形式，使经营者分享企业股票上涨的好处等；二是监督，即投资者直接或委托第三者对经营者的行为实行控制，限制经营者损害企业利益的行为。激励和监督都有成本，过度的激励和监督可能会得不偿失。因此，投资者在采用激励和监督两种方式时，要把握合适的度。从理论上说，激励和监督应当控制在使激励成本、监督成本和偏离目标损失三者之和最小的最佳状态。

5. 企业与职工的财务关系

职工是在企业从事生产、经营、管理和其他工作的劳动者，也是企业很重要的利益主体。企业与职工的关系是雇用与被雇用的关系。职工是企业的人力资源，他们给企业带来了经济利益，当然也要获得相应的报酬。因此，职工在企业中的经济利益是其获得的劳动报酬。除此之外，职工也享有其他诸如社会保险、经常性福利等利益。

除了上述财务关系，企业的财务关系还包括企业与被投资单位的财务关系、企业与客户的财务关系、企业与供应商的财务关系等。财务管理的任务之一就是要处理好这些财务关系，使企业的财务活动得以正常进行。

二、财务管理的含义

明确了财务的含义和本质，我们就可以给企业财务管理做出这样的描述：财务管理是以价值形式对企业资金运动过程中的筹资、投资和收益分配等财务活动进行决策、计划和控制，以正确处理企业与各利益主体的经济关系，实现企业价值最大化的一项综合性管理活动。

理解财务管理的含义，应当注意以下几点：

第一，财务管理是一种综合性价值管理活动。综合性是财务管理最明显的特点，因为财务管理涉及企业资金运动的各个方面，包括生产经营活动、投资活动、融资活动和分配活动等。

第二，财务管理作为一种价值管理活动，主要是围绕企业的投资决策、筹资决策和收益分配决策而展开的，即财务管理的主要内容是投资决策、筹资决策和收益分配决策。

第三，企业财务管理与企业的资金运动密切相关，企业生产经营活动和各种财务活动实际上是资金运动的具体表现形式。因此，也有人将财务管理概括为“管理资金的一门科学”。

三、财务管理的产生与发展

在西方国家，财务管理从经济学中分离出来成为一门独立的学科，至今不过百年的历史。在这大约一个世纪的时间里，财务管理已迅速发展成为既具有相对独立性，又融合了多种学科知识，并在经济管理中扮演着重要角色的一门科学。然而，面对经济全球化浪潮、新经济与电子商务等的冲击，当代财务管理的理论与方法已经明显不能完全适应 21 世纪财务管理的环境变化，在指导企业的财务管理实务方面捉襟见肘。随着 21 世纪的到来，在新经济的环境下，现代财务管理将面临新的挑战与创新。

（一）财务管理的产生与发展阶段

20 世纪初产生的科学管理理论是对传统经验管理的否定。财务管理是伴随着现代管理科学的产生而出现的，它是现代管理科学的组成部分，着重研究企业当局如何进行财务决策，使企业的价值或财富最大化。财务管理从最初对筹资的管理演变为一项综合性的价值管理活动，其内涵和外延在不断地扩展。西方财务管理发展至今，大约经历了以下几个阶段。

1. 筹资管理阶段

这是财务管理的产生阶段。20 世纪 20 年代末，资本主义工业化的发展、科学技术的进步，使企业对资金的需求不断扩大。这一阶段的资本主义国家正处于短缺经济状态，经济发展的潜力很大，但资源的缺乏制约了经济的发展。当时的经济特征是：只要有资金（资源），生产任何产品都能赚钱，企业迫切需要扩大生产规模。这时企业必须考虑如何筹集资金，以满足生产不断扩张的需要。资产负债表的右侧（资金来源）成为企业关注的重点，筹资成为当时财务管理的主要内容，其重点是研究公司的筹资环境，考虑公司发行证券等有关事宜等。

2. 内部控制阶段

从 20 世纪 20 年代末开始，出现了资本主义世界性的经济危机，大量的企业破产、工人失业，企业的生存面临很大的挑战，财务管理的重心也随之发生了变化。企业财务管理的重心不再是扩张，而是生存，并购、破产、重组成为企业财务管理的主要问题。企业为求得生存，必须加强内部控制，合理有效地使用资金。

3. 投资管理阶段

20世纪30—70年代的一段时期称为投资财务管理阶段。经过经济危机的考验和企业破产、重组的洗礼，人们开始认识到：筹资并不是企业财务管理要解决的唯一问题，人们对企业财务管理的关注开始由资产负债表的右侧转向左侧（资金运用）；企业要生存、发展，就必须认真研究外部环境，正确进行投资决策，并保持一定的资产流动性。因此，企业财务管理的重点由研究资金的筹措转向研究资金的运用，即投资决策问题。

在这一时期，财务管理的理论研究开始运用严谨的数量方法，如贴现技术。以时间价值、风险价值为基础，以财务决策为核心的一整套财务管理方法体系已初露端倪。财务决策以提高企业资金利润率、提高股票价格为目标已经为人们所接受。财务管理已经渗透到企业管理的许多方面，财务管理在企业管理中的核心地位已经显现。

20世纪70年代以后，由于金融市场的迅速发展，筹资和投资的环境发生了前所未有的变化。通过金融市场发行证券筹集资金已经成为企业主要的筹资方式，资产负债表的右侧再度成为关注的焦点。同时，企业投资的形式也呈现多样化，除直接投资外，将资金投放于证券市场的间接投资越来越受到企业的青睐。此时财务管理面临着两个重要的问题：一是筹资决策中的资本结构问题；二是投资决策中风险的处置问题。前者探讨企业在筹措资金时，应如何搭配债务资本与权益资本、短期资金与长期资金的比例，才能形成可使企业资本成本最低的资本结构。后者探究投资者应该如何制定投资策略，才能形成一个在风险既定的情况下，可使投资报酬率达到最大化的投资组合。从此，财务管理的研究领域开始与投资学发生交叉。

4. 国际财务管理阶段

20世纪80年代以后，世界经济的格局又发生了巨大变化。一方面，经济全球化的潮流势不可挡；另一方面，20世纪70年代以后国际货币体系改革，汇率管制的取消导致汇率变幻莫测，国际剩余资金纷纷追求获取汇兑损益，财务管理出现了一个新的领域——国际财务管理。与此同时，电子计算机辅助决策系统的出现，使财务管理的方法发生了根本性变革：电子计算机使管理层可迅速地储存、传递及输出大量的信息，并且可以非常容易地代替人脑去进行各种复杂的数量分析。正因为如此，使用电子计算机辅助决策系统也成为现代财务管理区别于传统财务管理的根本特征之一。

（二）财务管理面临的困境

21世纪的世界经济已经进入了全球化、知识化和信息化时代，财务管理将面临许多新问题、新课题。

1. 互联网的发展对财务管理模式的挑战

由于互联网的发展，经济活动已进入网络时代。经济活动的数字化、网络化使经济活动在市场中有了新的内容，以电子商务形式在网络上开展经济活动，使企业交易活动更便捷，费用更低廉，对数据监控更精确。这种新兴的商业模式产生的各种问题，使传统的财务管理制度和管理理论已经难以适应网络时代财务管理的发展需要，增加了企业财务管理方面的挑战和困难。

2. 财务管理的技术和手段与时代步伐不协调

信息技术和通信技术的快速发展使网络财务成为现代企业财务管理的主要发展形式。由于受到资金实力和观念等因素的影响，相当一部分企业在更新财务管理的技术和手段上还是比较保守的，与时代的步伐不协调。因此，财务管理手段的落后，就成为制约和阻碍企业财务管理发展的瓶颈。

3. 企业对无形资产的管理未能得到应有的重视

传统财务管理理论是建立在工业经济、以有形资产管理为主的基础上的，而现在世界正向知识经济时代发展，以知识为基础的专利权、商标权、商誉、计算机软件、人才素质、产品创新等无形资产所占的比重逐步上升，部分高科技企业无形资产的价值已经大大超过有形资产的价值。无形资产将成为企业投资决策的重点，但绝大部分企业对无形资产的管理缺乏科学的制度保障，管理意识淡薄。

4. 现行的财务制度较呆板，财务激励机制与约束机制不对等

在管理理论发展的影响下，企业的管理行为将会不断地优化以人为本的管理观念。财务管理制度要以人性化、科学化和公平合理的方向进行发展和创新。由于我国现行的财务制度相对比较呆板，制度本身又缺乏人性化和科学化的特色，加上财务激励机制与约束机制不对等，在实际的管理行为中，不合理的人为因素普遍存在。因此，财务制度的改革和创新势在必行。

（三）新形势下财务管理的发展趋势

21 世纪财务管理的理论与方法将以环境变迁为契机，不断进行创新，以下几个方面的发展趋势是可以预期的。

第一，财务管理的理论将有新的突破。当代财务管理是从工业经济环境中发展起来的，其基本理论是建立在以“业主产权论”为基础的产权理论之上的，忽视了人力资本对企业发展的重要作用。而新经济是建立在知识和信息的生成、分配和使用上的经济，知识和信息是人力资源创造的财富，人力资本已经成为企业重要的经济资源，人力资本权益已经成为企业收益分配中不得不考虑的一个重要因素。因此，新经济时代的财务管理既要重视有形的物质资本管理，即传统的筹资、投资和利润分配，又必须重视无形的知识资本管理，即知识资本的取得、使用及知识资本的所有者对企业剩余收益的分配。在这样一种背景下，财务管理的某些理论将发生质的变化。例如，财务管理目标“企业价值最大化”不再与“股东财富最大化”具有相同的意义，因为企业的价值并不仅仅属于股东，人力资本的所有者也将参与企业税后利润分配。

第二，财务管理的重心将发生重大转移。在新经济时代，企业资产结构中以知识为基础的专利权、商标权、计算机软件、人才素质、产品创新等无形资产所占比重将大大提高。更多的企业，尤其是高科技企业正全方位、有重点地加强无形资产的宣传、保护、管理和使用。一方面需要建立完善的无形资产风险和价值评估体系及保障制度，建立科学完整的无形资产信息管理系统，将企业的无形资产进行系统、有效的管理；另一方面需要配备精通管理技术的人才对无形资产和信息资源的维护和更新，不断提升企业无形资产的市场价值，为企业带来更大的超额利润。

第三，风险管控将成为财务管理中的重要问题。随着金融全球化、新经济和电子商务等财务环境的变化，企业的理财活动会面临更大的风险。一方面，由于经济活动的网络化、虚拟化，信息的传播、处理和反馈速度将会大大加快。如果企业内部和外部对信息的披露不充分、不及时，或者企业管理层不能及时有效地选择利用内部和外部信息，就会加大企业的决策风险。另一方面，由于知识积累和革新的速度加快，一旦企业管理层及其员工不能及时做出反应，就不能适应

环境的发展变化，进一步加大企业的风险。因此，如何有效防范、抵御各种风险及危机，使企业更好地追求创新与发展，已是财务管理需要研究和解决的一个重要问题。

第四，财务管理的手段与方法的发展趋势以网络财务为主。“网络财务”是基于互联网技术，以财务管理为核心，业务管理与财务管理一体化，能够实现各种远程操作、事中动态会计核算和在线财务管理，并能处理电子单据和进行电子货币结算的一种财务管理模式。它是电子商务的重要组成部分。换言之，网络财务就是以互联网为主的IT技术和先进的管理理念相结合，应用于企业财务管理的结果。采用网络财务的好处就是各种财务事务都可以远程进行处理，有利于及时整合企业财务资源和提升企业竞争力。这种方式尤其为有众多下属机构的企业带来极大的好处，可以帮助它们实现业务与财务的协同，使企业资源的配置得到最优化。由于受到网络财务观念的影响，企业的财务管理主体概念变得模糊，在电子商务的条件下，客户的需求呈现出随意性和个性化。这些新变化会对企业的财务管理要求更高而且更严格，需要将网络财务纳入企业资源规划系统。

第五，财务管理机构设置将由“金字塔”模式转变为扁平模式，对财务管理人员的知识结构和素质将提出新的要求。现有企业财务机构的设置大多数是“金字塔”形，中间层次多、效率低下，缺乏创新性和灵活性。在知识经济环境下，一切经济活动都必须以快、准、全的信息为导向。企业财务机构的设置应是管理层次精简、中间管理人员少，并具有灵敏、高效、快速的特征，现有的机构设置模式已经不能完全适应经济环境的需要。同时，由于财务管理的内容、方法都将发生深刻的变化，作为管理主体的财务人员也应当实现知识结构的更新。有些企业财务管理人员的理财观念滞后、理财知识欠缺、理财方法落后，习惯性地一切听从领导安排，缺乏掌握知识的主动性，缺乏创新精神和创新能力，将不能适应新经济时代财务管理的需要。

第二节 财务管理的目标

企业财务管理的目标是企业从事财务活动所要达到的目的。它具有明显的层次性，即财务管理的目标可以分为总体目标（最终目标）、分部目标和具体目标三个层次。总体目标与企业的目标相一致，是对企业财务管理行为最终目的的高度概括；总体目标统御分部目标和具体目标。分部目标分别指投资决策的目标、筹资决策的目标和收益分配决策的目标等。具体目标是指某一具体财务事项所应达到的目标，不同的企业、不同的财务活动，其具体目标是各不相同的。

一、企业的基本目标及其与财务管理的关系

企业是营利性组织，其出发点和归宿是获利。企业一旦成立，就会面临竞争，并始终处于生存和倒闭、发展和萎缩的矛盾之中。企业必须生存下去才可能获利，只有不断地发展才能求得生存，因此企业的基本目标可以概括为生存、发展和获利。这三个基本目标对财务管理提出了相应的要求。

（一）生存

生存是企业的第一目标，是企业发展和获利的基础。企业只有生存，才谈得上发展和获利。企业不能生存便是破产，而破产的直接原因是不能清偿到期债务。企业不能清偿债务的原因主

要有两个：一是现金流匮乏，二是发生长期亏损。因此，企业生存的目标对财务管理的基本要求是：使企业在经营过程中增加现金流量，保持企业良好的偿债能力，减少破产的风险。

（二）发展

发展是企业生存的条件。在激烈的市场竞争中，企业只有不断发展壮大，才能在市场中生存。企业的发展集中表现在收入的可持续增长，收入的增加来源于企业市场份额的扩大，而市场份额的扩大依赖于企业产品的更新换代和产品质量的提高。这些都需要企业增加资源的投入。因此，企业发展的目标对财务管理的基本要求是：运用合适的金融手段，筹集企业发展所需要的资金。

（三）获利

获利既是企业生存的条件，也是企业生存和发展的目的。获利是指企业运用资产后获得的经济利益超过其投资成本，使企业的产出大于其投入。企业获利的目标对财务管理的基本要求是：有效地使用企业的资源，使其产生最大的经济利益。

二、企业财务管理的总体目标

财务管理是一种综合性的价值管理活动，涉及企业生产经营活动的各个方面。财务管理的目标取决于企业的目标，可以说，企业的财务目标与企业的目标具有一致性。前面已经指出，企业财务管理的目标具有层次性。这里我们只讨论财务管理的总体目标。

财务管理的目标不仅具有层次性，而且具有鲜明的时代特征。从财务管理的产生和发展过程看，其总体目标有一个演变的过程。不同的理财环境下财务管理的总体目标在理论上有不同的理解和表述，在此做简要的阐述。

（一）筹资数量最大化

西方国家在 20 世纪 20 年代之前，财务管理的总体目标是筹资数量最大。这是短缺经济对企业财务管理提出的要求。短缺经济的特征是：资源十分匮乏，制约了企业的发展；企业只要有了经济资源，投资任何项目都能获利。因此，那时企业的主要目标是获得资源，即取得资金。当然企业盲目的筹资和投资，必然导致筹资成本的提高和投资决策的失误。20 世纪 20 年代末期发生的经济危机便是一个很好的印证。

我国的情况比较特殊，新中国成立至改革开放前的近 30 年，我国实行的是高度集中的计划经济体制。企业的任务就是按照国家下达的计划组织生产和流通，企业的目标是保质保量完成国家下达的生产和销售任务，对企业财务管理的要求就是要监督企业按照国家的计划开展生产经营活动。那时企业财务管理最重要的职能是督促企业遵守国家制定的各项法律、法规和政策，在规定的范围内开支成本费用，维护财经纪律。

改革开放以后的 10 多年间，我国尽管在经济体制上有一定的突破，但当时的经济特征仍然表现为严重的短缺经济，企业的目标没有实质性的变化，只是国家给企业一定的放权，使企业有一定程度的自主经营权。这一时期，企业发展的突出问题仍然是资金的短缺。因此，可以说，我国在新中国成立后的半个世纪中，企业财务管理的目标是筹资数量最大化。争项目、争资金成为企业领导和财务人员的主要任务。

（二）产值最大化

追求产值最大化是计划经济的产物，这种目标的提出是与当时我国的经济背景相适应的。

在计划经济体制下，企业实际上是国家的附属物，企业生产什么、生产多少都是国家以计划的形式下达的，企业没有什么自主权。在这种情况下，企业领导的主要任务就是为企业争项目，只要企业拿到了项目，国家就会给予配套的资金，当然也会下达相应的生产计划任务。

产值最大化在市场经济条件下是不可思议的。产值指标有许多弊端，如存在重复计算的情况。产值最大化在一定程度上会诱导企业进行高投入、高产出，从而形成高消耗和浪费，导致企业只讲产值、不讲效益，只求数量、不求质量，只抓生产、不抓销售，只重投入、不重挖潜，最终无法达到企业生存、发展和获利的目的。在市场经济条件下，企业生产的产品种类和数量应当由市场决定，企业不可能盲目去生产产品以实现产值最大化。毫无疑问，产值最大化的财务管理目标在市场经济体制下已被淘汰。

（三）利润最大化

在财务管理发展过程中相当长的一段时期内，利润最大化一直被作为衡量财务管理绩效的标准，也被公认为财务管理的总体目标。这种观点认为：利润代表了企业新创造的价值，利润越多则说明企业的财富增加得越多，越接近企业目标。它的理由是：

（1）人类进行的一切活动，都是为了创造剩余产品；而剩余产品的多少，是以利润的高低衡量的。因此，把利润最大化作为企业财务管理的总体目标，可以引导企业创造出尽可能多的剩余产品。

（2）在自由竞争的市场经济中，资本会最终流向获利能力强的公司，而获利能力强的基本含义就是相同的资本数额能创造出更多的利润。因此，利润最大化的目标有利于社会经济资源的合理配置。

（3）公司利润最大化可促进整个社会财富的最大化，进而实现社会经济发展的目标。

我国20世纪80年代中期开始的经济体制改革，第一次明确了企业是自主经营、自负盈亏的经济实体。这是我国经济体制改革的里程碑，表明我国经济从传统的计划经济过渡到商品经济，企业的目标也从追求产值最大化转向追求利润最大化，这是一个重要的观念转变。进入90年代以后，特别是邓小平南方谈话以后，我国的经济格局又一次发生质的变化。我国开始实行社会主义市场经济体制，优胜劣汰的经济规律开始发生作用，企业的财务活动和经营活动开始显现风险，一味追求利润最大化已经不能适应现实的经济环境，利润最大化的财务目标明显暴露出一些缺陷。

第一，利润最大化通常没有考虑货币时间价值这一因素。例如，两个企业都能够在未来5年内合计实现1 500万元的利润，但第一个企业实现利润的分布是：前两年每年实现600万元，后三年每年实现100万元；而第二个企业是前三年每年实现100万元，后两年每年实现600万元。那么投资者会选择哪个企业？利润最大化概念未能对此做出解释。同时，由于利润是一定时期收入和费用的差额，而收入和费用的确认是以权责发生制为基础的。收入的实现和现金的流入并不是同步的；同样，费用的发生和现金的流出也不是同时的。这就导致企业在一定时期内实现的利润与现金流量的增加并不是相等的，实现利润和增加现金流量在时间上通常不一致，而不同时点产生的现金流量又具有不同的价值，利润最大化并不能体现这种时间价值的作用。

第二，利润最大化没有考虑风险因素。企业面临的财务决策都存在风险，风险价值理论告诉我们，投资的风险越大，其报酬率应当越高；反之亦然。如果两个投资方案没有风险，未来的结果（报酬率）是完全确定的，那么投资者一定会选择报酬率高的项目。但是当投资方案的结果不确定时，我们只能根据掌握的信息资料估计其报酬率，这个估计的报酬率是一种“预期报酬率”。如果决策者选择报酬率高的方案，那他就要承担较大的风险。因此，利润最大化会引导企业管理者（决策者）盲目追求利润，忽视风险因素，导致过度的风险投资。

第三，利润最大化易诱发企业经营者的短期行为。企业的经营者接受投资者的委托经营企业，具有很强的时效性。经营者总是希望企业在其经营期内取得较好的业绩，这样对企业和经营者都有利。如果企业以利润最大化为目标，则很容易诱导企业的经营者通过不正当手段进行盈余管理，而这对企业和投资者可能是有害的。

第四，利润最大化只强调实现利润最大，而忽视了利润分配对企业生存、发展和未来获利能力的影响。资本市场的经验告诉我们，企业的价值不仅与企业在一定时期内实现的利润有关，而且与企业采纳的利润分配方案相关。不同的利润分配方案表明企业不同的发展前景，从而体现出其不同的内在价值。

（四）每股盈余最大化

每股盈余也称每股收益，是企业实现的盈利（净利润）与其总股本数量的比值[①]。每股盈余被认为是最能反映企业盈利能力的财务指标，也是投资者最为关注的财务指标之一。现实中许多人认为：应当把企业的利润和股东投入的资本联系起来考察，用每股盈余来描述企业财务管理的总体目标，以避免“利润最大化目标”的某些缺陷。与利润最大化相比，每股盈余衡量的是一个关于利润的相对数，可以用它对不同资本规模的企业进行比较。然而，这种观点仍然不能克服“利润最大化”的某些缺陷。例如，仍然没有体现时间价值的影响，仍然没有考虑风险因素等。

（五）价值最大化

既然利润最大化作为财务管理的目标已不能适应市场经济下的企业财务行为，那么市场经济条件下企业财务管理的目标又是什么呢？现代财务管理理论认为，企业财务管理的目标是实现企业价值最大化。

按照企业价值理论，企业的价值有实体价值和股权价值之分。实体价值是指将企业的全部资产看成一个有机的整体，在公平市场中交易的价格。股权价值是指实体价值扣除债务价值的差额，反映的是企业所有者权益的价值。财务管理目标中所说的价值最大化通常是指企业的股权价值最大化。

股权价值按照不同的衡量方法又有不同的价值，如账面价值、清算价值、重置价值、市场价值等。股权的账面价值是指企业账面的净资产，它是最明确也是最具可靠性的一种价值。只要翻开一个企业的账本或报表，你就可以立即获得企业账面价值的数额，即企业的净资产总额。它表示截至某一日期该企业股权的账面价值。但是账面价值往往不能代表企业的内在价值。清算价值和重置价值都是在一定假设下企业的价值，这些假设带有非正常的因素，研究这些价值通常在特殊情况下才有意义。

市场价值才是企业价值的最恰当反映。“企业价值最大化”所称的“价值”，是指企业的市场价值。市场价值并不是人们在股票市场中见到的交易价格，而是以企业的股权在公平市场交易中的交易价格来体现的价值。事实上，谁都不知道一个企业真正的市场价值是多少。正因为

① 我国第 31 号会计准则——每股收益中对每股收益的计算有详细的说明。

企业的市场价格难以捉摸，不同的投资者有不同的估值判断，才会有企业股权在市场中的买卖交易，才有企业股票价格的上涨和下跌。正是市场价值特殊的价值属性，才使其作为衡量企业价值具有某种合理性。因此，价值最大化所说的价值应当理解为企业的公平市场价值。当然，以市场价值来衡量企业价值的一个重要前提是：必须存在一个有效的（资本）市场，该企业的股票在这样的市场中挂牌交易。在资本市场并不十分发达的中国，许多公司还没有成为上市公司，它们无法通过股权交易来体现其市场价值。

综上所述，企业价值是一个比较抽象的概念。按照收益现值法的基本思想，企业的价值取决它未来能给所有者带来多大的报酬（包括股利和出售其股权取得的现金）。如果用收益现值法来计量，可以将企业的价值写成下面的形式

$$V=\sum\frac{P_t}{(1+K)^t} \tag{1-1}$$

式中：V 表示企业的价值；P_t 表示企业在时期 t 产生的收益（或现金流量）；K 表示对收益折算成现值的贴现率，它与企业的风险成同方向变化，可以用与企业具有相同风险水平的资产报酬率估算。

由式（1-1）可以看出，一个企业的价值取决于它未来可产生的收益和将未来收益折算为现值所使用的贴现率。企业在未来预期产生的收益越多，企业的价值越高；而贴现率越高，企业的价值越低。这里的未来收益并不是会计意义上的利润概念，而是财务意义上广义的现金流量。而且未来的收益具有风险，风险的大小体现在贴现率上。企业未来收益的不确定性越大，说明企业的风险越大，选择的贴现率应当越高。

价值最大化是现代财务管理理论的出发点。按照业主产权论的观点，企业价值最大化，就是股东财富最大化。股东财富最大化已经被越来越多的公司（尤其是上市公司）作为财务管理的目标。这是因为，以股东财富最大化作为企业的财务目标，可以避免利润最大化等观点所存在的一些弊端。以下四点是很明显的：

第一，股东财富最大化的财务目标考虑了时间价值因素。式（1-1）中不同时期创造的收益 P_t 需要用不同的系数 $(1+K)^{-t}$ 折算成现在的价值，相等数额的利润在不同的时期取得，对企业价值的影响是不同的。

第二，股东财富最大化的财务目标充分考虑了风险因素。在股份制公司里，股东财富的多少最终体现在股票价格上，而股票价格的高低不仅取决于公司过去和目前的盈利情况，更主要的是取决于公司未来的盈利水平及实现盈利的风险大小。而影响公司经营风险的因素十分复杂，如宏观经济政策、金融政策等外部环境，以及公司内部各种不确定因素。

第三，股东财富最大化也体现了社会利益最大化。这是因为，在一个完善的资本市场中，股票的价格不仅会反映公司本身的盈利状况和风险水平，而且会反映公司的经营活动和财务活动对整个社会经济产生何种影响。例如，一个污染特别严重的造纸企业，尽管其目前盈利水平较高，但由于它对社会造成的不良影响已被市场投资者所认同，投资者认为这个企业在不远的将来会被政府重罚或强行搬迁，至少也得花相当的成本处理污水。那么它未来的经营活动包含着更多的风险，或者其盈利增长将受到制约，最终在其股票价格的下跌中反映出来。因此，可以这样说，股东财富最大化既是公司财务管理的目标，也是企业经营行为符合整个社会利益的体现。

第四，将股东财富最大化作为理财目标，便于股东评价经营者的经营绩效。经营者作为公司特殊的雇员，接受股东的委托来管理企业，应该根据股东的意志来经营企业。如果企业以追求利润最大化作为最终目标，往往容易产生经营者片面追求利润的倾向；而将实现股东财富最大化作为企业财务管理的最终目标，在一定程度上能抑制经营者的短期行为，对于企业的长远发展是有利的。

三、社会责任

随着时代的进步，一系列新的管理理念和社会价值观不断出现并迅速成长，企业的社会责任观也在起着积极而丰富的变化。现代社会中，公司在制定财务管理目标时，应当考虑承担一定的社会责任。

“企业社会责任”的概念最早是由美国的谢尔顿（Oliver Sheldon）在 1924 年提出的。谢尔顿把企业的社会责任与企业经营者满足产业内外各种人类需要的责任联系起来，并认为企业的社会责任含有道德的因素，企业经营战略对社区提供的服务有利于增进社区利益，社区利益作为一项衡量尺度，远远高于企业的盈利。

国内外学者对企业社会责任的定义有不同的观点。我国学者认为：企业的社会责任可分为经济责任、文化责任、教育责任、环境责任等几个方面，还可分为间接责任和直接责任。企业社会责任是一个整体的概念，既包括基本的社会责任，也包括高层次的社会责任。企业基本的社会责任是企业的法律责任，主要体现在遵守国家的各项法律，不违背商业道德等方面，具体包括：①依法纳税，不偷税漏税；②环境保护，消除环境污染；③向社会招聘员工，减轻社会的就业压力；④履行社会保障工程应有的义务，如为职工足额缴纳养老保险等；⑤保护消费者利益，不制造出售假冒伪劣商品。高层次的社会责任是企业对社区、社会公益事业的支持和捐助，这并不是每一个企业都能够履行的。

企业的社会责任在西方是一个被争论了很久的问题。股东财富最大化总体来说与社会利益是一致的，但也有矛盾，有时承担社会责任会造成企业利润和股东财富的减少。企业的经营者会将社会责任和企业的财务目标割裂开来，认为社会责任的履行必然会增加企业的成本，或减少收入，从而减少企业的利润，影响企业价值最大化这一目标的实现。这其实是一种片面观念，或者说是一种短期行为。企业社会责任与企业财务管理目标是相辅相成的。虽然履行社会责任可能会影响企业眼前的利益，但从长远看，它对于企业的发展是具有促进作用的。一个企业对价值最大化的追求与它的社会责任追求的最终目的应当是一致的，因为在一个竞争有序的市场及一个充满正义感的民众心目中，企业只有认真履行其社会责任，才能为社会民众所接受，企业的发展才会得到社会公众的承认。

第三节 财务管理的职能和内容

一、财务管理的职能

众所周知，管理的基本职能是决策、计划和控制。既然企业财务管理是企业管理的一部分，那么财务管理的职能也应包括财务决策、财务计划和财务控制三个方面。财务决策要解决的是“做什么”的问题，财务计划要解决的是“怎么做”的问题，而财务控制则要解决的是“如何做好”的问题。下面我们对财务管理的三个职能做简单的阐述。

（一）财务决策

财务决策是有关资金筹集、使用和分配的决策，是财务管理首要的、最重要的职能。财务管理具有决策的职能是指财务管理能够对企业财务活动进行分析抉择的功能，而这种功能的发挥标志着决策的完成。财务决策主要包括三个部分：投资决策、筹资决策和收益分配决策。值得注意的是，决策不是决定。决策是一个分析的过程，是收集情报、设计方案、抉择方案的一个完整的、系统的过程；而决定则是一个瞬间发生的行为，通常以表决的形式完成，以书面的形式公布。

（二）财务计划

计划是指预先谋划做什么、何时做、怎样做和谁去做。财务计划是通过价值形式对企业未来一定时期的财务活动的具体内容所做出的筹划，是企业财务活动的依据。财务计划实际上是以价值形式反映企业未来一定时期财务活动应达到的目标。它不同于财务预算。财务预算是对财务计划的具体化。

这里所说的价值形式，是财务计划区别于其他计划的一个重要属性。财务计划既是一种综合性的价值管理活动，也是一种系统性计划。它通常以利润为中心来规划企业的财务活动，通过利润指标使财务计划构成一个完整的体系。这使财务计划成为企业从事财务活动和经营活动的行动指南，为协调各部门的行为提供了依据和方向。同时，编制财务计划本身也是协调经营行为的一种手段，最终成为控制和考核经营绩效的依据。

（三）财务控制

控制是执行计划的手段。财务控制就是以财务计划为依据，对企业日常财务活动乃至生产经营活动进行指导、督促和约束，确保计划全面完成的一种管理手段。广义而论，财务控制有三个基本环节：制定控制标准、实施日常控制和定期考核评价。这就是说，制订计划既为控制提供依据，也是控制的方式之一。财务控制的内容相当广泛，但其核心是成本控制。成本控制的主要环节包括确定标准、计算偏差、分析偏差、矫正行为等。

财务管理的上述三个职能是相互影响、相互依存的。财务决策是前提，没有财务决策，财务计划就无从说起；财务计划是财务控制的依据和目标，而财务控制是实现财务计划的手段；财务控制得好坏又直接关系到财务决策的成功与否，影响着财务活动的经济效果。

二、财务管理的内容

按照传统的财务管理理论，财务管理的核心内容是投资决策、筹资决策和收益分配决策。这些确实是企业的重要财务问题，却不是企业日常发生的财务活动。资产营运管理无疑也是企业财务管理的重要内容。然而随着现代管理理论的发展，财务管理的内容也在不断发展。企业并购、企业重整、企业清算及企业财务信息的使用等都是财务管理的重要内容。这里我们只对投资管理、筹资管理、收益分配管理、资产营运管理等的一些基本理论问题做简单的介绍，详细的阐述将在本书的后面章节展开。

（一）筹资管理

筹资是筹集资金的简称，通常也称融资，是指企业根据投资方案所确定的不同时期的资金需要量，采用一定的筹资方式，从可能的资金来源渠道取得资金的行为。企业筹资管理的主要内容如下。

1. 预测企业资金需要量

筹资管理的首要问题是预测企业的资金需要量。总体来说，企业资金需要量与企业的生产经营规模有关，确切地说与预测期的销售额有关。因此，实务中通常按照销售百分比法来预测资金需要量。

2. 选择企业的资金来源渠道和筹资方式，设计不同的筹资方案

在确定资金需要量之后，企业财务人员需要考虑筹资方案。所谓筹资方案，实际上就是不同筹资渠道和筹资方式的组合。筹资渠道是指资金的来源渠道，即何处存在资金可供企业筹集。目前，企业的筹资渠道主要有国家财政资金、银行信贷资金、非银行金融机构资金、其他法人单位资金、社会闲散资金、企业实现的收益（留存收益）、外商资金等。

明确了筹资渠道，企业还必须考虑筹资方式，即企业筹集资金所采用的手段或工具。企业筹集资金可以采用的筹资方式有吸收直接投资、发行股票、发行债券、借款、融资租赁、商业信用、收益留存等。

3. 分析不同筹资方案的资本成本和财务风险

企业在筹资管理中需要考虑的重要问题是分析不同筹资方案的资本成本和财务风险，并对二者进行利弊权衡。资本成本是企业筹集资金和使用资金所付出的代价。筹资管理的目标之一是降低资本成本，而资本成本的高低与筹资方式有关。一般而言，企业举债筹资的资本成本低于吸收投资者资本的成本，因此，筹资决策时应当更多地通过举债来降低资本成本。但过度负债会引起财务风险，这种风险表现为企业不能清偿到期债务的可能性。而要降低财务风险，企业应当尽可能地降低负债比例。

4. 选择最佳的筹资方案

筹资管理的最后环节是选择筹资方案，即对筹资方案做出抉择。选择筹资方案有不同的标准。首先必须考虑筹资是否能够满足投资的需要，接着要评价筹资方案的资本成本和财务风险。这是一对矛盾，因为要降低资本成本，就必须增加负债筹资，而高比例的负债筹资往往会使企业承担较大的财务风险。企业要在承担一定的财务风险下选择资本成本最低的方案，或者在一定的资本成本下选择财务风险最小的方案。

（二）投资管理

经济学中所说的投资是指投入一定的资财，期望未来获得收益的一种经济行为。财务管理中所说的投资是指资金的运用，投资的结果形成各种资产，即反映在资产负债表左侧的各个项目。投资对于企业的生存和发展极为重要，投资决策是企业财务决策的重要内容。

1. 投资的分类

投资按照其对象的不同可以有多种投资，如储蓄投资、证券投资（股票投资、债券投资、基金投资等）、外汇投资、房地产投资、实业投资等。一般来说，投资有两种基本的分类：直接投资和间接投资、长期投资和短期投资。

（1）直接投资和间接投资。直接投资和间接投资的区别在于资金的投向不同。直接投资是

将资金直接投入本企业的经营资产中，主要包括固定资产投资、无形资产投资、流动资产投资（如增加存货）。间接投资是将资金投放到企业外部的金融市场，或将资金的使用权出让给其他企业的行为，其主要形式是股权投资和债权投资。换句话说，间接投资就是企业将资金提供给他人使用，以获得收益的行为。从经营的形式看，直接投资推动着企业的产品经营（或称商品经营），而间接投资则伴随着企业的资本经营。产品经营和资本经营是两种不同的经营方式，它们推动了企业的发展。

（2）长期投资和短期投资。长期投资和短期投资的区别比较明确。从形式上看，主要是收回投资的时间长短不同，一般以一年为限。但是，实际上长期投资和短期投资的本质区别是投资目的的不同。长期投资的主要目的是谋求企业的长远利益，通常与企业的发展战略有关。一旦投入资金，就不会轻易改变。短期投资主要是提高企业的资金使用效益，以谋求眼前利益为主要目的。

2. 投资管理的目标

投资管理的目标不同于投资的目标。总体来说，投资的目标是谋求企业的发展，实现企业价值最大化。而投资管理的基本目标应当是处理好投资项目的风险和报酬的关系，即在承担一定风险水平的前提下，实现尽可能高的报酬，或在取得一定报酬的前提下，使承担的风险尽可能小。

（三）收益分配管理

财务管理中所说的收益是指净利润，即税后利润，因此，收益分配通常也称为利润分配。收益分配管理的核心问题是确定企业实现的净利润以多大比例分配给股东、多大比例留存于企业。围绕这一核心问题，企业管理层需要设计利润分配政策。这实际上是股东的眼前利益和公司的长远发展的关系问题。而且它不仅是一个收益分配问题，还是一个筹资问题，因为将利润留存于企业是内部筹资的一种方式。

收益分配管理还需要考虑其他问题，如股利分配的形式、股利分配的时间、分配股利所需资金的筹集等问题。收益分配管理的具体内容将在第六章详细介绍。

（四）资产营运管理

资产营运也称资产运营，是指资产的使用。投资实际上是使用资金的过程，投资完成后形成各种资产，资产在使用过程中发生消耗，或发生形态的转换。

企业的生产经营过程一方面是制造产品、销售产品、实现价值增值的过程，另一方面也是资产使用和消耗的过程。资产营运管理是企业在经营过程中对资产使用和处置的管理。资产营运管理的主要问题是：分析各种资产的流动性和盈利性，把握各种资产占用的资金量，估计资产使用过程中的价值损耗，估算各种资产的机会成本，分析资产与销售额的匹配性，对资产使用效益的评价，以及对资产处置的管理等。根据资产存在的形态不同，资产营运管理包括以下几个部分：

（1）流动资产管理，如现金管理、应收账款管理、存货管理等。

（2）固定资产管理（指固定资产日常管理），如固定资产的交付使用、维修、折旧、报废处置等。

（3）无形资产管理，如无形资产的取得、摊销、转让等。

实际上，财务管理各方面的内容是相互联系的。

首先，投资决定了筹资，筹资又影响投资。筹资并不是盲目取得资金，而是根据投资方案所确定的资金需要量而进行的一种有目的的资金筹措行为。

其次，投资决策也决定了收益分配决策。广义地说，企业的收益是投资的结果，投资决策的成功与否直接关系到企业的收益多寡，进而影响企业的收益分配。

再次，筹资决策和收益分配决策又相互影响。这是因为，企业收益分配的最终去向有两个：一是以股利方式分配给投资者，二是留存企业。其中，将收益留存于企业就是一种筹资的方式（也称内部融资），这意味着收益分配本身包含了筹资的功能。而且，筹资环境及其变化也会影响企业的收益分配决策。当金融市场资金供给比较充裕、资金成本较低时，企业可以将较多的收益分配给股东；反之，如果外部筹资比较困难、资金成本相对较高，就应当将较多的收益留存于企业，以减少外部筹资。

最后，资产营运贯穿于企业整个经营过程，它与投资、筹资都密切相关。资产营运效果的好坏直接影响投资的效果和收益分配决策。

第四节 财务管理的环境

财务管理环境也称理财环境，是对企业财务活动和财务管理行为产生影响的企业内外各种条件的统称。环境构成了企业财务活动的客观条件。企业财务管理活动是在一定的环境下进行的，必然受到环境的影响。企业资金的取得、运用和收益的分配会受到环境的影响，资金的配置和利用效率会受到环境的制约，企业成本的高低、利润的多少、资金需求量的大小也会受到环境的影响，企业的并购、破产与重整都要受到内外部环境的影响。所以，财务管理要获得成功，必须深刻认识和认真研究所面临的各种环境。

财务管理的环境包括宏观环境和微观环境两个层面。宏观环境是企业无法改变的，企业只能去顺应它。财务管理的微观环境通常因企业而不同，当然微观环境的某些方面是企业可以努力改善的，但改变微观环境必然受到宏观环境的影响。

一、财务管理的宏观环境

财务管理的宏观环境所包含的内容十分复杂，主要有政治环境、经济环境、法律环境、社会文化环境和科技教育环境等，其中影响最大的是经济环境和法律环境。

财务管理的经济环境是指企业在进行财务活动时所面临的宏观经济状况，如经济周期、金融市场、经济发展水平、通货膨胀状况、经济体制等。

财务管理的法律环境是指企业发生经济关系时所应遵守的各种法律、法规和制度，如公司法、证券法、证券交易法、经济合同法、企业财务通则和税制等。

这里我们只阐述企业财务管理宏观环境中的经济周期、金融市场和税制这三个方面的内容，分析它们对企业财务管理的一般影响。

（一）经济周期

经济发展总是呈现一定的周期性变化。一个完整的经济周期包括繁荣、衰退、萧条与复苏四个阶段。经济周期对企业财务管理的影响是十分明显的，在经济周期的不同阶段，企业应采用不同的财务政策，在对经济周期进行前瞻性分析的基础上，配合企业的发展战略，寻求企业资金的安全、流动和高效运转，以应对企业处于不同经济周期中对资金的需求。

在经济复苏后期，繁荣阶段来临之前，大多数企业会有较好的发展机会，企业财务管理的主要任务是筹资，做好充分的资金储备，以迎接繁荣阶段的到来。

在经济繁荣阶段后期，出现衰退之前，企业应以预防出现财务危机、寻找新的发展机会、延长企业的寿命为主要目的，以尽可能减少现金流出、增加现金流入为首要任务；同时，控制负债总量，调整负债结构，特别应注意企业偿还债务的资产安排，流动资产与流动负债、非流动资产与非流动负债的搭配。

在经济萧条阶段，企业应在经济出现衰退的时候，保持适当的现金流，控制一切投资的冲动，这个时候的第一策略是流动性，因为只有保持流动性，才有可能保住企业。

在经济出现复苏之前，企业应以实现利润的稳定增长和资产规模的平稳扩张为目的。企业应采取的财务政策是：尽可能优化现有资源的配置，提高现有资源的使用效率；在资金的安排上，要充分利用自有资金作为实现企业资产规模扩张的基本资金来源，防止过度负债。

（二）金融市场

财务管理不能只着眼于企业内部的资金运作，企业财务人员必须研究金融市场。金融市场是融通资金的场所，是财务管理最重要的外部环境之一，在企业财务管理中扮演着十分重要的角色。

1. 金融市场在企业财务管理中的作用

众所周知，金融已经成为经济的中心，而金融市场是金融的核心，它与人们的生活息息相关；同样，企业的财务活动和生产经营活动也离不开金融市场。具体地说，金融市场对企业财务管理的作用主要表现在以下几个方面：

（1）金融市场为企业筹集资金提供了场所。总体来说，企业筹资可以分为内部筹资和外部筹资。内部筹资是通过收益留存实现的，采用这种方式筹集资金是极其有限的。外部筹资才是企业获得资金的主要渠道，就绝大多数企业来说，所需资金基本上是通过在外部金融市场发行证券或以借款的方式取得的。很难想象，离开了金融市场，一个企业如何生存，如何求得发展。

（2）金融市场为企业投资创造了机会。我们知道，企业的投资活动可以分为直接投资和间接投资。直接投资与金融市场没有太直接的关联，但间接投资大多是通过金融市场实现的。例如，企业要取得另一企业的股权，必然要通过资本市场或类似产权交易市场的股权交易完成。同时，企业在生产经营过程中出现暂时闲置资金时，可以在金融市场中寻找合适的投资机会，如购买股票、债券等有价证券。这种现金和短期证券的转换，能够使企业的现金持有量保持在一个较为合理的水平，从而提高企业整体资金的使用效率和使用效益。

（3）金融市场为企业财务决策提供有用的信息。金融市场不仅促进了企业投资和筹资的顺利实现，而且为企业财务管理提供了十分有用的金融信息。企业要进行投资决策、筹资决策和收益分配决策，必须以充分可靠的经济信息为依据。例如，企业进行投资决策时，需要选择资金的投放对象和具体的投资品种，如何做出选择呢？财务人员可以从金融市场获得关于各种投资对象的投资收益及其风险的数据资料，便于设计出较为合理的投资方案。筹资决策也是如此，企业财务人员要分析筹资渠道，确定合适的筹资方式，在很大程度上要依赖于金融市场的信息。例如，企业投融资决策中贴现率的确定，一般以金融市场中风险相当的融资项目的平均利率作为依据。至于收益分配决策对金融市场的依赖性，也是显而易见的。企业实现的利润如何在股利和积累两者做出合理的分配，也要分析外部金融市场的资金供求状况。当金融市场发出资金紧缺、筹资成本高的信号时，企业应当将较多的利润用于积累；而当金融市场显现出资金供过于求、筹资成本低的迹象时，企业可以将较多的利润用于分配股利。

2. 金融市场的分类

金融市场有多种分类，这里介绍最重要的三种分类。

（1）按信用期限长短划分，金融市场可以分为货币市场和资本市场。货币市场即短期资金市场，是指融通资金的期限在一年之内的资金借贷业务所形成的市场。货币市场的交易对象为短期的信用凭证，如商业票据、银行存单等。资本市场即长期资金市场，是指资金融通时间在一年以上的市场，其交易对象为长期信用凭证，如债券、股票等。将金融市场分为货币市场和资本市场，是国际上通行的做法。

（2）按具体功能划分，金融市场可以分为发行市场和流通市场。发行市场也称初级市场或一级市场，是发行人以发行证券的方式筹集资金的场所。例如，股份有限公司通过发行新股筹集资金，投资者通过认购股票进行证券投资，这个交易是通过发行市场完成的。流通市场也称次级市场或二级市场，是买卖已经发行证券的市场。例如，一家股份有限公司通过一级市场发行股票以后，其股票在流通市场交易，投资者可以买进或卖出该公司的股票，这种交易是在二级市场完成的。

发行市场和流通市场的功能不同。发行市场的主要功能是筹资，它使发行人获得生产经营所需的资金；流通市场的主要功能是交易，它为投资者提供资金运用的场所，使投资者完成从货币到证券、从证券到货币或从一种证券到另一种证券的快速流动。当然，发行市场和流通市场也存在密切联系。一级市场证券发行价格的高低会影响二级市场证券的交易价格，从而影响投资者的投资收益；而二级市场证券交易价格的高低会影响该公司通过一级市场的再融资行为。

（3）按实际交割的日期划分，金融市场可以分为现货市场和期货市场。现货市场是指在买卖时当场完成交割或在几天内就要完成交割的市场。现行的股票市场就是现货市场，投资者买卖股票完成后，买方即时付款并获得股票，卖方即时转让股票以取得价款。期货市场是指买卖的金融产品不能当场完成交割而需在未来某一特定日期才能实行交割的市场。期货市场将金融资产的价格锁定，使未来交割时不受金融产品价格波动的影响。

3. 金融资产及其特点

金融市场交易的资产叫金融资产，也称金融产品。金融资产的含义相当广泛，可以是货币（本国货币或外国货币），可以是有价证券（如股票、债券、票据、存单等），也可以是股票、债券的衍生产品（如认股权证、股票期权、指数期货等）。金融资产具有一般商品的某些属性，但它又具有某些特性。流动性、风险性和收益性是金融资产的三个显著特点。

（1）流动性。它是指某种金融资产能够在短期内不受损失地得到偿付而变为现金的属性，这一特点使金融资产可以避免或减少因资产不能及时变现而造成的损失。一项金融资产的流动性取决于两个方面：一是该资产的兑现能力，二是该资产的市场价值波动大小。资产容易兑现，价值波动较小，其流动性就强；反之，其流动性就差。

（2）风险性。它是指某种金融资产不能恢复其原投资价格的可能性。金融资产的风险性主要体现在两个方面：一是影响整个金融市场的不确定因素引起的风险，称为市场风险，如加息、银根紧缩等宏观经济政策的出台引起金融资产的市场价格发生波动而产生的风险；二是证券发行人未能履行约定的义务，使金融资产持有者不能全部收回本金和利息的风险，称为违约风险。

（3）收益性。它是指某种金融资产具有获取收益的属性。金融资产的收益表现为一定时期内该项资产产生的利息、股利或利得（出售该资产时获得的收入超过取得该资产时所付出的投资成本的差额）。金融资产的收益分为当期收益和到期收益。当期收益是指投资金融资产的当年所获取的利息或其他报酬。到期收益是指金融资产到期时收回的价格扣除原投资额后的差额。值得注意的是，金融资产的收益具有很大的不确定性，这就是金融资产高风险性的体现。

上述三种属性是相互关联、相互制约的。一般来说，金融资产的流动性和收益性成反比关系，即流动强的资产，其收益性相对比较差。例如，活期存单的流动性比定期存单的流动性要强，但活期存单的收益不及定期存单。收益性和风险性成正比关系，资产的风险性越大，其收益性应当越好；反之亦然。同时，资产流动性的好坏本身也是影响资产风险的一个因素，本节后面提到的所谓“变现力风险”，实际上与资产的流动性密切相关，二者的关系是：资产的流动性越强，意味着其变现力越强，其变现力风险越小。

4. 金融机构

金融市场的形成需要各方的参与，这些参与者包括资金的供给方、资金的需求方和金融中介。资金的供给方和需求方可以是国家、法人单位甚至个人，这里不做展开。下面着重介绍金融中介，即金融机构。我国的金融机构主要包括中央银行、商业银行、政策性银行和非银行金融机构。

（1）中央银行。我国的中央银行是中国人民银行，它是国务院下属的管理全国金融工作的国家机关。中央银行只与商业银行发生资金融通业务，不直接从事基层的资金借贷业务。中央银行的主要职能是执行国家宏观金融政策，实施宏观金融调控。

（2）商业银行。商业银行是具体从事存贷款业务和其他金融业务的金融机构。我国的商业银行可以分为四类。第一类是国有控股商业银行，包括中国工商银行、中国农业银行、中国建设银行、中国银行、交通银行和中国邮政储蓄银行 6 家。它们占据着中国金融业的大半边天，处于相对的垄断地位。目前这些银行已通过公开发行股票等方式，成为上市银行。第二类是非国有控股全国性股份制商业银行，主要有平安银行、广东发展银行、中信银行、浦东发展银行、华夏银行、招商银行、兴业银行、中国光大银行和中国民生银行等，这些银行中绝大部分已经成为上市银行。第三类是地方性商业银行，主要有北京银行、上海银行、杭州银行、宁波银行、南京银行、贵阳银行、长沙银行、大连银行等，现在越来越多的地方性商业银行经过改制成为股份制商业银行，并成功上市。第四类是外资银行。相对于本国银行而言，外资银行是指由外国资本建立的或由外国资本参股的在中国具有法人资格的银行，如韩亚银行、友利银行、永亨银行、渣打银行、东亚银行等。

（3）政策性银行。政策性银行是我国针对特定项目和特定的企业单位办理信贷业务的金融机构。政策性银行不向社会公众吸收存款，其资金来源主要是向社会发行的国家担保债券和向金融机构发行的金融债券。它的业务经营宗旨是国家整体利益和社会效益，而并不以营利为目的。目前，我国的政策性银行主要有国家开发银行、中国农业发展银行、中国进出口银行等。

（4）非银行金融机构。非银行金融机构是除银行外的其他金融机构，主要有信用合作联社（部分已经改组为商业银行）、保险公司、信托投资公司、证券交易所、证券公司、租赁公司、财务公司等。

根据金融机构在融通资金中的不同作用，我们可以将融资分为两类：直接融资和间接融资。所谓直接融资，是指没有金融中介机构介入的融通资金方式，采用这种方式，资金供给者和资金需求者之间资金的转移由融资双方或通过经纪人直接协商确定。例如，通过证券交易所买卖有价证券（股票或债券），就属于典型的直接融资。除此之外，预付货款和赊购商品也属于直接融资。所谓间接融资，是指由金融中介机构介入的融通资金方式，采用这种方式，资金供给者和资金需要者之间资金的转移不能直接由融资双方直接协商来完成，而是通过金融媒介来实现。例如，银行首先吸收资金供给者的存款，再将资金出借给资金的需求者，就是典型的间接融资。

5. 金融市场的利率结构

利率作为资金使用权的价格，是金融市场资金供给和资金需求两种力量对比的结果。从宏观经济层面看，利率是国家宏观调控的重要经济杠杆；从微观层面看，利率是企业财务决策必须考虑的重要经济因素。利率有官方利率和市场利率之分：官方利率是由中国人民银行确定的利率，市场利率是金融市场中资金借贷双方依据市场供求状况确定的利率。市场利率随着金融市场的资金供求关系的变化而发生变化，这种变化受到官方利率的影响；反之，官方利率的制定也会考虑市场利率的变化。

金融市场中不同的融资项目，其市场利率有所不同。影响市场利率的因素有很多，其决定因素是融资项目的风险大小。而影响融资项目利率的风险因素又可以从各个方面去剖析，这就形成了市场利率的构成内容，也就是利率的结构问题。一般来说，融资项目市场利率的结构可以做如下分解：

（1）纯粹利率。它是指无通货膨胀、无风险情况下的平均利率。纯粹利率的高低主要受平均利润率、资金供求关系和国家宏观经济调控的影响。一般认为，在没有通货膨胀时，国库券的利率可视为纯粹利率。

（2）通货膨胀附加率。由于通货膨胀会使货币贬值、投资者的实际报酬率下降，所以投资者将资金交给借款人时，会在纯粹利率的基础上再加上通货膨胀附加率，以弥补通货膨胀造成的购买力损失。

（3）违约风险附加率。金融市场中的违约是指债务人未能按时支付利息或未能如期偿还本金的行为。违约会给资金出借者带来损失，资金出借者向债务人提供资金后，可能发生由于债务人违约而引起的损失，这种风险叫违约风险。资金出借者承担违约风险应当获得额外的报酬，这就是违约风险附加率。违约风险越大，所要求的违约风险附加率应当越高。

（4）变现力附加率。各种有价证券的变现力是不同的，不同变现力的证券，持有者受到损失的可能性不一样，其风险也不同。有价证券的变现力越强，由于不能及时变现而发生损失的可能性越小，其变现力风险就越小；否则，其变现力风险就越大。由于有价证券存在变现力风险，所以持有者会要求一定的报酬率作为补偿，这就是变现力附加率。

（5）到期风险附加率。到期风险也称再投资风险，它实际上是由于利率下调给短期证券持有者造成损失的可能性。到期风险附加率是对到期风险的一种补偿。一般而言，长期证券的利率会高于短期证券的利率，但是当预期市场利率将持续下降时，人们普遍认为短期投资需要承受再投资损失，这时需要给短期证券设定更高的报酬率，这种超过正常利率的额外报酬就是到期风险附加率。

将上述各种影响利率的因素综合起来，得到反映市场利率结构的一般表达式为

$$市场利率=纯粹利率+通货膨胀附加率+变现力附加率+到期风险附加率+违约风险附加率 \quad (1\text{-}2)$$

（三）税制

税制是税法、税收制度的统称。企业财务管理必然要将税制作为重要因素加以考虑，这是因为税收的不公平性。从理论上说，税收应当具有公平性，即同一税种对不同纳税人（或负税人）应当是公平的。这是税收的一个重要特征。但是税收又必须具有调节经济的作用，绝对的公平是无法起到调节作用的。因此，税收的公平性是相对的，不同的纳税人所承担的税种可能不同。例如，消费税是专门对某些应税消费品或应税劳务而开设的税种。同样，有些税种尽管对每个纳税人来说都有纳税义务，但其税负也不同。

财务管理中将税收作为重要的外部环境来考虑，就是因为税收具有这种不公平性。企业追逐税务筹划并产生节税的效果，在很大程度上是由于税收的不公平性。税收的不公平性给企业财务管理工作提供了获利的机会，当然也设置了障碍。我们研究税收这一理财环境，就是要尽可能地利用税收政策的有利影响，克服其负面影响。

由于税收是通过相应的政策、法规和制度加以规范的，因此分析税收环境对企业财务管理的影响，其关注点是税收法规和制度（合称为税收政策）。下面我们重点分析税收政策对投资决策、筹资决策和收益分配决策的影响。

1. 对投资决策的影响

投资决策要考虑税收政策。例如，你想要新办一家企业或设立分支机构，你会考虑许多因素，其中少不了税收这个因素。它主要体现在以下几个方面：

首先，税收政策影响注册地点的选择。由于税收政策的不公平性，一个国家的不同地域和不同地区存在着不同的税收优惠政策，这就为企业提供了一个税收筹划的空间和机会。投资者在选择企业的注册地时，势必会充分利用国家对高新技术产业开发区、贫困地区、经济特区等的税收优惠政策，确定合适的注册地，以达到节税的目的。

其次，税收政策影响企业组织形式的选择。投资者在投资设立企业的时候，有多种组建形式可以选择，这种选择会影响投资者的投资收益和税收负担。例如，某企业想要在某一沿海地区（能享受所得税优惠政策）设立分支机构，是采用分公司的形式还是子公司的形式？一般来说，在创立初期，新办企业发生亏损的可能性较大，采用分公司的形式可以把分支机构的损失转嫁到总公司，进而减轻总公司的税收负担。当新办企业进入正常运行之后，就要采用子公司的形式来享受国家提供的税收优惠政策。

再次，税收政策影响投资方向的选择。企业在确定投资方向时，通常会考虑税收政策的导向。例如，随着社会经济的发展，人们越来越注重环境保护，因此环保型的产业和产品也会享受到税收政策的优惠。企业可以根据这种政策导向，适时调整产品结构，达到减税的目的。

最后，税收直接影响投资收益。这是显而易见的。任何一项税金的支付对企业来说都是经济利益的流出，最终表现为利润的减少，从而影响投资收益。

2. 对筹资决策的影响

筹资决策需要研究的重要因素是资本成本，即筹资需要付出的代价。税收政策影响筹资决

策主要是通过影响资本成本而实现的。这是因为，税收会影响资本成本。我们知道，企业筹集的资金来自投资者和债权人，通过投资者投入资产形成的是权益资本，而由债权人提供的是债务资本。两种资本都有资本成本，前者主要是股息，后者是利息。然而，这两种资本成本的税收政策是不同的。利息支出对企业来说是一项费用，可以在所得税税前列支，即利息具有抵税作用，企业因为支付利息而少交了所得税，实际上是降低了资本成本。而股利是税后由使用资金的一方支付给资金供给方的，它不是费用，所以它不像利息那样具有抵税效应。所得税政策对利息和股利的不同规定，必然会影响企业的资本成本，从而影响筹资决策。

3. 对收益分配决策的影响

收益分配决策要解决问题是：企业实现的利润中有多大比例分配给股东、多大比例留存企业。由于股票投资收益可以分为股利收益和资本利得。在可分配利润不变的前提下，分配的股利多了，留存的利润就少了，资本利得也就减少了。收益分配的最终决定权在于企业的投资者。投资者有两类：个人投资者和法人投资者。法人投资者又可以分为企业法人和非企业法人。这两类投资者对于收益分配的偏好是不同的。法人投资者一般愿意公司分配现金股利，而以牺牲一定的资本利得为代价。这是因为，法人投资者取得现金股利一般不需要缴纳所得税，而取得的资本利得属于应纳税所得额，需要缴纳所得税。

个人投资者取得投资收益的税收政策正好相反。个人投资者取得现金股利一般需要缴纳个人所得税。但是，如果公司不分配现金股利，将收益留存，投资者会取得更多的资本利得，而资本利得对个人并不构成纳税所得。因此，个人投资者与法人投资者不同，他们不愿意公司分配现金股利，而希望公司将利润留存。由上面的分析可以看出，税收政策对利润分配的导向作用是显而易见的。

二、财务管理的微观环境

财务管理的微观环境包括许多内容，如企业类型、市场状况、生产经营情况、材料采购情况等。下面概括介绍对财务管理有重要影响的几个方面。

（一）企业组织形式

企业按其组织形式的不同可以分为三类：独资企业、合伙企业和公司制企业。

（1）独资企业。独资企业是指由一个人出资，归单个投资者所有和控制的企业。独资企业具有结构简单、容易开办、利润独享等优点。

（2）合伙企业。由两个以上的业主共同出资、共同拥有、共同经营的企业叫合伙企业。合伙企业具有开办容易、信用较佳的优点，但也存在责任无限、权力分散、决策缓慢等缺点。

（3）公司制企业。公司是有权用自己的名义从事经营、与他人订立合同、向法院起诉或被法院起诉的法律实体。公司的最大优点是公司的所有者——股东只承担有限责任，股东对公司债务的责任以其出资额为限。公司的另一个优点是比较容易筹集资金，可以通过发行股票、债券等形式迅速地筹集到大量资金，这使公司比独资企业和合伙企业有更大发展的可能性。

不同的企业组织形式对企业财务管理有重要影响。独资企业的财务管理比较简单，主要利用的是业主的资金和供应商提供的商业信用。因为信用有限，其利用借款筹资的能力也相当有限，银行和其他人都不太愿意借钱给独资企业。独资企业的业主想要抽回资金，也比较简单，无任何法律限制。合伙企业的资金来源和信用能力比独资企业有较大优势，收益分配会涉及各合伙人的利益。因此，合伙企业的财务管理比独资企业复杂一些。公司制企业的财务管理最为复杂：公司不仅要争取获得最大利润，而且要实现企业价值增加。公司的资金来源多种多样，筹资方式也很多，需要进行认真的分析和选择。公司的收益分配也不像独资企业和合伙企业那样简单，不仅要考虑企业的盈利水平，还要考虑股东各方的利益，受到更多的法律限制。

（二）市场环境

在商品经济下，每个企业都面临着不同的市场环境，这会影响和制约企业的财务管理行为。不同的企业所处的市场环境不同，通常有完全垄断市场、完全竞争市场、不完全竞争市场和寡头垄断市场。处于完全垄断市场的企业，其销售一般都不成问题，价格波动不会很大，企业的利润也不会产生太大的波动，因而风险较小，可利用较多的债务资金；处于完全竞争市场的企业，其销售价格完全由市场决定，价格容易出现波动，企业利润也会出现上下波动，因而不宜过多地采用负债的方式去筹集资金；处于不完全竞争市场和寡头垄断市场的企业，关键是要使自己的产品超越其他企业，创出特色，创出品牌，这就需要在研究与开发上投入大量资金，研制出新的优质产品，并做好广告宣传和售后服务、给予优惠的信用条件等。为此，财务人员要筹集足够的资金，用于研究与开发和产品推销。

（三）采购环境

采购环境对企业财务管理也会产生很大影响。采购环境按物资来源是否稳定，可分为稳定的采购环境和波动的采购环境。前者对企业所需资源有比较稳定的来源，后者则不稳定，有时采购不到所需物资。企业如果处于稳定的采购环境中，可以减少存货，从而减少存货占用的资金；反之，则这就要求财务人员把较多的资金投资于存货的保险储备。

采购环境按价格变动情况，可分为价格上涨的采购环境和价格下降的采购环境。在物价上涨的情况下，企业应尽量提前进货，以防物价进一步上涨而遭受损失，这就要求在存货上投入较多的资金；反之，则应尽量随使用随采购，以便从价格下降中得到好处，也可在存货上尽量少占用资金。

（四）生产环境

不同的企业具有不同的生产环境，生产环境对财务管理有着重要影响。例如，如果企业的生产是高技术型的，那就有比较多的固定资产、无形资产而只有少数的生产工人。这类企业在固定资产、无形资产上占用的资金比较多，而人工费用较少，这就要求财务人员必须筹集到足够的长期资金以满足固定资产、无形资产投资；如果企业生产是劳动密集型的，则可较多地利用短期资金。再如，船舶制造企业和酿酒企业的生产周期较长，可以较多地利用长期资金；食品饮料企业的生产周期很短，可以较多地利用短期资金。

【思考与练习】

一、思考题

1. 市场经济环境下，利润最大化作为财务管理的目标主要存在哪些缺陷？
2. 筹资决策和收益分配决策都是财务决策的重要内容，请指出它们之间存在怎样的联系？
3. 金融资产具有哪三个显著特点？它们之间具有怎样的关系？
4. 试述金融市场在企业财务管理中的作用。

5. 股利和资本利得是股东获得的两种主要投资报酬，但是它们所涉及的所得税政策不同，请针对个人投资者和法人投资者分析这两种投资报酬所缴纳的所得税有何不同。

二、单项选择题

1. 财务管理作为一种管理活动，最显著的特点是（　　）。
   A. 以货币作为计量单位　　B. 综合性
   C. 动态性　　D. 开放性
2. 现代财务管理理论认为，企业的最终目标是实现企业（　　）。
   A. 产值最大化　　B. 利润最大化
   C. 账面净资产最大化　　D. 价值最大化
3. 企业社会责任分为基本的社会责任和高层次的社会责任两个层次。下列属于企业高层次社会责任内容的是（　　）。
   A. 依法纳税，不偷税漏税　　B. 环境保护，消除环境污染
   C. 履行社会保障工程应有的义务，为职工足额缴纳养老保险
   D. 对社区、社会公益事业的支持和捐助
4. 下列筹资方式属于间接筹资方式的是（　　）。
   A. 向商业银行取得借款　　B. 发行股票
   C. 发行债券　　D. 吸收直接投资
5. 企业收益分配决策的核心问题是（　　）。
   A. 确定收益分配的形式　　B. 选择收益分配的时机
   C. 制定收益分配的程序
   D. 确定实现的净利润有多大比例分配给股东、多大比例留存企业
6. 国际惯例将金融市场分为两类：一是货币市场，二是（　　）。
   A. 期货市场　　B. 流通市场　　C. 发行市场　　D. 资本市场
7. 金融市场按照其功能的不同分为两类：一是发行市场，二是（　　）。
   A. 货币市场　　B. 资本市场　　C. 流通市场　　D. 现货市场
8. 金融资产的到期风险实际上是（　　）。
   A. 利率变动的风险　　B. 流动性风险
   C. 违约风险　　D. 通货膨胀风险

三、多项选择题

1. 财务管理的基本职能是（　　）。
   A. 财务决策　　B. 财务计划　　C. 财务分析　　D. 财务控制
2. 财务决策主要包括（　　）。
   A. 投资决策　　B. 经营决策　　C. 筹资决策　　D. 收益分配决策
3. 筹资决策的目标之一是所筹集资金应当满足投资的需要，除此之外，筹资决策还要求达到另外两个目标，即（　　）。
   A. 筹资方式多样化　　B. 资本成本尽可能低
   C. 资金使用时间尽可能长　　D. 控制财务风险
4. 留存收益是企业的资金来源之一。企业的留存收益主要包括（　　）。

A. 资本公积 B. 盈余公积 C. 未分配利润 D. 股利收益

5. 投资者取得股权投资后，其收益主要是股利和资本利得。对于个人投资者和法人投资者，这两种收益目前的纳税规定是（ ）。

A. 股利收益法人投资者和个人投资者均应纳税

B. 资本利得法人投资者和个人投资者均不纳税

C. 股利收益法人投资者不纳税，个人投资者应纳税

D. 资本利得法人投资者应纳税，个人投资者不纳税

6. 金融资产最基本的特征有三个，它们是（ ）。

A. 流动性 B. 收益性 C. 风险性 D. 抽象性

7. A公司通过上海证券交易所发行普通股，以筹集资金。这种筹资所依赖的金融市场是（ ）。

A. 资本市场 B. 货币市场 C. 发行市场 D. 流通市场

8. 市场利率包含纯粹利率、通货膨胀附加率，以及（ ）。

A. 财务风险附加率 B. 变现力附加率

C. 违约风险附加率 D. 到期风险附加率

9. 目前我国政策性银行主要有

A. 中国人民银行 B. 国家开发银行

C. 中国农业发展银行 D. 中国进出口银行

10. 下列属于财务管理微观环境内容的是（ ）。

A. 企业组织形式 B. 采购环境

C. 生产环境 D. 经济周期

四、计算分析题

财务管理的目标是实现企业价值最大化。按照收益现值法的基本原理，财务管理中评价企业经济价值的基本公式为

$$V=\sum \frac{P_t}{(1+K)^t}$$

试针对上述公式回答以下问题：

（1）公式中的 P_t 和 K 分别表示什么？

（2）该公式表明了企业的价值主要取决于哪些因素？

（3）结合该公式说明为什么企业价值最大化的财务目标既考虑了货币时间价值，又体现了风险因素？

第二章　财务管理的价值观念

【引子】

1995 年国庆节，某大学英语专业 85 届同学举行了毕业十周年同学会，叙旧交谈中得知，有一位 A 同学做生意急需一笔资金，他说："现在银行借款年利率至少 10%，而且还借不到钱。"他有意向同学借钱做生意，又不好意思开口。有同学建议大家组建一个互助基金会，帮助 A 同学解决燃眉之急。结果有 10 位同学加入了该互助基金会，其中一位同学制定了一套互助基金会的"游戏规则"：

（1）互助基金会期限为 9 年（1995 年 10 月—2004 年 10 月）。

（2）选举急需资金的 A 同学为会长（组织者）具体操办。

（3）第一年（1995 年 10 月）由会长"坐庄"，其他 9 位同学各交付 5 000 元，共计 45 000 元款项交予会长，由会长用于自己看好的投资项目；第二年（1996 年 10 月）10 位同学再次聚会，由 B 同学"坐庄"，其他 9 位同学（包括会长）各交付 5 500 元，共计 49 500 元款项交予 B 同学，由 B 同学用于自己看好的投资项目。依此类推，从 1997 年到 2004 年每年的国庆节 10 位同学聚会，由其他 8 位同学依次轮换"坐庄"，不坐庄的 9 位同学每年需要向当年坐庄的同学支付一笔款项，每人每年的付款金额依次为 6 040 元、6 600 元、7 200 元、7 850 元、8 600 元、9 400 元、10 250 元、11 100 元。

"游戏规则"一经提出，同学们议论纷纷，大家关注的焦点问题是："坐庄"是排在前面有利，还是排在后面有利？

D 同学首先发言。让他感到纳闷的是："游戏规则"中为何每年支付的金额不等？

E 同学接着发言。她觉得"坐庄"排在后面比较合算，因为"坐庄"排到越后面，从同学中拿到的钱越多，赚的钱也就越多。

G 同学则认为，"坐庄"排在前面的人比排在后面的人"踏实"，因为"坐庄"排在前面的人先拿到同学的钱，有"先得为快"之感；而"坐庄"排在后面的人将来能否从其他同学那里拿到钱很难说。

P 同学的发言让人感到她很有财务头脑。她认为"坐庄"排在最前面的人实际上是一种筹资行为，即先向同学借钱，后面分期还给同学；而"坐庄"排在最后面的人则是一种投资行为，即前面几年陆续把钱借给同学，最后一年同学把钱还给他，还能赚取投资收益。

Q 同学最后发言。他认为会赚钱的人应该排在前面"坐庄"，不会赚钱的人应该排在后面"坐庄"。

上述同学建立的互助基金会实际上涉及财务管理的一些基本价值观念——时间价值、风险意识与风险溢酬、投融资项目的净现值和贴现率等。这些都是重要的理财思想，也是本章将要介绍的主要内容。

财务管理有两大价值观念——时间价值和风险报酬，虽然它们并不起源于财务活动，却影响着企业财务管理的各个方面，也影响着我们的日常生活。现金流量是财务决策的基础，现金流量通过贴现率的作用得到净现值，净现值作为第一重要的决策工具，被广泛应用于财务决策的各个方面。本章主要阐述财务管理的价值观念——时间价值和风险报酬，以及财务管理实务中应用十分广泛的概念——贴现率和净现值，这些都是重要的理财思想和理念，也是企业财务管理人员必须具备的基本素养。

第一节　货币时间价值

在介绍货币时间价值的概念之前，我们先来看下面的问题。

【例 2-1】灌满啤酒股份有限公司是一家啤酒制造企业，其产品具有良好的市场前景。为扩大生产能力，该公司考虑购置一套大型生产设备，供应商给出了五种付款方式，分别如下：

（1）采用交款提货方式，一次性支付 800 万元。

（2）采用分期付款方式，每年支付 220 万元，连续支付 5 年，共 1 100 万元。

（3）采用分期付款方式，首付 235 万元，以后每年支付 235 万元，连续支付 4 年（含首付），共 940 万元。

（4）从采购之日起 3 年以后首次支付 325 万元，以后每年支付 325 万元，连续支付 4 年，共 1 300 万元。

（5）将该设备作为供应商的投资，以后每年从灌满啤酒股份有限公司获得 99 万元的投资回报，此行为永久发生。

假如你是灌满啤酒股份有限公司的财务经理，你会选择哪一种付款方式？

如果你选择第一种付款方式，理由是“第一种方式支付的款项最少”，那么你不是一位合格的财务经理，因为你没有货币时间价值的观念。

一、货币时间价值的概念

货币时间价值是指货币经过一定时间的投资和再投资所增加的价值，也称为资金的时间价值。在经济生活中，有这样一种现象：10 年前 1 元钱可以买 1 000 克大米，10 年后 1 元钱却只能买同一种大米 500 克。从大米的价值来衡量，10 年前的 1 元钱与 10 年后的 1 元钱的经济价值不同，或者说经济效用不同。10 年前的 1 元钱比 10 年后的 1 元钱的经济价值要大些，即使不存在通货膨胀也是如此。这是为什么呢？例如，你将 100 元钱存入银行，在银行存款利率为 5% 的情况下，一年后你将获得本息 105 元。这里所增加的 5 元就是货币的增加额，是货币经过一年时间的周转使用而产生的增值，这是对货币时间价值的典型描述。

需要注意的是，货币并非在所有情况下都会产生时间价值。如果把货币闲置在保险柜中，显然不可能增值，甚至有可能会因为通货膨胀，使持有的货币实际购买力下降，造成货币贬值。这说明货币之所以有时间价值，前提是它处于投资过程中，实现了资金运动。就企业的财务活动来说，货币投入经营活动后，企业用其去购买所需的资源，然后生产出产品，产品出售后可获得的货币量因为创造了利润而大于最初的货币投入量。就这样，货币通过不断的循环与周转，实现了增值。货币周转的次数越多，货币的增值额就越大。因此，随着时间的推移，货币总量在资金循环和周转中按几何级数增长，使得货币具有时间价值。

然而，单从质的方面去理解货币时间价值的概念，对于财务管理是远远不够的。我们必须从数量上把握时间价值的基本特征。时间价值是指一种增量或增值率。货币需要经过一段时间的反复投资利用，才可能产生价值的增值。这种增值不仅与当期投资额大小有关，与投资涉及的时间长短有关，而且与投资方式有关。一定量的货币在相等的时期内，由于投资项目的不同，会产生不同的增值。

储蓄与购买股票都是投资，但是相等数量的货币用于这两种投资所产生的增值通常是不等的。例如，一年期储蓄利率为 2%，即某人一年前将 10 000 元存入银行，一年后能够获得的本利和为 10 200 元，其增值额为 200 元。如果另一个人一年前将 10 000 元投入股市，同样经过一年，现在收回投资，假设获得的本金和收益合计为 11 000 元，则增值额为 1 000 元。那么，10 000 元货币经过一年，其时间价值是多少呢？是 200 元还是 1 000 元？为什么股票投资的增值额高于储蓄投资的增值额呢？这是因为，股票投资的结果具有不确定因素，它可能产生很大的增值，也可能只有小额的增值，甚至减值（亏损）。但就其平均收益率来说，股票投资的收益率应当高于储蓄投资的收益率。也就是说，股票投资具有较高的风险，而储蓄投资可以认为无风险或风险极小。高风险投资应当有高报酬作为补偿。股票投资获得的收益高于储蓄收益的部分是风险溢酬，这种风险溢酬与投资的风险大小有关。为了从不同投资行为中抽象出时间价值的数量特征，合理衡量货币时间价值的大小，应当剔除各种投资风险因素对增值率的影响。

此外，我们还知道，严重通货膨胀时储蓄投资的增值率通常高于物价水平稳定时的储蓄增值率。例如，同样是一年期的储蓄投资，我国目前储蓄定期存款的年基准利率是 1.5%，而 28 年前的 1993 年 7 月 11 日，中国人民银行调整利率后的一年期存款基准利率是 10.98%。那么，同样 10 000 元人民币，目前存入银行，一年后的增值额为 150 元，28 年前存满一年的增值额为 1 098 元。对于 28 年前的储蓄和目前的储蓄，其风险似乎应该基本相同，但其增值额相差悬殊。为什么呢？这是因为 28 年前的物价指数上涨得快，而目前的物价相对比较稳定。为了弥补高通货膨胀给投资者带来的购买力损失，需要给予较高利率的补偿。因此，在衡量货币时间价值大小时，应剔除通货膨胀因素。

综上所述，从定量角度分析，货币时间价值是指在没有风险、没有通货膨胀条件下的社会平均资金利润率。在实务中，通常用相对数表示时间价值的高低。在没有通货膨胀的情况下，国库券的年利率可以衡量货币时间价值的大小。从这个意义上说，货币时间价值可以理解为第一章所说的“纯粹利率”。

二、货币时间价值的计量

要了解货币时间价值的计量，必须首先明确两个重要概念：终值和现值。终值是指现在一笔货币在未来某一时点的价值，即通常所说的本利和；现值是指未来一笔货币相当于现在的价值。终值和现值都是时点数，它们不仅与货币本身数额大小有关，还与货币用于投资所经历的时间长短及增值率（利率）的高低有关，更重要的是与计算增值的方式（单利或复利）有关。本节我们首先分别介绍在单利和复利两种不同模式下单笔货币终值与现值的计量方法，然后介绍在复利模式下年金终值与现值的计量方法。

（一）单利终值与单利现值

利息的计算有两种模式：单利和复利。前者只计算本金的利息，不计算利息的利息；后者不仅计算本金的利息，而且按照一定的计息周期还要计算利息的利息。

1. 单利终值

为了说明在单利模式下终值的计算公式，我们来看下面的例子。

【例 2-2】小王将 10 000 元钱存入银行，5 年内不动用，目前银行 5 年期的定期存款基准利率为 2.75%。那么 5 年后小王可获得的本利和是多少呢？

【解答】按照银行的规定，定期存款的本利和只计算本金的利息，不计算利息的利息，那么 5 年后小王可获得的本利和为

$$F=10\,000\times(1+5\times2.75\%)=11\,375\text{（元）}$$

因此，在单利模式下，利息的计算以本金为基础，利息不再计息，即假设增值是到期时一次取得的。单利终值的一般计算公式为

$$F=P(1+n\times i) \tag{2-1}$$

其利息的计算公式为

$$I=P\times n\times i \tag{2-2}$$

式中：P 表示现值（本金）；F 表示终值；i 表示增值率（利率）；I 表示增值（利息）；n 表示期数。

【例 2-3】ABC 公司持有一张带息银行承兑汇票，面额为 500 000 元，票面利率为 3.6%，6 个月到期。请计算该票据到期时的本利和。

【解答】该票据到期时的本利和为

$$I=500\,000\times(1+3.6\%\frac{6}{12})=509\,000\text{（元）}$$

2. 单利现值

单利现值是单利终值的相反情况，即未来一笔货币按单利计算相当于现在的价值，其计算方法实际上是单利终值的逆运算。单利现值的计算公式为

$$P=\frac{F}{(1+ni)} \tag{2-3}$$

【例 2-4】张女士欲留一笔钱购买保本型理财产品，希望在 3 年后取得本利和 600 000 元，用以支付儿子国外上大学的学费。她去 A 银行咨询得知，3 年期保本型理财产品的年化收益率为 3.25%，按单利计息。试问：张女士现在应准备多少钱购买此理财产品？

【解答】张女士现在应准备的钱数为

$$P=\frac{600\,000}{(1+3\times3.25\%)}\approx546\,697.04\text{（元）}$$

【例 2-5】根据例 2-3 的资料，假设 ABC 公司将其持有的带息银行承兑汇票在持有 2 个月以后去银行贴现，银行规定的年贴息率为 5.25%。请计算 ABC 公司贴现该票据能获得的贴现值。

【解答】银行承兑汇票贴现，需要计算被贴现票据在贴现日的现值，根据前面例题的计算，该票据的到期日价值（终值）为 509 000 元，ABC 公司持有票据 2 个月后去贴现，可见该票据从贴现日开始计算，尚有 4 个月才到期。因此，我们只要计算 4 个月以后的 509 000 元相当于贴现日的价值。

$$P=\frac{509\,000}{(1+5.25\%\times\frac{4}{12})}\approx500\,245.70\text{（元）}$$

也就是说，ABC 公司持票据去银行贴现，应该可以得到 500 245.70 元的现值。然而，银行

实际操作时并不是按上述方法计算贴现值的，而是按照票据到期日价值减去未来一段时期（贴现日至到期日）的贴息后的金额得到票据的贴现值。上述票据的贴现值为

票据贴现值 = 票据到期价值 − 票据贴息

$=509\,000-509\,000\times5.25\%\times(4/12)=500\,092.50$（元）

显然，两种算法的结果不一致。从理论上说，前一种算法是合理的，后一种算法的结果并不是“现值”，因为票据的利息不能按票据未来的到期日价值计算，而只能按照票据现在的价值计算。从这个意义上说，后一种算法是错误的，只是这种算法对银行是有利的。

单利模式下时间价值的计量比较简单，目前银行定期储蓄利息的计算普遍采用单利模式。但这种方式有时显得不太合理，严格地讲，它还没有充分考虑时间价值的作用。

（二）复利终值与复利现值

在复利的方式下，每经过一个利息期，要将所产生的利息加入本金再计利息，逐期滚算，俗称“利滚利”。这里所说的计息期，是指相邻两次计息的时间间隔，如年、季度、月、日等。除非特别指明，复利的计息期一般为 1 年。

1. 复利终值

为了说明复利模式下终值的计算公式，我们来看下面的例子。

【例 2-6】小张将 10 000 元钱存入银行，5 年内不动用，但小张请银行工作人员开出一年期存单，一年后自动转存，目前一年期的定期存款利率为 1.5%。那么 5 年后小张可获得的本利和是多少呢？

【解答】假如在这 5 年内银行一年期存款利率保持不变，那么一年后的本利和为

$$F=P(1+i)=10\,000\times(1+1.5\%)=10\,150\text{（元）}$$

第二年转存的意思是将第一年获得的利息 150 元加入本金，这时新的本金为 10 150 元，继续存入银行，再按 1.5% 的利率计算，则第二年末的本利和为

$$F=10\,000\times(1+1.5\%)\times(1+1.5\%)=10\,000\times(1+1.5\%)^2=10\,302.25\text{（元）}$$

同理，3 年后的本利和为

$$F=10\,000\times(1+1.5\%)^3\approx10\,456.78\text{（元）}$$

这样继续算下去，5 年后的本利和为

$$F=10\,000\times(1+1.5\%)^5\approx10\,772.84\text{（元）}$$

由例 2-6 可知，复利终值是指最初的本金加入前期产生的利息形成的新的本金计算的若干期后的本利和。从例 2-6 的分析可以类推，一般情况下，复利终值的计算公式为

$$F=P(1+i)^n \quad (2-4)$$

而累计利息的计算公式为

$$I=F-P=P(1+i)^n-P \quad (2-5)$$

式中，$(1+i)^n$ 被称为“复利终值系数”，也称为一元终值系数，常用符号“$(F/P, i, n)$”表示。此时，复利终值公式可以表示为

$$F=P\times(F/P, i, n) \quad (2-6)$$

在实际计算中，对于期限为整数、利率为整数的百分比的复利终值系数可以通过查阅“复利终值系数表”直接获得（见附表）。该表是按照 1 元本金为基础编制的，列示了不同利率水平 i 和不同计息期数 n 的各相应情形的复利终值系数 $(1+i)^n$。

【例 2-7】某希望工程今获得 500 万元的捐助，计划通过一段时间的投资，5 年后在西部某地区建造一座希望小学。据估计，该款项的年投资收益率为 10%，而建造一座希望小学大约需要 800 万元的资金。请分析该希望工程的目标能否实现。

【解答】通过查复利终值系数表可知，$(F/P, 10\%, 5) \approx 1.6105$，那么 500 万元的捐助资金按复利计算，5 年后的本利和为

$$F= P\times(F/P, i, n) \approx 500\times1.6105=805.25（万元）$$

计算结果表明，按照 10% 的投资收益率计算，现在的 500 万元 5 年后的价值约为 805.25 万元，超过建造希望小学所需要的资金，所以该希望工程的目标能够实现。

2. 复利现值

复利现值是指未来某一特定时间收到或者付出的一笔款项，按一定的利率（财务管理中称为"贴现率"）折算到现在时点的价值。与单利的情况一样，复利现值的计算方法实际上是复利终值的逆运算。显然，复利现值的计算公式为

$$P = \frac{F}{(1+i)^n} = F(1+i)^{-n} \qquad (2\text{-}7)$$

式中，$(1+i)^{-n}$ 被称为"复利现值系数"，也称为一元现值系数，通常用符号"$(P/F, i, n)$"表示。此时，复利现值公式可以表示为

$$P=F\times(P/F, i, n) \qquad (2\text{-}8)$$

与复利终值系数一样，对于期限为整数、利率为整数的百分比的复利现值系数也可以通过查阅"复利现值系数表"直接获得（见附表）。

此外，从上面的式子中不难推出，复利现值系数与复利终值系数互为倒数，即

$$(P/F, i, n)\times(F/P, i, n)=1 \qquad (2\text{-}9)$$

【例 2-8】30 年前一位老人将 100 元现金存入银行，假如银行的一年期利率为 10%，到期转存，以后每年的利率均为 10%。30 年后，这位老人留给他子女的财富是多少？如果这笔钱一直存下去，持续 300 年，而年利率保持不变，那么他的子孙后代可以获得多少钱？

【解答】按 10% 的年利率复利计算，100 元钱 30 年以后的本利和为

$$100\times(1+10\%)^{30} \approx 1744.94（元）$$

300 年以后的本利和为

$$100\times(1+10\%)^{300}=2.617\times10^{14}=2.617\times10^{6}\times10^{8} \approx 261.7（万亿元）$$

大概是中国 2020 年 GDP（101.6 万亿元）的 2.5 倍之多。

可见，在同样利率水平下，时间越久，单利与复利的差异越来越大。

（三）年金的终值与现值

前面介绍的终值和现值都是在某一时点发生的一次性货币收付行为，而在现实经济生活中，更多的是在一定时期内、在相等的时间间隔内发生多次收付的款项，即系列收付款项。该系列收付款项可能是等额的，也可能是不等额的，我们将等额的系列收付款项称为年金，通常记作 A。

年金在生活中到处可见，如储蓄中的"零存整取"或"整存零取"、保险费、折旧、租金、等额还贷、养老金、住房按揭贷款等，都涉及年金的问题。

下面我们来回顾一下例 2-1，供应商给出了五种付款方式：

（1）采用交款提货方式，一次性支付 800 万元。

（2）采用分期付款方式，每年支付 220 万元，连续支付 5 年，共 1 100 万元。

（3）采用分期付款方式，首付 235 万元，以后每年支付 235 万元，连续支付 4 年（含首付），共 940 万元。

（4）从采购之日起 3 年以后首次支付 325 万元，以后每年支付 325 万元，连续支付 4 年，共 1 300 万元。

（5）将该设备作为供应商的投资，以后每年从灌满啤酒股份有限公司获得 99 万元的投资回报，此行为永久发生。

假设现在公司董事会正在讨论选择何种付款方式的问题，而且对于付款方式有不同的看法。但有一点是基本一致的，那就是公司的年投资回报率应该在 12% 左右。那么，究竟应该如何选择付款方式呢？

本例中的后四种付款方式都是年金问题。第二种付款方式是每一期期末发生的年金，称为普通年金；第三种付款方式是每一期期初发生的年金，称为即付年金；第四种付款方式是未来（相对于现在来说）发生的年金，称为递延年金；第五种付款方式是永远发生的年金，称为永续年金。下面我们将对各种年金的终值和现值进行讨论。另外，尽管在现实中单利模式下的年金也经常出现，但在财务管理理论中，常用的还是复利模式。因此，为便于说明，后文涉及的年金终值与现值只考虑复利的模式。

1. 普通年金

普通年金又称后付年金，是指从第一期开始，每期期末发生等额收付款项的行为。它是最基本和最普遍的年金形式，其终值与现值的计算方法也是计算其他几种年金的基础。

（1）普通年金终值。普通年金终值是每期期末收入或者支出等额现金流的复利终值之和，其计算过程可以通过图 2-1 加以说明。

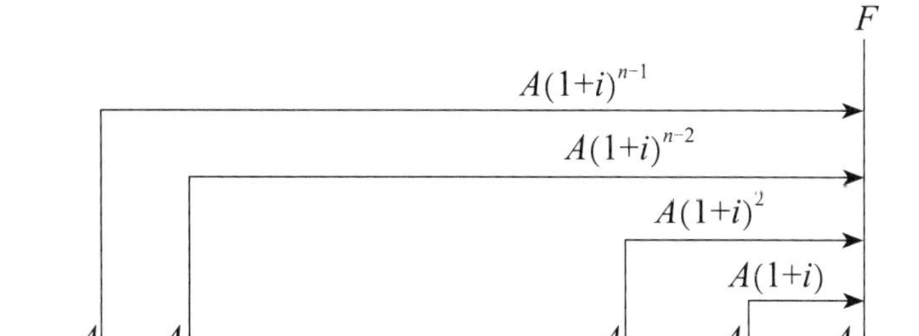

图 2-1　普通年金终值计算图

图 2-1 中，第一期发生的年金终值为 $A(1+i)^{n-1}$，第二期发生的年金终值为 $A(1+i)^{n-2}$，…，第 n–1 期发生的年金终值为 $A(1+i)$，第 n 期发生的年金终值为 A。将这 n 个时点的年金终值全部加总，得到复利的普通年金终值为

$$F_A = A + A(1+i) + A(1+i)^2 + \cdots + A(1+i)^{n-2} + A(1+i)^{n-1}$$

$$= \sum_{t=0}^{n-1} A(1+i)^t = A \times \frac{(1+i)^n - 1}{i} \qquad (2\text{-}10)$$

式中，$\frac{(1+i)^n-1}{i}$称为年金终值系数，记为“$(F/A, i, n)$”，可通过查阅“年金终值系数表”（附表）求得有关数值。当 $n>1$ 时，该系数大于 n，它表明：每一期期末连续存入 n 个 A，其本利和是“$(F/A, i, n)$ 个 A”。这时，普通年金的终值计算公式又可写成

$$F_A=A\times(F/A, i, n) \tag{2-11}$$

现在我们来看上述例 2-1 中的第二种付款方式，它是一个普通年金终值问题。这里 A=220 万元，n=5 年，i=12%，$(F/A, 12\%, 5)\approx 6.3528$。该年金的终值约为

$$F_A\approx 220\times 6.3528\approx 1\ 397.62\text{（万元）}$$

计算结果表明，每过一年支付 220 万元，连续发生 5 次，按照 12% 的利率计算，相当于 5 年后的价值为 1 397.62 万元。也就是说，每年支付 220 万元，共支付 5 年，相当于 5 年后一次支付 1 397.62 万元。

现实中的年金终值问题，有时需要根据终值来计算年金的数额。请看下面的例子。

【例 2-9】云元经编有限公司向银行借入一笔 1 000 万元 5 年期借款，银行规定到期一次还本付息，年利率为 9%，按单利计息。为了保证及时足额收回借款本息，银行规定借款人在该银行的存款账户上建立偿债基金，要求公司每年（年末）在存款账户上等额存入一笔基金，使 5 年后该基金账户的本利和正好能够偿还借款本息。而银行规定这类定期存款的年利率为 6%，并按复利计算。那么该公司为 5 年后偿还借款本息需每年等额存入多少偿债基金？

【解答】首先，计算该笔借款 5 年后应偿还的本利和金额。按照单利模式计算 1 000 万元本金 5 年后的终值为

$$F=1\ 000\times(1+5\times 9\%)=1\ 450\text{（万元）}$$

就是说，云元经编有限公司 5 年后需要向银行偿还本利和 1 450 万元。按照规定，5 年后需要偿还的这笔钱，必须由公司每年等额存入银行的偿债基金而产生。这是一个普通年金终值问题，我们需要根据该终值来计算每年存入偿债基金的数额。这里 F=1 450 万元，i=6%，n=5 年，要求计算 A。

$$A=1\ 450/(F/A, 6\%, 5)\approx 1\ 450/5.6371=257.22\text{（万元）}$$

即该公司每年需要存入 257.22 万元，才能保证公司 5 年后有 1 450 万元的资金来偿还借款的本息。

通过上述例子，我们可以引出一个与年金终值有关的概念——偿债基金。所谓偿债基金，是指为在未来某一时日偿还一定数额的债务，现在每期所需等额存入的款项，即已知未来的年金终值，倒过来计算年金数额。因此，偿债基金的计算公式为

$$A=F_A/(F/A, i, n)=F_A\times\frac{1}{(F/A, i, n)} \tag{2-12}$$

我们将年金终值系数的倒数称为偿债基金系数，用符号“$(A/F, i, n)$”表示。因此，式(2-12)可以写成

$$A=F_A\times(A/F, i, n) \tag{2-13}$$

（2）普通年金现值。普通年金现值，是指每期期末等额收付款项的复利现值之和，其计算过程可以通过图 2-2 加以说明。

图 2-2　普通年金现值计算图

图 2-2 中，第一期发生的年金现值为 $A/(1+i)$，第二期发生的年金现值为 $A/(1+i)^2$，…，第 n–1 期发生的年金现值为 $A/(1+i)^{n-1}$，第 n 期发生的年金现值为 $A/(1+i)^n$。将这 n 个时点的年金现值全部加总，得到复利的普通年金现值为

$$P_A = A/(1+i) + A/(1+i)^2 + \cdots + A/(1+i)^{n-1} + A/(1+i)^n$$

$$= \sum_{t=1}^{n} \frac{A}{(1+i)^t} = A \times \frac{1-(1+i)^{-n}}{i} \quad (2\text{-}14)$$

式中，$\frac{1-(1+i)^{-n}}{i}$ 称为年金现值系数，记为“$(P/A, i, n)$”，也可以表示成 $\frac{(1+i)^n-1}{i(1+i)^n}$ ①，可通过查阅“年金现值系数表”（见附表）求得有关数值。这样，式（2-14）又可写成

$$P_A = A \times (P/A, i, n) \quad (2\text{-}15)$$

现在我们来计算例 2-1 第二种付款方式中，每年支付 220 万元的普通年金现值。这里 A=220 万元，n=5 年，i=12%，$(P/A, 12\%, 5) \approx 3.6048$。该年金的现值约为

$$P_A \approx 220 \times 3.6048 \approx 793.06\text{（万元）}$$

计算结果表明，每过一年支付 220 万元，连续发生 5 次，按照 12% 的利率计算，相当于现在一次性支付 793.06 万元。这个计算结果说明第二种付款方式的现值小于 800 万元，表明第二种付款方式比第一种付款方式更为节约。

与年金终值一样，现实中的年金现值问题，有时需要根据现值来计算年金的数额。请看下面的例子。

【例 2-10】豫光金铅有限公司准备一次性投入 1 500 万元，用于购买生产设备和引进先进技术来制造电解铅，假设公司要求的必要报酬率为 10%，而该项目的寿命期为 15 年。假定 15 年后该技术与生产设备都被淘汰，将一文不值，且每年回收的投资额相等。请计算每年至少应回收多少投资额，该投资项目对公司才是有利的。

【解答】这是一个年金现值问题。这里 P_A =1 500 万元，i=10%，n=15 年，要求计算 A。

$$A = 1\,500/(P/A, 10\%, 15) \approx 1\,500/7.6061 \approx 197.21\text{（万元）}$$

计算结果表明，5 年中每年 197.21 万元相当于现在的价值是 1 500 万元，也就是说，该投资项目每年至少要收回 197.21 万元，才能在 10% 的报酬率下收回最初 1 500 万元的投资额。

通过上述例子，我们可以引出一个与年金现值有关的概念——投资回收额。所谓投资回收额，是指能达到既定的投资额而要求每年回收的年金数额，它是年金现值的逆运算。因此，由普通年金现值计算公式我们可以直接推导出其计算公式为

① 该公式表明：年金现值系数和年金终值系数并不是倒数关系，它们相差一个 $(1+i)^n$ 的倍数。

$$A= P_A /(P/A, i, n)= P_A\times\frac{1}{(P/A, i, n)} \qquad (2\text{-}16)$$

相应地，我们将年金现值系数的倒数称为投资回收系数，用符号“$(A/P, i, n)$”表示。因此，式（2-16）也可以写成

$$A= P_A\times(A/P, i, n) \qquad (2\text{-}17)$$

2. 即付年金

即付年金又称预付年金或先付年金，是指在每一期的期初发生的年金。它与普通年金的区别在于款项收付时间的起点不同：普通年金的资金收付发生在每期期末，而即付年金的收付发生在期初，两者实质上的差别只是相差一个时期的影响，即 $1+i$ 倍的影响而已。由此可见，即付年金的终值和现值分别是相同期限、相同利率的普通年金终值和现值的 $1+i$ 倍。因此，即付年金的终值与现值的计算可分别由普通年金终值与现值的计算公式适当调整得到，即

即付年金终值 = 期限与折现率相同时的普通年金终值×$(1+i)$ （2-18）

即付年金现值 = 期限与折现率相同时的普通年金现值×$(1+i)$ （2-19）

可分别写成

$$F_A= A\times(F/A, i, n)(1+i)= A\times\frac{(1+i)^n-1}{i}(1+i) \qquad (2\text{-}20)$$

$$P_A= A\times(P/A, i, n)(1+i)= A\times\frac{1-(1+i)^{-n}}{i}(1+i) \qquad (2\text{-}21)$$

将式（2-20）式和（2-21）进行适当变换，可以得到下列两个公式：

$$F_A=A\times\left[\frac{(1+i)^{(n+1)}-1}{i}-1\right] \qquad (2\text{-}22)$$

$$P_A=A\times\left[\frac{1-(1+i)^{-(n-1)}}{i}+1\right] \qquad (2\text{-}23)$$

式（2-21）和式（2-23）给我们提供了一个巧记即付年金终值与现值的方法，那就是：即付年金终值等于普通年金终值的“期数加 1，系数减 1”；即付年金现值等于普通年金现值的“期数减 1，系数加 1”。

现在我们来看例 2-1 中的第三种付款方式，它是一个即付年金终值问题。这里 A=235 万元，n=4 年，i=12%，$(F/A, 12\%, 4)\approx 4.7793$。根据式（2-20），该即付年金的终值约为

$$F_A\approx 235\times4.7793\times(1+12\%)\approx 1\,257.91（万元）$$

或者根据式（2-22），查 $(F/A, 12\%, 4+1)\approx 6.3528$，该即付年金的终值约为

$$F_A\approx 235\times(6.352\,8-1)\approx 1\,257.91（万元）$$

计算结果与前面相同。

上述计算结果表明，现在起每年支付 235 万元，4 年共支付 940 万元，相当于 4 年后一次支付 1 257.91 万元。

我们再来计算例 2-1 中第三种付款方式的年金现值。这里 A=235 万元，n=4 年，i=12%，$(P/A, 12\%, 4)\approx 3.0373$。根据式（2-21），该即付年金的现值约为

$$P_A\approx 235\times3.0373\times(1+12\%)\approx 799.42（万元）$$

或者根据式（2-23），查 $(P/A, 12\%, 4-1)\approx 2.4018$，该即付年金的现值约为

$$P_A\approx 235\times(2.4018+1)\approx 799.42（万元）$$

计算结果表明，从现在开始每年支付 235 万元，连续发生 4 次，按照 12% 的利率计算，相当于现在一次支付 799.42 万元。这个计算结果说明第三种付款方式的现值小于 800 万元，但大于第二种付款方式的年金现值（793.06 万元），表明第三种付款方式优于第一种方式，但不如第二种付款方式。

3. 递延年金

递延年金是指在若干期以后的某一期开始连续发生的年金。实际上，递延年金可以在期末发生，也可以在期初发生。图 2-3 所示是期末发生的递延年金示意图。

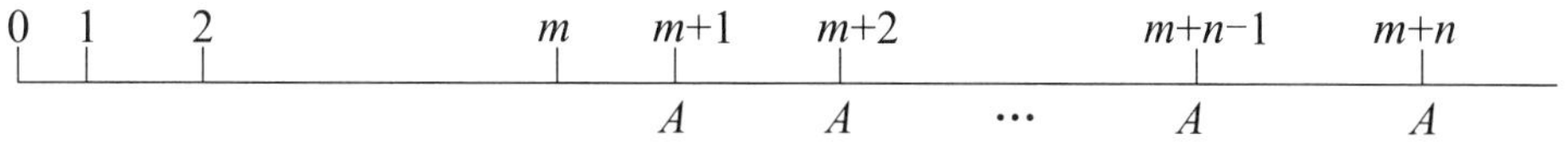

图 2-3　递延年金示意图

图 2-3 表示第一次支付发生在第 $m+1$ 期期末，连续支付 n 次，m 表示递延期数，称为“递延 m 期发生 n 期的递延年金”。由于递延年金终值的计算是年金向后折算的，因此其终值的计算方式与普通年金的计算方式相同，即

$$\text{递延 } m \text{ 期发生 } n \text{ 期的递延年金终值} = A\times(F/A, i, n) \tag{2-24}$$

而递延年金现值由于要将年金折算到最初时期，需要跨越递延期限，因此其计算方法与普通年金现值不同，一般有以下三种方式：

（1）先求出递延年金在 $m+1$ 期期初的现值，再利用复利现值系数将它折现至第一期期初的价值，其计算公式为

$$\text{递延 } m \text{ 期发生 } n \text{ 期的递延年金现值 } P(n)=A\times(P/A, i, n)\times(P/F, i, m) \tag{2-25}$$

（2）先求出 $m+n$ 期普通年金现值，再减去前面没有发生的前 m 期普通年金现值，两者之差便是递延 m 期发生 n 期的递延年金现值，其计算公式为

$$P(n)=A\times(P/A, i, m+n)-A\times(P/A, i, m) \tag{2-26}$$

（3）先求出 n 期递延年金的终值，再利用复利现值系数将 n 期年金的终值折现到 $m+n$ 期初的现值，其计算公式为

$$P(n)= A\times(F/A, i, n)\times(P/F, i, m+n) \tag{2-27}$$

现在我们来看例 2-1 中的第四种付款方式，它是一个递延年金现值问题。这里 $m=2$，$n=4$，$A=325$ 万元，$i=12\%$。运用式（2-25），$(P/A, 12\%, 4)\approx 3.0373$，$(P/F, 12\%, 2)\approx 0.7972$。该递延年金的现值约为

$$P(n)=325\times(P/A, 12\%, 4)\times(P/F, 12\%, 2)\approx 325\times3.0373\times0.7972\approx 786.93\ (\text{万元})$$

根据式（2-26），$(P/A, 12\%, 2+4)\approx 4.1114$，$(P/A, 12\%, 2)\approx 1.6901$。该即付年金的现值约为

$$P(n)\approx 325\times4.1114-325\times1.6901\approx 786.92\ (\text{万元})$$

再根据式（2-27），$(F/A, 12\%, 4)\approx 4.7793$，$(P/F, 12\%, 2+4)\approx 0.5066$。该即付年金的现值约为

$$P(n)\approx 325\times4.7793\times0.5066\approx 786.89\ (\text{万元})$$

由此可见，上述计算递延年金现值的三种方法，其计算结果是相同的（结果略有误差属于系数近似计算所致）。

将第四种付款方式的现值与前面三种方式进行比较，不难发现，该付款方式的现值最小，

比第一种到第三种付款方式都好。

4. 永续年金

永续年金是指无限期等额收付的特种年金，可视为普通年金的特殊形式，即期限趋于无穷的普通年金。由于永续年金是无限期的，其终值为无穷大，因此我们无法计算。但是，我们可以用普通年金的公式来计算永续年金的现值，只要将式（2-14）中的期限 n 趋向于无穷大即可。因此，我们可以得到永续年金的现值公式为

$$P=\frac{A}{i} \tag{2-28}$$

如果年金在每一期期初发生，那么其现值应当在式(2-28)的右端乘以 $1+i$，或者直接加上 A。

在现实生活中，永续年金也经常可见。例如：西方国家发行的无限期债券（永续债），其利息便是一个永续年金；优先股股利通常也是一种永续年金。在证券市场上，投资者也常常用永续年金现值计算公式来估算准备长期持有且股利固定的股票价值，具体见本书第三章第三节相关内容。

现在我们来看例 2-1 中的第五种付款方式，它是一个永续年金现值问题。这里 i=12%，A=99 万元，该永续年金的现值为 825 万元（99/12%）。

现在我们来总结例 2-1 中关于灌满啤酒股份有限公司大型设备价款的付款方式的选择问题。前面我们已经计算出第二种到第五种付款方式下未来付款额的现值：第二种付款方式约为 793.06 万元，第三种付款方式约为 799.42 万元，第四种付款方式约为 786.92 万元，第五种付款方式为 825 万元。与第一种付款方式“现在一次性支付 800 万元”相比较，可见第四种付款方式最合算。当然，这是按照 12% 的利率计算的结果；如果灌满啤酒股份有限公司董事会要求的年投资回报率高于或低于 12%，则上述结论可能会有改变。另外，请读者思考一个问题，在评价各种付款方式的优劣时，为何对各种方案的现值做比较，而不是对它们的终值大小来进行比较？

第二节　风险与风险报酬

一、风险的含义

当今社会，“风险”已经成为一个常用词。我们常常会说做这事“有风险”，做那事“风险大”。那么究竟什么是风险呢？实际上，对“风险”一词的解释可以说是众说纷纭。《现代汉语词典》对风险解释是“可能发生的危险”。从理论上说，我们很难给风险下一个准确的定义。迄今为止，关于风险的定义没有一个统一的说法。有学者认为，风险是损失的可能性，也有人认为风险是损失的不确定性。经济学中所说的风险是指一种经济活动可带来的收益或其他经济利益所具有的不确定性。财务管理中所指的风险是指某项财务方案可能结果的变动性。这里的财务方案可能是投资方案，也可能是筹资方案或其他财务事项。财务管理中常说“资产的风险”，这里的“资产”并不等同于会计学中的资产，而是一个含义非常广泛的概念。它可以指一切可在现在或未来获得收益的价值载体，可以指公司中的某一项具体的资产（如厂房、设备、存货等），可以指金融市场中投资者所拥有的各种金融资产；可以是一个企业，也可以是

多种资产的一种组合。

理解风险的含义，应当注意以下几点：

第一，风险具有普遍性，广泛存在于企业的各项经济活动之中。企业的生产经营与管理等活动都是在一定的市场经济条件下进行的，难免会受到各种难以预料或难以控制的因素的影响，使得企业面临各种各样的风险。不仅投资决策存在风险，筹资决策也存在风险，日常的生产经营活动都存在着风险。

第二，风险是指事物本身的不确定性，具有客观性。风险是客观存在的，不以人的意志为转移，即所谓“风险面前，人人平等”。决策者只能采取一定的措施降低风险，而不能彻底消除风险。另外，特定投资的风险大小也是客观的，如投资于股票的风险必然大于投资于国库券的风险。

第三，不确定性是风险最基本的特征，但风险和不确定性是不同的。不确定性是指对于某种行为，人们无法预知该行为的结果，或者虽然预知该行为可能的结果，但不知每一结果产生的可能性有多大。对于这类问题，人们很难做出合理的决策，更多的是依赖于偶然性与运气。而风险是指出现的各种结果及其发生的概率一般可事先估计和测算，只是不准确而已。

第四，风险是一个中性词。风险存在有利和不利两方面的结果，从这点来说，风险就是损益的波动幅度。它既可能给企业带来损失，也可能给企业带来收益。所以回避风险，既回避了可能遭受的损失，也失去了可能得到的收益。在日常经济生活中，人们说到风险自然就会想到亏损，财务决策通常将风险与损失联系在一起，认为有风险就是会亏钱，这是不正确的。当然，决策者对于可能失败的结果总会更谨慎从事。因此，通常所说的风险防范，更多指控制某一不利后果发生的可能性。

二、风险的种类

通常，按照风险是否可以借助于多元化投资与经营加以分散或避免，可将风险分为系统风险与非系统风险两大类。

（一）系统风险

系统风险又称市场风险或者不可分散风险，是指由于外部经济大环境的变化引起的、对所有公司都可能产生影响的那些因素所形成的不确定性，如战争因素、利率的变化、通货膨胀、自然灾害、经济周期的变化等。这类风险涉及面广，对所有企业都会产生影响，无论投资哪个企业都无法避免，因此一般很难通过多元化经营或组合投资等策略予以分散。

（二）非系统风险

非系统风险又称可分散风险或公司特有风险，是指各个特定公司的某些特别事件造成的风险，如研发新产品的风险、筹资风险、劳资纠纷的风险、产品滞销的风险、成本管理与控制的风险、国家某一行业或产品政策改变的风险等。这类风险并不涉及所有企业和所有项目，因此可以通过分散投资来抵消。非系统风险根据风险形成的原因不同，又可分为经营风险和财务风险。

1．经营风险

经营风险是企业由于市场、技术、成本和企业自身不能左右的其他因素的不确定性而引起的风险。它是任何商业活动都存在的，是最基本的一种风险。经营风险可能来自企业内部，也可能来自企业外部。引起经营风险的外部因素主要有经济周期的变化、产业政策的调整、竞争对手的变化等客观因素。内部因素主要有经济决策能力、市场开拓能力、技术开发能力、管理层的诚信、企业管理水平等主观因素。这些内外部因素使企业的生产经营产生不确定性，最终引起收益变化。

2. 财务风险

财务风险是指企业资金来源的构成因素对最终获利产生的不确定性影响。财务风险与经营风险不同，它并不存在于每一个企业。如果一个企业不举债，全部使用股东投入的资本，那么该企业自然也就没有财务风险。因此，我们说财务风险是由于企业举债而产生的。企业借款虽然可以解决暂时的资金困难，即"借鸡生蛋"，提高企业自由资金的盈利能力，但它需要还本付息，加大了企业将来的偿债压力，而且借入资金所创造的利润是否大于支付的利息额具有不确定性，所以借款对于企业来说有着一定的风险。一个企业的资产负债率越高，企业的财务负担就越重，财务风险程度也就越高。

需要注意的是，我们说举债会给企业带来财务风险，但这并不意味着企业要抵触举债经营。借款在给企业带来风险的同时，也会给股东带来额外的收益。当借入资金所创造的利润大于支付的利息额时，股东就可以获得借款为其带来的额外收益，产生财务杠杆正效应。因此，管理层应根据企业的盈利水平，综合考虑财务风险与收益，合理确定资本结构。

三、风险的计量

风险客观存在，广泛地影响着企业的财务和经营活动，因此，正视风险并将风险予以量化，进行较为准确的衡量，成为企业财务管理中一项重要的工作。目前，理论上和实务界大都采用概率和统计的方法来衡量风险。统计学中的方差、标准差（也称均方差）和标准差系数成为衡量风险大小最典型的指标。

（一）概率

在经济生活中，某一件事在相同条件下可能发生也可能不发生，这类事件称为随机事件。概率就是用来表示随机事件发生可能性大小的数值。在统计方法中，人们把必然发生事件的概率定为1，把不可能发生事件的概率定为0，而大多数随机事件的概率介于0～1之间。概率越大，随机事件发生的可能性越大。此外，无论随机事件发生多少种可能的结果，每一结果发生的概率之和为1。

（二）期望值

期望值是一概率分布中的所有可能结果，以各自相对应的概率为权数计算的加权平均值。它反映了随机变量取值的平均化，其计算公式为

$$E=\sum_{i=1}^{n}R_iP_i \tag{2-29}$$

式中：E 表示期望报酬率；R_i 表示第 i 种可能结果的预期报酬率；P_i 表示第 i 种结果出现的概率；n 表示可能出现的结果个数。

（三）离散程度

统计上表示随机变量离散程度的大小通常用方差、标准差、标准差系数这三个指标来衡量。

方差 [Var(R) 或 σ^2] 是用来表示随机变量与期望值之间离散程度的一个量，是离差平方的平均数。标准差是方差的平方根。两者的大小不仅受到期望值之间差异程度的影响，也与期望值

本身的大小有关。因此，方差与标准差一般只有在期望值相同或者相差不大的情况下才能被用来对不同投资的相关风险程度进行度量、比较。标准差系数（CV）也称标准离差系数或者变异系数，是标准差与期望收益率的比值，它可以克服由于不同资产的期望收益率不同而产生的不合理影响。三者的计算公式为

方差　$$\mathrm{Var}(R)=\sigma^2=\sum[(R_i-E(R)]^2\times P_i \quad (2\text{-}30)$$

标准差　$$\sigma=\sqrt{\sum[(R_i-E(R)]^2\times P_i} \quad (2\text{-}31)$$

标准差系数　$$\mathrm{CV}=\frac{\sigma}{E(R)} \quad (2\text{-}32)$$

式中：R_i 表示第 i 种可能结果的预期报酬率；P_i 表示第 i 种结果出现的概率；$E(R)$ 表示资产收益率的期望值。

下面我们通过一个实例来更好地理解与掌握风险衡量的方法。

【例 2-11】顶益食品有限公司拟扩大经营规模，形成以下两种投资方案：

A 方案：扩建生产线，继续扩大原有产品的市场份额。

B 方案：增加研发投入，开发新产品。

两种投资方案的预期报酬率与市场情形有关，在不同市场情形下两种方案的预期报酬率如表 2-1 所示。

要求：根据资料，分析上述两种投资方案的风险大小。

表 2-1　A、B 两种方案在不同市场情形下的预期报酬率

方案	市场情形		
	繁荣（概率 P_1=0.3）	正常（概率 P_2=0.4）	衰退（概率 P_3=0.3）
A 方案	20%	15%	5%
B 方案	35%	20%	−10%

【解答】要计量两种投资方案的风险大小，首先我们要求出其各自的期望报酬率。

根据式（2-29）可以直接求得

$$E(\mathrm{A})=20\%\times0.3+15\%\times0.4+5\%\times0.3=13.5\%$$

$$E(\mathrm{B})=35\%\times0.3+20\%\times0.4+(-10\%\times0.3)=15.5\%$$

其次，求出各方案的方差与标准差。

A 方案的方差与标准差为

$$\mathrm{Var(A)}=(20\%-13.5\%)^2\times0.3+(15\%-13.5\%)^2\times0.4+(5\%-13.5\%)^2\times0.3\approx0.35\%$$

$$\sigma(\mathrm{A})\approx5.92\%$$

B 方案的方差与标准差为

$$\mathrm{Var(B)}=(35\%-15.5\%)^2\times0.3+(20\%-15.5\%)^2\times0.4+(-10\%-15.5\%)^2\times0.3\approx3.17\%$$

$$\sigma(\mathrm{B})\approx17.80\%$$

由上述计算可知，A、B 两种方案的期望报酬率不同。因此，为了更合理地比较两者的风险大小，我们还应该计算出两种方案的标准差系数，即

$$\mathrm{CV(A)}=\frac{\sigma_{\mathrm{A}}}{E(R_{\mathrm{A}})}=\frac{5.92\%}{13.5\%}\approx43.85\%$$

$$\mathrm{CV(B)}=\frac{\sigma_{\mathrm{B}}}{E(R_{\mathrm{B}})}=\frac{17.8\%}{15.5\%}\approx 114.84\%$$

计算结果表明：A 方案预期报酬率的方差、标准差、标准差系数均小于 B 方案，因此我们认为 A 方案的风险要低于 B 方案。如果公司管理层比较保守，不愿承担过高的风险，则会选择 A 方案；如果公司管理层比较愿意冒险，则会选择期望报酬率较高、风险较大的 B 方案。

四、风险与收益的关系

（一）风险与收益的基本关系

在投资活动中，风险和收益如影随形，收益以风险为代价，风险用收益来补偿。投资者投资的目的是得到收益，与此同时，又不可避免地面临着风险。一般的投资者都会对风险采取规避态度，即当投资报酬率相同时，人们会选择风险小的项目；当风险相同时，人们会选择报酬率高的项目。这样选择的结果是：高风险的项目必须有高的报酬，否则将没有人愿意投资。因此，我们认为，风险与收益的基本关系为：风险与收益是相对应的，即风险较大的投资项目，其要求的收益率相对较高；反之，收益率较低的投资项目，其风险相对较小。例如，一般而言，债券投资的风险小于股票投资，其收益率也低于股票投资的收益率。

值得注意的是，“高风险、高收益”是市场经济的规律，但这并不是说，人们去投资风险大的项目，一定能获得高收益。如果一个高风险的投资项目一定能获得高收益，又何来“高风险”的说法？因此，对“高风险、高收益”这一命题的正确理解是：高风险的投资项目，其平均收益率（期望收益率）应当高于无风险或者风险小的投资项目。

（二）风险报酬的计量

风险报酬也称风险溢酬，是指投资者冒风险投资而获得的报酬超过无风险报酬的额外报酬。它有两种表示方法：风险报酬额和风险报酬率。

投资者要求的报酬率（必要投资报酬率）由三个部分构成：①无风险报酬率（确定的，与投资时间长短相关），实质上是货币时间价值，通常以最低的社会平均资金利润率来衡量；②风险报酬率（不确定的，与投资项目的风险有关）；③通货膨胀率（与通货膨胀有关），是对投资者承担的货币贬值损失的一种补偿。

一般而言，投资报酬率是指假设没有通货膨胀情况下，投资者要求的报酬率。它由前面两部分组成，即

$$\text{投资报酬率}=\text{无风险报酬率}+\text{风险报酬率} \tag{2-33}$$

标准差系数可以反映投资项目的风险程度，但它本身并不是风险报酬率。要计量风险报酬率还需要借助一个系数——风险报酬系数。风险报酬系数就是把标准差系数转为风险报酬率的一种系数或者倍数。风险报酬率、标准差系数、风险报酬系数三者的关系为

$$R_r=b\times \mathrm{CV} \tag{2-34}$$

式中：R_r 表示风险报酬率；b 表示风险报酬系数；CV 表示标准差系数。

因此，风险与收益的关系可以表示为

$$R=R_f+R_r=R_f+b\times \mathrm{CV} \tag{2-35}$$

式中：R 表示投资报酬率；R_f 表示无风险报酬率。

【例 2-12】沿用例 2-10 的资料，假如顶益食品有限公司董事会决定选择 B 方案，那么根据前面的计算结果，B 方案的期望报酬率为 15.5%，标准差系数为 114.84%。现在假设有甲、乙两个投资者对该项目进行决策，他们确定的风险报酬系数分别为 0.15 和 0.10，而市场的无风险报酬率为 3%。请分别计算甲、乙投资者的期望报酬率率。

【解答】

甲投资者的期望报酬率为

$$R_{甲}=3\%+0.15\times114.84\%=20.23\%$$

乙投资者的期望报酬率为

$$R_{乙}=3\%+0.10\times114.84\%=14.48\%$$

从上述计算可以看出，甲投资者的期望报酬率为 20.23%，说明甲投资该项目至少要获得 20.23% 的报酬率；同样，乙对该投资项目的最低报酬率是 14.48%。如果前面计算得到的 B 方案 15.5% 的期望报酬率是可信的，那么甲不愿意投资该项目，而乙则愿意投资该项目。

从上述分析可知，风险报酬系数的经济意义是十分明显的，它反映了决策者对风险的态度。风险报酬系数的取值越大，说明决策者比较保守，不愿冒险；风险报酬系数的取值越小，说明决策者敢于冒险。例 2-12 中，相比之下，甲投资者比较保守，而乙投资者比较冒险。

至于风险报酬系数的确定，一般有以下几种方法：

（1）根据以往同类项目加以确定。风险报酬系数（b）可以参照以往的历史资料，运用上述有关公式加以确定。例如，根据以往公司的统计资料，某一项目的必要报酬率一般为 15% 左右，其标准差系数为 80%，国库券利率（无风险报酬率）为 5%，则由式（2-35）可以推出 $b=(R-R_f)/CV=12.5\%$。

（2）由企业领导或企业组织有关专家确定。第一种方法必须在历史资料比较充分的情况下使用，但是新项目往往缺乏历史资料。此时，风险报酬系数就可以由企业高管根据经验确定，也可以由企业组织有关专家确定。一般而言，风险报酬系数在很大程度上取决于各公司对风险的态度。风险爱好者一般把 b 值定低些；反之，经营比较保守的公司常常把 b 值定高些。

（3）由国家有关部门组织专家确定。国家有关部门组织专家，根据行业的条件和有关因素，确定各行业的风险报酬系数，由国家定期公布，作为企业投资决策的参考。

第三节　现金流量

人们常说，时间价值与风险溢酬是财务管理的“两大支柱”，也是两个重要理财观念。然而，在财务管理理论与实践中，还有一个非常重要且十分常用的概念，那就是现金流量。本节将介绍现金流量的概念，以及投资活动和筹资活动现金流量分布的一般特征。

一、现金流量的概念及其重要性

（一）现金流量的概念

现金流量是指企业在一定会计期间内的经济活动（包括经营活动、投资活动、筹资活动和非经常性项目）产生的现金流入、现金流出及其净流量的总称。这里的“现金”与会计实务中所指的库存现金并非同一概念，它不仅仅包括企业的货币资金，还包括现金等价物。现金等价物是指企业持有的期限短、流动性强、容易转换为已知金额现金、价值变动很小的投资等。在财务决策分析时，现金流量有时不仅仅限于上述口径，它还有更广义的理解。例如，一批存货、一项设备有时候也可以理解为一种现金流量，因为存货和设备是需要企业支付现金而获得的。

现金流量可以分为现金流入量、现金流出量和现金净流量，它们与会计核算中的收入、费用和利润的含义不同。前者是按照收付实现制确认的，而后者是按照权责发生制确认的。因此，企业在一定时期内的现金流入量不一定等于该时期实现的收入，现金流出量也不一定等于该时期发生的费用；自然，现金净流量也就不一定与利润总额相等。

（二）现金流量的重要性

在现代企业发展的过程中，决定企业兴衰存亡的是现金流，最能反映企业财务状况的也是现金流。因此，现金流量对于企业来说是极其重要的，主要体现在以下几个方面：

（1）现金流量比传统的利润指标更能说明企业的盈利质量。首先，在利用利润指标时，企业常常会利用增加投资收益等非营业活动来操纵利润，而经营活动现金流量只计算营业利润，将投资收益等非经常性收益剔除在外；其次，会计利润是按照权责发生制确定的，可以通过虚假销售、提前确认销售、关联交易等手段调节利润，而现金流量是按收付实现制确定的，上述调节方式一般并不能增加现金流量；再者，现金流量比利润具有刚性，它一般不会随着会计处理方法的变化而变化，如采用不同的方法计提固定资产折旧、计提减值准备等，它们一般不会影响现金流量净额，但是会影响企业在某一期的利润。因此，现金流量比利润更难造假，也就更加可靠、真实。

（2）企业现金流量的增加额是企业生存与发展的基础。对于一个企业而言，要想成长发展，必须有足够的资金，因为企业的直接威胁是破产，而破产的直接动因是出现了财务危机，无法清偿到期债务。一个企业无论其账面上有多少资产、多少利润，如果没有足额的资金来维持企业的正常运营、偿还其到期债务，那么这个企业不可能有很好的发展，最终还是难逃破产清算的命运。

（3）现金流量是评价投资项目的重要价值信息，主要有三个方面的理由。第一，现金流量有利于考虑时间价值的因素。科学的投资决策需要考虑时间价值的因素，现金流量反映的是当期的现金流入与流出，有利于考虑时间价值的因素；而会计利润不一定当期实现，没有考虑时间价值的因素。第二，利润的计算受人为因素的影响比较大，而现金流量则具有刚性，因此用现金流量来评价投资决策更加客观。第三，在投资分析中，现金流转状况比盈亏状况更重要。一个项目能否持续下去，并不是看其带来的账面利润是多少，而是看其是否有足够的资金来运转，是否入不敷出。现金一旦支出，不管是否消耗，都不能用于别的目的，只有将现金收回后才能进行进一步投资。因此，在投资决策中，我们更重视现金流量的分析。

二、投资项目的现金流量

投资是将资本投入企业内部或者企业外部，以获得收益的行为。投资行为往往会使企业的现金流量发生变化。从投资的概念中可以看出，投资行为是现金流出在先，投资完成通过生产经营活动收回现金，产生现金流入。例如，某企业开办一个新的生产基地，前期需要建造厂房、购置生产设备，这时会有大量的资金流出企业，等企业投入生产后通过销售商品就会有后续的现金流入企业。如果后续的流入量大于流出量，其差额便是投资收益；如果流入量小于流出量，其差额形成投资损失。投资活动的现金流量如图 2-4 所示。

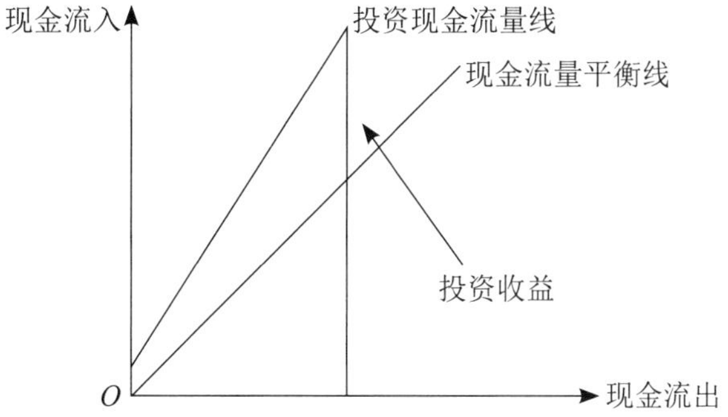

图 2-4 投资活动的现金流量

图 2-4 中，“现金流量平衡线”是一条倾斜角度为 45°的直线，直线上的每一个点的现金流入量等于现金流出量。“投资现金流量线”是表示投资活动实际现金流入、流出量的直线，通常在“现金流量平衡线”的上方，表明投资活动产生的现金流入量大于现金流出量；它与“现金流量平衡线”的差异表示投资活动形成的收益。如果一项投资活动的“投资现金流量线”在“现金流量平衡线”的下方，则表明该投资活动产生的现金流出量大于现金流入量，会形成投资损失。此时，企业就需要采取一定的措施来增加收入或者减少成本。当无法采取必要措施时，应考虑放弃该投资方案，以免给企业带来更大的亏损。

三、融资项目的现金流量

融资与投资像一对姐妹，支撑着企业的财务活动和经营活动。广义的融资可以分为内部融资与外部融资。内部融资是指企业通过自身经营活动中的收益留存而实现的融资，实质上是企业收益分配的结果。外部融资是指企业通过一定的方式向企业外部筹集资金的行为，如企业发行债券、向金融机构借款、发行股票等。狭义的融资一般是指外部融资。

与投资活动一样，融资活动也会使企业的现金流量发生变化。但是，与投资不同的是，融资行为是现金流量流入在先，再发生现金流出，现金流出大于现金流入的部分为资本成本。融资活动的现金流量如图 2-5 所示。

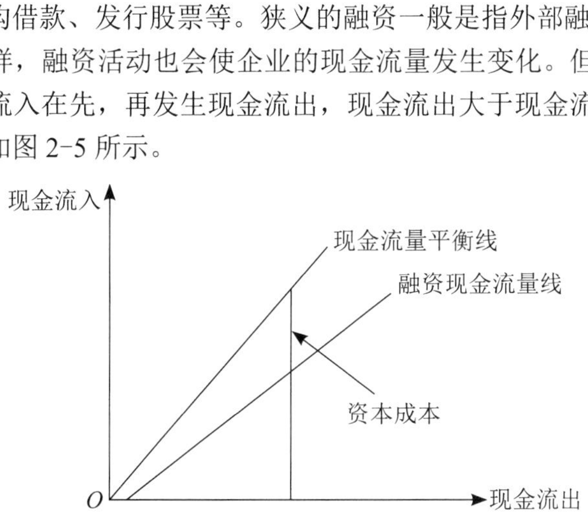

图 2-5 融资活动的现金流量

因为融资活动是现金流入在先，现金流出在后，而货币具有时间价值，所以“现金流量平衡线”总是在“融资现金流量线”的上方，两者的差额就是资本成本。不同的融资方式，资本成本不同。一般而言，债权融资成本低于股权融资成本，融资期限长的资本成本高于融资期限短的资本成本。本书在后面章节会详细讨论这个问题。

不同的融资方式，现金流入与流出的时间和形式不同。例如，债券融资是在发行债券时获得现金流入，到期还本付息时产生更多的现金流出（一次性还本付息）；股权融资是在发行股票时获得现金流入，以后各期向股东支付股利（非强制性），产生现金流出。只要主体的经营活动持续不断，一般不必退还股款给股东。也就是说，与债权融资相比，股权融资在以后各期的现金流出相对比较均衡，流出的时间也比较随意，不会产生太大的支付压力；而债权融资的还本付息期一般都是事先约定好的，不能随意更改。

投资与融资行为在产生现金流量的过程中存在着对立统一的关系，主要体现在：某一经济行为对于某一经济主体来说是融资行为，而对另一经济主体而言却是投资行为。投资方的开始现金流出就会形成融资方的开始现金流入；融资方的最后现金流出会形成投资方的最后现金流入。因此，在投融资过程中，投融资双方的现金流入量和流出量达到交叉平衡。当然，由于投融资行为通常存在交易费用和税金，融资主体起初发生的现金流入量会小于投资主体起初产生的现金流出量；而投资主体其后产生的现金流入量会小于融资主体产生的现金流出量。也就是说，投融资主体的现金流入与流出由于交易费用和税金的存在而不对等。

第四节　贴现率与净现值

贴现率和净现值是财务管理中两个使用频率很高的词。贴现率是将不同时点的现金流量换算到某一特定时点价值的换算率；净现值是衡量财务活动对企业价值贡献大小的指标，是贴现率的函数。

一、贴现率

（一）贴现率的含义

贴现率也称折现率，是将未来现金流量还原或转换为现值的比率。它是反映货币时间价值的重要参数。贴现率与利率紧密相关，但它不是利率。这是因为：利率是资金的报酬，而贴现率是管理资产的报酬；利率只表示资金本身的获利能力，与使用条件、占用者和使用途径没有直接联系，而贴现率则与资产及所有者使用效果相关。因此，如果将贴现率等同于利率，就会过于简单和片面化了。

要想弄清贴现率的本质，我们可以从贴现开始分析。这里所说的“贴现”不是通常意义上的票据的贴现，而是将预期的现金流转换为现值的一个转换过程。贴现作为一个时间价值的概念，认为将来的收益或利益低于现在同样数额的收益或利益，并且随着收益的时间向未来推迟而有系统地降低价值。从企业估价的角度来看，贴现率是企业各类收益索偿权持有人要求报酬率的加权平均数，也就是加权平均资本成本；从贴现率本身来说，它是一种特定条件下的收益率，说明资产取得该项收益的收益率水平。因此，我们说贴现率实质上是一种资本收益率，它与报酬率在本质上是相同的。

（二）贴现率的确定

贴现率的本质揭示了确定贴现率的基本思路，即贴现率应等同于具有同等风险的资本收益率，也可以说是投资者的预期报酬率或者是融资者的资本成本（率）。根据风险与报酬的关系，我们知道影响投融资贴现率的因素主要有两个：

一是投资风险的大小。一般而言，风险越大，投资者希望的报酬率越高，那么该项目的贴现率越高；反之亦然。

二是决策者对风险的态度。一般来说，对相同的风险水平的投融资行为，保守的决策者会选择比较高的贴现率，冒险的决策者会选择比较低的贴现率。

贴现率的确定方法有很多，如资本资产定价模型法、加权平均资本成本法等。

1. 资本资产定价模型法

按照风险报酬原理，贴现率应当包括两个组成部分：一是无风险贴现率，二是风险贴现率。风险贴现率又取决于风险的大小和决策者对风险的态度。在实际计算时，确定贴现率可以采用资本资产定价模型，其计算公式为

$$K=K_f+\beta\times(K_m-K_f) \tag{2-36}$$

式中：K 表示期望报酬率；K_f 表示无风险报酬率；K_m 表示市场平均风险报酬率；β 表示该项资产的贝塔系数。

2. 加权平均资本成本法

加权平均资本成本法是将企业多种长期资金的风险和收益结合起来确定贴现率的途径，国际上通常将资本成本视为投资项目的“最低收益率”。对于新建或新改组企业，或资产负债结构较合理的企业，采用加权平均资本成本法确定贴现率是较适当的选择。有关加权平均资本成本的意义及计算方法将在第七章第一节做详细介绍。

二、净现值

（一）净现值的概念

净现值（NPV）是指财务活动现金流入量现值与流出量现值之差。所有未来现金流入和流出都要按照预定贴现率折算出它们的现值，然后再计算它们的差额。净现值的计算公式为

$$\text{NPV}=\sum\frac{\text{CFI}_t}{(1+K)^t}-\sum\frac{\text{CFO}_t}{(1+K)^t} \tag{2-37}$$

式中：NPV 表示财务行为的现金流量净现值；CFI_t 表示第 t 期的现金流入量；CFO_t 表示第 t 期的现金流出量；K 表示贴现率。

从式（2-37）中可以看出，净现值的大小取决于两个因素：一是贴现率的大小；二是财务活动预期的现金流入与流出的时间和数额，即现金流入量和流出量在各个时点的分布状况。因此，计算财务活动现金流量净现值的关键是分析财务活动现金流量的分布状况，然后根据确定的贴现率将流入量和流出量予以贴现。

（二）净现值是贴现率的函数

从式（2-37）中不难看出，净现值是贴现率的函数，在财务活动现金流量分布一定的前提下，它会随着贴现率的变化而变化。我们把财务活动净现值随贴现率变化的函数称为财务活动的净现值函数。财务活动的净现值函数根据行为方式不同，又可以分为投资净现值函数和融资净现值函数。

1. 投资净现值函数

投资行为的现金流量分布特征是：先流出现金，再流入现金，一般流入现金的绝对额大于流出现金的绝对额，从而形成投资收益。因此，一般而言，投资活动现金流量的净现值是贴现率的递减函数，如图 2-6 所示。

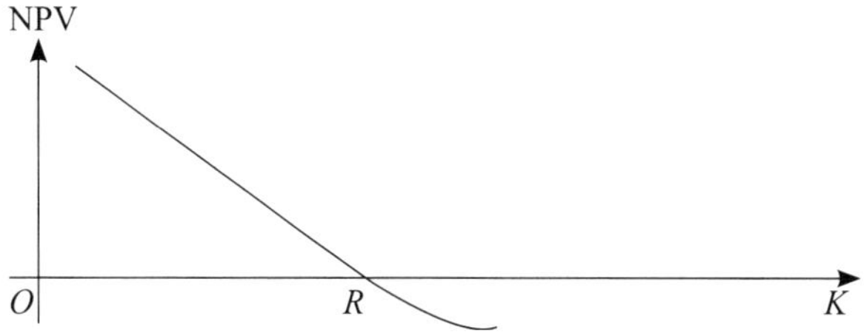

图 2-6 投资活动净现值函数

图 2-6 中，投资活动的净现值随着贴现率的增大而不断减小。当贴现率 $K=R$ 时，净现值为零，即投资活动的现金流入量的现值等于现金流出量的现值。财务管理中将该贴现率称为内含报酬率。对于独立的投资活动，当投资方案的净现值为正时才能接受，因为只有净现值为正数时，该方案的报酬率才大于项目要求的最低报酬率或资本成本率，才会给企业最终带来收益，使企业的价值增加，该方案才可行；反之，应该放弃该方案。

投资活动的净现值并不一定在贴现率的任何区间都表现为贴现率的递减函数。有些投资项目在项目寿命期内现金的流入量与流出量是交替发生的。此时，投资项目的净现值就可能在某一区间表现为贴现率的递减函数，而在另一区间表现为贴现率的递增函数。

2. 融资净现值函数

融资行为的现金流量分布特征是：先流入现金，再流出现金，流出现金的绝对额大于流入现金的绝对额，差额形成资本成本。显然，融资活动与投资活动相反，其现金流量的净现值是贴现率的递增函数，如图 2-7 所示。

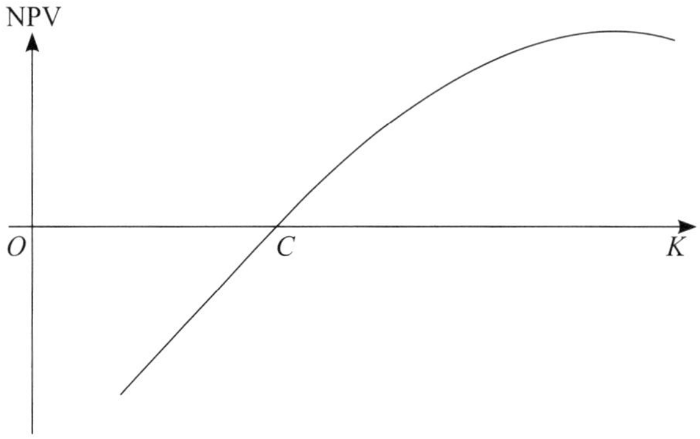

图 2-7 融资活动净现值函数

图 2-7 中，融资活动的净现值随着贴现率的增大而增大。当贴现率 $K=C$ 时，净现值为零，即融资活动的现金流入量的现值等于流出量的现值。财务管理中将该贴现率称为融资行为的内含成本率。

（三）净现值的特点

净现值多用于评价投资方案在财务上是否可行，是评价投资决策最重要的指标之一，具有广泛的适用性。净现值具有以下优点：

（1）考虑了货币的时间价值，从而能反映项目投资收益的现值，增强了投资经济性的评价。

（2）考虑了投资风险的影响。在计算净现值时，允许使用不同的贴现率来计算，而贴现率的大小又受到投资风险大小和投资者对风险的态度两个因素的影响。

（3）考虑了项目计算期的全部净现金流量的影响，体现了流动性与收益性的统一。

（4）净现值指标是一个绝对值指标，能明确反映一个投资会使企业增值或者减值的数额的大小，可以很好地为企业决策者提供有用的信息。

然而，净现值也有其自身的缺陷，主要体现在以下几个方面：

（1）净现值不能说明投资方案本身投资报酬率的大小，因此，仅凭净现值的大小不能对投资获利水平做出正确的评价。

（2）净现值是一个绝对指标，它只能评价初始投资额相同的投资方案，不利于对不同方案的投资优劣进行排序，从而导致无法做出正确决策。

（3）净现值无法对寿命期不同的投资方案进行直接决策。若寿命期不同，则贴现期间也不同，此时不同投资方案的净现值不具备可比性。

因此，为了能对投资决策做出更正确的评价，我们在运用净现值指标时，还应该结合其他的指标。关于这方面的内容，我们将在第四章第三节做详细阐述。

【思考与练习】

一、思考题

1. 年金终值系数和年金现值系数互为倒数吗？它们之间存在怎样的数量关系？

2. 请你对本章计算即付年金终值公式（2-22）和即付年金现值公式（2-23）给出图示解释。

3. 某人拟购置一处房产，房主提出两种方案（付款方式）：

（1）从现在起，每年年初支付 5 万元，连续支付 10 次，共 50 万元。

（2）从第 5 年起，每年年初支付 7 万元，连续支付 10 次，共 70 万元。

该购房者目前资金较为宽裕，他认为："第一种方案支付的全部价款比第二种方案少 20 万元，因此第一种方案对购房者来说更合算。"

你认为该购房者的分析有何不妥？应该如何分析和选择付款方式？

4. 有人说，高风险必定意味着高收益，低风险一定意味着低收益。你认为这句话对吗？请说明理由。

5. 盛元投资公司准备进行股票投资，现有 A、B、C 三只股票作为备选品种。反映这三只股票风险大小的有关数据见下表。

指标	股票 A	股票 B	股票 C
期望报酬率	25%	20%	12%
报酬率的标准差	20%	22%	15%

盛元投资公司证券部的甲、乙两位职员的分析如下：甲认为 A 股票的期望报酬率最高，高收益意味着高风险，所以 A 股票的风险最大，B 股票次之，C 股票风险最小；乙认为 B 股票的

标准差最大，其风险最大，A 股票次之，C 股票风险最小。请你分别指出该公司证券部的两位职员对 A、B、C 三只股票的风险分析有何不妥？你认为哪一只股票的风险最大？请说明你的理由。

6. 企业在财务决策时为什么要重视现金流量，而将利润指标放在次要的位置？

7. 什么是贴现率？请分别指出投资净现值函数和融资净现值函数与贴现率的关系。

二、单项选择题

1. 现在银行储蓄存款 3 年期的年利率为 2.75%，若 3 年以后想要得到 50 000 元，按照单利计算，现在应一次存入约（　　）元。

A. 45 761　　B. 45 875　　C. 46 092　　D. 46 189

2. 偿债基金系数是（　　）。

A. 复利终值系数的倒数　　B. 复利现值系数的倒数

C. 年金终值系数的倒数　　D. 年金现值系数的倒数

3. 年金现值系数的倒数是（　　）。

A. 复利终值系数的倒数　　B. 复利现值系数的倒数

C. 偿债基金系数　　D. 投资回收系数

4. 某人准备现在存入银行一笔钱，希望从第一年开始在今后 6 年内每年年末取出 3 000 元供子女上中学，设年复利率为 5%，此人现在应一次存入约（　　）元。

A. 2 239　　B. 15 227　　C. 18 000　　D. 20 406

5. 某人现在存入银行 1 000 元，以后每过一年存入 1 000 元，一直持续 10 年，若按 5% 的年复利率计算利息，10 年后获得的利息总额为（　　）元。

A. 2 278　　B. 2 578　　C. 3 207　　D. 8 108

6. 有一个投资项目的年复利率是 10%，投资者现在投资 20 000 元，以后每过一年可以取回 4 000 元，那么投资者最后一次能够足额（4 000 元）提款的时间是（　　）。

A. 5 年后　　B. 7 年后　　C. 8 年后　　D. 9 年后

7. 小虎拟于 5 年后一次偿还所欠债务 350 000 元，现在准备在银行建立一个偿债基金，假定银行利率为 8%，则应从现在起每年存入偿债基金约（　　）元。

A. 59 660　　B. 87 660　　C. 250 000　　D. 490 000

8. 某人准备将 20 000 元钱存入银行，有两种方式：①定期 3 年，目前银行规定的 3 年期存款年利率为 2.75%；②定期 1 年，年利率为 1.5%，到期转存。假设 3 年内上述定期存款的利率均不变，那么这笔储蓄在上述两种存储方式下最终的利息差异是：第一种方式获得的利息比第二种方式多大约（　　）元。

A. 736.43　　B. 750　　C. 782.22　　D. 795.79

9. 某一投资项目的标准差系数为 80%，无风险报酬率为 5%，若某投资者的必要报酬率为 15%，则该投资者确定的风险报酬系数为（　　）。

A. 0.125　　B. 0.625　　C. 1.6　　D. 2.5

10. 当贴现率等于融资项目的内含成本率时，融资活动的净现值（　　）。

A. 大于零　　B. 小于零　　C. 等于零　　D. 不一定

三、多项选择题

1. 货币时间价值在数量上应当理解为扣除（　　）后社会平均利润率。

A. 时间因素　　B. 通货膨胀因素
C. 纯粹利率　　D. 风险因素

2. 下列表述中正确的是（　　）。
A. 复利终值系数与复利现值系数互为倒数
B. 普通年金终值系数与普通年金现值系数互为倒数
C. 普通年金终值系数与偿债基金系数互为倒数
D. 普通年金现值系数与投资回收系数互为倒数

3. 下列关于复利终值系数、复利现值系数、普通年金终值系数和普通年金现值系数的数值大小的判断正确的有（　　）。
A. 复利终值系数大于 1　　B. 复利现值系数小于 1
C. 普通年金终值系数大于期数　　D. 普通年金现值系数小于期数

4. 下列关于即付年金的终值公式中正确的有（　　）。
A. $F_A=A\times[(1+i)^n-1](1+i)/i$　　B. $F_A=A\times[1-(1+i)^{-n}](1+i)/i$
C. $F_A=A\times\{[(1+i)^{n-1}-1]/i+1\}$　　D. $F_A=A\times\{[(1+i)^{n+1}-1]/i-1\}$

5. A 企业向银行借款 1 000 万元，期限为 5 年，年利率为 9%，确定的还款方式为按年分期等额还本付息，那么可以计算出每年的还款金额约为 257.09 万元。下列关于分期等额还本付息方式的说法正确的有（　　）。
A. 每年支付的利息逐年递减
B. 每年偿还的本金逐年递增
C. 第一年偿还的本金约为 167.09 万元
D. 最后一年偿还的本金为 200 万元

6. 如果年金发生在每一期的期初，那么下列可以作为永续年金现值计算公式的有（　　）。
A. $P_A=A/i$　　B. $P_A=A\times i$　　C. $P_A=A\times(1+i)/i$　　D. $P_A=A/i+A$

7. 下列因素引起的风险一般属于系统风险的有（　　）。
A. 战争　　B. 经济周期变化　　C. 举债经营　　D. 通货膨胀

8. 有关现金流量的说法不正确的有（　　）。
A. 财务决策中使用的现金流量是指库存现金
B. 现金流量反映的是某一时期的现金流入量、现金流出量和净流量
C. 任何投资活动的现金流入量一定大于现金流出量
D. 任何融资活动的现金流入量一定小于现金流出量

9. 下列有关净现值的说法正确的是（　　）。
A. 净现值考虑了货币的时间价值
B. 净现值考虑了风险的影响
C. 净现值是财务活动现金流入量的现值与流出量现值之差
D. 投资活动的净现值一般表现为贴现率的递减函数

10. 在投融资项目现金流量分布不变的前提下，提高贴现率会导致（　　）。
A. 投资净现值上升　　B. 投资净现值下降
C. 融资净现值上升　　D. 融资净现值下降

四、计算分析题

1. 老张为其女儿5年后出国需要准备500 000元人民币。老张准备购买保本型理财产品，现在有两种购买方式：①现在一次性购买理财产品，定期5年，年收益率为4.5%，按单利计算收益；②每年年初存入一笔相等金额的本金，年收益率为4%，按年复利计算收益。

要求（计算结果精确到元）：

（1）如果采用第一种方式购买理财产品，计算应一次性购买理财产品的金额。

（2）如果采用第二种方式购买理财产品，计算每年年初应购买理财产品的金额。

2. 某人准备采用零存整取的储蓄方式，现在存入银行500元，以后每过一月存入银行500元，银行规定的月利率为0.5%，但银行规定按单利计息。

（1）试计算该（零存整取）储蓄2年以后的本利和。

（2）请你根据上述计算过程导出单利计息模式下的即付年金终值公式（假设年利率为i，期限为n，年金值为A，n期的年金终值为F_A）。

3. 2021年8月1日是张先生23周岁生日，也是他大学毕业参加工作的时间。他在一家上市公司做财务工作，按照正常情况，张先生将于2058年7月31日退休。张先生从工作的第一个月开始每月从工资中扣除1 200元存入他的养老金账户，同时公司也为他存入相等金额的养老金。如果该养老金的月投资收益率为0.5%，请你按照复利计算（结果精确到元）：

（1）张先生在60周岁退休时养老金账户的本利和是多少？

（2）如果张先生的寿命为80岁，那么他退休后可以从自己的养老金账户中每月（等额）取出多少钱？

4. ABC公司拟购置一台设备，销售方提供如下三种付款方案：

（1）现在一次性支付200万元。

（2）现在支付30万元，以后每过一年支付30万元，连续支付10次，共300万元。

（3）5年后首次支付36万元，以后每过一年支付36万元，连续支付10次，共360万元。

假设该公司的资本成本为10%，则ABC公司选择上述哪个方案最经济？

5. 某企业准备投资开发一个新项目，现有A、B两个方案可供选择，经预测A、B两个方案的期望报酬率见下表。

市场状况	概率	预期年报酬率（%）	
		A方案	B方案
繁荣	0.3	30	40
一般	0.5	15	15
衰退	0.2	−5	−15

要求：

（1）计算A、B两个方案报酬率的期望值。

（2）计算A、B两个方案报酬率的标准差和标准差系数。

（3）假设无风险收益率为4%，某投资者确定的风险报酬系数为0.12，试计算该投资者对A、B方案决策的必要报酬率。

6. XYZ公司财务部和投资发展部共同制订2021年的投融资计划，拟实施投融资项目，融资获得的资金用于投资的需要。融资项目和投资项目如下：

融资项目：现在向银行取得长期借款 3 000 万元，银行未明确给出名义利率，但要求借款人每过一年偿还 550 万元（含本金和利息），共 8 年，合计支付 4 400 万元。

投资项目：现在投资 3 000 万元，寿命期为 8 年，前 4 年每年能够产生 680 万元的现金流入，后 4 年能产生 400 万元的现金流入，8 年中合计收回现金 4 320 万元（假设每年现金流入均在年末）。

公司投资发展部的小张认为，将借款获得的资金用于投资项目能够满足投资的需要，但投资项目在其寿命期内获得的现金流量合计只有 4 320 万元，而 8 年中需要偿还的借款本息合计却达到 4 400 万元；如果以上述投资项目获得的现金流入量去偿还银行借款的本息，公司会出现入不敷出的情况。

财务部的小王通过简单的计算后认为，虽然投资项目在寿命期内获得的现金流量合计小于 8 年中需要偿还的借款本息合计，但是投资项目的收益率高于融资项目的成本率。只要公司合理、有效地使用资金，以投资项目获得的现金流入量去偿还银行借款的本息，就不会出现入不敷出的情况。

要求：在分析上述融资项目和投资项目的现金流量的基础上，完成下列工作。

（1）分别写出上述融资项目的净现值和投资项目的净现值关于贴现率的函数表达式。

（2）如果贴现率为 10%，计算上述融资项目的净现值和投资项目的净现值。

（3）根据计算结果，判断该公司上述融资项目的内含成本率大于 10% 还是小于 10%？上述投资项目的内含收益率大于 10% 还是小于 10%？是否可以得出“投资项目的收益率高于融资项目的成本率”的结论？

（4）在今后 8 年内，如果以上述投资项目获得的现金流入量去偿还银行借款的本息，该公司是否会出现入不敷出的情况？

五、案例题

【案例一】　住房按揭贷款

资料：

张尧锦、王郭颖是结婚 5 年的年轻夫妇，两人都在事业单位上班。2016 年年末，小家庭已有 150 万元积蓄，以后每月的工资收入预计能保证 35 000 元，除去日常生活开支每月 5 000 元左右，每月可积蓄约 30 000 元。他们准备购置一处房产，总房价约为 450 万元，准备首付一部分房款，余款实行银行按揭。

张尧锦和王郭颖商讨购房付款的事宜，考虑将现有积蓄 150 万元作为购房首付，300 万元实行商业银行贷款按揭。丈夫张尧锦认为按揭年限短一些为好，初步定在 10 年，采用按月等额本息还款方式（假设按揭款在每月的月末支付，下同）。妻子王郭颖认为按揭的时间定得长一些比较好，确定为 20 年，采用按月等额本金还款方式。

经过协商以后，张尧锦和王郭颖最终决定将按揭的年限定为 15 年。当时 5 年期及以上期限的商业银行按揭贷款年利率为 6.21%，转换为月利率为 0.5175%，他们从 2017 年 1 月开始缴纳按揭款，每月需要还贷款（含本金和利息）25 657.33 元。

一年以后，他们收到了 2017 年 12 个月的按揭贷款还款对账单，对账单列示的还款数额见下表。

期数（月份）	还本	付息	期数（月份）	还本	付息
1	10 132.33	15 525.00	7	10 451.04	15 206.29
2	10 184.76	15 472.57	8	10 505.12	15 152.21
3	10 237.47	15 419.86	9	10 559.49	15 097.84
4	10 290.45	15 366.88	10	10 614.13	15 043.20
5	10 343.70	15 313.63	11	10 669.06	14 988.27
6	10 397.23	15 260.10	12	10 724.27	14 933.06

王郭颖看完对账单，有些沮丧，为什么呢？你看：一年内两人共还款 307 887.96 元，其中归还本金 125 109.06 元，支付利息合计 182 778.90 元。由此可见，2017 年 12 个月支付的款项中有 59.37% 是利息，而本金只偿付了 300 万元的 4.17%。

2019 年 1 月起，银行根据国家政策上调住房按揭贷款利率，将 5 年期及以上住房按揭贷款年利率调整为 6.54%。按规定从 2019 年 1 月起按 0.5450% 的月利率调整按揭额。

然而，张尧锦和王郭颖在 2020—2021 年的收入大大超过了他们的预期，同时银行的还款对账单也使他们感到按揭是在“给银行打工”，于是他们想在 2022 年 1 月初将剩余 10 年的房款一次付清。

问题：

（1）按照张尧锦的最初想法，若将按揭年限定为 10 年，采用按月等额本息还款方式，他们每月 30 000 元的支付能力能否支付每月的按揭款？

（2）按照王郭颖的最初想法，若将按揭年限定为 20 年，采用月等额本金还款方式，那么他们每个月的还款额呈现怎样的变化规律？

（3）张尧锦和王郭颖最终将按揭的年限定为 15 年，按照月利率 0.5175% 计算，15 年中他们一共要支付大约多少利息？

（4）2019 年 1 月起调整利率后，上述 300 万元 15 年按揭的月还款额会有怎样的变化？

（5）现实中确实有不少购房者会考虑提前还按揭贷款，你认为其中可能的原因有哪些？银行对账单是否对提前还款的行为产生影响？

（6）若张尧锦和王郭颖想在 2022 年 1 月初将剩余 10 年的房款一次付清。请你计算：他们在 2022 年 1 月初应一次偿还的贷款金额大约是多少？

【案例二】 85 届英语校友互助会

下面是本章开头给出的引子：

1995 年国庆节，某大学英语专业 85 届同学举行了毕业十周年同学会，叙旧交谈中得知，有一位 A 同学做生意急需一笔资金，他说：“现在银行借款年利率至少 10%，而且还借不到钱。”他有意向同学借钱做生意，又不好意思开口。有同学建议大家组建一个互助基金会，帮助 A 同学解决燃眉之急。结果有 10 位同学加入了该互助基金会，其中一位同学制定了一套互助基金会的“游戏规则”：

（1）互助基金会期限为 9 年（1995 年 10 月—2004 年 10 月）。

（2）选举急需资金的 A 同学为会长（组织者）具体操办。

（3）第一年（1995 年 10 月）由会长“坐庄”，其他 9 位同学各交付 5 000 元，共计 45 000 元款项交予会长，由会长用于自己看好的投资项目；第二年（1996 年 10 月）10 位同学再次聚会，由 B 同学“坐庄”，其他 9 位同学（包括会长）各交付 5 500 元，共计 49 500 元款项交予 B 同学，由 B 同学用于自己看好的投资项目。依此类推，从 1997 年到 2004 年每年的国庆节 10 位同学聚会，由其他 8 位同学依次轮换“坐庄”，当年不坐庄的 9 位同学每年需要向当年坐庄的同学支付一笔款项，每人每年的付款金额依次为 6 040 元、6 600 元、7 200 元、7 850 元、8 600 元、9 400 元、10 250 元、11 100 元。

请你思考并回答下列问题：

（1）请你以本章所学的财务管理价值观念对引子中 D 同学、E 同学和 G 同学的观点做出评价。

（2）从财务管理的角度看，“坐庄”排在前面的人和排在后面的人分别是什么财务行为？

（3）我们将会长（A 同学）的行为理解为筹资行为，那么会长向同学借款的年利率能低于银行借款利率（10%）吗？会长使用同学借予的资金去做生意（投资项目），他所从事的投资项目的年收益率至少要达到多高的水平，才能使其在后面 9 年中不会出现“入不敷出”的尴尬局面，并从中获利？

（4）如果你是最后一位“坐庄”的同学，我们将你的行为理解为一种投资活动，假设事先制定的“游戏规则”都能兑现，请你写出该投资活动的净现值函数，并计算该投资活动所能获得的年收益率。假设最后一年有且只有一位同学因故未能支付 11 100 元款项给你，你的投资活动的年收益率将下降到多少？

（5）如果你是其中的一位同学，请你从不同的角度分析：“坐庄”是排在前面有利，还是排在后面有利？

第三章　证券估价

【引子】

美国商业杂志《福布斯》在2021年4月6日（当地时间）公布的2021年全球富豪榜上位居第六、拥有996亿美元财富的是一位世界上最具传奇色彩的理财高手之一。他于11岁时手持100美元跻身于投资行业，几乎从零开始，仅仅从事股票和企业投资，积聚了上百亿美元的巨额财富，成为20世纪的世界大富豪。这就是沃伦·巴菲特。巴菲特执掌的伯克希尔哈撒韦公司无疑成为全球第一高价股。下面是伯克希尔哈撒韦公司（纽约证券交易所代码：BRK.A）的股价（2021年7月23日收盘）及相关信息：

股票代码：BRK.A。

上市A股总股数：63.8万股。

每股股价：419 360美元。

A股总市值：2 675亿美元。

2020年度每股收益：6.65万美元。

2020年年末每股净资产：70.22万美元。

也就是说，过去一年BRK.A股票涨了近35%，而与1965年巴菲特接管该公司时相比，BRK.A的股价已经增值了约3.5万倍。

BRK.A的这些数字让我们感到惊讶。BRK.A如此高的股价还能吸引投资者吗？一股BRK.A股票究竟值多少钱？股票的价值究竟取决于什么？这就是证券估价要研究的问题。

证券不仅是融资工具，也是投资品种。当今社会，证券已经成为企业、家庭广泛拥有的金融资产。证券估价不仅是金融学研究的热点问题，也是整个社会经济生活中十分重要的现实问题。证券估价是指对证券价值的估计，这里的“价值”是指证券的内在价值，或者称为经济价值。从理论上说，证券的经济价值是用适当的折现率计算的证券未来现金流量的现值。

本章以时间价值和风险溢酬两大财务观念为基础，运用财务估价的手段，对证券价值进行估计，给出证券估价基本模型。在此基础上重点阐述债券、股票的估价模型及其应用，并简要介绍期权估价的基本原理和方法。本章阐述的证券估价相关内容仅作为证券投资的依据之一，而不能替代金融学或投资学中“证券投资”的全部内容。

第一节　证券估价的基本模型

广义地讲，证券是指证明或设定民事、经济权益的法律凭证，是相应的各类财产所有权或债权凭证的统称，是用来证明证券持有人有权取得相应权益的凭证。证券也称有价证券，通常分为货币证券（如票据、存款单等）和资本证券（如股票、债券、认股权证等）两类。这里介绍的证券仅指资本证券。

一、证券的种类

证券按照不同的标准可有不同的分类，以下几种分类是比较常见的。

（一）债权性证券、权益性证券和混合性证券

按证券的性质不同，证券可以分为债权性证券、权益性证券和混合性证券。

债权性证券是由企业或政府机构发行，承诺按规定时间和方式还本付息的债务证书。它表明持有人拥有证券发行单位的债权，如国库券、金融债券、公司债券等。

权益性证券是一种既不定期支付利息，也无偿还期的证券，其收益的高低取决于发行公司的股利支付水平和股票市场价格，如普通股股票。此种证券表明持有者拥有证券发行公司的所有权。

混合性证券是同时具有债权性证券和权益性证券性质的证券。混合性证券的典型代表是优先股股票，它是介于普通股股票和债券之间的一种混合性有价证券，兼有普通股股票和债券的某些特点。一方面它可以像债券那样，定期获得固定的收入；另一方面它又像普通股股票，没有偿还期限。除优先股股票外，可转换债券也是一种混合性证券。

当然，上述这三种证券的性质并非一成不变，如可转换债券和优先股股票在规定的条件下又可转换为普通股股票。

（二）短期证券和长期证券

按投出资金的收回期限长短不同，证券可以分为短期证券和长期证券。

短期证券是指持有期限在一年以内的有价证券，如商业本票、短期融资券等。短期证券的投资目的是利用生产经营暂时闲置的资金谋求收益。长期证券一般是指持有期限在一年以上的有价证券，如股票、债券等。对短期证券与长期证券的划分并不完全取决于所投资金收回期限的长短，主要取决于投资的目的。例如，投资股票、债券，既可以是长期持有，也可以是短期持有。企业究竟购入何种证券更为有利，则要根据企业的投资目的、投资策略和证券的风险程度而定。

（三）固定收益证券和不固定收益证券

按证券投资的收益稳定与否，证券可以分为固定收益证券和不固定收益证券。

固定收益证券是指投资者可定期获得稳定收益的证券，即投资者在购买该种证券时，预先已知该证券的收益率，并在整个证券寿命期中固定不变，如优先股股票、债券、银行承兑汇票、商业票据等。

不固定收益证券是指投资者事先并不知道收益率高低的证券，持有该种证券的收益因时而异且不一定按期获得，普通股股票就属于典型的不固定收益证券。企业选择固定收益证券还是不固定收益证券进行投资更为有利，主要根据企业投资的目的和各种证券的风险和收益情况而定。

由此可见，证券的种类是多种多样的。由于证券的性质、期限、偿还条件、各期收益等各有差异，因此企业在进行证券投资时，应根据不同的投资目的、一定时期证券市场的变化情况和企业投资的风险承受能力等因素，合理组合各种证券投资，以获得最佳的投资收益。

必须指出的是，上述固定收益与不固定收益并不是绝对的，在某些特定情况下，也会有所改变。例如，在通货膨胀较严重的情况下，债券发行单位为了照顾投资者所蒙受的损失，并使自己的债券易于推销，规定其发行的债券可按市场利率变动，在一定时间按一定利率加以调整，这种债券便称为浮动利率债券，属于一种收益不固定的证券。

二、证券的特征

证券作为一种金融资产，既具有一般金融资产的特征，如货币性特征，同时也具有自身的特征。一般来说，证券具有如下基本特征。

1. 证券的产权性

证券的产权性是指有价证券记载着权利人的财产权内容，代表着一定的财产所有权，拥有证券就意味着享有财产的占有、使用、收益和处置的权利。在现代经济社会里，财产权利和证券已密不可分，证券已成为财产权利的一般形式。虽然证券持有人并不实际占有财产，但可以通过持有证券，拥有有关财产的所有权或债权。

2. 证券的期限性

债券一般有明确的还本付息期限，以满足不同筹资者和投资者对融资期限及与此相关的收益率需求。债券的期限具有法律约束力，是对融资双方权益的保护。股票一般没有期限性，可以视为无期证券。

3. 证券的流通性

证券的流通性又称变现性，是指证券持有人可按自己的需要灵活地转让证券以换取现金的属性。流通性是证券的生命力所在，流通性不但可以使证券持有人随时把证券转变为现金，而且还使持有人根据自己的偏好选择持有证券的种类。证券的流通是通过到期兑付、承兑、贴现、转让等方式实现的，不同证券的流通性是不同的。

4. 证券的收益性

证券的收益性是指持有证券本身可以获得一定数额的收益，这是投资者转让资本所有权或使用权的回报。证券代表的是对一定数额的某种特定资产的所有权或债权，它要在社会经济运行中不断运动、不断增值，最终形成高于原始投入价值的价值。由于这种资产的所有权属于证券投资者，投资者持有证券也就同时拥有取得这部分资产增值收益的权利，因此，证券本身具有收益性。有价证券的收益表现为利息收入、红利收入和买卖证券的差价（资本利得）等。

5. 证券的风险性

证券的风险性是指证券持有者面临着预期投资收益不能实现，甚至使本金受到损失的可能。从整体上说，证券的风险与其收益成正比，风险是由未来经济状况的不确定性所致，不确定性越高，风险越大，投资者要求的预期收益率越高；不确定性程度越低，风险越小，投资者要求的预期收益率越低。

三、证券估价的基本模型

从收益现值法的原理出发，证券的价值取决于证券持有期间的现金收入情况，具体来讲，取决于证券持有期间的利息收入、股利收入及证券转让收回的货币收入。证券的价值与证券持有期间的上述现金收入呈同方向变动，并受该期间社会平均收益水平的制约。因此，证券估价首先就要估计持有期间的现金流量的分布，然后采用贴现的办法计算证券的价值。证券估价的基本模型为

$$V_0=\sum_{t=1}^{n}\frac{D_t}{(1+K)^t}+\frac{V_n}{(1+K)^n} \tag{3-1}$$

式中：V_0 表示证券的价值；D_t 表示第 t 年证券的利息或股息；K 表示投资者购买证券时的市场利率或投资者要求的必要报酬率；V_n 表示投资者出售证券或持有到期获得的货币收入；n 表示持有证券的期限。

式（3-1）的估价模型表明，证券的价值 V_0 主要受到两个因素的影响：一是证券未来能够实现的收益，二是投资证券所承担的风险的大小。在相同的风险水平下，证券未来能够产生的收益越高，其价值就越大；反之亦然。同样，在相同的收益水平下，投资者投资证券所承担的风险越小，投资者要求的必要报酬率（贴现率）K 的取值就越小，证券的价值就越大；反之亦然。

当证券持有人持有证券的时间很短或者由于证券自身的规定，而导致投资者在证券持有期间没有获得股利或者利息，那么式（3-1）的现值估价模型就可以简化为下面的形式

$$V_0=\frac{V_n}{(1+K)^n} \tag{3-2}$$

第二节　股票估价

股票是股份公司发给股东的所有权凭证，是股东借以取得股利的一种有价证券。股票的估价是投资者对某种股票进行分析以后确定的估计价值，也称为股票的内在价值或投资价值。按照收益现值法的思想，股票的价值是指股票预期能够提供的所有未来现金流量的现值。衡量股票价值有各种不同的方式，下面介绍几种常见的股票估价模型。

一、股票估价的基本模型

股票给投资者带来的现金流入包括两部分：股利收入和出售时的资本利得。股票的内在价值是由发行股票的公司未来支付给股东的一系列股利的现值和将来出售股票的资本利得的现值所构成。根据投资者持有期限长短不同，股票股价模型可以分为基本的两类：长期持有的股票估价模型和短期持有的股票估价模型。

（一）长期持有的股票估价模型

如果股东准备永远持有股票，他只获得股利，是一个永续的现金流入。这个现金流入的现值就是股票的价值。此时的股票估价模型为

$$V_0=\frac{D_1}{(1+K)^1}+\frac{D_2}{(1+K)^2}+\cdots+\frac{D_n}{(1+K)^n}=\sum_{t=1}^{\infty}\frac{D_t}{(1+K)^t} \tag{3-3}$$

式中：V_0 表示股票内在价值；D_t 表示第 t 年的股利；K 表示贴现率，即投资者的必要报酬率；t 表示年份。

（二）短期持有股票的估价模型

在一般情况下，投资者将资金投资于股票，不仅希望得到股利收入，更重要的是希望在未来出售股票时从股票价格的上涨中得到利益。如果投资者将股票持有一段时间后出售，这时其未来现金流入是若干次股利收入和出售时收回的价款。此时的股票估价模型为

$$V_0=\sum_{t=1}^{n}\frac{D_t}{(1+K)^t}+\frac{V_n}{(1+K)^n} \tag{3-4}$$

式中：V_0 表示股票内在价值；D_t 表示第 t 年的股利；V_n 表示未来出售时预计的股票价格；n 表示预计持有股票的期限。

需要指出的是，上述股票估价模型中，每年分配的股利有税前和税后的区别。按照目前我国税收法规的规定，对个人投资者（包括证券投资基金等机构投资者）获得的股利需按照差别化个人所得税政策征收个人所得税，而对企业等法人投资者获得的股利，不计入应纳税所得额，免征所得税。因此，应用上述模型估计股票价值时，应该考虑不同投资主体获得股利收益的不同所得税的影响。个人投资者和证券投资基金等机构投资者进行股票估价时，应该按税后股利计算，而企业等法人投资者则应按税前股利计算股票价值。

【例 3-1】汪小言是一位普通的股票投资者，在 2018 年 4 月因中彩而获得了 50 万元的意外收益。她准备将其中的 30 万元投资于股票，初步选中的股票是上海汽车集团股份有限公司（简称“上汽集团”，股票代码：600104）。已知 2018 年 4 月 7 日上汽集团股票的收盘价为每股 18.66 元，4 月 7 日这一天她准备按照 18.66 元的价格买进该股票。该公司在 2018 年 7 月 17 日、2019 年 7 月 12 日和 2020 年 6 月 30 日分别分配 2017 年、2018 年和 2019 年的现金股利（税后）每股 1.83 元、1.26 元和 0.88 元。三年后（2021 年 4 月 7 日）该股票的市场价格为 20.11 元。假如汪小言在 2018 年 4 月 7 日购买上汽集团股票所要求的报酬率为 12%，那么 2018 年 4 月 7 日上汽集团股票每股 18.66 元的价格是否值得投资？

【解答】我们可以计算该股票在 2018 年 4 月 7 日每股价值应为

$$V_0=\frac{1.83}{(1+12\%)^{0.278}}+\frac{1.26}{(1+12\%)^{1.264}}+\frac{0.88}{(1+12\%)^{2.231}}+\frac{20.11}{(1+12\%)^{3}}\approx 17.86（元）$$

通过计算可知，该股票在 2018 年 4 月 7 日的每股内在价值为 17.86 元，低于当日收盘价格 18.66 元。也就是说，当时的股价被高估，汪小言当时不应考虑买进该股票。

当然，上面对上汽集团股票的估价是一种“事后诸葛亮”的决策。因为在 2018 年的 4 月 7 日我们并不知道该公司以后三年分配的股利，更无法判断三年后该股票的市场价格会在怎样的水平。

二、零增长股票估价模型

由式（3-3）可知，如果投资者准备长期持有股票，那么股票的价值取决于公司分配的股利多少。现在，我们对式（3-3）的模型做进一步的假设。假定公司未来每年提供的股利是固定不变的，即 D_t 是一个常数，这就是所谓的零增长股票，每年的股利保持不变，就是一个永续年金。运用永续年金现值的计算公式，可得出此时股票价值的估价模型为

$$V_0=\frac{D}{K} \tag{3-5}$$

式中：D 表示每年固定的股利额；其他字母的含义同前。

需要指出的是，股利利用零增长股票估价模型计算的股票价值没有时间上的区别，即不同时点的股票价值是相等的，因为任何时候计算的股票价值都是一个相同永续年金的现值。

【例 3-2】ABC 公司准备在 2021 年 7 月 8 日通过二级市场购买大秦铁路股份有限公司股票（简称“大秦铁路”股票代码：601006）。已知大秦铁路股票 2021 年 7 月 7 日为分配 2020 年现金股利的股权登记日，2021 年 7 月 8 日为除息日，当日的收盘价为每股 3.39 元。据查，2017 年到 2020 年大秦铁路每年分配的现金股利基本上维持在 0.48 元 / 股。预计以后每年分配的每股现金股利将保持 0.48 元这一水平不变，并假设大秦铁路于每年的 7 月 7 日分配上一年的股利。如果 ABC 公司准备长期持有大秦铁路股票，所要求的报酬率为 7.5%，那么 ABC 公司在 2021 年 7 月 8 日以当日收盘价 3.39 元的价格购买大秦铁路股票是否有投资价值呢？

【解答】根据上述资料，可以认为大秦铁路股票属于零增长股票，由式（3-5）可以估算大秦铁路股票的每股价值为

$$V_0=\frac{0.48}{7.5\%}=6.40\text{（元）}$$

这就是说，如果你准备长期持有大秦铁路股票，而该股票每年给你带来 0.48 元的股利收益，在 7.5% 的期望报酬率下，该股票的内在价值为 6.40 元，此价值高于大秦铁路股票 2021 年 7 月 8 日收盘价 3.39 元，说明当时的市场价格具有投资价值。或者说，ABC 公司以 3.39 元的价格购买该股票获得的年报酬率将高于 7.5%。

三、固定增长股票的估价模型

在正常情况下，公司的股利不应当是固定不变的，而应当不断增长。固定增长股票是指发行公司每年分配的股利以固定的增长率长期增长。在这种情况下，公司未来每年提供的股利是呈等比级数增长的，利用等比级数的求和公式能够推导出这种股票的估价模型为

$$V=\frac{D_0(1+G)}{K-G}=\frac{D_1}{K-G} \tag{3-6}$$

式中：D_0 表示上年的股利；D_1 表示未来第一年的股利；G 表示股利增长率。

固定增长股票估价模型表明，若上市公司未来的股利呈固定增长率增长，而投资者准备长期持有股票，那么此股票的价值取决于以下三个因素：未来第一年（下一期）的股利水平；未来的股利增长率；投资者要求的报酬率。

【例 3-3】上海医药集团股份有限公司（简称“上海医药”，股票代码：601607）于 2013 年 7 月 24 日实施 2012 年度的利润分配方案，向股权登记日登记在册的普通股股东每股分配现金股利 0.24 元（实际发放日为 2013 年 7 月 30 日）。已知该公司 2014 年到 2021 年的 8 年间每年分配的每股现金股利依次为 0.26 元、0.29 元、0.33 元、0.36 元、0.38 元、0.41 元、0.44 元和 0.48 元，而且该公司 2013 年之后没有分配股票股利或资本公积金转增股本，除 2018 年 1 月增发 H 股外，也没有发生配股、增发等增资行为。根据历年分配的现金股利总额初步计算，该公司 2013 年之后历年分配的现金股利的年平均增长率约为 9.05%[①]。已知该公司最近一期分配现金股利的日期是 2021 年 7 月 15 日，分配的现金股利为每股 0.48 元，假如该公司以后每年分配的现金股利按 9.05% 的增长率持续增长，并假设以后每年的股利在次年 7 月末分配。现在 XYZ 公司拟在 2021 年 7 月 30 日投资上海医药股票，若 XYZ 公司投资上海医药股票所要求的报酬率为 13.5%。请你对上海医药股票在 2021 年 7 月 31 日的价值做出估算。

---

① 股利年均增长率按几何平均数计算，以 2013 年为基期，2021 年为末期。

【解答】根据股利固定增长股票的估价模型式（3-6），D_0=0.48，G=9.05%，K=13.5%，则

$$V_0=\frac{0.48\times(1+9.05\%)}{13.5\%-9.05\%}\approx 11.76\text{（元）}$$

计算结果表明，在上述假设下，上海医药股票的内在价值约为 11.76 元。事实上，2021 年 7 月 31 日该股票的收盘价为 19.20 元，可以认为这一市价没有投资价值。

假如 XYZ 公司投资上海医药股票所要求的报酬率为 10%，则可以计算出该公司股票每股价值约为 55.10 元。此价格远远超过市价，似乎颇有投资价值。因此，投资者投资股票所要求的报酬率是影响股票价值最敏感的因素。

四、非固定增长股票的价值

前面介绍的股票估价模型都是在公司的股利呈某种规则变化的假设下推出的结果，但实际上大多数公司的股利分配并无规律可循，既不是绝对的固定不变，也不是严格的固定增长，而是一种不规则的变化。可能公司未来股利的增长分成几个阶段，不同阶段股利增长率是不固定的，有的阶段内高速增长，有的阶段内正常固定增长或固定不变。这就是所谓的股利非固定成长股票估价问题。在这种情况下，股票价值的计算必须分段进行。

【例 3-4】贵州黔源电力股份有限公司（简称“黔源电力”，股票代码：002039）A 股于 2005 年 3 月 3 日在深圳证券交易所上市。该公司 2017 年 6 月 16 日实施 2016 年度利润分配方案，向全体股东每股发放现金股利 0.3 元。黔源电力股票 2017 年 6 月 16 日除权当天的开盘价为 14.25 元。

该公司 2018 年之后的股利分配情况如下（按股利分配方案实施时间）：2018 年到 2019 年发放的现金股利保持在 2017 年的水平，2020 年到 2021 年发放的现金股利以 10% 的速度增长，2022 年及以后转为正常增长，其增长率基本上趋同于行业平均增长率，约为 8%。为方便起见，假设该公司于每年 6 月 16 日发放现金股利，投资者要求的必要报酬率为 10%。试计算该公司股票在 2017 年 6 月 16 日的内在价值。

【解答】这是非固定增长股票的估价问题。

（1）2018 年到 2019 年发放的现金股利均为 0.3 元，计算它们的现值。

$$2018\text{ 年发放的每股股利现值}=0.3/(1+10\%)\approx 0.273\text{（元）}$$

$$2019\text{ 年发放的每股股利现值}=0.3/(1+10\%)^2\approx 0.248\text{（元）}$$

2 年现金股利的现值合计为 0.521 元。

（2）计算 2020 年到 2021 年发放的现金股利，并折算到 2017 年 6 月 16 日的现值。

$$2020\text{ 年发放的现金股利}=0.3\times(1+10\%)=0.33\text{（元）}$$

$$2021\text{ 年发放的现金股利}=0.3\times(1+10\%)^2=0.363\text{（元）}$$

2 年现金股利折算到 2017 年 6 月 16 日的现值合计为

$$\frac{0.33}{(1+10\%)^3}+\frac{0.363}{(1+10\%)^4}\approx 0.496\text{（元）}$$

（3）计算 2022 年以后各年发放的现金股利的现值。

2022 年以后各年发放的现金股利折算到 2017 年 6 月 16 日的现值为

$$\frac{0.363\times(1+8\%)}{(10\%-8\%)\times(1+10\%)^4}\approx 13.388\text{（元）}$$

（4）计算该股票 2017 年 6 月 16 日的内在价值。

$$V_0=0.521+0.496+13.388 \approx 14.41（元）$$

计算结果说明，黔源电力股票在 2017 年 6 月 16 日的内在价值为 14.41 元，略高于该股票在 2017 年 6 月 16 日的开盘价 14.25 元。当然，上述估值结果是建立在本题题干中假设的各年现金股利增长率与实际情况相符的基础上。

五、股票投资收益率的计算

股票估价是股票投资决策的依据之一，根据股票估价结果，我们可以判断某种股票是否被市场高估或低估。股票投资一旦完成，投资者必须考虑另外一个问题，那就是股票投资收益率。下面我们对股票投资的收益率及其计算做简单的介绍。

（一）短期持有股票收益率的计算

投资者短期持有股票，其收益由发行公司分配的股利及出售股票实现的资本利得组成。因此，股票的收益率包括两部分：股利收益率和资本利得收益率。

股利收益率是获得的股票股利除以投资者的买入价格，资本利得收益率是买卖价差除以买入价格，则股票的收益率为

$$K=\frac{D+V_n-V_0}{V_0}\times 100\% \qquad (3\text{-}7)$$

式中：D 表示持有期间获得的股利；V_0 表示股票的买入价格；V_n 表示股票的卖出价格。

由于持有股票的时间不同，通常要将式（3-7）的收益率转换为年收益率（俗称“年化收益率”），转换时只要将上述计算得到的收益率除以持有时间（以年为单位）即可。

【例 3-5】PB 公司准备从证券市场买进中国石油化工股份有限公司（简称“中国石化”，股票代码：600028）的股票进行短期投资。PB 公司于 2020 年 10 月 9 日以每股 3.93 元（当日收盘价）的价格买进中国石化股票 100 000 股，总价款 393 000 元。中国石化于 2020 年 10 月 23 日实施 2020 年度中期利润分配方案，每股分配现金股利 0.07 元，2021 年 6 月 17 日实施 2020 年度利润分配方案，每股分配现金股利 0.13 元。2021 年 7 月 9 日，PB 公司将 100 000 股中国石化股票以 4.32 元（当日开盘价）的价格出售，取得价款 432 000 元。若不考虑其中的交易费用和税金，请计算 PB 公司投资中国石化股票的年收益率。

【解答】运用式（3-7），PB 公司投资中国石化股票（持有时间为 9 个月）的投资收益率为

$$K=\frac{0.07+0.13+4.32-3.93}{3.93}\times 100\% \approx 15\%$$

上述计算结果是 9 个月的收益率，转换成年收益率约为 20%。

显然，利用式（3-7）计算的投资收益率没有考虑货币的时间价值，因为投资者购买股票、出售股票、获得股利所产生的货币并不是在同一时点发生的，将这些不同时点发生的货币简单相加减是不合理的，尤其是持有股票时间较长时，按上述公式计算的投资收益率就不太合理。在这种情况下，需要考虑时间价值的影响，采用更为合理的方法计算收益率。

【例 3-6】利用例 3-1 的资料，假如汪小言在 2018 年 4 月 7 日以每股 18.66 元的价格购买了上汽集团股票，在持有三年后于 2021 年 4 月 7 日将股票以 20.11 元的价格出售，那么汪小言投资上汽集团股票所获得的年收益率是多少呢？

【解答】由于该投资者持有股票的时间长达三年，应该考虑时间价值。实际上，投资收益率是一个特殊的贴现率，这个贴现率能使持有股票获得的股利和出售股票的价款贴现得到的现值刚好等于买进的价格。于是，收益率便是下列方程的解

$$18.66=\frac{1.83}{(1+K)^{0.278}}+\frac{1.26}{(1+K)^{1.264}}+\frac{0.88}{(1+K)^{2.231}}+\frac{20.11}{(1+K)^{3}}$$

取贴现率为10%，上述方程的左边为18.72；再取贴现率为11%，上述方程的左边为18.28。运用逐步测试法[①]，计算得到上述股票的年投资收益率约为10.14%。

如果按照公式（3-7）计算股票投资收益率，其年化收益率约为9.68%（计算过程略），二者的差距不可小视。

（二）股利固定增长、长期持有的股票收益率的计算

如果投资者长期持有股票，那么股利成为股票投资的唯一收益，股票投资的收益率也就完全依赖于公司股利在不同时期的分布情况。股票投资收益率就是下列等式的贴现率 K

$$V_0=\frac{D_1}{(1+K)}+\frac{D_2}{(1+K)^2}+\cdots+\frac{D_n}{(1+K)^n}+\cdots=\sum_{t=1}^{\infty}\frac{D_t}{(1+K)^t} \tag{3-8}$$

式中：V_0表示购入股票的价格；D_t表示持有股票期间历年分配的股利；K表示股票投资年收益率。

当然，如果被投资公司的股利分配没有什么规律，计算式（3-8）中的贴现率 K 将是一件困难的事情。现在我们假设公司每年分配的股利呈固定增长率增长，那么由式（3-8）可以得到

$$V_0=\frac{D_1}{(K-G)}$$

把公式移项整理，可以得到

$$K=\frac{D_1}{V_0}+G \tag{3-9}$$

这个公式说明，股票的收益率可以分为两个部分。第一部分是 D_1/V_0，叫作股利收益率。它是根据预期股利除以当前股价计算出来的。第二部分是增长率 G，叫作股利增长率。由于股利的增长速度也是股价的增长速度，因此 G 可以解释为股价增长率或资本利得收益率。G 的数值可以根据公司的可持续增长率估计，V_0 是股票市场形成的价格，只要能预计出下一期的股利，我们就可以估计出股东预期收益率。在有效市场中，它就是与股票风险相适应的必要报酬率。

【例 3-7】承例 3-3，XYZ 公司拟在 2021 年 7 月末投资上海医药股票，当时上海医药股票的收盘价为 19.20 元，已知该公司 2021 年 7 月发放的每股股利为 0.48 元。假设 2022 年及以后每年的股利比上年增长 9.05%，那么按照 2021 年 7 月 31 日的收盘价 19.20 元计算，该股票的预期收益率为

$$K=\frac{0.48\times(1+9.05\%)}{19.20}+9.05\%\approx 11.78\%$$

计算结果表明，XYZ 公司投资上海医药股票的预期收益率约为 11.78%。

① 逐步测试法的原理将在本书第四章第三节中介绍。

第三节 债券估价

债券是债务人为了获得资金向债权人出具的、反映债权债务关系的有价证券。债券估价是运用合理的方法对某种债券的内在价值进行合理的估计。影响债券价值的主要因素有：债券的票面利率和发行时的市场利率的高低、债券的期限长短及规定的付息方式等。按照证券估价的基本模型，债券价值就是债券未来现金流入量的现值。债券未来现金流入量包括债券的利息收入及到期归还的本金。对于债券价值的计算，我们可利用前面所介绍的方法，先进行现金流量分析，确定合适的贴现率，然后利用净现值法将其折算成现值，即可得到债券的价值。

下面我们将按照不同的还本付息方式分别来讨论债券的理论价值。

一、分期付息到期还本债券的估价

典型的债券是固定利率、每年计算并支付利息、到期归还本金。这种债券的价值估价模型为

$$V_0=I\times(P/A, K, n)+M\times(P/F, K, n) \tag{3-10}$$

式中：V_0 表示债券价值；I 表示每年的利息；M 表示债券面值；K 表示年贴现率，一般取金融市场中与该债券风险相适应的市场利率；n 表示债券到期前的期限。

下面我们以举例说明说明债券估价的方法。

【例 3-8】康佳集团股份有限公司于 2021 年 1 月 7 日到 1 月 8 日非公开发行第一期公司债券（简称“21 康佳 01”，债券代码：114894）10 亿元。期限为 3 年，票面利率为 4.46%，规定起息日期为 2021 年 1 月 8 日，止息日期为 2024 年 1 月 7 日，每年 1 月 8 日支付上年利息，到期一次还本。

已知同期发行的 3 年期储蓄国债年利率为 3.85%（作为无风险报酬率），假设投资者对该债券的必要报酬率为 5%（其中 1.15% 视为风险报酬率）。试计算该债券发行时的价值（按一张面值 100 元计算）。

【解答】本例中，I=100×4.46%=4.46 元，M=100 元，K=5%，则

$$V_0=4.46\times(P/A, 5\%, 3)+100\times(P/F, 5\%, 3)\approx 98.53\text{（元）}$$

“按年付息到期一次还本”的债券可以认为是“平息债券”的一种。所谓平息债券，是指利息在债券存续期内平均支付的债券。支付的频率可能是一年一次、半年一次或每季度一次等。如果债券一年支付一次利息，就是康佳集团 2021 年发行债券的情形。如果一年内支付 m 次利息，则这种债券的价值计算模型为

$$V_0=I/m(P/A, K/m, n\times m)+M\times(P/F, K/m, n\times m) \tag{3-11}$$

式中：字母的含义同前。

【例 3-9】财政部于 2019 年 5 月 22 日发行 2019 年记账式附息（六期）国债 2 790.9 亿元，期限为 10 年，票面年利率为 3.29%；规定该国债利息按半年支付，每年 5 月 23 日、11 月 23 日（节假日顺延）支付利息，到期一次还本，2029 年 5 月 23 日偿还本金并支付最后一次利息。该债券于 2019 年 5 月 27 日起在上海证券交易所上市交易。虽然该债券期限较长（为 10 年），但投资者购买后即可在证券交易所交易，故其流动性风险可以忽视，且债券每半年支付一次利息，因此，我们按照当时我国大多数国有控股商业银行 5 年期定期存款利率 2.75% 作为该债券

的市场利率。试计算该国债每份（面值为 100 元）的理论价值。

【解答】本例中，I=100×3.29%=3.29 元，M=100 元，K=2.75%，n=10，m=2，则

$$V_0=(3.29/2)\times(P/A, 1.375\%, 20)+100\times(P/F, 1.375\%, 20)\approx 104.69\text{（元）}$$

假如该国债为每年付息，其他条件不变，则其每份的价值应为多少？若为每季度付息，则每份的价值又是多少？请读者计算，并将结果与上例的结果进行比较，仔细体会付息间隔时间的长短对债券价值的影响。

按分期付息到期一次还本的债券在市场中较为常见。显然，随着时间的推延，这种分期付息到期一次还本债券的价值会逐渐上升，到付息前达到最高值，在除息日债券的价格会因为除息而下跌到一个较低的水平，然后再慢慢上升，如此循环。

二、一次还本付息债券的估价

在我国，公司发行债券也有到期一次还本付息（利随本清）的情形，且不计复利，这种债券的价值计算模型为

$$V_0=(I\times n+M)\times(P/F, K, n) \tag{3-12}$$

式中：字母的含义同前。

【例 3-10】财政部于 2021 年 3 月 10 日至 3 月 19 日发行 2021 年凭证式（第一期和第二期）国债，发行总额为 300 亿元人民币，其中 3 年期 180 亿元，票面年利率为 3.8%；5 年期 120 亿元，票面年利率为 3.97%。国债从购买之日开始计息，到期一次还本付息，不计复利，逾期兑付不加计利息。该债券不能上市流通。据查，当时发行的同期限可流通国库券的利率水平为：3 年期 2.76%，5 年期 3.02%，适当考虑流动性风险，我们确定投资上述两种不可流通国债的必要报酬率分别为：3 年期国债 3%，5 年期国债 3.3%。试计算这两种国债每份（面值为 100 元）的理论价值。

【解答】

（1）按面值 100 元 3 年期国债计算，运用式（3-11），I=100×3.8%=3.8 元，M=100 元，K=3.3%，则

$$V_0=(3.8\times3+100)\times(P/F, 3\%, 3)=101.94\text{（元）}$$

（2）同样，可以计算出面值 100 元 5 年期国债的价值为

$$V_0=(3.97\times5+100)\times(P/F, 3.3\%, 5)=101.89\text{（元）}$$

从计算结果可以看出，虽然发行的 5 年期国债的票面利率高于 3 年期国债的票面利率，但由于两种债券为到期一次还本付息，且所确定的市场利率略有差异，最后计算得到的 3 年期国债的理论价值却高于 5 年期国债。由此可见，债券的价值不仅与债券的票面利率和市场利率有关，而且与利息的支付方式和期限长短也相关。

三、零息债券的估价

零息债券是指不支付利息却以低于面值折价出售给投资者的一种债券。它提供给持有者的报酬是资本增值而非利息收入。零息债券是一种较为常见的金融工具创新，最初产生于 19 世纪 80 年代。近年来，国外（尤其是美国）的一些大公司也发行此类债券筹集资金。零息债券不支付利息，按票面进行大幅折扣后出售。

例如，J.C.Penny 百货公司在 1989 年曾经发行面额为 2 亿美元的 8 年期零息债券，这种债券每份的面额为 1 000 美元，但发行价格仅为 332.41 美元[①]。通俗地讲，就是投资者现在以 332.41 美元购入一份债券，8 年后能够获得 1 000 美元。对发行债券的公司来说，就是现在向别人借入 332.41 美元，8 年后还给人家 1000 美元。

尽管我们说，零息债券形式上没有利息，其收益形式是资本利得。但实际上，我们可以将这种资本利得看成是一种利息收益。例如，对于上面的零息债券，我们可以这样来理解：投资者现在购入“面值”为 332.41 美元的 8 年期一次还本付息的债券，按单利计算的年利率约为 25.10%[②]。对发行债券的公司来说就是：现在向别人借入“本金”332.41 美元，8 年后一次还本付息，年利率为 25.10%。因此，零息债券实际上是一种变相的有利息债券，所以我们称其为“零息债券”，而不是“无息债券”。

零息债券的价值实际上就是以未来到期日的债券价值（面值）以一定的贴现率贴现计算到发行日的价值，其估价模型可以表述为

$$V=M\times(P/F, K, n) \tag{3-13}$$

在投资决策中，我们实际上更需要知道这种债券的实际利率，即根据发行价格（购买价格）和到期价值（面值）倒过来计算利率。对于前面所举的 J.C.Penny 百货公司发行的零息债券，设实际利率为 K，可得到下列方程

$$332.41\times(1+K)^8=1\ 000$$

解得 $K\approx14.76\%$。

也可以这样理解，购买该种债券的投资者相当于获得了 14.76% 的年收益率。

四、债券投资收益率的计算

与股票投资一样，在进行债券投资时，有必要比较各类债券的收益情况，计算出投资收益率，以便做出正确的投资决策。债券投资收益率是一定时期内债券投资收益与投资额的比率。债券投资收益主要包括债券利息收入、债券的价差收益和债券利息的再投资收益。债券利息收入就是根据债券的面值与票面利率计算的利息额；债券的价差收益是债券到期得到的偿还金额（债券面额）或到期前出售债券的价款与投资时购买债券的金额之差；债券利息的再投资收益可以理解为用债券利息再进行投资所得的收益，与前两项不同，它不是债券投资所实际取得的收入，通常在复利计息方式下才予以考虑，单利计息时一般不考虑该项收益。债券投资额是投资时购买债券的金额，主要是购买价格和购买时发生的佣金、手续费等。

不同种类的债券，因计息方式不同、投资时间不同，其投资收益率的计算方法也有所差异。下面我们分别介绍债券的实现收益率和到期收益率的计算方法。

（一）债券的实现收益率

债券的实现收益率是指投资者在一定时期内买进和卖出债券所获得的收益率。一般是将债券作为短期投资而计算的收益率。在这种情况下，由于投资者持有债券期限较短，一般不用考虑资金时间价值因素，只需考虑债券价差及利息收入，将收益额与投资额相比，即可求得债券的现实收益率，其基本计算公式为

① 该资料来源于周首华等编著的《当代西方财务管理》，由东北财经大学出版社出版，1997 年 1 月第 1 版。
② 年利率为 [(1 000–332.41)/8] /332.41 ≈ 25.10%，这个计算没有考虑时间价值，不合理。

$$K=\frac{V_1-V_0+I}{V_0}\times 100\% \tag{3-14}$$

式中：K 表示债券实现收益率；V_0 表示债券购买价格；V_1 表示债券出售价格；I 表示债券持有期间的利息。

【例 3-11】利用例 3-9 的资料，假如有投资者 P 和投资者 Q 欲投资 2019 年记账式附息（六期）国债。两人于 2020 年 7 月 20 日以每张 101.84 元（当日该债券的收盘价）的市场价格买进 2019 年记账式附息（六期）国债，投资者 P 持有该债券至 2021 年 6 月 4 日以 101.50 元（当日该债券的收盘价）的价格出售，而投资者 Q 准备持有至到期（2029 年 5 月 23 日）。已知该国债每年 5 月 23 日、11 月 23 日支付利息，到期一次还本，且该债券的年利率为 3.29%。试计算投资者 P 买卖该国债的实现收益率（不考虑债券买卖中的交易费用）。

【解答】本例中，投资者 P 因为买进债券后又卖出债券，所以我们可以计算他的实现收益率。而投资者 Q 买进债券后准备持有至到期，故不能计算其实现收益率。

运用式（3-14），V_1=101.50 元，V_0=101.84 元，I=100×3.29%=3.29 元，则

$$K=\frac{101.50-101.84+3.29}{101.84}+100\%\approx 2.8967\%$$

上述计算得到的债券收益率是投资者 P 从 2020 年 7 月 20 日买进债券至 2021 年 6 月 4 日出售债券合计持有 10 个半月的收益率，转换为年收益率约为 3.31%。以上计算表明，投资者 P 投资该债券的年实现收益率约为 3.31%。

应当注意的是，按照式（3-14）计算的收益率没有考虑时间价值，而且这种收益率是投资者在整个持有期间获得的投资收益率。而投资不同的债券，其持有时间的长短不同，按照式（3-14）计算的收益率不宜直接比较，应当转换为年收益率，再进行比较和选择。

（二）债券的到期收益率

债券的实现收益率表明了债券投资者由于持有债券获得的利息收益和通过买卖债券获得差价的收益水平，这种收益率必须在债券买卖交易完成后才能准确地计算，这对于债券投资决策缺乏指导作用。在债券投资决策时，我们需要事先估计投资某一债券能够获得的收益率，这就是所谓的到期收益率。到期收益率是指按照市场价格购进债券后一直持有至到期日，投资者可获得的年收益率。按照净现值的观点看，到期收益率实际上是使债券未来现金流入量的现值等于债券购入价格的折现率。下面我们按照债券付息方式不同分两种情况加以阐述。

1. 分期付息到期还本债券的到期收益率

计算债券到期收益率的方法是求解含有贴现率的方程，即求出使债券投资活动的现金流量的净现值等于零的贴现率，即

$$\text{购进价格}=\text{每年利息}\times\text{年金现值系数}+\text{面值}\times\text{复利现值系数}$$

$$V_0=I\times(P/A,K,n)+M\times(P/F,K,n) \tag{3-15}$$

式中：V_0 表示债券的价格；I 表示每年的利息；M 表示面值；n 表示到期的年数；K 表示贴现率（债券到期收益率）。

由于无法直接计算收益率，必须采用逐步测试法及内插法来计算。下面我们来举例说明。

【例 3-12】利用例 3-11 的资料，投资者 Q 于 2020 年 7 月 20 日以每张 101.84 元的市场价格买进 2019 年记账式附息（六期）国债，并准备持有至到期（2029 年 5 月 23 日）。我们可以

计算投资者 Q 投资该债券的到期收益率。

【解答】投资者 Q 在 2020 年 7 月 20 日以 101.84 元买进一张该债券，并一直持有至 2029 年 5 月 23 日到期，持有时间为 8 年 10 个月零 3 天，持有期间将在每年的 5 月 23 日、11 月 23 日收到 1.645 元利息，共获取利息 18 次，到期收回本金 100 元，投资者 Q 未来获得的这些现金流量的现值应该等于他买进债券支付的现金。于是得到下列关于（半年）到期收益率 K 的方程

$$101.84=\frac{1.645}{(1+K)^{0.34167}}+\frac{1.645}{(1+K)^{0.84167}}+\frac{1.645}{(1+K)^{1.34167}}+\cdots+\frac{1.645+100}{(1+K)^{8.84167}}$$ ①

运用“逐步测试法”（此方法将在本书第四章第三节做详细介绍，此处计算过程省略），求得 $K\approx 1.65\%$，转换为年收益率约为 3.327%。

2. 到期一次还本付息的单利债券到期收益率

计算到期一次还本付息债券的到期收益率相对比较简单，只需要求解下列方程

$$V_0=\frac{M(1+n\times i)}{(1+K)^n} \tag{3-16}$$

式中：i 表示债券的票面利率；其他字母的含义同前。

在已知债券购买价格、票面利率、债券面值的情况下，只要通过开方运算便可计算出债券的到期收益率。

【例 3-13】利用例 3-10 的资料，假如甲某在 2021 年 3 月 10 日购买了财政部于 2021 年 3 月发行的 5 年期国债 100 000 元，票面年利率为 3.97%。国债从购买之日开始计息，到期一次还本付息，不计复利。由于该国债不能上市交易，2023 年 3 月 10 日甲某通过协议方式将该国债以 108 000 元的价格转让给乙某。均不考虑债券买卖中的交易费用。

问题：

（1）如果甲某在 2021 年 3 月 10 日买进该国债后一直持有至到期，计算其到期收益率。

（2）甲某将该国债转让给乙某，其实现收益率为多少？

（3）计算乙某受让该国债的到期收益率。

【解答】

（1）甲某按面值购买该国债的到期收益率是下列方程的解

$$100\,000=\frac{100\,000（1+5\times 3.97\%）}{(1+K)^5}$$

解得 $K\approx 3.69\%$。

（2）甲某持有该国债的时间为 2 年，转让国债的实现收益率有两种算法：

不考虑时间价值的算法，年实现收益率是下列方程的解

$$K=\frac{108\,000-100\,000}{100\,000}/2\times 100\%=4\%$$

考虑时间价值的算法，年实现收益率是下列方程的解

$$100\,000\times(1+K)^2=108\,000$$

解得 $K\approx 3.92\%$。

（3）乙某 2 年以后从甲某处受让该国债，其到期收益率是下列方程的解

$$108\,000=\frac{100\,000（1+5\times 3.97\%）}{(1+K)^3}$$

① 投资者 Q 购买债券的日期与首次付息日期相差 123 天（约 0.34167 年）。

解得 $K\approx 3.53\%$。

由计算结果可以看出，甲某购买该债券 2 年后出售的年投资收益率为 3.92%，高于乙某 2 年后受让该债券的到期收益率 3.53%。这说明，甲某在买进债券 2 年后转让此债券是比较明智的选择，也许甲某是通过精准计算债券投资收益率后做出的转让决策。

第四节 期权估价

期权与期权定价理论是现代财务管理最新发展的一部分，它引起了 20 世纪最后二十几年内财务金融理论与资本市场巨大的革命性变化。本节简要介绍期权的基本概念、种类及期权估价的原理和方法等。

一、期权的基本概念和种类

（一）期权的基本概念

期权是一种合约，该合约赋予持有人在某一特定日期或一定期限内，以约定的价格购进或售出一定数量资产的权利。本质上来说，期权就是一种“权利”。期权交易就是一种权利的交易。下面介绍几个与期权相关的概念。

1. 期权持有者和期权签发者

期权持有者在支付一定期权费后，就获得了在一定时日或一定时期内以事先确定的价格向期权签发者买进或卖出一定数量的某种资产的权利。这个权利对于期权持有者来说，可以行使，也可以放弃，即期权持有者有行使权利的权利，而无行使权利的义务。

期权签发者是指期权权利的提供方。在期权交易中，期权签发者在收取了期权持有者的期权费后，就承担着在规定的时间内履行该期权合约的义务，也就是说，在规定的时间内，只要期权持有者要求行使其权利，期权签发者就必须无条件地履行规定的义务。这表明，对期权签发者而言，除了在成交时向期权持有者收取一定的期权费，期权合约只规定了他必须履行的义务，而未赋予他其他任何权利。

由此可见，在期权交易中，期权持有者和期权签发者在权利与义务上存在着明显的不对称性，这种权利与义务的不对称性，必然引起期权交易双方风险与收益的不对称性和获利概率的不对称性。期权持有者的损失是锁定的，最大损失为支付的期权费，而潜在的收益从理论上说是无限的；期权签发者的收益是锁定的，最大收益为收取的期权费，而承担的损失则可能是无限的。

2. 执行价格

执行价格又称行权价格或敲定价格，是指期权合约所规定的、期权持有者在行使权利时所执行的价格。该价格一经确定，则在期权有效期内无论期权标的资产市场价格上涨或下跌到什么水平，只要期权持有者要求执行该期权，期权签发者就必须以此价格履行其必须履行的义务。

3. 期权价格

期权价格又称期权费、权利金或保险费，是指期权持有者为获得期权合约所赋予的权利而向期权签发者支付的费用。一经支付，不管期权持有者执行还是放弃该期权，期权费都不予退还。

（二）期权的种类

1. 看涨期权和看跌期权

按照合约授予期权持有人权利的类别不同，可将期权分为看涨期权和看跌期权。这是期权最基本的分类方式。

看涨期权也称买入期权或买权，是指期权赋予持有人在到期日或到期日之前，以固定价格购买一定数量的某种期权合约的权利。看涨期权的买方之所以要购买这一权利，是因为期权的买方对标的资产的价格看涨，故向期权的卖方支付一定的权利金，以获得按执行价格买入该种标的资产的权利。如果有关标的资产市场价格的变化与其预测一致，即标的资产的市场价格高于执行价格，看涨期权的买方就可以用期权合约上约定的执行价格购买标的资产获得收益；如果标的资产市场价格的变化与其预测相反，即标的资产的市场价格小于或等于执行价格，看涨期权的买方可以放弃购买权利。

看跌期权也称卖出期权或卖权，是指期权赋予持有人在到期日或到期日之前，以固定价格出售一定数量期权合约的权利。看跌期权的买方一般对相关标的资产的市场价格看跌，所以买入看跌期权。如果在未来规定的时间内市场价格与其预测一致，即标的资产的市场价格低于执行价格，买方可以按照期权合约约定的执行价格出售标的资产，而相应的看跌期权的卖方则买入该标的资产。需要注意的是，看跌期权的买方是卖出标的资产，而相应的卖方则是买入标的资产。如果标的资产的市场价格与其预测相反，即标的资产的市场价格上涨，看跌期权的买方有不卖出标的资产的权利。

2. 欧式期权和美式期权

按照期权履约时间不同，可将期权分为欧式期权和美式期权。

欧式期权是指期权持有者只能在期权到期日这一天行使其权利，既不能提前，也不能推迟。

美式期权是指期权持有者在期权有效期内任何一天都可以行使其权利，既可以在期权到期日这一天行使权利，也可在期权到期日之前的任何一个交易日行使权利。

对期权的持有者来说，美式期权比欧式期权更有吸引力，因为在相同的条件下，美式期权比欧式期权更有机会行权，也就有更多的机会获得收益；而对于期权的签发者来说，美式期权比欧式期权风险更大，因为在相同的条件下，签发美式期权比签发欧式期权有更多的可能履行其义务。我国证券市场中出现的股票期权（如认股权证和认沽权证）都属于欧式期权，但规定的行权时间通常为期权到期日前 5 个交易日。

3. 实值期权、平值期权和虚值期权

按期权执行价格与标的资产市场价格的关系不同，可将期权分为实值期权、虚值期权和平值期权。

实值期权具有正内在价值，即如果期权立即执行，期权持有者能够从行权中获得利益的期权。当看涨期权标的资产的市场价格大于执行价格，或看跌期权标的资产市场价格小于执行价格时，如果持有者决定执行期权，均会获利，此时期权为实值期权（不计交易成本）。当然，这并不表明投资实值期权一定有利可图，因为期权持有者取得期权时支付了期权费，如果行权中获得的利益无法弥补期权费，那么该投资者的期权投资总体是亏损的。例如，四川长虹电器股份有限公司在 2009 年 7 月 31 日发行可分离债券时派送了认股权证。该认股权证的存续期为 2009 年 8 月 19 日至 2011 年 8 月 18 日。该认股权证自从 2009 年 8 月 19 日上市之日起，大多数时间处于实值状态，其初始执行价格为5.23元，由于分配和资本公积金转增股本方案的实施，目前的执行价格为3.48元。而在该权证上市之后的大多数时间，四川长虹股票的市价一直高于其执行价格。某一投资者以2010年12月31日的收盘价2.532元从市场上买进该认股权证，而当日四川长虹股票的收盘价为3.70元。假如该投资者立即行权，他最后还是亏损的，则说明该期权目前市价存在明显的“溢价”。

虚值期权具有负内在价值，即如果期权立即执行，期权持有者会发生损失的期权。当看涨期权标的资产的市场价格小于执行价格，或看跌期权标的资产的市场价格大于执行价格，持有期权的投资者执行期权时会发生亏损，此时的期权称为虚值期权。从静止的观点看，投资虚值期权一定会有损失，因为这时期权持有者会放弃行权，他至少要损失取得期权时支付的期权费。当然，如果期权还没有到期，投资者可以继续持有期权，希望将来该期权会变为实值期权。例如，中国石油化工股份有限公司在2008年2月20日发行可分离债券时派送了认股权证。该认股权证的存续期为2008年3月4日至2010年3月3日，其初始执行价格为19.68元，到期日的执行价格为19.15元。据查，在该权证的存续期内，中国石化股票的市价从未高于其执行价格，可以说该期权一直处于虚值状态。

平值期权又称两平期权，不具有内在价值，即当期权标的资产的市场价格等于期权的执行价格时的期权。当看涨期权或看跌期权的执行价格与标的资产的市场价格相等时，该期权表现为平值期权。

实值、平值和虚值描述的是期权在有效期内某个时点的状态，随着时间的变化，标的资产价格会不断变化，同一期权的状态也会不断变化，有时是实值状态，有时是平值状态，有时则是虚值状态。

二、期权的到期日价值

期权的到期日价值，是指到期时执行期权可以取得的净收入。它依赖于标的股票的到期日价格和执行价格。执行价格是已知的，而股票到期日的市场价格是未知的。但是，期权的到期日价值与股票的市场价格之间存在函数关系。这种函数关系因期权的类别不同而存在差异。

期权分为看涨期权和看跌期权两类，每类期权都可以分为“多头”和“空头”两种情形：多头期权是指买进期权，即持有期权；空头期权是指抛出期权，即签发期权。为方便起见，假设各种期权均持有至到期日，不提前执行，并且忽略交易成本。下面我们将分别说明四种情形下期权到期日价值和股价的关系。

（一）多头看涨期权

多头看涨期权是指买入看涨期权，又被称为处于多头状态，持有看涨期权多头头寸。我们来看下面的例子。

【例3-14】假设A投资者于2021年10月22日以10元的价格买入一份看涨期权，该期权标的股票的当前市价为104元，执行价格为100元，到期日为2022年10月22日。

上述A投资者的行为属于“多头看涨期权”策略，其净损益有以下四种可能：

（1）当股票市价小于或等于100元时，即标的股票市场价格小于或等于执行价格，A投资者不会执行期权，其净收入为0元，即期权到期日价值为零。A投资者多头看涨期权每份的净损益为-10元（期权价值0元-期权成本10元）。

（2）当股票市价大于100元小于110元时，假设为105元，A投资者会执行期权，每份期权的净收入为5元（股票价格105元－执行价格100元），即每份期权到期日价值为5元。A投资者多头看涨期权每份的净损益为−5元（期权价值5元－期权成本10元）。

（3）当股票市价等于110元时，A投资者会执行期权，每份期权取得净收入10元（股票市价110元－执行价格100元），即每份期权到期日价值为10元。A投资者多头看涨期权每份的净损益为0元（期权价值10元－期权成本10元）。

（4）当股票市价大于110元时，假设为115元，A投资者会执行期权，每份期权的净收入为15元（股票市价115元－执行价格100元），即每份期权到期日价值为15元。A投资者多头看涨期权每份的净损益为5元（期权价值15元－期权成本10元）。

综上所述，多头看涨期权的到期日价值可以概括为以下表达式

多头看涨期权到期日价值 =Max(股票市价－执行价格，0)

该式表明：如果股票市价大于执行价格，看涨期权的持有者会执行期权，看涨期权价值=股票市价－执行价格；如果股票市价小于执行价格，看涨期权的持有者不会执行期权，看涨期权价值为零。因此，看涨期权的到期日价值为上述两者中较大的一个，而多头看涨期权净损益为

多头看涨期权净损益＝多头看涨期权到期日价值－期权价格

（二）空头看涨期权

空头看涨期权是指签发期权给买方并收取期权费，又被称为处于空头状态，持有看涨期权空头头寸。我们来看下面的例子。

【例3-15】假设B投资者于2021年10月22日以每份10元的价格抛出一种股票看涨期权，该期权标的股票的当前市价为104元，执行价格为100元，到期日为2022年10月22日。

上述B投资者的行为属于“空头看涨期权”策略，其净损益有以下四种可能：

（1）当股票市价小于或等于100元时，看涨期权的持有者不会执行期权，空头看涨期权的到期日价值为0。因期权价格为10元，B投资者空头看涨期权的净损益为10元（期权价格10元＋期权到期日价值0元）。

（2）当股票市价大于100元小于110元，假设为105元，看涨期权的持有者会执行期权。空头看涨期权的B投资者有义务从市场上以105元的价格买进股票，而以100元执行价格向期权持有者出售股票，因此空头看涨期权的到期日价值为−5元（执行价格100元－股票市价105元）。B投资者空头看涨期权的净损益为5元（期权价格10元＋期权到期日价值−5元）。

（3）当股票市价等于110元，看涨期权的持有者会执行期权，空头看涨期权的到期日价值为−10元（执行价格100元－股票市价110元）。B投资者空头看涨期权的净损益为0元（期权价格10元＋期权到期日价值−10元）。

（4）当股票市价大于110元，假设为115元，看涨期权的持有者会执行期权，空头看涨期权的到期日价值为−15元（执行价格100元－股票市价115元）。B投资者空头看涨期权净损益为−5元（期权价格10元＋期权到期日价值−15元）。

综上所述，空头看涨期权的到期日价值及净损益可以概括为以下表达式

空头看涨期权到期日价值＝−Max（股票市价－执行价格，0）

空头看涨期权净损益＝空头看涨期权到期日价值＋期权价格

（三）多头看跌期权

看跌期权买方拥有以执行价格出售股票的权利。例如，投资人持有执行价格为 100 元的看跌期权，如果到期日股票市价为 75 元，投资人可以执行期权，以 75 元的价格购入股票，再以 100 元的价格售出，获利 25 元。如果期权到期日股票价格高于 100 元，投资人则会放弃行权，期权失效，其收入为零。

因此，到期日看跌期权买方损益可以表示为

$$多头看跌期权到期日价值 = \text{Max}（执行价格 - 股票市价，0）$$

$$多头看跌期权净损益 = 多头看跌期权到期日价值 - 期权价格$$

（四）空头看跌期权

看跌期权的出售者收取期权费，成为或有负债的持有人，其负债的金额不确定。例如，看跌期权签发者收取期权费 5 元，售出 1 股执行价格为 100 元、1 年后到期的宏大公司股票的看跌期权。如果 1 年后股价高于 100 元，看跌期权持有者不会行权，期权签发者的负债变为零；如果 1 年后股价低于 100 元，看跌期权持有者会行权，期权签发者必须依约按执行价格收购股票，其损失为股票市价与执行价格之间的差额，即损失的是期权的价值。

因此，到期日看跌期权卖方损益可以表示为

$$空头看跌期权到期日价值 = -\text{Max}（执行价格 - 股票市价，0）$$

$$空头看跌期权净损益 = 空头看跌期权到期日价值 + 期权价格$$

三、影响期权价值的因素

从理论研究角度看，影响期权价值的因素十分复杂。从期权市场中影响期权交易价格的驱动因素看，标的资产的市场价格、执行价格、到期期限、标的资产市场价格的波动幅度、无风险利率和期权有效期内预计发放的红利等对期权价值产生直接的影响。

（一）标的资产的市场价格

标的资产的市场价格对期权价格影响最大，其变动大小会直接影响期权价格。当标的资产的市场价格上涨时，看涨期权的市价会上升，而看跌期权的市价会下跌；反之，当标的资产的市场价格下跌时，看涨期权的市价会下跌，而看跌期权的市价会上升。而且，期权价格的波动幅度会远大于标的资产市场价格的波动幅度。

（二）执行价格

执行价格主要通过影响期权的内在价值来影响期权价格。看涨期权的执行价格越高，股票市价与执行价格的差额越小，期权价值越小；相反，看跌期权的执行价格越高，股票市价与执行价格的差额越大，期权价值越大。

（三）标的资产市场价格的波动幅度

标的资产市场价格的波动幅度是影响期权价格水平的重要因素之一。波动幅度较小时，期权价格较低；波动幅度较大时，期权签发者由于持有者履约会发生较大的亏损，从而要求较高的期权费。标的资产波动频率高，期权价值向实值方向变动的可能性加大，因此期权费会相应增加，期权持有者也愿意接受期权签发者期权费增加的要求。

（四）无风险利率

无风险利率反映了投资者的资金成本。无风险利率一般以长期国库券的年利率确定。一般来说，由于期权费较标的资产面值小得多，加之无风险利率低，因此无风险利率对期权价值影响十分有限。对于股票期权及股指期权而言，无风险利率变动会引起其他利率变化，从而影响股票价格及股指的变化，自然就使期权的内在价值发生变化，其变化大小与标的资产对利率的敏感度有关。

（五）到期期限

期权距离到期日的剩余时间即到期期限，它通过时间价值来影响期权的价格。到期期限对期权的价格影响较大，在其他因素不变的情况下，剩余时间越多，期权价格越高。这是因为剩余时间越多，对期权持有者而言，期权价格向有利方向变动的可能性越大。

（六）期权有效期内预计发放的红利

期权有效期内预计发放的红利会影响股票期权的价格。一般来说，在除息日后，红利的发放会引起股票价格下降。因此，对看涨期权来说，在其他条件不变的情况下，标的股票发放红利越多，股价下降得越多，看涨期权的内在价值越小，从而引起期权价格下降。与此相反，标的股票发放红利越多，股价下降得越多，看跌期权的内在价值越大，看跌期权的价格则会上升。[①]

四、期权估价的基本原理

（一）复制原理

复制原理的基本思想是：构造一个股票和借款的适当组合，使得无论股价如何变动，该投资组合的损益都与期权相同，那么，创建该投资组合的成本就是期权现在的价值。

下面我们通过一个简单举例来说明复制原理。

【例 3-16】 假设宏大股份有限公司目前的股票市价为 20 元。现有 1 份以该股票为标的资产的看涨期权，执行价格为 21.40 元，到期时间为 6 个月。6 个月后，该公司股票价格有两种可能：上升 25%（涨至 25 元），或者下跌 20%（跌至 16 元）。现在需要建立一个投资组合，包括购进适量的股票和借入必要的款项（假设无风险利率为 3%），使得该组合 6 个月后的价值与购进 1 份该看涨期权相等。我们按照复制原理来确定该投资组合。

1. 确定 6 个月后可能的股票价格

假设股票当前价格为 S_0，未来变化有两种可能：上升后股价 S_u 和下降后股价 S_d。为便于用当前价格表示未来价格，设：$S_u=S_0\times u$，u 为股价上行乘数；$S_d=S_0\times d$，d 为股价下行乘数。

本例中，S_0=20 元，u=1.25，d=0.8，S_u=25 元，S_d=16 元。

2. 确定看涨期权的到期价值

我们以 X 表示执行价格，C_u 和 C_d 分别表示股价上涨或下跌时看涨期权的到期价值。

本例中，X=21.40 元。当估价上涨时，期权的到期价值 C_u=25−21.40=3.60 元；当股价下跌时，股价低于其执行价格，C_d=0。

3. 建立对冲组合

现在我们来建立这样一个组合：购买 0.4 股的股票，同时以 3% 的利息借入 6.21 元。该组合的收入同样也依赖于期权到期日股票的价格，如表 3-1 所示。

① 我国证券市场对实施利润分配方案（包括现金股利与股票股利）和资本公积金转增股本方案的上市公司实行估价除权，与该股票有关的认股权证的执行价格也做相应的调整，以消除利润分配等方案对权证的不合理影响。

表 3-1 购进股票和借款投资组合的净收入分布

单位：元

股票到期日价格	股价 25 元	股价 16 元
组合中股票到期日收入	25×0.4=10	16×0.4=6.40
组合中借款本利和（需偿还）	6.40	6.40
到期日收入合计	3.60	0

显然，该组合的到期日净收入分布与购入 1 份看涨期权的净收入完全一样。因此，该看涨期权的价值就应当与建立投资组合的成本相等。

组合投资成本 = 购买股票支出 − 借款 =20×0.4−6.21=1.79（元）

因此，该看涨期权的价格应当是 1.79 元。

（二）套期保值原理

复制原理中，既然购入股票和借入款项的组合与期权在经济上是等价的，那么我们可以这样说：购进 0.4 股股票同时抛出 1 份看涨期权的组合，在到期日与借款的本利和相等，即该组合的未来现金流量与股价变化无关。也就是说，该组合能够实现完全的套期保值。购进股票和抛出看涨期权投资组合的净收入分布如表 3-2 所示。

表 3-2 购进股票和抛出看涨期权投资组合的净收入分布

单位：元

股票到期日价格	股价 25 元	股价 16 元
组合中股票到期日收入	25×0.4=10	16×0.4=6.40
抛出看涨期权的价值	−(25−21.40)=−3.60	0
合计	6.40	6.40

根据套期保值原理，复制原理中购买股票的数量和借款的数额是可以计算得到的。组合中购进股票的数量称为套期保值比率（以 H 表示），它可以通过下面的公式来计算

$$H=\frac{C_u-C_d}{S_u-S_d}=\frac{C_u-C_d}{S_0\times(u-d)} \tag{3-17}$$

根据例 3-16 的资料，套期保值比率 $H=(3.6-0)/(25-16)=0.4$。

组合中借款的数额（以 L 表示）可以按下列公式计算（其中 r 表示无风险利率）

$$L=(S_d\times H-C_d)/(1+r) \tag{3-18}$$

最后，期权价值（以 C_0 表示）可以按下列公式计算

$$C_0=S_0\times H-L \tag{3-19}$$

在本例中，$L=(16\times0.4-0)/(1+3\%)\approx6.21$（元），$C_0=20\times0.4-6.21=1.79$（元）。

（三）风险中性原理

所谓风险中性原理，是指假设投资者对待风险的态度是中性的，对所有证券的预期收益率都应当是无风险利率。风险中性的投资者不需要额外的收益补偿其承担的风险。在风险中性的世界里，任何资产的价值就是未来现金流量期望值以无风险利率折现的现值。

利用风险中性原理，期望报酬率应符合下列公式

$$期望报酬率=上行概率\times价格上涨收益率+下行概率\times价格下跌收益率 \tag{3-20}$$

假设股票不派发红利，股票价格的上升百分比就是股票投资的收益率。若股票价格的波动只有上涨和下跌两种情形，则上行概率与下行概率之和为100%。因此

期望报酬率 = 上行概率 × 股价上升百分比 +(1− 上行概率)×(− 股价下降百分比)

根据风险中性原理，购买期权的期望报酬率也应该等于无风险利率。因此，只要根据股价上行或下行的概率和期权的到期日价值，先求出期权到期日价值的期望值，然后用无风险利率将其折现，就可以求出期权的现值。

根据例3-16的数据，我们可以用风险中性原理，进行如下的验算

3%= 上行概率 ×25%+(1− 上行概率)×(−20%)

其中，上行概率 =23/45，下行概率 =22/45。

该看涨期权6个月后的期望价值 =3.6×(23/45)+0×(22/45)=1.84（元）。

期权的现值 =1.84/(1+3%) ≈ 1.79（元）。

五、布莱克—斯科尔斯期权定价模型

自从期权交易产生以来，尤其是股票期权交易产生以来，人们就一直致力于对期权定价问题的探讨。1973年，美国芝加哥大学教授费希尔・布莱克（Fischer Black）与迈伦・斯科尔斯（Myron Scholes）发表《期权定价与公司负债》一文，提出了有史以来第一个期权定价模型，在学术界和实务界引起了强烈反响。此后，有关期权理论和估计方法的研究方兴未艾，成为投资学和财务学的重要组成部分。

（一）布莱克—斯科尔斯模型（B—S 模型）的假设条件

建立布莱克—斯科尔斯期权定价模型的基本假设包括：

（1）在期权寿命期内，期权标的股票不发放股利，也不进行其他分配。

（2）股票或期权的买卖没有交易成本。

（3）短期的无风险利率是已知的，并且在期权寿命期内保持不变。

（4）任何证券购买者能以短期的无风险利率借得任何数量的资金。

（5）允许卖空，卖空者将立即得到所卖空股票当天价格的资金。

（6）看涨期权只能在到期日执行。

（7）所有证券交易都是连续发生的，股票价格随机游走。

（二）期权定价公式

1. 看涨期权的定价模型

在上述假设条件的基础上，布莱克和斯科尔斯得出如下适用于欧式看涨期权的定价模型

$$C = SN(d_1) - Xe^{-rT}N(d_2) \quad (3\text{–}21)$$

$$d_1 = \frac{\ln(S/X)+rT}{\sigma\sqrt{T}} + \frac{1}{2}\sigma\sqrt{T} \quad (3\text{–}22)$$

$$d_2 = d_1 - \sigma\sqrt{T} \quad (3\text{–}23)$$

式中：C 表示看涨期权价格；S 表示标的资产的现行价格；X 表示期权的执行价格；e 表示自然对数的底数；r 表示无风险利率；T 表示期权到期日前的时间（年）；$\ln(S/X)$ 表示 S/X 的自然对数；σ 表示标的资产价格的标准差；$N(d)$ 表示标准正态分布中离差小于 d 的概率。

2. 看跌期权的定价模型

以上所述的布莱克—斯科尔斯模型只适用于看涨期权，不适用于看跌期权。但是，通过看涨期权与看跌期权的平价关系，可用看涨期权的价格推算出相同标的物、相同期间和相同执行价格的看跌期权的价格模型如下

$$\begin{aligned} P &= C - S + Xe^{-rT} \\ &= SN(d_1) - Xe^{-rT}N(d_2) - S + Xe^{-rT} \\ &= S[N(d_1) - 1] + Xe^{-rT}[1 - N(d_2)] \\ &= Xe^{-rT} \times N(-d_2) - SN(-d_1) \end{aligned} \tag{3-24}$$

下面我们以中国上市公司股权分置改革中第一个出现的认股权证——“宝钢认股权证”的定价为例，说明布莱克—斯科尔斯模型的运用。

【例 3-17】宝山钢铁股份有限公司于 2005 年 8 月 12 日召开 2005 年第一次临时股东大会，会议以现场投票与网络投票相结合的表决方式审议通过公司股权分置改革方案，其要点如下：控股股东上海宝钢集团公司向股权登记日登记在册的流通股股东每 10 股支付 2.2 股本公司股份，并获得宝钢集团公司发行的 1 份认购权证，宝钢集团公司持有的本公司原非流通股份将获得上市流通权，成为流通股份。

宝钢集团支付的 38 770 万份认购权证于 2005 年 8 月 22 日在上海证券交易所挂牌交易，第一天的开盘参考价确定为 0.688 元。这一开盘参考价产生的依据是：按照宝山钢铁股份有限公司 2005 年第一次临时股东大会通过的股权分置改革方案中认购权证主要条款的相关内容，采用布莱克—斯科尔斯模型，选取有关参数。参数分别如下：权证行使价格为 4.50 元，权证剩余存续期为 374 天（从 2005 年 8 月 22 日算起为 374 天，约 1.039 年），无风险收益率 3.3%（参考当时 7 年期国债到期收益率），标的股票宝山钢铁股份有限公司 2008 年 8 月 19 日收盘价为 4.62 元，标的股票波动率（标准差）为 30.1%（根据最近一年的历史股价波动率估计）。

$$d_1=[\ln(4.62/4.50)+(3.30\%+0.301^2/2)\times1.039]/(0.301\times\sqrt{1.039})$$

$$\approx 0.3509$$

$$d_2=0.3509-(0.301\times\sqrt{1.039})$$

$$\approx 0.0441$$

$$N(d_1)\approx 0.6371$$

$$N(d_2)\approx 0.5176$$

$$C_0=4.62\times0.6371-4.50\times e^{-0.033\times1.039}\times0.5176$$

$$\approx 0.688\text{（元）}$$

但开盘参考价是根据布莱克—斯科尔斯定价模型测算出的理论价格，只作为计算宝钢权证当日涨跌幅的基准，并不代表实际的开盘价或者指导价，实际开盘价格将由投资者竞价交易产生。

【思考与练习】

一、思考题

1. 请你写出固定增长股票估价模型，并指出：

（1）该模型说明股票的价值取决于哪些因素？

（2）应用该模型对股票进行估值，需要有哪些假设前提？

2. 当银行存贷款利率提高时，固定利率债券的市场价格为什么会下跌？债券价格下跌会使债券的到期收益率上升还是下降？为什么？

3. 如果一种债券的票面利率等于市场利率，该债券的价值等于面值；若债券的票面利率高于市场利率，该债券的价值大于面值；反之亦然。这种说法有何不妥？

4. 根据例 3-12 的资料，我们再来关注投资者 Q 债券投资的到期收益率的计算问题。前面已经得到下列关于到期收益率 K 的方程

$$101.84=\frac{1.645}{(1+K)^{0.34167}}+\frac{1.645}{(1+K)^{0.84167}}+\frac{1.645}{(1+K)^{1.34167}}+\cdots+\frac{1.645+100}{(1+K)^{8.84167}}$$

请你指出：

（1）上述方程中的最后一项代表什么？

（2）上述方程中的 K 代表的是年收益率还是半年的收益率？

（3）投资者 Q 为计算上述债券的到期收益率，给出了下面的方程

$$101.84=1.645\times(P/A,K,18)\times(F/P,K,0.15833)+\frac{100}{(1+K)^{8.84167}}$$

请你对上述方程做出解释。

5. 何谓实值期权？何谓虚值期权？

6. 影响期权价值的主要因素有哪些？试分别加以说明。

二、单项选择题

1. 按照目前我国税法规定，个人投资者（包括证券投资基金等机构投资者）通过二级市场购买上市公司股票，持有股票期间所获得的现金股利，(　　)。

A. 一律免征个人所得税　　B. 一律按照 20% 的税率征收个人所得税

C. 基本税率为 20%，目前减半征收，即按照 10% 的税率征收个人所得税

D. 按照投资者持有股票的时间长短实施差别化个人所得税政策

2. 某公司股票为固定增长股票，估计年增长率为 8%，预期未来第一年的股利为 0.40 元。假设投资者要求的必要报酬率为 12%，那么该股票的理论价值为（　　）。

A. 10.00 元　　B. 12.00 元　　C. 10.08 元　　D. 12.80 元

3. 某种股票当前的市价是 8.00 元，上一年每股股利是 0.40 元，预期的股利增长率是 5%，则其市场决定的预期收益率是（　　）。

A. 5%　　B. 5.5%　　C. 10%　　D. 10.25%

4. 市场上有一种面值为 1 000 元的债券，其票面利率为 8%，期限为 5 年，每年付息一次，当时市场利率为 10%，则该债券的理论价值约为（　　）元。

A. 924　　B. 952　　C. 1 000　　D. 1 352

5. 雷迪克公司发行面值为 100 元、期限为 30 年的债券，规定票面年利率为 15%，到期一

次还本付息(按单利计息)。假设市场利率为6%，则该面值100元的债券其理论价值约为(　　)元。

A. 95.76　　B. 100.47　　C. 105.85　　D. 223.88

6. 某投资者现在以118元购得面值为100元的公司债券，该债券3年前发行，再过2年将到期，债券的票面利率为8%，规定到期时一次还本付息(按单利计息)。若投资者持有该债券至到期日，其到期收益率约为(　　)。

A. 5.86%　　B. 6.00%　　C. 8.92%　　D. 18.32%

7. 某投资者以1 051元的价格从债券市场购入甲公司于9个月前发行的面值为1 000元的债券，该投资者持有半年后以1 064元的价格将债券全部出售，在持有期间获得利息45元。在不考虑交易费用的情况下，该投资者买卖该债券的(年)实现收益率约为(　　)。

A. 4.28%　　B. 5.52%　　C. 8.56%　　D. 11.04%

8. A股票市价为110元，以该股票为标的资产的看涨期权的执行价格为107元，期权费为5元，则该期权的到期日价值为(　　)元。

A. 3　　B. 5　　C. 7　　D. 10

9. 现有一未到期的看跌期权，其标的股票的现行市价为20元，期权执行价格为23元，该期权现在市价为5元，则该期权的到期日价值是(　　)元。

A. 0　　B. 2　　C. 3　　D. 5

10. 空头看涨期权到期日价值和净损益的计算公式分别是(　　)。

A. 到期日价值 =Max(股票市价 − 执行价格，0)；净损益 = 到期日价值 + 期权价格

B. 到期日价值 =−Max(股票市价 − 执行价格，0)；净损益 = 到期日价值 + 期权价格

C. 到期日价值 =Max(股票市价 − 执行价格，0)；净损益 = 到期日价值 − 期权价格

D. 到期日价值 =−Max(股票市价 − 执行价格，0)；净损益 = 到期日价值 − 期权价格

三、多项选择题

1. 下列属于混合性证券的是(　　)。

A. 定期存单　　B. 优先股股票

C. 国债　　D. 可转换公司债券

2. 按照短期持有股票的估价模型分析，股票的价值主要取决于三个因素，分别是(　　)。

A. 投资者的必要报酬率　　B. 该股票过去的交易价格

C. 未来出售时预计的股票价格　　D. 未来的股利水平

3. 零增长股票股价模型和固定增长股票股价模型具有一些共同的特性，这些共同的特性包括(　　)。

A. 投资者长期持有股票　　B. 未来的股利保持不变

C. 未来的股利呈现固定的增长率稳定增长

D. 不考虑股票投资的资本利得收益

4. 在债券面值一定的前提下，影响债券到期收益率的因素有(　　)。

A. 债券的票面利率　　B. 债券期限

C. 债券的付息方式　　D. 购买债券的价格

5. 下列情况通常符合零息债券情况的有(　　)。

A. 债券不支付利息，投资者不可能获得投资收益

B. 提供给持有者的报酬是资本增值而非利息收入

C. 受到发行人的普遍青睐，但对投资者通常没有吸引力

D. 以低于面值折价出售给投资者的一种债券

6. 对于期权持有人来说，下列表述正确的有（　　）。

A. 对于看涨期权来说，资产现行市价高于执行价格时的期权称为“实值期权”

B. 对于看涨期权来说，资产现行市价低于执行价格时的期权称为“虚值期权”

C. 对于看跌期权来说，资产现行市价高于执行价格时的期权称为“虚值期权”

D. 对于看跌期权来说，资产现行市价低于执行价格时的期权称为“实值期权”

7. 现有一看涨期权，其执行价格为 20 元，期权费为 3 元。如果到期日股票的市场价格为 22 元，则对一份期权来说，（　　）。

A. 多头期权的净损益为 -1 元　　B. 多头期权的净损益为 2 元

C. 空头期权的净损益为 -1 元　　D. 空头期权的净损益为 3 元

8. 本书中介绍的期权估价的基本原理有（　　）。

A. 复制原理　　B. 套期保值原理

C. 平价原理　　D. 风险中性原理

四、计算分析题

1. G 股份有限公司是一家上市公司，该公司于 2020 年 6 月末分配的每股现金股利为 0.50 元。现在 A 投资者准备购买该公司的股票，他认为该股票估值适合“固定增长股票估价模型”，拟按照如下股票估价模型进行估值

$$V_0=\frac{D_1}{K-G}$$

A 投资者对 G 股份有限公司未来的盈利及股利分配有以下两种截然不同的预期：

乐观的预期——从 2021 年起该公司分配的现金股利将以 10% 的速度稳定增长。

悲观的预期——从 2021 年起该公司分配的现金股利将以 6% 的速度持续下降。

假设无论是哪种情形，A 投资者投资 G 股份有限公司股票的必要报酬率均为 14%，并假设 G 股份有限公司每年的股利分配方案均在次年 6 月末实施。

要求：

（1）请你根据 A 投资者对 G 股份有限公司未来的盈利及股利分配的两种不同预期，分别计算 G 股份有限公司股票在 2020 年 6 月末的每股价值。

（2）请你指出，按照上述股票估价模型进行估值时，影响股票价值的因素有哪些？其中关键因素是什么？

2. 红联股份有限公司 2020 年发放的现金股利为每股 1.20 元，预计该公司 2021 年到 2025 年分配的股利每年会比上年递增 15%，但从 2026 年开始股利将以每年 10% 的速度递增。若投资者要求的必要报酬率为 18%，试计算：

（1）利用股票估价模型计算红联股份有限公司股票在 2020 年年末的每股价值。

（2）假如该公司在 2020 年年末的股价为每股 13.50 元，投资者准备长期持有该公司股票，那么按照该价格计算的股票投资预期收益率是多少？

3. 债券市场有下列两种公司债券挂牌交易：

A 公司债券。该债券每张面额 100 元，于 2019 年 6 月末平价发行，期限为 6 年，票面利

率为 6.30%，规定每年的 6 月末支付一年的利息。该债券目前的市场价格为每份 103.86 元。

B 公司债券。该债券每张面额 100 元，于 2021 年年初即时发行，期限为 5 年，票面利率为 6.72%，规定按单利计息，到期时一次还本付息。

现有甲、乙两位投资者已经投资或准备投资这两种债券。甲投资者于 2019 年 6 月末平价购入 A 公司债券 10 万元，并于 2021 年年初以每张 103.86 元的价格出售。乙投资者于 2021 年年初以每张 103.86 元的价格购入 A 公司债券 103 860 元，同时平价购入 B 公司债券 10 万元。如果不考虑债券的交易费用，试通过计算后回答：

（1）如果投资 A、B 公司债券的风险相当，目前（指 2021 年年初，下同）与该两种债券风险相当的市场利率为 6%，那么 A 公司债券目前 103.86 元的市场价格是否有投资价值？B 公司目前平价发行的债券是否有投资价值？

（2）甲投资者 2019 年 6 月末购买 A 公司债券，并于 2021 年年初出售，其年实现收益率为多少？

（3）乙投资者 2021 年年初投资 A、B 公司债券的到期收益率分别为多少？

4. 期权交易所 2021 年 7 月 23 日对昌盛股份有限公司的股票期权报价如下：6 个月的看涨期权价格为 5.50 元，6 个月的看跌期权价格为 3.50 元，这两种期权的执行价格均为 15 元。现有下列四位投资者进行期权投资：

（1）张飞多头看涨期权 10 万份。

（2）贾青空头看涨期权 10 万份。

（3）王永多头看跌期权 10 万份。

（4）孟星空头看跌期权 10 万份。

若在到期日股票价格为 8.50 元或者 22 元。试就上述四位期权投资者的净损益情况分别做出计算和评价。

5. 圣元环保科技股份有限公司是一家上市公司，目前的股价为每股 48 元，假设以该股票为标的资产的看涨期权的执行价格为 43.80 元，到期时间为 6 个月。6 个月后的股价有两种可能：上涨 25% 或下跌 20%。6 个月的无风险报酬率为 3.8%。

要求：

（1）请你运用期权定价的复制原理，设计一个投资组合，使得该组合 6 个月后的价值与 1 份看涨期权到期日价值相等，并按照复制原理计算 1 份该看涨期权的价值 C_0。

（2）按照期权定价的风险中性原理，计算 1 份该看涨期权的价值 C_0。

（3）若设置一种与上述看涨期权的标的资产、执行价格和到期日完全相同的看跌期权，试计算每份看跌期权的价值。

6. W 股份有限公司为一家上市公司，目前的股价为每股 20 元，假设以该股票为标的资产的看涨期权的执行价格为 19.60 元，到期时间为 1 年。1 年后的股价有两种可能：上涨至 25 元或下跌至 16 元。年无风险利率为 5%。

要求：

（1）运用期权定价的复制原理，请设计一个投资组合，购入一定数量的股票和借入一定数量的款项，使得该组合 1 年后的价值与 1 份看涨期权到期日价值相等，并按照复制原理计算 1 份该看涨期权现在的价值 C_0。

（2）请你指出，如果运用套期保值原理，本题应构建怎样的一个组合？

（3）假设 W 股份有限公司股票收益率的标准差为 0.2231，应用布莱克—斯科尔斯模型计算 1 份该看涨期权的价值 C_0。

五、案例题

【案例一】 工商银行股票估价

资料：

中国工商银行股份有限公司（简称“工商银行”，股票代码：601398）于 2006 年 10 月 19 日首次向社会公开发行人民币普通股（IPO）1 495 000 万股，发行价为每股 3.12 元。发行完成后，工商银行的总股本达到 33 401 885 万股。股票于 2006 年 10 月 27 日在上海证券交易所挂牌交易，交易首日开盘价 3.40 元，最高价 3.44 元，最低价 3.26 元，收盘价 3.28 元。该公司上市后 15 年中每年实现的净利润和分配的股利情况见下表。

年份	每股收益（元）	每股股利（元）	实施时间	年份	每股收益（元）	每股股利（元）	实施时间
2006 年度	0.17	0.016	2007.6.21	2014 年度	0.78	0.2554	2015.7.7
2007 年度	0.24	0.133	2008.6.18	2015 年度	0.77	0.2333	2016.7.8
2008 年度	0.33	0.165	2009.6.4	2016 年度	0.77	0.2343	2017.7.11
2009 年度	0.38	0.170	2010.5.27	2017 年度	0.79	0.2408	2018.7.13
2010 年度	0.48	0.184	2011.6.15	2018 年度	0.82	0.2506	2019.7.3
2011 年度	0.60	0.203	2012.6.14	2019 年度	0.86	0.2628	2020.6.30
2012 年度	0.68	0.239	2013.6.26	2020 年度	0.86	0.2660	2021.7.6
2013 年度	0.75	0.2617	2014.6.20				

已知该公司 IPO 完成 15 年后（2021 年 10 月 19 日），该股票的收盘价为 4.72 元，上市 15 年后（2021 年 10 月 27 日）该股票的收盘价为 4.70 元，而 2020 年 12 月 31 日股票的收盘价为 4.99 元。投资者 A 在工商银行股票 IPO 时以每股 3.12 元的价格认购了 10 000 股股票，并一直持有至 2021 年 10 月 19 日。

问题：

（1）如果市场投资者认为投资工商银行股票的必要报酬率为 10%，那么根据该股票上市后 15 年的分红情况和 2021 年 10 月 27 日的收盘价看，该股票在 2006 年 10 月 27 日上市首日的开盘价是被高估还是低估了？

（2）请你计算投资者 A 投资工商银行股票并一直持有至 2021 年 10 月 19 日的持有期（年）收益率。

（3）计算工商银行 2010—2020 年度分配的现金股利的年均复合增长率（注：计算复合增长率时，以 2010 年为基期，该现金股利分配时间为 2011 年 6 月 15 日；以 2020 年为末期，该现金股利分配时间为 2021 年 7 月 6 日），并假设工商银行在 2022 年以后每年分配的现金股利将以该增长率持续增长，而以后每年的现金股利均在 6 月末分配，投资工商银行股票的必要报酬率仍为 10%。请你计算后回答：该股票 2020 年 12 月 31 日每股 4.99 元的价格是被低估还是高估了？

【案例二】　　江西铜业认股权证

资料：

江西铜业股份有限公司（简称“江西铜业”，股票代码：600362）于 2008 年 9 月 22 日发行了 68 亿元认股权证和债券分离交易的可转换公司债券（以下简称“分离交易可转债”）。该分离交易可转债已于 2008 年 10 月 7 日分离为公司债券和认股权证，10 月 9 日债券和认股权证同时在上海证券交易所上市交易，认股权证首日交易的开盘参考价格为 1.227 元。

以江西铜业 2007 年度披露的相关数据为依据，结合市场相关指标，确定用于计算江西铜业认股权证理论价值的相关参数如下：

（1）每四份认股权证对应一份江西铜业 A 股股票。

（2）认股权证的行权价为 15.44 元。

（3）认股权证的存续期为 24 个月。

（4）无风险收益率取当时一年期银行存款利率 4.14%。

（5）认股权证的持有人有权在权证上市满 24 个月的最后 5 个交易日内行权。

（6）江西铜业过去 240 个交易日 A 股股价的年化历史波动率（标准差）为 76.59%。

（7）对应江西铜业不同的 A 股股票 12 月 9 日的收盘价为 12.87 元。

问题：

（1）江西铜业的认股权证属于美式期权还是欧式期权？

（2）根据江西铜业在 2008 年 10 月 9 日的收盘价，该认股权证处于实值状态还是虚值状态？

（3）请你查阅江西铜业股票在 2008 年 10 月 9 日以后两年的股价走势，并指出该认股权证在大多数交易日处于实值状态还是虚值状态？

（4）请你运用布莱克—斯科尔斯模型验证该认股权证的开盘参考价。

（5）该认股权证在 2010 年 9 月 27 日开始行权，当日江西铜业股票的收盘价为 31.02 元，请你计算该日认股权证的到期日价值。

第四章　项目投资决策

【引子】

FB电子技术股份有限公司拟批量生产P新产品（投资项目），为此，公司需要使用旧厂房。该厂房于10年前建造，其原始价值为2 000万元，按照30年计提折旧（采用平均年限法），预计净残值200万元，目前已累计折旧600万元，账面净值1 400万元，目前变现价值预计为1 500万元。

对于该投资项目，公司财务部和投资发展部设计了两种投资方案：

A方案，技术含量一般。估计除厂房外的投资额为1 200万元，其中1 000万元用于设备投资，200万元为垫支的营运资本。

B方案，技术含量较高。估计除厂房外的投资额为1 500万元，其中1 200万元用于设备投资，300万元为垫支的营运资本。

现在财务部拟对该项目的财务可行性进行评价，有关资料如下：

（1）项目投资当年完成，便可生产经营P产品，产品的寿命期为6年。两种方案各年的营业收入和付现成本（不包含固定资产折旧等）估计如表4-1所示。

表4-1　两种方案各年的营业收入和付现成本估计

单位：元

方案		年份					
		1	2	3	4	5	6
A方案	营业收入	1 400	1 400	1 400	1 400	1 400	1 400
	付现成本	800	800	800	800	800	800
B方案	营业收入	1 500	1 680	1 770	1 580	1 340	1 200
	付现成本	860	920	990	880	760	700

（2）固定资产采用平均年限法计提折旧，设备年限为6年，估计残值率为4%；厂房剩余折旧年限为20年，将维持原折旧政策不变。

（3）6年后厂房的变现价值为1 350万元，设备的残值及所垫付的营运资本均可以如数收回。

（4）已知FB电子技术股份有限公司的所得税税率为25%，不考虑其他税费。

（5）FB电子技术股份有限公司投资该项目所要求的报酬率为12%。

那么，上述两种投资方案在财务上是否可行？哪种投资方案更优？

FB电子技术股份有限公司上述财务决策问题就是典型的项目投资决策问题，也是本章要介绍的主要内容。

投资决策是财务管理的重要内容。投资决策涉及的内容很多，如项目投资、证券投资等。项目投资是企业开展生产经营活动的基础，项目投资决策在企业投资决策中占有十分重要的地位。本章主要阐述项目投资的分类、程序、现金流量估计、决策评价指标，以及项目投资决策中销售量临界分析等问题。

第一节 项目投资概述

项目投资，是对企业内部生产经营所需要的各种资产的投资，其目的是保证企业生产经营过程的连续和生产经营规模的扩大。为了系统地理解和掌握项目投资决策的基本理论和方法，必须首先明确项目投资的一些基本理论问题。

一、项目投资的分类

企业的项目投资，按不同的标志可分为以下类型。

1. 新建项目投资和更新改造项目投资

项目投资按投资的目的和用途不同可分为新建项目投资和更新改造项目投资。新建项目投资是指以新增生产能力为目的的开发或建设新的固定资产。它的特点是投资不可预见的因素多、风险大，但一旦投资成功收益潜力大，可能对企业的发展起到极其重要的作用。更新改造项目投资是指对现有设备等固定资产进行更新或改造，使其适应新的市场需求来实现投资目的。它的特点是投资的基础比较稳定，风险和收益易于预测分析，不会有很大变化。

2. 战术性项目投资与战略性项目投资

项目投资按其对企业前途的影响可分为战术性项目投资和战略性项目投资。战术性项目投资是指不牵涉整个企业发展前景和命运的投资，如为提高劳动生产率而进行的项目投资，为改善经营环境而进行的项目投资等。战略性项目投资是指对企业全局有重大影响的项目投资，如企业转产投资、增加新产品的项目投资等。战略性项目投资一般所需资金多，回收时间长，风险大。

3. 独立性项目投资和互斥性项目投资

项目投资按其相互之间的关系可分为独立性项目投资和互斥性项目投资。如果某一项目的采纳与否，既不影响其他项目的采纳或放弃，也不受其他项目采纳与否的影响，则称为独立性项目投资。独立性项目属于相容性投资，只要资金总量没有限制，项目又在经济上可行，那么多个项目就可以同时进行，不涉及项目之间的比较选优问题。如果某一项目的采纳与否受其他投资项目的影响或影响其他投资项目，则称为互斥性项目投资。互斥性项目属于非相容性投资，各投资项目相互关联，相互替代，不能并存。因此，互斥性项目投资决策需要从多个可行方案中选择最优方案。

二、项目投资的程序

项目投资具有周期长、投资数额多、投资风险与要求的投资报酬较高、变现能力差、考虑因素复杂等特点，可见，项目投资是一项复杂的系统工程。项目投资一旦出现决策失误，对企业未来的生产经营活动、长期经济效益和长期偿债能力都将产生重大而深远的影响。因此，在进行项目投资决策时要坚持科学的态度，按程序操作。一般项目投资决策的程序包括以下步骤。

1. 投资项目的提出

为了提高生产能力或提高产品质量，企业管理层应根据本企业所具备的条件，提出项目投资。一般而言，提出的项目投资要由企业的战略、市场、生产、财务和物资部门参与共同论证，而由企业各级管理部门和相关部门领导提出的项目投资主要是一些战术性项目投资或维持性项目投资，一般可先由提出部门进行可行性论证。

2. 投资项目的评价

企业在提出投资项目以后，应组织有关专家或相关负责人对项目进行系统客观的评价。评价可围绕以下三个方面展开：

（1）技术可行性评价。该评价一般包括投资项目的技术是否先进、所能获得的原材料是否符合技术性能的要求、生产工人对技术的接受是否存在限制等。

（2）财务评价。相关财务人员应预测有关项目的现金流入和现金流出，评价其财务可行性。财务评价一般要估算投资回收期、预计投入和产出、预计收入和成本、预测项目的现金流量等。

（3）经济可行性评价。在评价投资项目时，应充分考虑企业的资金是否能够持续支持该项目顺利开展，以达到预期的效果。

3. 投资项目的决策

对投资项目做出评价后，应按分权管理的决策权限由企业高层管理人员或相关部门经理做最后决策，其结论一般都可分成以下三种：

（1）接受这个投资项目，可以进行投资。

（2）拒绝这个投资项目，不能进行投资。

（3）发还给项目提出部门，重新论证后，再行处理。

4. 投资项目的执行

投资项目确定后，要积极筹措资金，实施项目投资。在投资项目的执行过程中，要严格控制项目的实施过程，对工程进度、工程质量、施工成本和工程预算进行监督和审核，防止工程建设中的舞弊行为，确保工程质量，保证按时完成。

5. 投资项目的再评价

在投资项目的执行过程中，应注意预先做出的投资决策是否合理、是否正确。一旦出现新的情况，就要随时根据变化的情况做出新的评价。如果情况发生重大变化，原来做出的投资决策已变得不合理，那么就要进行是否终止投资或怎样终止投资的决策，以避免更大的损失。对投资项目的再评价一般应贯穿项目执行的全过程。

第二节　投资项目现金流量估计

项目投资的种类很多，我们将本章所说的项目投资理解为生产性固定资产的投资项目。投资项目的现金流量指的是，在投资活动过程中，由于引进一个项目而引起的现金流入量或现金流出量的统称。这里的“现金”是一个广义的概念，不仅包括货币资金，同时也包含了与项目有关的非货币资源的变现价值。由于投资项目的周期一般要依次经过投资兴建、投产后运营和终结三个阶段，因此项目投资的现金流量由初始现金流量、营业现金流量和终结现金流量三部分组成。

一、初始现金流量

初始现金流量通常称为建设期现金流量，是指开始投资时发生的现金流量，通常为现金流出量。它包括如下几个部分：

（1）固定资产投资。企业要想扩大生产规模或转向新领域，首先需要拥有一定的劳动资料，即固定资产。固定资产上的投资构成现金流出中最重要的一部分，包括固定资产的购入或建造成本、运输成本和安装成本等。如果是资本重置项目，则还要包括废旧资产的处置费用和出售收入，以及相关的税收效应。这里有必要阐明固定资产投资与固定资产原值之间的关系。固定资产投资，等于企业为使该项目完全达到设计生产能力、开展正常经营而投入的全部资金。固定资产原值是指用于购置和安装固定资产实际发生的投资。这两个概念是不同的，固定资产投资是一个财务概念，而固定资产原值是一个会计概念。某些固定资产投资的现金流出并不构成固定资产原值，有些并不直接发生于固定资产投资的现金流出却可能要计入固定资产原值。本章开头引子中 FB 电子技术股份有限公司拟批量生产 P 新产品的投资项目，其固定资产投资分为两部分：一是设备投资，A 方案为 1 000 万元，B 方案为 1 200 万元；二是厂房投资，应按其变现价值计算，为 1 500 万元。

（2）营运资本垫支额。营运资本是指经营性流动资产减去经营性流动负债后的差额。很多情况下，固定资产的添置或者重置会影响公司的经营性流动资产和经营性流动负债。例如，企业扩大经营规模后，销售额也随之扩大，就会带来应收账款和存货等流动资产的增加，也要求企业存放更多的货币资金。当然，随着销售额的增加，企业的经营性流动负债（如应付账款、预收账款、应付职工薪酬、应交税费等）也会增加。营运资本垫支额并不是企业在经营过程中所发生的成本或费用，而应视为投资支出。营运资本一般在投资之初投入，直至项目终结时等额回收。本章开头引子中 FB 电子技术股份有限公司拟批量生产 P 新产品的投资项目，A 方案和 B 方案的营运资本投资分别为 200 万元和 300 万元。

（3）与项目投资有关的其他费用。这主要是指与投资有关的职工培训费、谈判费、注册费等。这些支出表现为投资初期的现金流出，但不构成固定资产价值，而作为费用直接计入当期损益，或作为长期待摊费用分配计入各期损益。

（4）原有固定资产的变价收入。这主要是指固定资产更新改造投资项目，原有固定资产变卖所得的现金收入，以及由此产生的所得税影响额。

二、营业现金流量

营业现金流量是指投资项目投入使用后，在其寿命周期内由于生产经营所带来的现金流入和流出的数量，以及营业现金净流量。现金流入一般是指营业现金收入，现金流出是指营业现金支出，营业现金净流量是指一定期间现金流入量和现金流出量的差额。这里所说的“一定期间”，有时指 1 年内，有时指投资项目持续的整个寿命期内。

值得注意的是，营业现金收入不等于会计实务中的营业收入，二者的区别主要体现在应收款项和预收款项期初、期末余额的变化上。营业现金流出也不等于会计实务中的营业成本[①]，二者的区别则主要体现在应付款项、预付款项、存货、应计费用等项目期初、期末余额的变化上，以及计提的固定资产折旧额和无形资产摊销额等。因此，营业现金净流量与会计中的净利润通常是不相等的。

一般来说，投资项目营业现金净流量的计算有以下三种方法。

---

① 这里我们对成本和费用不加以严格区别。

1. 根据营业现金净流量的定义计算

假设一个投资项目的每年销售收入等于营业现金流入，付现成本（指需要以当期现金支付的成本）等于营业现金流出，并考虑企业的所得税因素（所得税是一种现金支付，应作为每年营业现金净流量的减项），可以得到

营业现金净流量 = 营业收入 − 付现成本 − 所得税　（4-1）

【例 4-1】利用本章开头所给的 FB 电子技术股份有限公司拟批量生产 P 新产品的资料，我们可以计算 A、B 方案的营业现金净流量。

【解答】

$$A方案每年的固定资产折旧=\frac{1\,000\times(1-4\%)}{6}+\frac{2\,000-200}{30}=220（万元）$$

$$B方案每年的固定资产折旧=\frac{1\,200\times(1-4\%)}{6}+\frac{2\,000-200}{30}=252（万元）$$

A 方案每年营业现金净流量 =1400−800−(1400−800−220)×25%=505（万元）

B 方案第一年的营业现金净流量 =1500−860−(1500−860−252)×25%=543（万元）

B 方案历年营业现金净流量计算结果（方法一）如表 4-2 所示。

表 4-2　B 方案历年营业现金净流量计算结果（方法一）

单位：万元

项目	年份					
	1	2	3	4	5	6
①营业收入	1 500	1 680	1 770	1 580	1 340	1 200
②付现营业成本	860	920	990	880	760	700
③年折旧额	252	252	252	252	252	252
④所得税 =(① − ② − ③)×25%	97	127	132	112	82	62
⑤营业现金净流量 = ① − ② − ④	543	633	648	588	498	438

2. 根据营业成果计算

企业每年现金流量的增加主要来自两个方面：一是当年增加的净利润，二是计提的折旧等[①]。固定资产折旧虽然作为会计中的成本或费用，会减少营业利润，但并不会产生现金流出，我们通常称之为非付现成本。这种非付现成本将从销售收入中扣回，留存于企业，故需要在计算现金净流量时予以加回。这时，营业现金净流量可以表示为

营业现金净流量 = 净利润 + 折旧　（4-2）

这个公式与式（4-1）是一致的，因为付现成本是指每年支付现金的成本，成本中不需要每年支付现金的部分称为非付现成本，其中主要是折旧费。于是付现成本可以用营业成本减折旧来估计。我们由式（4-1）进行下列推导，便可得到式（4-2）。

营业现金净流量 = 营业收入 − 付现成本 − 所得税
　= 营业收入 −（营业成本 − 折旧）− 所得税
　= 营业利润 + 折旧 − 所得税
　= 净利润 + 折旧

① 这里的折旧是指广义的折旧，包括固定资产折旧、无形资产摊销和计提的资产减值准备等。

【例 4-2】利用本章开头所给的 FB 电子技术股份有限公司拟批量生产 P 新产品的资料，根据营业成果计算其营业现金净流量。

【解答】

A 方案每年的营业现金净流量 =(1 400−800−220)×(1−25%)+220=505（万元）

B 方案历年营业现金净流量计算结果（方法二）如表 4-3 所示。

表 4-3 B 方案历年营业现金净流量计算结果（方法二）

单位：万元

项目	年份					
	1	2	3	4	5	6
①营业收入	1 500	1 680	1 770	1 580	1 340	1 200
②付现营业成本	860	920	990	880	760	700
③年折旧额	252	252	252	252	252	252
④税前利润 = ① − ② − ③	388	508	528	448	328	248
⑤所得税 = ④ ×25%	97	127	132	112	82	62
⑥税后利润 = ④ − ⑤	291	381	396	336	246	186
⑦营业现金净流量 = ⑥ + ③	543	633	648	588	498	438

3. 根据所得税对收入和成本的影响计算

企业实现的销售收入是税前的收入，如果考虑所得税的影响，反映为税后的收入应当为销售收入×（1− 税率）；发生的营业成本也是税前的成本，税后的成本应为成本×（1− 税率）。而全部营业成本又可以分为付现成本和非付现成本。因此，营业现金净流量应等于税后营业收入减去税后付现成本，再加上非付现成本引起的所得税税金减少额，而非付现成本引起的所得税税金减少额可表示为折旧额与所得税税率的乘积。这时营业现金净流量可用下列公式来计算

$$\text{营业现金净流量} = \text{营业收入}\times(1-\text{税率}) - \text{付现成本}\times(1-\text{税率}) + \text{折旧}\times\text{税率} \qquad (4\text{-}3)$$

实际上，上述公式也可以根据式（4-2）直接推导出来

$$\begin{aligned}\text{营业现金净流量} &= \text{净利润} + \text{折旧}\\ &=(\text{营业收入} - \text{营业成本})\times(1-\text{税率}) + \text{折旧}\\ &=(\text{营业收入} - \text{付现成本} - \text{折旧})\times(1-\text{税率}) + \text{折旧}\\ &= \text{营业收入}\times(1-\text{税率}) - \text{付现成本}\times(1-\text{税率}) - \text{折旧}\times(1-\text{税率}) + \text{折旧}\\ &= \text{营业收入}\times(1-\text{税率}) - \text{付现成本}\times(1-\text{税率}) + \text{折旧}\times\text{税率}\end{aligned}$$

【例 4-3】利用本章开头所给的 FB 电子技术股份有限公司拟批量生产 P 新产品的资料，根据所得税对收入和成本的影响计算其营业现金净流量。

【解答】

A 方案每年的营业现金净流量 =1400×(1−25%)−800×(1−25%)+220×25%=505（万元）

B 方案历年营业现金净流量计算结果（方法三）如表 4-4 所示。

表 4-4　B 方案历年营业现金净流量计算结果（方法三）

单位：万元

项目	年份					
	1	2	3	4	5	6
①营业收入	1 500	1 680	1 770	1 580	1 340	1 200
②营业收入 × 税率 = ① ×25%	1 125	1 260	1 327.5	1 185	1 005	900
③付现营业成本	860	920	990	880	760	700
④付现营业成本 × 税率 = ③ ×25%	645	690	742.5	660	570	525
⑤年折旧额	252	252	252	252	252	252
⑥折旧额 × 税率 = ⑤ ×25%	63	63	63	63	63	63
⑦营业现金净流量 = ② - ④ + ⑥	543	633	648	588	498	438

上述三个公式都可以估算出投资项目的营业现金净流量，但不同的公式适用于不同的情况。决策者应当根据投资项目所给的条件，选择合适的公式估算营业现金净流量。一般来说，当我们能够测算投资项目的利润时，就可以直接利用式（4-1）或式（4-2）估算营业现金净流量；当我们不能够测算投资项目的利润时，就无法利用前两个公式估算营业现金净流量，但我们可以使用式（4-3）估算营业现金净流量。

三、终结现金流量

终结现金流量是指投资项目终结时所发生的现金流量。终结现金流量基本上是现金流入量，主要包括固定资产残值收入、原垫支的各种净营运资本的收回、停止使用的土地的变价收入等，当然还有处置这些固定资产、无形资产产生的损益而引起的所得税的影响。

【例 4-4】根据 FB 电子技术股份有限公司拟批量生产 P 新产品的有关资料，我们来计算其终结现金流量。

【解答】该投资项目的终结现金流量包括：

（1）收回的设备残值，A 方案为 40 万元，B 方案为 48 万元。

（2）厂房的变现价值 1 500 万元。

（3）收回的营运资本，A 方案为 200 万元，B 方案为 300 万元。

（4）厂房变现对所得税的影响额。6 年后厂房的账面价值为 1 040 万元（2 000−60×16），以 1 350 万元的价格出售，账面盈利为 310 万元（1 350−1 040），应交所得税 77.5 万元（310×25%），为现金流出。

因此，A 方案的终结现金流量 =40+1 350+200−77.5=1 512.5（万元）。

B 方案的终结现金流量 =48+1 350+300−77.5=1 620.5（万元）。

四、现金流量估计应注意的几个问题

财务决策不能完全以会计信息作为依据。因此，估算投资项目现金流量时，不能完全像会计实务那样来计算现金流量。为了正确估算投资项目的现金流量，决策者应注意以下几点：

（1）要区分相关成本与非相关成本。相关成本是指与特定决策有关的、在分析评价时必须加以考虑的成本，如差额成本、重置成本、机会成本等。而与特定决策无关的、在分析时不必加以考虑的成本是非相关成本，如沉没成本、账面成本等。区分相关成本与非相关成本是确定项目现金流量的关键，如果将非相关成本纳入投资方案的总成本，则一个有利的方案可能因此变得不利，一个较好的方案可能变为较差的方案，从而造成决策错误。

（2）不要忽视机会成本。机会成本是对于一项具有两种或两种以上用途的经济资源来说的。当你将这种资源投资于某一项目（如甲项目）时，就必须放弃该资源投资于其他项目的机会。这种放弃其他某一投资机会（如乙项目或丙项目等）而失去的“潜在利益”，就是该资源用于甲项目的机会成本。例如，企业新建厂房的投资方案，需要使用该企业拥有的一块土地，假设该土地目前的变现价值为2 000万元。在进行投资分析时，虽然企业不必动用资金去购置土地，但分析投资项目现金流量时必须将该土地的成本考虑在内。这是因为，该企业若不利用这块土地来兴建厂房，则可将这块土地出售，获得2 000万元的收入。由于现在考虑要在这块土地上兴建厂房，就失去了出售这块土地本来可以获得的2 000万元收入，这笔收入即成为兴建厂房方案的机会成本。而且，应以土地的现行市价作为机会成本加以计量。

值得注意的是，机会成本不是一种实际的支出或费用，而是失去的潜在收益。机会成本在决策中的意义在于，它有助于全面考虑可能采取的各种方案，以便为既定资源寻求最为有利的投资机会。

（3）要重视对公司营运资本的影响。增加固定资产、无形资产等是企业扩大销售的重要条件，但不是唯一的条件。营运资本是与固定资产投资相配套的流动资金增加额。因此，公司进行固定资产投资决策时，不仅要考虑固定资产投资，而且必须考虑营运资本的这种额外需求。从一个投资项目现金流量分布来看，营运资本增加额在投资初期是现金流出，而在投资项目的寿命周期结束时，最初所垫支的营运资本可以如数收回，形成现金流入。

（4）特别关注投资项目的增量现金流量。因为大多数固定资产投资项目通常是在企业现有生产经营规模基础上的扩充，所以在投资决策时，我们没有必要甚至也不可能对企业全部现金流量进行分析，而只有增量现金流量才是与投资项目决策有关的。所谓增量现金流量，是指接受或拒绝某个投资方案后，企业总现金流量因此而发生的变动。

（5）要考虑投资方案对企业现金流量的综合影响。当我们采纳一个新的项目后，该项目可能对公司的其他部门或其他产品造成有利或不利的影响。例如，公司在推出新产品的时候，可能会抢占本公司已有相同类型产品的市场。这种情况下，在计算新产品产生的现金流量时，应扣除其使得已有相同类型产品现金流量的减少量。当然，诸如此类的交互影响，事实上很难准确计量，但决策者在进行投资分析时仍要将其适当考虑在内。

第三节 项目投资决策评价指标及其应用

项目投资决策的评价指标是投资决策的重要工具，也是投资决策方法的核心内容。总体来说，投资决策评价指标分为两大类：一是非贴现指标，二是贴现指标。非贴现指标不考虑货币的时间价值，而贴现指标则考虑货币的时间价值。尽管非贴现指标在理论上有较大缺陷，但实际上，许多时候企业还是同时使用两类指标进行评价。本节我们将分别阐述这两类指标的含义、计算方法和评价标准。

一、非贴现指标

非贴现指标是指在评价投资项目时不考虑货币时间价值因素的指标，主要包括投资回收期、投资报酬率等。

（一）投资回收期

在阐述投资回收期指标时，有必要先介绍项目计算期的概念。项目计算期包括建设期和运营期，它表示投资项目从投资建设开始到最终清理结束整个过程的全部时间，即投资项目的有效持续期间。从项目资金正式投入项目建成投产（投产日）的这段时间，称为建设期；从投产日到项目寿命结束的时间间隔，称为运营期。

投资回收期是指投资引起的现金流入累计达到与投资额相等时所需要的时间。它代表收回投资所需要的年限。一般来说，投资回收期越短，投资项目的经济效果越好，据此可以判断投资方案的优劣。

如果原始投资一次支出，而每年现金净流入量相等，投资回收期的计算可按下列简单公式计算

$$投资回收期（PP）=\frac{I}{NCF} \tag{4-4}$$

式中：I 表示投资额；NCF 表示年营业现金净流量。

如果营业现金净流量每年不相等，或原始投资是分几年分别投入的，则需要先计算投资项目的累计营业现金净流量，观察其累计现金净流量第一次超过其投资额的年份，然后按照下列公式计算

$$投资回收期（PP）=T_0-1+\frac{I-\sum_{t=1}^{T_0-1}NCF_t}{NCF_{T_0}}=T_0-\frac{\sum_{t=1}^{T_0}NCF_t-I}{NCF_{T_0}} \tag{4-5}$$

式中：T_0 表示累计营业现金净流量首次超过其投资额的年份；NCF_t 表示各年营业现金净流量。

需要指出的是，上述投资回收期的计算公式中没有考虑建设期。当我们需要计算考虑建设期的投资回收期时，则需要在前面计算的投资回收期上再加上建设期的期限。

投资回收期是以重新回收某项投资金额所需的时间长短作为判断方案是否可行的依据。回收期越短，则该项投资在未来时期所承担的风险越小；回收期越长，市场变化大，承担的风险也越大。因此，投资回收期可以作为投资项目所承担风险程度的标志。

【例 4-5】根据例 4-1、例 4-2、例 4-3 的资料，我们来计算 FB 电子技术股份有限公司拟批量生产 P 新产品的投资回收期。

【解答】

A 方案在经营期内每年的营业现金净流量相等，运用式（4-4）计算其投资回收期为

$$PP(A)=(1\,200+1\,500)/505\approx5.35（年）$$

B 方案在经营期内的营业现金净流量不相等，不能直接运用式（4-4）计算其投资回收期，而应该运用式（4-5）。先计算该项目的累计现金净流量，可知至第 5 年止累计现金净流量为 2 910 万元，与最初投资额 3 000 万元相比还差 90 万元，需要第 6 年的现金净流量回收；而第 6 年产生的现金净流量为 438 万元，收回 90 万元约需要 0.21 年。因此，该方案的投资回收期约为 5.21 年，用算式表示为

$$投资回收期（PP）=6-1+\frac{3\ 000-2\ 910}{438}\approx 5.21（年）$$

计算结果表明，A 方案的投资回收期短于 B 方案的投资回收期，从回收投资额的时间看，A 方案优于 B 方案。

投资回收期评价指标计算简便，易于理解，被实际工作者广泛接受。但是这种方法没有考虑货币时间价值，也不能反映出投资项目在整个寿命期内的盈利程度。所以，投资回收期一般也只适用于对几个备选方案的初步评价，不宜据此做出决策。如果对某项投资要进行全面评价，还应结合净现值法、内含报酬率等其他方法。

（二）投资报酬率

投资报酬率（投资利润率）是指项目投资所带来的每年平均净利润与投资总额的比率，其计算公式为

$$投资报酬率（ROI）=\frac{\frac{1}{n}\sum_{t=1}^{n}P_t}{I}\times 100\% \qquad （4-6）$$

式中：P_t 表示各年净利润额；n 表示项目寿命期；I 表示投资额。

项目的投资报酬率应当高于无风险报酬率。投资报酬率越高，投资项目的经济效益越好，对投资者也越有利。

【例 4-6】根据前例资料，我们来分别计算 FB 电子技术股份有限公司拟批量生产 P 新产品 A、B 两种方案的投资报酬率。

【解答】

A 方案在经营期内每年的净利润相等，其投资报酬率为

$$ROI(A)=\frac{285}{2\ 700}\times 100\% \approx 10.56\%$$

B 方案在经营期内每年的净利润不相等，需要先计算年平均净利润，再计算投资报酬率，结果如下

$$ROI(B)=\frac{(291+381+396+336+246+186)/6}{3\ 000}\times 100\%=10.2\%$$

计算结果表明，A 方案的投资报酬率高于 B 方案的投资报酬率，从投资报酬率看，A 方案优于 B 方案。

投资报酬率评价指标简单明了，容易掌握，可以较好地反映出投资的盈利程度，其不足之处是仅仅考虑了项目产生的利润和投资额，没有考虑现金流量及货币时间价值等因素，可能会导致项目投资决策的失误，所以它仅作为投资项目评价的辅助参考指标。

二、贴现指标

贴现指标是运用相关现金流量的现值评价投资项目优劣的指标。此类指标的共同特点是：对所有现金流量进行折现，将不同时点的现金流量折算到同一时点进行计算。因此，这类指标更具科学性。常用的贴现指标包括净现值、净现值率、获利能力指数、内含报酬率等。

（一）净现值

净现值是指特定方案未来现金流入的现值与现金流出的现值之间的差额，即把由于某个投资项目所引起的现金流出量和现金流入量都按一定的折现率折算成现值，将现金流入量现值合

计减去现金流出量现值合计后所得的差额。这种方法由于考虑了货币的时间价值，因此能够较好地反映出投资方案“真实”的报酬情况。净现值的计算公式为

$$净现值（NPV）=\sum_{t=0}^{n}\frac{CFI_t}{(1+K)^t}-\sum_{t=0}^{n}\frac{CFO_t}{(1+K)^t} \quad （4-7）$$

式中：n 表示项目的寿命期；CFI_t 表示在项目实施第 t 年的现金净流入额；CFO_t 表示在项目实施第 t 年的现金净流出额；K 表示预定的贴现率。

净现值的计算结果可能出现以下三种情况：

（1）净现值为正数，即贴现后现金流入大于贴现后现金流出，说明该投资项目的报酬率大于预定的贴现率，方案可以采纳。

（2）净现值为零，即贴现后现金流入等于贴现后现金流出，说明该投资项目的报酬率等于预定的贴现率，应对该项目进行综合考虑。

（3）净现值为负数，即贴现后现金流入小于贴现后现金流出，说明该投资项目的报酬率小于预定的贴现率，方案不可行。

任何投资方案，在其他条件基本相同的情况下，只有它所提供的按现值计算的投资报酬率高于折现率时，才能被采纳。对于多个净现值为正的互斥方案，一般应选择净现值最大者。

【例 4-7】根据前例资料，该公司要求批量生产 P 新产品的最低报酬率为 12%，我们来计算 A、B 两种方案的净现值。

【解答】A、B 两种方案的净现值计算分别为

$$\begin{aligned}NPV(A)&=505\times(P/A,12\%,6)+1\,512.5\times(P/F,12\%,6)-2\,700\\&\approx 2\,076+766-2\,700=142（万元）\end{aligned}$$

$$\begin{aligned}NPV(B)&=\frac{543}{1+12\%}+\frac{633}{(1+12\%)^2}+\frac{648}{(1+12\%)^3}+\frac{588}{(1+12\%)^4}+\frac{498}{(1+12\%)^5}+\frac{438}{(1+12\%)^6}+\frac{1\,620.5}{(1+12\%)^6}-3\,000\\&\approx 3\,150-3\,000=150（万元）\end{aligned}$$

计算结果表明，A、B 两种方案的净现值均大于零，这说明两种方案在财务上均具备可行性。

净现值考虑了货币时间价值因素对未来不同时期现金流入量的影响，使有关方案的现金流入量与现金流出量具有可比性。但当各投资方案的原始投资额不同时，运用这个指标就不具可比性了，不一定投资额大、净现值也大的方案就是最优方案。如例 4-7 中，从净现值的绝对数值看，B 方案的净现值高于 A 方案，但是 B 方案的投资额也大于 A 方案。因此，在各方案投资额不同的情况下，单纯看净现值的绝对量并不能做出正确的评价，还需要考虑运用其他指标，如净现值率等。

（二）净现值率

净现值率是项目的净现值与全部投资现值的比率，即单位投资现值的净现值。它反映了单位投资价值所能实现的净现值大小，其计算公式为

$$净现值率=\frac{NPV}{\sum_{t=0}^{n}\frac{CFO_t}{(1+K)^t}} \quad （4-8）$$

利用净现值率进行项目评价时，应遵循的原则是：对于单一方案，净现值率大于或等于零时，接受项目；净现值率小于零时，拒绝项目。在对多个方案做比较时，应在净现值率大于或等于零的可行方案中选择净现值率大的方案。

显然，根据例 4-7 中 A、B 两种方案净现值的计算结果，我们很容易计算出它们的净现值率，分别约为 5.26% 和 5%（计算过程省略）。

从以上结果可以看出，A、B 两种方案相比较，虽然 B 方案产生的净现值大于 A 方案，但是其单位投资额所产生的现金流量净现值小于 A 方案。在投资额不同的情况下，运用净现值率这个相对数指标来评价项目更合适。当然，究竟哪种方案更好，实际上是比较复杂的问题，这里只是根据某一指标加以判断，可能具有片面性。

（三）获利能力指数

获利能力指数是指投资项目的未来现金流入量现值与现金流出量现值的比率，也称现值指数。获利能力指数的计算公式为

$$\text{获利能力指数（PI）}=\frac{\sum_{t=0}^{n}\frac{\text{CFI}_t}{(1+K)^t}}{\sum_{t=0}^{n}\frac{\text{CFO}_t}{(1+K)^t}} \tag{4-9}$$

获利能力指数的经济意义是每元投资在未来获得的净收益。它是一个相对数指标，反映投资的效率；而净现值指标是绝对数指标，反映投资的效益总量。

获利能力指数的计算结果可能出现以下三种情况：

（1）获利能力指数大于 1，说明未来现金流入现值总额大于现金流出现值总额，该投资项目的报酬率大于预定的贴现率，该方案可行。

（2）获利能力指数等于 1，说明未来现金流入现值总额等于现金流出现值总额，该投资项目的报酬率等于预定的贴现率。

（3）获利能力指数小于 1，说明未来现金流入现值总额小于现金流出现值总额，该投资项目的报酬率小于预定的贴现率，该方案不可行。

对于例 4-1 中 A、B 两种方案，我们很容易计算出其获利能力指数分别为 105.26% 和 105%（计算过程省略）。

获利能力指数是一个相对数，同净现值率一样可以解决不同投资额方案间的净现值缺乏可比性的问题，使各种不同投资额的项目之间可直接用获利能力指数进行对比。但是该指标与净现值和净现值率一样，不能直接反映投资项目的实际收益率。

净现值、净现值率和获利能力指数的计算都是在假定贴现率的基础上进行的，但是如何确定贴现率有一定的难度。而且，选择不同的贴现率会引起净现值和获利能力指数发生变化，有时甚至会影响判断结果。

（四）内含报酬率

内含报酬率是使投资项目的现金流入量现值总和等于现金流出量现值总和的贴现率。它通过对投资项目的每年现金流量进行贴现，使现金流入量现值总额与现金流出量现值总额相等，由此计算出来的报酬率就是使投资方案的净现值等于零时的贴现率。内含报酬率通常用 IRR 表示，满足下列等式的 K，就是内含报酬率

$$\sum_{t=0}^{n}\frac{\text{CFI}_t}{(1+K)^t}=\sum_{t=0}^{n}\frac{\text{CFO}_t}{(1+K)^t} \tag{4-10}$$

内部报酬率通常需要采用“逐步测试法”求得。经过多次运算，才能够求得近似值。内含报酬率的计算公式为

$$IRR=K_m+\frac{NPV(K_m)(K_n-K_m)}{NPV(K_m)+|NPV(K_n)|} \tag{4-11}$$

式（4-11）的求解原理如图 4-1 所示。在图 4-1 中，当 $|K_n-K_m|$ 足够小时，可以将曲线 AB 近似看成直线段，那么直线与横坐标交点处的折现率 K^* 即为 IRR 的近似值。由于三角形 AK_mK^* 相似于三角形 BK_nK^*，故有

$$\frac{K^*-K_m}{K_n-K^*}=\frac{NPV(K_m)}{|NPV(K_n)|}$$

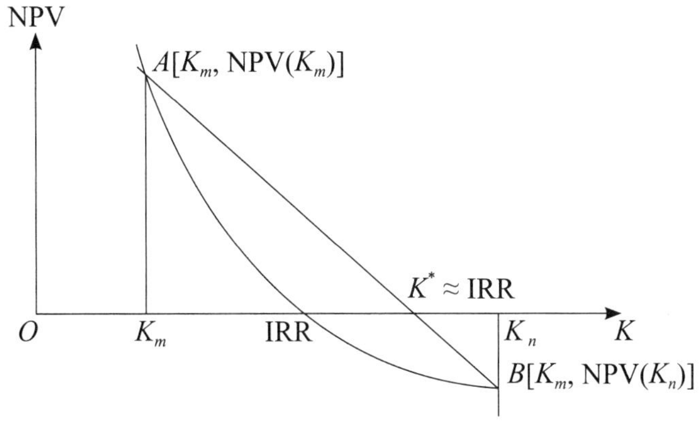

图 4-1　式（4-11）的求解原理

通过变换即可得到 IRR 的求解公式（4-11）。

由求解原理可知，计算结果的误差与 $|K_n-K_m|$ 大小有关，$|K_n-K_m|$ 越大，则结果误差越大。因此，为保证计算结果的可靠性与精度，应反复试算，使 $|K_n-K_m|$ 适当小，这样可以控制所求的内含报酬率与实际报酬率的误差。

运用内含报酬率对投资项目进行评价时，应当比较内含报酬率与贴现率（期望报酬率）的大小：

（1）当内含报酬率大于贴现率时，投资项目可以获得高于期望的收益，该投资项目可行。

（2）当内含报酬率等于贴现率时，投资项目正好获得期望的收益，该投资项目可行。

（3）当内含报酬率小于贴现率时，投资项目不可能获得期望的收益，该投资项目不可行。

【例 4-8】仍利用前例资料，我们来分别计算 A、B 两种方案的内含报酬率。

【解答】由前面的计算结果可知，当贴现率取 12% 时，A、B 两种方案的净现值分别为 142 万元和 150 万元，说明两种方案的内含报酬率大于 12%。提高贴现率，取 13% 进行测试，计算得到 A 方案的净现值约为 45 万元，B 方案的净现值约为 45 万元，说明 A、B 两种方案的内含报酬率高于 13%。再提高贴现率，取 14% 进行测试，计算得到 A 方案的净现值约为 −47 万元，B 方案的净现值约为 −55 万元，说明 A、B 两种方案的内含报酬率在 13% ～ 14%。运用式（4-11），得到 A、B 两种方案的内含报酬率分别为

$$IRR(A)\approx 13\%+13\%+\frac{45}{45+47}\times(14\%-13\%)\approx 13.49\%$$

$$IRR(B)\approx 15\%+13\%+\frac{45}{45+47}\times(14\%-13\%)\approx 13.45\%$$

由于内含报酬率指标反映了项目以每年的净收益归还全部投资以后所能获得的最大收益率，可以作为项目能够接受的资本成本率的上限，有助于筹资和投资决策；而且，内含报酬率指标在项目投资额或经济寿命期不同时仍可对其做出评价。但是，内含报酬率也有不足，主要表现在：

（1）内含报酬率由于没有扣除资本成本，往往会给人以一种错觉，不及扣除了资本成本后的净现值或获利能力指数来得清楚。

（2）内含报酬率中隐含着再投资假设，以内含报酬率作为再投资报酬率，具有较大的主观性，一般与实际情况不符。

（3）内含报酬率只是一个相对值，并不能说明企业投资项目的收益总额，一般投资规模大的项目，利润率偏低，如果只用内含报酬率来评价投资项目，可能会使决策者更多地重视那些投资小、利润率较高的项目，而不愿意进行较大规模的投资，但大投资项目对企业利润总额的贡献和长远发展可能是十分重要的。

（五）四种贴现指标的比较

前文我们介绍了净现值、净现值率、获利能力指数和内含报酬率，现将前面 A、B 两种方案的各贴现指标数据汇总并进行比较，如表 4-5 所示。

表 4-5　A、B 两种方案各贴现指标数据汇总

方案	净现值（万元）	净现值率	获利能力指数	内含报酬率
A 方案	142	5.26%	105.26%	13.49%
B 方案	150	5%	105%	13.45%

净现值指标具有核心地位，其他评价指标都可以从该指标变换而来。因此，上述四种贴现指标在评价投资方案时也有某些相通之处，当然也必定存在差异。下面我们对各项评价指标的关系做简单的分析。

1. 净现值率与获利能力指数的比较

净现值率和获利能力指数都是相对数指标，当原始投资在建设期内全部投入时，获利能力指数与净现值率存在以下关系

$$获利能力指数=1+净现值率 \tag{4-12}$$

运用净现值率指标和获利能力指数指标，可以做出相同的决策。若某投资方案的净现值率大于 0，其获利能力指数必大于 1；反之亦然。而且对不同投资方案来说，在相同的贴现率下，净现值率大的方案，其获利能力指数也较大。例如表 4-5 中，A 方案的净现值率大于 B 方案，其获利能力指数也是同样的结果。

净现值率与获利能力指数的区别主要表现在以下两个方面：

（1）经济意义不同。净现值率反映的是单位投资价值所能实现的净现值大小，而获利能力指数反映了现金流入量现值与现金流出量现值的比率。

（2）获利能力指数指标不能直接反映投资项目的实际收益率，而净现值率指标可以直接评价投资项目实际收益率。

2. 净现值与内含报酬率的比较

对于某一投资方案来说，运用净现值指标和内含报酬率指标，能够做出相同的决策。若该

方案的净现值大于 0，其内含报酬率也将大于最低要求的投资报酬率（贴现率）；反之亦然。对于多个投资方案，运用净现值指标和内含报酬率指标，得出的结论可能会有矛盾。净现值大的投资方案，其内含报酬率可能反而小。例如表 4-5 中，A 方案的净现值小于 B 方案，其内含报酬率却高于 B 方案。这方面的原因比较复杂，这里不再讨论，请读者自己思考。

净现值与内含报酬率的区别主要表现在以下三个方面：

（1）经济意义不同。净现值表示从事一项投资会使企业价值增加或减少的现值，而内含报酬率则表示投资项目的内在报酬率。

（2）计算净现值需要首先确定贴现率大小，而内含报酬率的计算则无须如此。

（3）在对多个互斥方案优劣排序时，有时会得出不同结论。

3. 净现值与获利能力指数的比较

净现值指标与获利能力指数指标有很多相似之处。例如，两者都需要将未来各年净现金流量按给定的贴现率进行贴现。但是两者还是有些不同，主要表现在以下两个方面：

（1）经济意义不同。净现值表示投资使企业价值增减的大小，而获利能力指数则表示每一元资金的投入能获得净现金流入的现值。

（2）在进行互斥方案排序决策时，两种指标可能会得出不同的结论，其原因在于初始投资不同。在一般情况下，应以获利能力指数指标为准，选择获利能力指数较大的投资项目。但如果该投资项目所要求的收益率特别高，企业的资金充裕且无其他更好投向时，则应以净现值指标为准。

第四节　项目投资决策实例分析

企业面临的项目投资决策问题是比较复杂的，有扩充型项目投资决策问题、重置型项目投资决策问题等，本节将运用上一节介绍的投资决策评价指标对几种典型的项目投资决策问题进行分析。

一、扩充型项目投资的决策分析

扩充型项目投资是指企业通过投入固定资产等经营性资产来扩充其生产能力的投资项目。这类投资决策需要计算投资项目投产后所增加的营业现金流量的现值和扩建或添置有关固定资产所需要的投资额，然后将两者比较。如果前者大于后者，说明该项目可行；如果前者小于后者，说明该项目不可行。一般可运用净现值指标进行决策分析。

【例 4-9】力拉包装材料公司拟生产一种新产品，估计该产品年产销量能达到 14 000 件，每件售价为 75 元，单位产品付现制造成本为 55 元，推销及管理费用每年增加 70 000 元。已知该产品寿命期为 5 年，企业所得税税率为 25%。为生产该新产品需购买一套新设备，需要支付价款 600 000 元，该设备预计能使用 5 年，采用年限平均法折旧，5 年后残值率为原始价值的 4%。同时，为生产该产品需垫支一定数量的营运资金，估计为销售额的 10%（只需第一年垫支，到期可以全额收回），该公司要求的最低投资报酬率为 12%。

请你根据以上资料分析：投资生产该新产品的项目是否可行？实施该项目会对公司价值产生何种影响？

【解答】

（1）该项目投资的初始现金流出量 =600 000+(14 000×75)×10%=705 000（元）。

（2）每年固定资产折旧额 =600 000×(1−4%)/5=115 200（元）。

（3）项目每年的营业现金净流量 =[14 000×(75−55)−70 000]×(1−25%)+115 200×25%= 186 300（元）。

（4）项目的现金净流量现值 =186 300×(P/A, 12%, 5)+(600 000×4%+105 000)×(P/F, 12%, 5)= 744 768（元）。

（5）项目的净现值 =744 768−705 000=39 768（元）。

由于净现值大于零，所以该项目投资是可行的，实施该项目会使公司价值增加 39 768 元。

【例 4-10】某人拟开设一个文印店，通过调查研究，获得有关资料如下：

（1）房屋租金：租用一写字楼，年租金为 1.5 万元，准备租用 6 年，6 年的租金 9 万元于 2020 年年末一次性支付。

（2）设备投资：文印设备购置成本为 15 万元，预计可使用 6 年，报废时无残值。计划在 2020 年 12 月底购进，于 2021 年 1 月初投入使用。

（3）门店装修：装修费用预计为 3.6 万元，在装修完工的 2020 年 12 月底支付。预计在 3 年后还要进行一次同样的装修。

（4）收入和成本预计：预计文印店于 2021 年 1 月初开业，前 6 个月每个月收入为 3 万元（不考虑增值税，下同），以后每个月收入为 4 万元；耗用纸张、油墨等成本为收入的 40%；人工费、水电费等费用每月 1.5 万元（不含设备折旧、装修费摊销）。

（5）营运资本：开业时垫付 1 万元（项目寿命期满后可以全额收回）。

（6）所得税税率为 25%。

（7）业主要求的最低投资报酬率为 15%。

假如你是该业主的财务顾问，请你为他完成下列决策工作：

（1）估计该文印店投资项目从 2021 年 1 月初开始经营至 2026 年 12 月底的现金净流量。

（2）运用净现值法评价该项目在经济上是否可行。

【解答】

（1）2021 年的收入 =3×6+4×6=42（万元），2022 年及以后各年的收入为 48 万元。

（2）2021 年的付现成本和费用 =42×40%+1.5×12=34.8（万元），2022 年及以后年度每年的付现成本和费用 =48×40%+1.5×12=37.2（万元）。

（3）设备年折旧额 =15/6=2.5（万元）。

（4）每年房租及装修费摊销 =1.5+3.6/3=2.7（万元）。

该文印店各年现金净流量的计算结果如表 4-6 所示。

表 4-6　该文印店各年现金净流量的计算结果

单位：万元

项目	2021 年	2022 年到 2025 年（每年）	2026 年
收入	42	48	48
付现成本和费用	34.8	37.2	37.2
折旧	2.5	2.5	2.5

续表

项目	2021年	2022年到2025年（每年）	2026年
房租及装修费摊销	2.7	2.7	2.7
利润总额	2	5.6	5.6
所得税	0.5	1.4	1.4
净利润	1.5	4.2	4.2
收回营运资本	—	—	1
现金净流量	6.7	9.4	10.4

该投资项目的净现值 $=6.7\times(P/F,15\%,1)+9.4\times(P/A,15\%,4)\times(F/A,15\%,1)+10.4\times(P/F,15\%,6)-[9+15+1+3.6+3.6\times(P/F,15\%,3)]\approx 33.66-30.97=2.69$（万元）。

由于净现值大于零，所以该项目可行。

二、重置型项目投资的决策分析

重置型项目通常是指固定资产更新项目，即以新的设备更换旧设备或用先进的技术对原有设备进行局部改造，以较小的投资取得较大的收益。该类项目的投资决策就是通过比较新旧设备的成本和收益，分析更新设备所能增加的收益或节约的成本是否大于更新所需增加的投资，从而决定是否进行设备更新。

【例 4-11】星河实业有限公司现有一台于 3 年前购置的设备，原购置成本为 60 000 元，估计设备尚可使用 3 年，当时按年限平均法计提折旧，折旧年限为 6 年，预计报废时的残值为 3 000 元，目前账面净值为 31 500 元，如果将其出售，估计可取得价款 20 000 元。该公司为了提高生产效率，准备更新原有设备，购置新设备需支付 45 000 元，假设新设备的使用年限为 3 年，按平均年限法计提折旧，预计报废时的净残值为 1 800 元。使用更新后的设备每年可增加营业收入 30 000 元，同时增加付现营业成本 14 000 元。假定该公司的所得税税率为 25%，要求的投资报酬率为 18%。

要求：根据以上资料对该公司是否应更新设备做出决策。

【解答】

（1）计算更新设备与继续使用旧设备的营业现金净流量的差量。

$$使用旧设备的年折旧额=(60\,000-3\,000)/6=9\,500（元）$$

$$使用新设备的年折旧额=(45\,000-1\,800)/3=14\,400（元）$$

使用新设备比使用旧设备增加的营业收入抵减营业成本增加后的差额为 16 000（元）。

使用新设备比使用旧设备增加的年营业现金净流量为

$$16\,000\times(1-25\%)+(14\,400-9\,500)\times25\%=13\,225（元）$$

（2）计算更新设备需要的投资额。

购买新设备价款为 45 000 元；处置旧设备收入为 20 000 元；处置旧设备发生的损失所引起的抵税影响为

$$(31\,500-20\,000)\times25\%=2\,875（元）$$

（3）计算更新设备与继续使用旧设备所增加的净现值。

$$
\begin{aligned}
NPV&=13\ 225\times(P/A,\ 18\%,\ 3)-(45\ 000-20\ 000-2\ 875)\\
&\approx 28\ 755-22\ 125\\
&=6\ 630（元）
\end{aligned}
$$

上述计算结果表明，更新设备可增加净现值，应更新设备。

本例中，假设新设备的预计使用年限为3年，与旧设备继续使用的年限相同，这是为了便于比较两种方案在相同期限内的净现值总量。但现实中往往更新后的设备使用年限长于旧设备，在更新设备的经济寿命与旧设备的剩余寿命不一致的情况下，不能直接使用净现值指标进行决策分析，而应采用年使用成本法进行决策。年使用成本法是通过比较更新后的设备与旧设备的年使用成本的高低来决策是否更新旧设备的方法，这里不再介绍。

三、设备租赁或购买的决策分析

租赁是一种契约，是指在约定的期间内，出租人将资产使用权让与承租人以获取租金的协议。设备租赁指设备的所有者（出租人）在一定时期内，根据一定的条件，将设备交给使用者（承租人）使用，承租人在规定的期限内，分期支付租金，并享有对租赁资产的使用权。按照被租赁资产未来的收益与风险是否转让给承租人，可以将租赁分为融资租赁和经营租赁。融资租赁是指实质上转移了与资产所有权有关的全部风险和报酬的租赁；经营租赁是指除融资租赁以外的其他租赁。在设备租赁和购买的决策中所称的租赁，可以是融资租赁，也可以是经营租赁。这里我们只讨论经营租赁方式与购买的决策问题。

设备租赁与购买的区别在于：租赁所发生的租金是分期逐次支付的，而购买则是一次性的投资支出。为了取得最优投资效益，企业应对租赁和购买两种投资方式进行评价，从而选出对自己较为有利的投资方式。

设备租赁或购买决策，应考虑租金和折旧对税收的影响。由于租赁费用在成本中列支，所以企业可以得到纳税收益；由于企业自行购置的设备每年要计提折旧，所以也可以得到纳税收益。该决策分析的关键就是通过比较成本的现值来决定是租赁设备还是购买设备。

【例 4-12】诺曼科技有限公司现在需要新添一台仪器。若从外部租赁，每年需支付租金48 000元，租赁期为6年，期满后设备归还出租方；若自行购置，买价为200 000元，可使用6年，按平均年限法折旧，估计到期净残值为8 000元。该公司所得税税率为25%，公司要求的投资报酬率为12%。

要求：试进行购买或租赁的决策。

【解答】因为设备无论是租赁还是购买，产生的营业收入是相同的，所以只要比较租赁与购买两种方案的现金流出量的现值即可。

（1）租赁方案的现金流出量现值＝租赁费现值－租赁费抵税收益现值 $=(48\ 000-48\ 000\times 25\%)\times(P/A,\ 12\%,\ 6)=148\ 011$（元）。

（2）购置方案的设备年折旧额 $=\dfrac{200\ 000-8\ 000}{6}=32\ 000$（元）。

购置方案的现金流出量现值＝购买价格－折旧抵税收益现值－残值的现值 $=200\ 000-32\ 000\times 25\%\times(P/A,\ 12\%,\ 6)-8\ 000\times(P/F,\ 12\%,\ 6)\approx 163\ 056$（元）。

上述计算结果表明，租赁方案的现金流出现值小于购买方案的现金流出现值，该公司应该选择租赁设备。

第五节 项目投资决策的临界分析

一、临界分析的意义

在前面的讨论中，我们都假定投资项目的投资额和未来现金流量完全确定。但是在现实中，影响投资项目现金流量的很多因素是不确定的。因此，出于分析合理性和有效性的考虑，我们需要对某些变量的变化影响进行临界分析。

从哲学的观点看，临界分析可以被认为是量变、质变分析的一个方面。孔子曰："欲速不达""过犹不及"，讲的是凡事皆有限度。"度"的概念说的是此事物区别于彼事物、此性质变化为彼性质、发展从量变到质变的界限所在。从财务均衡理论看，临界是财务系统中若干变量的均衡。通过财务临界分析，财务人员能够进一步了解和掌握基于财务视角的企业行为边界，进而发挥出合法理财、科学理财的职能作用。

项目投资的临界分析是指对财务指标从不利方面向有利方面或从有利方面向不利方面转变的边界分析。影响投资项目现金流量变动的因素很多，如产品的销售量、产品的价格、原材料的价格、产品的技术领先性等。从理论上说，我们可以对任何财务变量进行临界分析。然而，在诸多不确定因素中，销售量是最重要也是最敏感的因素。因为在竞争的市场条件下，除同类产品的竞争外，还存在着具有可替代性的不同类产品之间的竞争。由于销售量的不确定性最大，对其与项目效益之间关系的分析就显得尤为重要，对销售量进行临界分析便成为我们关注的焦点，下面我们就对此展开论述。

二、临界分析的假设

临界分析中有一个重要概念，即临界点。所谓临界点，就是一个变量的量变引起另一变量质变的分界点。在讨论临界点时，我们需要做出一定的假设，这样使得在后面进行临界分析时能突出主要因素而又保持思维的严谨性。这些假设主要有：

（1）除销售量这一因素外，投资项目所产生的经营活动中的其他因素都是确定的，或者可以合理预计，销售量是导致经营结果不确定的唯一因素。

（2）不严格区别成本和费用。

（3）折旧为唯一的非付现成本，且全部属于固定成本。

（4）在存在所得税的情形下，包括折旧在内的全部成本在所得税前可以全额扣除，这意味着无论折旧政策如何，其抵税作用始终存在。

（5）投资项目的资本全部来自权益资本，即不考虑资本结构对项目财务指标的影响；这时息税前利润就是税前利润。

由于所得税始终是影响现金流量的重要因素，所以下面的讨论将分两种情况分别展开。

三、临界分析的内容

（一）不考虑所得税的临界分析

在进行临界分析之前，我们必须首先确定销售量的各种临界点。销售量的临界点有三种：现金临界点、会计临界点和财务临界点。然后，我们要分析实际销售量或预计的销售量和临界点的差异，计算安全边际和安全边际率，进而测算投资项目的风险大小。下面，我们在不考虑所得税因素影响的前提下，分别建立现金临界点、会计临界点和财务临界点的数学表达式，并通过实例加以说明。

我们知道，如果不考虑税收因素，投资项目经营活动的现金流量与息税前利润和折旧的关系可以表示成

$$\mathrm{NCF}=\mathrm{EBIT}+D \tag{4-13}$$

式中：NCF 表示经营活动的现金流量净额；EBIT 表示税息前利润，本章假设企业没有债务融资，息税前利润就是税前利润；D 表示年折旧额。

如果我们用 P 表示产品的单位价格，V 表示单位产品变动成本，F 表示固定成本总额（不含折旧），Q 表示销售量，那么式（4-13）可进一步写成下面的形式

$$\mathrm{NCF}=(P-V)Q-F \tag{4-14}$$

我们可以从上述两个表达式得到以下三个重要的销售量临界点。

1. 现金临界点

现金临界点是指当项目的年销售量达到这一点时，项目产生的销售收入正好补偿经营活动中全部付现成本（包括付现固定成本和付现变动成本）。它的表达式为

$$Q_{\mathrm{C}}=\frac{F}{P-V} \tag{4-15}$$

式中：Q_{C} 表示现金临界点销售量。在该临界点，经营活动现金流量净额 NCF=0。现金临界点说明这时的销售量只能补偿付现成本，而项目的投资全部丧失。此时的内含报酬率为 –100%。

当项目的销售量达到该水平时，短期内投资项目经营后不会对现金流量产生负面影响，即不会导致公司短期现金流量的净流出；而当项目的实际销售量超过该临界点时，就会给公司短期现金流量带来净流入。但从长期看，企业的现金流量不仅应当补偿付现成本，而且应当收回投资额。因此，决策者绝对不会接受一个实际销售量仅能达到现金临界点的投资项目。

为进一步说明经营的安全性，我们引入安全边际和安全边际率的概念。安全边际是指实际销售量超过临界点销售量的部分，安全边际率则是指安全边际与实际销售量的比值。它们的表达式为

$$\mathrm{MS}_{\mathrm{C}}=Q-Q^{*} \tag{4-16}$$

$$\mathrm{MSR}_{\mathrm{C}}=(Q-Q^{*})/Q \tag{4-17}$$

安全边际说明实际销售量超过临界点销售量的剩余销售量，这部分剩余的销售量可以使企业增加现金流量。安全边际越大，企业在经营活动中产生的现金流越多。而安全边际率说明实际销售量在多大程度上超过临界点销售量，或者说企业为了保持现金流量的平衡，实际销售量可以削减的最大幅度。这种分析在制订经营计划和财务预算时很有必要。例如，预算年度的销售量已经确定，我们需要分析如果由于各种不确定因素，无法完成既定的销售量，那么安全边际率告诉我们，实际销售量达到计划销售量的百分之几（安全边际率）能够使企业的现金流保持平衡。显然，安全边际和安全边际率反映了资本预算项目的经营安全程度。安全边际和安全边际率越大，该资本预算项目的经营越安全；反之亦然。

2. 会计临界点

会计临界点是指当项目的年销售量达到这一点时，项目产生的销售收入正好补偿全部投资

额及全部付现成本。投资项目处于不盈不亏、损益平衡的状态。从式（4-13）和式（4-14）中可以看出，会计临界点的计算公式为

$$Q_A=\frac{F+D}{P-V} \tag{4-18}$$

式中：Q_A 表示会计临界点销售量。销售量在该临界点时，息税前利润为零，NCF 正好等于折旧。此时，内含报酬率为零。当销售量处于会计临界点时，项目的静态回收期与项目寿命期相等；当项目的实际销售量大于账面临界点时，投资项目就会获得一个收益率，且其回收期短于项目周期。

计算和确定会计临界点，能帮助企业管理人员控制和分析销售量与利润之间的关系。如果项目实际销售量能够高于会计临界点，公司就有盈利；如果等于会计临界点，只是损失了投资应取得的收益率，不会影响到公司现有的利润水平；如果低于会计临界点，就会导致公司亏损，财务人员在进行项目投资决策时应防止这种情况的出现。计算和确定会计临界点的另一个重要作用在于，超过会计临界点后的销售量所提供的贡献毛益（贡献毛益 = 销售收入 − 变动成本）就是企业的利润。因为全部固定成本已在会计临界点时由贡献毛益所补偿，超过会计临界点以后的贡献毛益不再需要补偿固定成本，所以它们全部是已实现的利润。

同样，我们也可以计算和分析会计临界点的安全边际和安全边际率。它们的计算公式与式（4-16）、式（4-17）相同。会计临界点的安全边际和安全边际率说明现有销售量或预计可达到的销售量超过会计临界点销售量的绝对量和相对量。会计安全边际和安全边际率越大，说明盈利的安全程度越高，安全系数越大；反之，则说明盈利的安全程度越低，安全系数越小。

3. 财务临界点

财务临界点是指当项目的年销售量达到这一点时，项目产生的销售收入正好等于全部成本、投资及可实现的预期收益之和。它的表达式为

$$Q_F=\frac{F+\text{NCE}^*}{P-V} \tag{4-19}$$

式中：Q_F 表示财务临界点销售量；NCF^* 应根据项目净现值计算公式，在既定的预期收益率（贴现率）条件下，令净现值 NPV=0 求得。财务临界点说明项目在多大的销售量上才能实现公司的预期报酬率，这时项目的内含报酬率等于公司预期报酬率。

对财务临界点，我们可以将其分解为两部分：一是 $\frac{F}{P-V}$，即现金临界点的销售量；二是 $\frac{\text{NCE}^*}{P-V}$，表示超过现金临界点销售量后，要达到预期收益还需要的销售量。把这两部分的计算结果加起来，就是财务临界点销售量。

同样，我们可以计算和分析财务临界点的安全边际和安全边际率。财务临界点的安全边际和安全边际率说明实际销售量超过财务临界点销售量的绝对量和相对量。财务安全边际和安全边际率越大，说明该投资项目能为企业创造更多的净现值，其内含报酬率也越高。

下面我们举例说明三种临界点销售量和安全边际（率）的计算。

【例 4-13】SY 股份有限公司是一家造纸业上市公司，现打算购买一套生产线设备，项目投产后估计每年可以销售 20 万件产品。已知该公司要求预期投资报酬率为 10%，产品每件售价 125 元，单位变动成本 75 元，付现固定成本总额为 360 万元。购置新设备需支付 1 875 万元，估计设备可使用 6 年，采用平均年限法计提折旧，预计到期残值率为 4%。

要求：根据以上资料计算三种临界点销售量及安全边际（率）。

【解答】

（1）计算现金临界点销售量及安全边际（率）。

$$Q_C=\frac{360}{125-75}=7.2\text{（万件）}$$

$$MS_C=20-7.2=12.8\text{（万件）}$$

$$MSR_C=12.8/20=64\%$$

计算结果表明，该项目每年的销售量只要达到 7.2 万件，就可以实现经营现金流量的平衡；实际年销售量超过临界点的安全边际为 12.8 万件，经营安全程度为 64%；12.8 万件的销售量能为该公司产生现金净流入 640 万元 [12.8×(125−75)=640]。

（2）计算会计临界点销售量及安全边际（率）。

$$D=\frac{1\,875\times(1-4\%)}{6}=300\text{（万元）}$$

$$Q_A=\frac{360+300}{125-75}=13.2\text{（万件）}$$

$$MS_A=20-13.2=6.8\text{（万件）}$$

$$MSR_A=6.8/20=34\%$$

计算结果表明，该项目每年的销售量达到 13.2 万件时，就可以实现会计上的盈亏平衡；实际年销售量超过临界点的安全边际为 6.8 万件，经营安全程度为 34%；6.8 万件的销售量能为该公司产生息税前利润 340 万元 [(125−75)×6.8=340]。

（3）计算财务临界点销售量及安全边际（率）。

先计算 NCF^*，列出下列方程式

$$NPV=NCF^*\times(P/A,10\%,6)-1\,875=0$$

求得 $NCF^*\approx 430.51$（万元）。

$$Q_F=\frac{360+430.51}{125-75}\approx 15.81\text{（万件）}$$

$$MS_F=20-15.81=4.19\text{（万件）}$$

$$MSR_F=4.19/20=20.95\%$$

计算结果表明，要使该项目实现 10% 的投资报酬率，需要每年实现的销售量为 15.81 万件，此时项目的净现值为零；实际销售量超过临界点的安全边际为 4.19 万件，经营安全程度为 20.95%；该项目达到实际销售量能为公司贡献更多的净现值，使项目的内含报酬率大于 10%。

（二）考虑所得税的临界分析

在实务中，所得税是企业必须考虑的一个重要因素。所得税的存在使企业在盈利时会因为征税而减少现金净流量和税后利润，同时折旧作为一种费用会在企业盈利时影响应交所得税。因此，我们在进行临界分析时应把所得税对临界点的影响考虑在内。下面我们对上述三种临界点在所得税影响下的计算公式进行重新推导。

考虑了所得税因素后，投资项目经营活动的现金流量可表示为：

$$NCF=EBIT+D-T \tag{4-20}$$

式中：T 表示所得税税额，$T=[(P-V)Q-F-D]\times t$，t 为所得税税率；其他字母的含义同前。

于是，式（4-20）可进一步写为

$$\begin{aligned}\text{NCF}&=[(P-V)\times Q-F-D]+D-[(P-V)\times Q-F-D]\times t\\&=[(P-V)\times Q-F-D]\times(1-t)+D\\&=[(P-V)\times Q-F]\times(1-t)+D\times t\end{aligned} \tag{4-21}$$

从而得到

$$Q=\frac{F(1-t)+\text{NCF}-D\times t}{(P-V)\times(1-t)} \tag{4-22}$$

根据式（4-22），我们就可以得到考虑所得税因素的三种意义下的销售量临界点。

1. 现金临界点

当销售量达到现金临界点时，经营活动现金净流量为零。因此可以得到

$$Q_{\text{C}}=\frac{F\times(1-t)-D\times t}{(P-V)\times(1-t)} \tag{4-23}$$

我们发现，在企业盈利时，由于折旧的抵税作用，有所得税情形下的现金临界点低于无所得税时的临界点水平。计提折旧虽然不会直接影响现金流量，但折旧作为费用会减少应交所得税，从而减少现金流出。

需要说明的是，我们这里讨论的问题不是整个企业的经营临界点问题，而是某一个投资项目的销售量临界点问题。当销售量处于现金临界点时，息税前利润必定为负值，此时不可能产生折旧抵税效应。但既然讨论的是投资项目问题，在该投资项目发生了亏损的情况下整个企业仍然可以盈利。此时，该投资项目的亏损可以抵减整个企业的盈利，从而减少企业的总体税负，即抵税效应依然存在。

2. 会计临界点

当销售量达到会计临界点时，息税前利润为零。因此可以得到

$$Q_{\text{A}}=\frac{F+D}{P-V} \tag{4-24}$$

我们发现，在考虑所得税的情况下，会计临界点并未发生变化。由于一个企业是否盈利与是否存在所得税无关，因此销售量处于何种水平才能使企业处于盈亏平衡，也与所得税无关。

3. 财务临界点

当销售量达到财务临界点时，项目产生的销售收入正好等于全部成本、投资及可实现的预期收益之和。因此可以得到

$$Q_{\text{F}}=\frac{F\times(1-t)+\text{NCF}^{*}-D\times t}{(P-V)\times(1-t)} \tag{4-25}$$

存在所得税情况下的财务临界点是高于还是低于无所得税时的临界点，我们不能贸然而论，具体见后文分析。

【例 4-14】利用例 4-13 的资料，假设该公司的所得税税率为 25%，在考虑了所得税的影响下，计算三种临界点销售量及安全边际（率）。

【解答】

（1）计算现金临界点销售量及安全边际（率）。

$$Q_{\text{C}}=\frac{360\times(1-25\%)-300\times25\%}{(125-75)\times(1-25\%)}=5.2\text{（万件）}$$

$$\text{MS}_{\text{C}}=20-5.2=14.8\text{（万件）}$$

$$MSR_C = 14.8/20 = 74\%$$

由于折旧抵税而引起现金流量增加，现金临界点从原来的 7.2 万件降低为 5.2 万件，说明只需更低的销售量就能使经营现金流量保持不变。而安全边际进一步扩大，从原来的 12.8 万件扩大到 14.8 万件，安全边际销售量每年使企业增加现金流量 555 万元 [(125−75)×14.8×(1−25%)=555]。可见，虽然安全边际扩大了，但由于所得税的作用，它给企业带来的现金流反而减少了 85 万元（555−640=−85）。

（2）计算会计临界点销售量及安全边际（率）。

$$Q_A = \frac{360+300}{125-75} = 13.2\text{（万件）}$$

$$MS_A = 20-13.2 = 6.8\text{（万件）}$$

$$MSR_A = 6.8/20 = 34\%$$

我们不难发现，会计临界点与所得税无关，仍为 13.2 万件；安全边际销售量每年能为企业产生息税前利润仍为 340 万元，但由于所得税的影响，产生的税后利润仅为 255 万元。

（3）计算财务临界点销售量及安全边际（率）。

$$Q_F = \frac{360\times(1-25\%)+430.51-300\times25\%}{(125-75)\times(1-25\%)} = 16.68\text{（万件）}$$

$$MS_F = 20-16.68 = 3.32\text{（万件）}$$

$$MSR_F = 3.32/20 = 16.6\%$$

可见，在考虑所得税因素下，财务临界点的上升使安全边际下降了 0.87 万件（3.32−4.19=−0.87）。尽管安全边际销售量使该项目的内含报酬率仍超过 10%，但此时的内含报酬率低于无所得税时的水平。

值得我们注意的是，在所得税的影响下投资项目的财务临界点反而从 15.81 万件上升到 16.68 万件，不降反升。而一般来说，我们认为折旧具有抵税效应，它会通过税金的减少而增加现金流量，财务临界点应该会下降。那么，是什么原因引起财务临界点的上升呢？请读者进一步思考。

【思考与练习】

一、思考题

1. 投资项目营业现金净流量与利润的关系可以简单地表述为

营业现金净流量 = 净利润 + 折旧

请你分析：

（1）上述关系式是建立在诸多假设基础上的，请你说出其中的几个假设。

（2）从上述关系式可知，一般而言，企业在一定时期内的营业现金净流量应该大于净利润。然而从有些上市公司公布的年度报告中发现，营业现金净流量却远远小于净利润，其中可能的原因有很多，请你说出其中的几个原因。

（3）有人认为，既然“营业现金净流量 = 净利润 + 折旧”，那么企业在一定时期内计提的折旧额越大，其营业现金净流量就越多。你如何理解折旧的多少对营业现金净流量的影响？

2. 项目投资决策非贴现的评价指标有哪些？请你分别指出这些非贴现评价指标的缺陷。

3. 如果某一投资项目的现金流量分布不变，那么提高贴现率会影响投资项目的净现值、净现值率、获利能力指数、内含报酬率这些评价指标的数值吗？若会影响，请指明影响的方向；若不会影响，请说明理由。

4. 玛雅电子设备有限公司在进行固定资产投资项目决策时，有两个同类型互斥方案，在12%的贴现率下，计算得到它们的净现值和获利能力指数见下表。

方案	A 方案	B 方案
最初投资额	500 万元	750 万元
净现值	52 万元	63 万元
获利能力指数	110.4%	108.4%

决策者认为，尽管 B 方案的净现值大于 A 方案，但 A 方案的投资额小于 B 方案的投资额，从相对数来看，A 方案的获利能力指数高于 B 方案。因此，A 方案优于 B 方案。你认为这样分析一定正确吗？为什么？

5. 分别阐述现金临界点、会计临界点和财务临界点的意义，并指出所得税对现金临界点、会计临界点和财务临界点会产生影响吗？如果会产生影响，是何种影响？

二、单项选择题

1. 一个投资方案年销售收入 500 万元，年营业成本 380 万元，其中包括折旧 150 万元，除折旧外无其他非付现成本。如果所得税税率为 25%，则该方案年营业现金净流量为（　　）。

A. 90 万元　　B. 127.5 万元　　C. 240 万元　　D. 315 万元

2. 下列属于项目投资决策过程中使用的非贴现评价指标的是（　　）。

A. 净现值　　B. 获利能力指数
C. 投资报酬率　　D. 内含报酬率

3. 下列项目投资决策评价指标中，其数值越小越好的指标是（　　）。

A. 净现值　　B. 内含报酬率
C. 投资回收期　　D. 获利能力指数

4. 使投资项目现金流量的净现值等于零的贴现率称为（　　）。

A. 净现值率　　B. 内含报酬率
C. 期望报酬率　　D. 投资回收期

5. 当某投资方案的净现值大于零，则其内含报酬率一定（　　）。

A. 等于零　　B. 大于 1
C. 等于设定贴现率　　D. 大于设定贴现率

6. 良友公司欲购建一项固定资产，原始投资为 600 万元，其使用寿命为 6 年，到期残值率为 4%，采用直线法提取折旧。预计每年可产生税前利润 80 万元，如果所得税税率为 25%，项目的建设期为 2 年，则包含建设期的投资回收期约为（　　）年。

A. 3.75　　B. 3.85　　C. 5.75　　D. 5.85

7. 三星公司需要购置一设备，经市场调查，其买价为 80 万元，款项于购入时一次性支付。已知该设备预计使用 5 年，到期无残值，年折旧额为 16 万元。设备投入使用后可使企业的年平均净利润增加 2 万元。假定投资者要求的必要报酬率为 10%，则该设备的获利能力指数约为（　　）。

A. 0.69　　B. 0.85　　C. 0.95　　D. 1

8. ABC 公司正在考虑卖掉现有的一台闲置设备。该设备于 8 年前以 40 000 元购入，税法规定的折旧年限为 10 年，按直线法计提折旧，预计净残值率为 10%，已提折旧 28 800 元，目前可以按 10 000 元价格卖出。假设所得税税率为 25%，则考虑所得税影响的前提下，卖出现有设备对企业现金流量的最终影响是（　　）。

A. 减少 300 元　　B. 减少 900 元　　C. 增加 9 700 元　　D. 增加 10 300 元

9. 以下说法正确的是（　　）。

A. 销售量在现金临界点时，内含报酬率为 –100%；销售量在会计临界点时，内含报酬率为零

B. 销售量在会计临界点时，内含报酬率为 –100%；销售量在现金临界点时，内含报酬率为零

C. 销售量在财务临界点时，息税前利润为零；销售量在现金临界点时，现金净流量为零

D. 销售量在现金临界点时，息税前利润为零；销售量在会计临界点时，现金净流量为零

10. 净现值与获利能力指数相比，其缺点是（　　）。

A. 没有考虑货币时间价值　　B. 没有考虑投资风险

C. 不便于投资额相同的方案的比较　　D. 不便于投资额不同的方案的比较

11. 在设备更新的决策问题中，计量投资方案的增量现金流量时，一般不需要考虑（　　）。

A. 新设备的购置成本　　B. 旧设备的变现价值

C. 新、旧设备运行成本的差异　　D. 旧设备的最初投资成本

12. 折旧具有减少所得税的作用，如果税法允许，企业有盈利且不免税，则由于计提折旧而减少的所得税额可用下列（　　）计算。

A. 折旧额 × 所得税税率　　B. 折旧额 ×(1− 所得税税率)

C. (付现成本 + 折旧)× 所得税税率　　D. (付现成本 + 折旧)×(1− 所得税税率)

三、多项选择题

1. 投资项目初始现金流量包括（　　）等部分。

A. 垫支营运资本　　B. 构建新固定资产的投资

C. 原有固定资产的变价收入

D. 与项目投资有关的职工培训费、谈判费、注册费用等

2. 下列可以作为计算投资项目营业现金净流量的计算公式的有（　　）。

A. 营业现金净流量 = 净利润 + 折旧

B. 营业现金净流量 = 营业收入 − 付现成本 − 折旧

C. 营业现金净流量 = 营业收入 ×(1− 税率) − 付现成本 ×(1− 税率) + 折旧 × 税率

D. 营业现金净流量 = 营业收入 ×(1− 税率) − 付现成本 ×(1− 税率) + 折旧 ×(1− 税率)

3. 下列评价指标中，不考虑货币时间价值因素的是（　　）。

A. 净现值　　B. 内含报酬率　　C. 投资报酬率　　D. 静态投资回收期

4. 影响项目内含报酬率的因素包括（　　）。

A. 投资项目的有效年限 B. 投资项目未来的现金流量
C. 所选取的贴现率 D. 所得税税率

5. 在其他条件不变的前提下，提高贴现率会引起投资项目的（ ）发生变化。
A. 投资回收期 B. 净现值 C. 获利能力指数 D. 内含报酬率

6. 运用各种贴现指标来评价投资项目的可行性时，下列确定投资方案可行的必要条件之一的是（ ）。
A. 净现值大于 0 B. 净现值率大于 1
C. 获利能力指数大于 1 D. 内含报酬率高于必要报酬率

7. 当贴现率与内含报酬率相等时（ ）。
A. 净现值等于 0 B. 获利能力指数等于 1
C. 净现值率等于 100% D. 投资回收期等于项目寿命期

8. 项目投资的临界分析需要有各种假设，这些假设包括（ ）。
A. 销售量是导致经营结果不确定的唯一因素
B. 折旧为唯一的非付现成本，且全部属于固定成本
C. 投资项目的资本全部来自权益资本
D. 随着折旧政策的变化，折旧的抵税作用不一定会始终存在

9. 当（ ）时，由各种临界点计算的安全边际率越低。
A. 临界点销售量越高 B. 临界点销售量越低
C. 实际销售量越高 D. 实际销售量越低

10. 关于所得税对各种临界点的影响，下列说法正确的有（ ）。
A. 存在所得税情况下的现金临界点低于无所得税时的临界点水平
B. 会计临界点不受所得税因素的影响
C. 存在所得税情形下的财务临界点一定高于无所得税时的财务临界点
D. 存在所得税情形下的财务临界点一定低于无所得税时的财务临界点

四、计算分析题

1 云元经编有限公司拟投资 A 项目，预计最初需要投资 700 万元，其中固定资产投资 600 万元，垫支营运资金 100 万元，当年便开始经营，估计项目寿命期为 5 年。该项目在寿命期内每年能产生 200 万元的营业现金净流量，除此之外，项目结束后初期所垫支的 100 万元营运资金可以全额收回，可收回的固定资产净残值为 20 万元。不考虑所得税的影响。

要求：

（1）若不考虑时间价值，请你计算该项目的投资回收期。

（2）若公司要求该项目的必要报酬率为 15%，请你以净现值法判断该项目是否可行。

（3）用逐步测试法近似计算该投资项目的内含报酬率。

2. XY 公司面临 A、B 两种投资方案的选择。

A 方案：需要最初投资 300 000 元，每年可以获得现金收入 140 000 元，每年的付现成本为 40 000 元。

B 方案：需要最初投资 400 000 元，每年可获得现金收入 190 000 元，付现成本第一年为 48 000 元，以后逐年将增加修理费 6 000 元。

假设两种投资方案的寿命期均为5年，最初投资全部构成固定资产，并采用直线法计提折旧，到期无残值。设该公司所得税税率为25%，要求的最低报酬率为12%。

要求：

（1）分别计算两种方案的每年营业现金净流量。

（2）分别计算两种投资方案的净现值和获利能力指数，并对其可行性做出判断。

（3）根据（2）的计算结果对A、B两种投资方案的优劣做简要评价。

3. 现有两个相互排斥的投资方案：甲方案和乙方案，其现金流量分布见下表。

单位：万元

方案	年份					
	0	1	2	3	4	5
甲方案	-50 000	17 000	17 000	17 000	17 000	17 000
乙方案	-50 000	1 000	5 000	20 000	38 000	40 000

（1）假设贴现率为18%，计算甲、乙两种方案的净现值，并按照净现值的大小对这两种方案做出评价。

（2）计算甲、乙两种方案的内含报酬率，并按照内含报酬率的高低对这两种方案做出评价。

（3）假设贴现率为20%，再计算甲、乙两种方案的净现值，结果与（1）一致吗？

（4）是否存在这样的一个贴现率，使得甲、乙两种方案的净现值相等。

4. 娃娃食品有限公司拟添置一台新设备，寿命期为5年，有购买和租赁两种方式。若购买，购买价格为162 000元，期满报废时有残值12 000元，每年维修费为3 000元，采用直线法进行折旧；若租赁，每年需支付租金39 000元，5年后设备归还出租方。已知该公司要求的报酬率为12%，所得税税率为25%。

要求：试为娃娃食品有限公司关于设备购买或租赁做出决策分析。

5. 亚细亚公司考虑投资一项目生产甲产品，有关数据如下：初始投资为2 250万元（全部形成固定资产），寿命期为5年；采用直线法折旧，不考虑残值；项目投产后估计每年生产销售甲产品25万件，单位售价225元，单位变动成本100元，付现固定成本总额750万元；公司要求的最低投资报酬率为12%。

要求：

（1）如果不考虑企业所得税，请你计算上述三种意义的临界点销售量，并指出（不考虑所得税的情况下）折旧的多少是否会影响上述三种临界点销售量的高低？

（2）如果该公司所得税税率为25%，请你再计算上述三种意义的临界点销售量。

（3）比较上述计算结果，说明所得税对这三种临界点高低的影响。

五、案例题

【案例】 天化日用化学品公司项目投资决策分析

资料：

天化日用化学品公司（以下简称“天化公司”）成立于1996年，主要生产“洁而美”牌系列洗涤用品，该系列洗涤用品具有低泡沫、高浓缩粉状、去污力强等特点。

面对日益激烈的商业竞争，天化公司投入大量资金进行新产品的研究和开发工作。经过几年的努力，终于试制成功一种新型、高浓缩液体洗涤剂——天洁牌液体洗涤剂。该产品采用国际最新技术，由生物可解配方制成，与传统的粉状洗涤剂相比，具有明显的优势。

2020 年 9 月 19 日上午，天化公司董事会召开会议，讨论新产品开发及其项目投资决策等有关问题。参加会议的有公司董事长、总经理、研发部经理、财务部经理等有关人员。会上，研发部经理首先介绍了新产品的特点和作用、研究开发费用及开发项目的现金流量等。据估计，生产天洁牌液体洗涤剂的原始投资为 2 500 000 元，其中新产品市场调研费 500 000 元，购置专用设备、包装用品设备等需投资 2 000 000 元。预计设备使用年限为 15 年，期满无残值，公司按 15 年计算新产品的现金流量。

据研发部门的估计，天洁牌液体洗涤剂投产后在一定程度上会冲击原来产品的销量。它使公司营业现金流量增加的情况见下表。

年份	现金流量（元）	年份	现金流量（元）	年份	现金流量（元）
1	280 000	6	350 000	11	250 000
2	280 000	7	350 000	12	250 000
3	280 000	8	350 000	13	250 000
4	280 000	9	350 000	14	250 000
5	280 000	10	350 000	15	250 000

研发部经理介绍完毕，与会人员展开了讨论，在分析了市场状况、投资机会及同行业发展水平的基础上，确定公司投资机会成本为 15%。

财务部经理首先提出：“新产品开发项目投资支出中为什么没有包括厂房和其他设备支出？”研发部经理解释道：“目前原有产品的生产设备利用率仅为 60%，由于这些设备完全适用于生产新产品，故除专用设备和包装用品设备外，无须再增加其他设备。预计新产品生产线全部开机后，只需要 20% 的生产能力。”

总经理问道：“开发新产品是否应考虑增加的流动资金？”研发部经理解释说：“新产品投产后，每年需追加流动资金 200 000 元，由于这项资金每年年初借、年末还，一直保留在公司，所以无须将其列入项目现金流量中。”

接着，董事长提出：“生产新产品占用了公司的剩余生产能力，如果将这部分剩余能力出租，估计公司将得到近 2 000 000 元的租金收入。因此，新产品投资获得的收入应该与租金收入相对比。”

问题：

（1）如果你是财务部经理，你认为新产品的市场调研费属于该项目的现金流量吗？

（2）关于生产新产品所追加的流动资金，应否算作该项目的现金流量？

（3）新产品生产使用公司剩余的生产能力，在决策分析时是否应该作为项目的现金流量？为什么？

（4）投资项目现金流量中是否应该反映由于新产品上市使原来老产品的市场份额减少而丧失的收入？

（5）如果投资项目所需资金是银行借入的，那么与此相关的利息支出是否应在投资项目现金流量中得以反映？

（6）试计算该投资项目的净现值、现值指数和内含报酬率，并考虑其他因素，做出最终的选择：是接受项目还是放弃项目？

第五章　筹资方式

【引子】

上海起帆电缆股份有限公司（以下简称“起帆电缆”）是一家从事电线电缆研发、生产、销售和服务的专业制造商，已成为上海地区规模最大的电线电缆生产销售企业、全国最大的布电线产品生产和销售商之一。起帆电缆的产品主要分为电力电缆和电气装备用电线电缆，两类线缆又细分为普通电缆和特种电缆，广泛应用于电力、家装、轨道交通、建筑工程、新能源、通信、舰/船、智能装备、冶金、石化等多个领域。截至首次公开发行股票招股说明书签署日（2020 年 7 月 19 日），周桂华、周桂幸和周供华三兄弟直接持有 74.44% 股份，通过庆智仓储间接持有 2.71% 股份，合计持有起帆电缆 77.15% 股份，为控股股东和实际控制人。

2020 年 7 月 20 日，起帆电缆签署招股说明书，拟公开发行股份数量为 5 000 万股，每股面值 1 元，每股发行价格 18.43 元，发行市盈率 22.98 倍，IPO 募集资金总额 92 150 万元，发行费用 7 530.39 万元，募集资金净额 84 619.61 万元，发行后总股本 40 058 万股。募集资金投资特种电线电缆生产基地项目，合计 45 000 万元，该项目已进行可行性研究及测算论证，符合战略发展要求，剩余 39 619.61 万元用于补充流动资金。2020 年 7 月 31 日，起帆电缆股票在上海证券交易所挂牌上市（股票代码：605222），保荐人为海通证券。

2021 年 5 月 24 日，经中国证券监督管理委员会核准，起帆电缆公开发行 1 000 万张可转换公司债券，每张面值 100 元，发行总额 100 000 万元。此次发行向原股东优先配售，原股东优先配售后余额（含原股东放弃优先配售部分）通过上海证券交易所交易系统网上向社会公众投资者发行，发行认购金额不足 100 000 万元的部分由主承销商包销。原 A 股股东除可参与优先配售外，还可参与优先配售后余额的申购。2021 年 6 月 17 日，公司 100 000 万元可转换公司债券在上海证券交易所挂牌交易（债券简称“起帆转债”，债券代码：111000）。

此次可转换公司债券发行募集资金总额为人民币 10 亿元（含发行费用），募集资金净额为人民币 989 049 924.53 元，募集资金投资池州起帆电线电缆产业园项目 70 000 万元，剩余 28 904.99 万元用于补充流动资金。此次发行的可转换公司债券的期限为自发行之日起 6 年，即 2021 年 5 月 24 日至 2027 年 5 月 23 日。此次发行的可转换公司债券票面利率为第一年 0.40%、第二年 0.60%、第三年 1.00%、第四年 1.50%、第五年 2.00%、第六年 3.00%。起帆转债采用每年付息一次的付息方式，到期归还所有未转股的可转换公司债券本金和最后一年利息。起帆转债转股期限自发行结束之日（2021 年 5 月 28 日，即募集资金划至发行人账户之日）起满 6 个月后的第一个交易日起至可转换公司债券到期日止（2021 年 11 月 29 日起至 2027 年 5 月 23 日止）。起帆转债的初始转股价格为 20.53 元/股，不低于募集说明书公告日前 20 个交易日公司 A 股股票交易均价和前一个交易日公司 A 股股票交易均价。

资金是企业经营的财务资源，决定了企业生产经营规模和发展速度。在现代金融市场中，公司有诸多的筹资渠道和融资工具可供选择，各种筹资工具都有自己独特的交易方式、融资功能和资本成本。如何根据实际和企业自身情况选择一些合适的筹资渠道和工具，是财务管理人员必须面对的问题。上海起帆电缆股份有限公司在首次公开发行股票并上市后不满一年又发行可转换公司债券融资，这在A股市场中并不多见。起帆电缆的案例表明企业既可以采取股权筹资（IPO），也可以采取混合筹资（可转换债券）。那么，股权筹资有什么优点？又有什么缺点？混合筹资包含哪些形式？有什么优点和缺点？影响企业选择筹资方式的因素有哪些？本章主要阐述企业筹资的基本理论问题，介绍各种筹资方式，包括吸收直接投资、发行普通股、发行优先股等权益资本筹集方式，以及发行债券、借款、融资租赁等债务资本筹集方式。

第一节　筹资概述

在介绍筹资方式前，我们首先需要说明几个相关概念，包括筹资渠道、筹资方式、权益资本、债务资本等，必须明确筹资管理的目标。

一、筹资渠道

筹资渠道指资金的来源渠道，即何处存在资金可供企业筹集，它体现着资金的源泉和流量。目前我国企业的筹资渠道相当广泛，主要的筹资渠道有以下几种：

（1）国家财政资金。国家财政资金是代表国家投资的政府部门或者机构以国有资金投入企业的资金，形成国家资本金。国家财政资金是国有企业的主要资金来源。

（2）银行信贷资金。在我国，银行信贷资金是各类企业的主要资金来源，特别是对于具备良好信誉但又缺乏资金的企业。我国商业银行拥有巨额存款余额，这是极为丰富的资金来源。我国银行一般分为商业性银行和政策性银行。商业性银行为各类企业提供商业性贷款，政策性银行主要为特定企业提供政策性贷款。

（3）非银行金融机构资金。非银行金融机构包括信用社、保险公司、信托投资公司、证券公司、租赁公司、典当业和企业集团的财务公司等。这些金融机构也积聚了大量的资金，对其他企业来说是重要的资金来源。非银行金融机构所提供的各种金融服务，既包括信贷资金投放，也包括物资的融通，还包括为企业承销证券等金融服务。

（4）其他法人单位资金。除了金融机构，其他法人单位也有其可支配的资金可以在企业之间相互融通。企业在生产经营过程中，往往有部分暂时闲置的资金可以在企业之间相互调剂余缺，这种资金既可以是短期、临时的资金融通，也可以是相互投资形成长期稳定的经济联合。

（5）民间资金。企业职工和城乡居民手中有许多暂时不用的节余资金，企业可以通过发行股票、债券等方式，将这些闲散资金集聚起来形成企业的资金，以充分利用这一大有潜力的资金来源。

（6）外商资金。境外金融机构、投资者（企业和个人）向境内企业投资的资金。

（7）企业内部留存收益。内部留存收益主要是指企业从税后利润中提取的盈余公积金和未分配利润而形成的资金，也包括一些经常性的延期支付款项，如应付职工薪酬、应交税费、应付股利等负债而形成的资金来源。企业内部形成资金是生产经营资金的补充来源渠道。

当然，对某一企业而言，其筹资渠道并没有如此广泛。民营企业要取得国家财政资金，中小企业要获得银行信贷资金往往都比较困难；如果企业处于亏损或微利状态，则没有留存收益。

二、筹资方式

如何从资金的来源渠道获得资金，这是筹资方式问题。企业可以采用的筹资方式多种多样，主要包括吸收直接投资、发行股票、收益留存、借款、发行债券、租赁（主要指融资租赁）、利用商业信用等。当然，某一企业不可能都采用或都曾经采用过上述筹资方式。有些企业可以采用上述任何一种筹资方式；但也有一些企业只能采用其中的某些筹资方式。

1. 吸收直接投资

吸收直接投资是指企业按照“共同投资、共同经营、共担风险、共享利润”的原则直接吸收国家、法人、个人投入资金的一种筹资方式。吸收直接投资中的出资者都是企业的所有者，他们对企业具有经营管理权，各方可按出资额的比例分享利润，承担损失。吸收直接投资是非股份制企业筹集权益资本的一种基本方式。

2. 发行股票

股票是股份公司为筹集自有资金而发行的有价证券，是投资人投资入股及取得股份的凭证，代表了股东对股份公司的所有权。发行股票是股份有限公司筹集资本的有效方法。通过股票筹集到的资本是权益资本，它是股份公司发展壮大过程中的重要资金来源。

3. 收益留存

收益留存是指企业将净利润留存于企业，用于企业今后发展的一种筹资方式。这种筹资方式也称为内部积累，或者称为内源融资。收益留存实际上是投资者追加投资的一种形式，只不过这种追加投资并不由投资者从企业外部将资本投入企业，而是将本来属于投资者的收益作为企业资本的补充。采用收益留存方式筹集资金简便易行，既有利于满足企业扩大生产经营规模的资金需要，又能够减少企业的财务风险。

4. 借款

借款是指企业根据借款合同从银行或非银行金融机构借入所需资金的一种筹资方式。这种方式手续简便，企业可以在较短时间内取得所需的资金，保密性也很好。但企业需要负担固定利息，到期必须还本归息。如果企业不能合理安排还贷资金，就会引起财务状况的恶化。

5. 发行债券

债券是企业为筹措资金而发行的、约定在一定期限向债权人还本付息的有价证券。发行债券是企业负债筹资的一种重要方式，具有筹资渠道广、筹资额大等特点，但其财务风险较大。

6. 融资租赁

融资租赁是由租赁公司按照承租企业的要求融资购买设备，并在契约或合同规定的较长期限内提供给承租企业使用的信用性业务，是一种不可撤销的、完全付清的中长期融资形式，也是现在租赁的主要类型。通过融资租赁，承租企业以“融物”的形式达到了融资的目的。一般融资的对象是资金，而融资租赁集融资与融物于一体，实际上相当于一项与资产（通常是设备）有关的贷款业务，是承租企业筹集长期资金的一种特殊方式。

7. 利用商业信用

商业信用是指在商品交易中的延期付款或延期交货所形成的借贷关系，是企业之间的一种直接信用关系。商业信用的形式主要有：赊购商品形成应付账款、预收货款、商业汇票（应付票据）、应付职工薪酬、应交税费等。

8. 混合筹资方式

随着金融市场的发展，出现了更多的筹资方式，特别是兼具债权和股权双重属性的混合筹资方式，如优先股筹资、可转换债券筹资等，便于企业筹资，满足企业的需要。

筹资渠道解决的是资金取得来源的问题，筹资方式解决的则是资金取得方式的问题，它们之间存在一定的对应关系。一定的筹资方式可能只适用于某一特定的筹资渠道，但是同一渠道的资金往往可采用不同的筹资方式取得，同一筹资方式又往往适用于不同的筹资渠道。因此，企业在筹资时，应当实现筹资渠道和筹资方式的合理配合。

三、权益资本与债务资本

资产负债表的左侧是经营问题，右侧是财务问题，这有一定道理。资产负债表右侧列示的是企业资金来源，不同的资金来源体现企业不同的财务政策。总体来说，企业资金由债权人和投资者提供。债权人提供的资金称为债务资本，投资者提供的资金称为权益资本。

（一）权益资本

权益资本也称为权益资金或股东权益，是指企业通过接受直接投资、发行股票、内部留存收益等方式筹集的资本。它代表投资者对企业的所有权。

1. 权益资本的内容

权益资本从数量关系来看，实际上是企业总资产减去负债后的剩余权益；从来源来看，它包括所有者投入资本及通过企业生产经营活动形成的盈利而形成的积累。

（1）所有者从外部投入的资本。所有者从外部投入的资本又包括两项内容：一是投入资本，既包括企业创办初期投资者实际投入的资本，也包括企业经营过程追加投入的资本，它是企业得以正常运行的必要条件，也是企业承担经营亏损和债务风险的基础；二是资本公积，属于所有者从企业外部投入资本的范畴，但由于资本额超过法定资本，形成一种资本储备。资本公积可按法定程序转为实收资本或股本。资本公积与投入资本的主要区别在于，它不是法定的出资额，其主要来源于投入资本的溢价等。

（2）企业内部积累形成的权益资本。企业内部积累形成的权益资本是指企业从历年所实现的净利润中提成的留存于企业内部的积累资金，即留存收益，它是企业资本的增值。留存收益主要包括两项内容：一是盈余公积，是指企业按照有关规定比例从税后利润中提取的法定盈余公积金和任意盈余公积金；二是未分配利润，是企业利润分配后剩下的留待以后年度分配的利润，或者是从本年利润转入未分配利润中等待当年分配的利润。企业将税后利润的一部分分配给所有者，一部分仍留在企业内部，无论是留给企业还是分配给所有者，税后利润都属于所有者的权益，而留在企业内部的那部分利润相当于原投资者对企业的再投资。

2. 权益资本的特点

权益资本具有以下特点：①权益资本的投资者拥有参与企业经营管理的权利，同时也要以投资额为限承担责任和风险；②权益资本是法人财产的表现，又是企业负债的载体，资本的所有者一旦缴纳了资金，除依法转让外，无权抽回，从而成为企业永久性的资本；③权益资本与债务资本相比较，无须还本付息，所以财务风险较小；④企业支付给权益资本所有者的收益（分配的股利）是由税后净利润列支的，与税前支付的债务利息相比没有节税效应，所以权益资本的成本较高。

（二）债务资本

债务资本是指债权人为企业提供的资金。企业通常可通过发行债券、借款、融资租赁等方式筹集借入资金。借入资金要按期归还，有一定的风险，但其要求的报酬率比权益资本低，企业付出的资本成本较低。

债务资本具有以下特点：①债务资本的还本付息现金流出期限结构要求固定而明确，法律责任清晰；②债务资本的提供者获得的收益固定，不能分享企业投资于较高风险的投资机会所带来的超额收益；③债务利息在税前列支，在企业存在应纳税所得额的条件下，支付利息可以减少税收负担；④债务资本对企业有固定的利息负担和还款压力，如果企业的经营不太景气，过高的债务资本会给企业带来不能清偿债务的危机。

四、筹资管理的目标

筹资管理是企业财务管理的重要内容。筹资管理的目标主要包括以下三个方面：

第一，所筹集的资金要满足投资的需要。也就是说，投资决定筹资，筹资是为了满足投资的需要，包括筹资数量的要求和筹资时间的要求；企业不能盲目筹资，否则就会形成资金的闲置和浪费。

第二，资本成本尽可能低。这是筹资决策的重要目标，因为低成本筹资能使企业增加收益。在一定的筹资环境下，筹资成本的高低与筹资方式有关。一般而言，债务资本的筹资成本低于权益资本的筹资成本。要降低筹资成本必须提高债务资本在全部资本中的比例，但这样做又会增加企业的财务风险。因此，在进行筹资决策时，我们不能一味追求低筹资成本。关于筹资成本和资本结构的关系确实是一个复杂的问题，具体内容在本书的第七章中阐述。

第三，控制财务风险。简单地说，财务风险是由于举债经营而引起的风险。不举债的企业也有风险，那就是经营风险；但举债经营会使企业承担的风险增大，增大的那部分风险就是财务风险。显然，企业的负债比例越高，所承担的财务风险就越大，过大的财务风险会对企业的生存产生威胁。从控制财务风险、避免破产的目标看，企业应当尽可能降低负债比例；但过低的负债比例又会提高企业全部资金的筹资成本。如何解决这一矛盾，是财务学家一直研究并将继续研究的课题。

第二节　权益资本筹集

权益资本是企业的投资者提供的资本，是企业开展经营活动所必需的“本钱”。然而，不同规模和不同组织形式的企业，其权益资本的筹资渠道和筹资方式可能存在较大差别。从筹资渠道看，独资企业和合伙制企业权益资本的筹资渠道比较狭窄，而有限责任公司与股份有限公司权益资本的筹资渠道则相对更广阔一些。从筹资方式看，股份有限公司采用发行股票方式筹资权益资本，有限责任公司等其他企业则通过吸收直接投资方式筹资权益资本。而收益留存这种方式对于任何有盈利的企业均可使用。本节主要介绍企业通过吸收直接投资和发行股票两种方式筹集权益资本的主要内容，至于收益留存的筹资方式，因其相对简单，且与利润分配管理密切相关，我们将在本书第六章介绍。

一、吸收直接投资

吸收直接投资是指非股份制企业（非股份有限公司）以协议等形式吸收国家、法人、个人和外商等直接投入资金，形成企业资本金的一种筹资方式。吸收直接投资与发行股票、收益留存都是企业筹集自有资金的重要方式，但发行股票要以股票为媒介，而吸收直接投资则无须发行任何证券。吸收直接投资中的出资者都是企业的所有者，并对企业具有经营管理权。企业经营状况好、盈利多，各方可按出资额的比例分享利润，但如果企业经营状况差、连年亏损，甚至被迫破产清算，则各方要在其出资的限额内按出资比例承担损失。

（一）吸收直接投资的种类

按照筹资渠道的不同，企业采用吸收直接投资方式筹集的资金一般可分为以下四类：

1. 吸收国家投资

吸收国家投资是国有企业筹集自有资金的主要方式。国家投资是指有权代表国家投资的政府部门或者机构以国有资产投入企业，由此形成国家资本金。目前，除了国家以拨款形式投入企业所形成的各种资金，用利润总额归还贷款后所形成的国家资金、财政和主管部门拨给企业的专用拨款及减免税后形成的资金，也应视为国家投资。吸收国家投资一般具有以下特点：①产权归属于国家；②资金数额较大；③在国有企业中采用比较广泛；④资金的运用和处置受国家约束较大。

2. 吸收法人投资

法人投资是指法人单位以其依法可以支配的资产投入企业，由此形成法人资本金，目前主要指法人单位在进行横向经济联合时所产生的联营、合资等投资。吸收法人投资一般具有以下特点：①投资发生在法人单位之间；②投资以参与企业利润分配为目的；③投资方式灵活多样。

3. 吸收个人投资

个人投资是指社会个人或本企业内部职工以个人合法财产投入企业，由此形成个人资本金。吸收个人投资一般来说投资者数量相对较多，每人出资的数额相对较少，投资者以参与公司利润分配为主要目的。

（二）吸收直接投资的形式

企业在采用吸收直接投资这一方式筹集资金时，投资者可以用货币出资，也可以用实物、知识产权、土地使用权等可以用货币估价并可以依法转让的非货币财产作价出资。非货币财产包括厂房、机器设备、材料物资、无形资产等多种形式。具体而言，主要有以下几种出资形式。

1. 现金出资

现金出资是吸收直接投资中最重要的一种出资方式。有了现金，便可以获取其他物质资源。吸收投资中所需投入现金的数额，取决于投入的实物、工业产权之外尚需多少资金来满足建厂的开支和日常周转需要。国外公司法或投资法对现金投资占资本总额的比例，一般都有明确规定。《中华人民共和国公司法》（以下简称《公司法》）规定，有限责任公司全体股东的货币出资金额不得低于公司注册资本的30%。

2. 实物出资

实物出资是指以房屋、建筑物、设备等固定资产和材料、燃料、商品等流动资产所进行的投资。一般来说，企业吸收的实物出资应符合以下条件：①确为企业生产、经营所需；②技术性能比较好；③作价公平合理，对作为出资的非货币财产应当评估作价，核实财产，不得高估或者低估作价。

3. 工业产权出资

工业产权出资是指以专有技术、商标权、专利权等无形资产所进行的投资。一般来说，企业吸收的工业产权出资应符合以下条件：①能帮助企业研究和开发出高新技术产品；②能帮助企业生产出适销对路的高科技产品；③能帮助企业改进产品质量，提高生产效率；④能帮助企业大幅度降低各种消耗；⑤作价公平合理。

企业在吸收工业产权出资时应特别谨慎，进行认真的可行性研究，因为以工业产权出资实际上是已将有关技术资本化，将技术的价值固定化，而已有的技术实际上是在不断老化的，因此技术的价值也在不断减少甚至会完全丧失。

4. 土地使用权出资

投资者也可以用土地使用权来进行投资。土地使用权是按有关法规和合同的规定使用土地的权利。企业吸收土地使用权出资应符合以下条件：①企业科研、生产、销售活动所需要；②交通、地理条件比较适宜；③作价公平合理。

（三）吸收直接投资实例分析

【例 5-1】山东步长制药股份有限公司董事会于 2021 年 7 月 13 日就公司与关联方共同投资设立控股子公司暨关联交易事项发布公告称，公司拟与陕西德居博文健康科技有限公司、王一强等 6 人共同出资在宁波市梅山保税港区设立宁波步长康佳科技有限公司。新公司注册资本为 500 万元，经营范围为生产和销售消字号产品及保健品。各投资者出资情况如下：

（1）山东步长制药股份有限公司以现金出资 280 万元，占注册资本的 56%。

（2）陕西德居博文健康科技有限公司以现金出资 175 万元，占注册资本的 35%。

（3）王一强以现金出资 22.5 万元，持股比例 4.5%；张莹以现金出资 7.5 万元，持股比例 1.5%；任荣博以现金出资 7.5 万元，持股比例 1.5%；王益民、薛人珲、赵茉分别以现金出资 2.5 万元，持股比例均为 0.5%。

本例中，对拟成立的宁波步长康佳科技有限公司来说，筹集资本金的方式就是吸收直接投资，即该公司吸收山东步长制药股份有限公司、陕西德居博文健康科技有限公司，以及王一强等 6 位投资者的出资。出资的形式均为现金出资。

（四）对吸收直接投资方式的评价

吸收直接投资是我国企业筹资最早采用的一种筹资方式，也是我国国有企业、集体企业、联营企业、合资企业和有限责任公司普遍采用的筹资方式。

1. 吸收直接投资的优点

（1）有利于增强企业信誉。吸收直接投资所筹集的资金属于企业的自有资金，与借入资金相比较，能增强企业的信誉和负债能力，对扩大企业经营规模，壮大企业实力具有重要作用。

（2）有利于企业尽快形成生产能力。吸收直接投资不仅可以筹取现金，而且能够直接获得所需的先进设备和先进技术，与仅筹取现金的筹资方式相比较，有利于企业尽快形成生产经营能力，尽快开拓市场。

（3）有利于降低财务风险。吸收直接投资可以根据企业的经营状况向投资者支付报酬，企业经营状况好，就向投资者多支付一些报酬；企业经营状况不好，就向投资者少支付一些报酬或不支付报酬。由于支付报酬比较灵活，因此财务风险比较小。

2. 吸收直接投资的缺点

（1）资本成本较高。相对于负债筹资而言，采用吸收直接投资方式筹集资金所需负担的资本成本较高，特别是企业经营状况较好和盈利能力较强时更是如此。因为向投资者支付的报酬是根据其出资的数额和企业实现利润的多寡来计算的。

（2）不利于产权流动。吸收直接投资由于没有证券作为媒介，产权关系有时不清晰，也不便于进行产权交易。

（3）企业控制权容易分散。采用吸收直接投资方式筹集资金，投资者一般都要求获得与投资数量相适应的经营管理权，这是接受外来投资的代价之一。如果外部投资者的投资较多，则投资者会有相当大的管理权，甚至会对企业实行完全控制，这是吸收直接投资的不利因素。

二、发行普通股

（一）股票的种类

股票是股份有限公司为筹集权益资本而发行的有价证券，是持股人拥有公司股份的凭证。股票持有人即为公司股东，公司股东作为出资人，按投入公司的资本额享有各种权利，并以其所持有股份为限对公司负有限责任。

根据不同标准，可以对股票进行不同的分类。

（1）以股东享有权利和承担义务的大小为标准，股票可分为普通股票和优先股票。普通股票简称普通股，是股份公司依法发行的具有管理权、股利不固定的股票。普通股具备股票的最一般特征，是股份公司资本的最基本部分。优先股票简称优先股，是股份公司依法发行的具有一定优先权的股票。从法律上讲，企业对优先股不承担法定的还本义务，是公司权益资本的一部分。

从理论上说，上市公司筹资发行的股票可以是普通股，也可以是优先股。但目前境内上市公司所采用的融资方式绝大多数是发行普通股，只有极少数公司发行优先股筹资，而且这些公司在股权分置改革之后已经不再存在优先股。

（2）按股票票面是否标明金额划分，股票可分为有面值股票和无面值股票。有面值股票是在票面上标有一定金额的股票。持有这种股票的股东，对公司享有的权利和承担的义务大小依其所持有的股票票面金额占公司发行在外股票总面值的比例而定。无面值股票在票面上标出金额，只载明所占公司股本总额的比例或股份数的股票。无面值股票的价值随公司财产的增减而变动，而股东对公司享有的权利和承担的义务的大小，直接依股票标明的比例而定。目前，我国《公司法》不承认无面值股票，规定股票应记载股票的面额，并且其发行价格不得低于票面金额。

（3）按股票票面是否记名划分，股票可分为记名股票和无记名股票。记名股票是在票面上记载股东姓名或名称的股票。这种股票除了股票上所记载的股东，其他人不得行使其权利，且股份的转让有严格的法律程序，须办理过户手续。我国《公司法》规定，公司向发起人、国家授权投资的机构、法人发行的股票，应当为记名股票。无记名股票是在票面上不记载股东姓名或名称的股票。这类股票的持有人即股份的所有人，具有股东资格，股票的转让也比较自由、方便，无须办理过户手续。

（4）按投资主体的不同划分，股票可分为国家股、法人股、个人股等。国家股是有权代表国家投资的部门或机构以国有资产向公司投资而形成的股份。法人股是企业法人依法以其可支配的财产向公司投资而形成的股份，或具有法人资格的事业单位和社会团体以国家允许用于经营的资产向公司投资而形成的股份。个人股是社会个人或公司内部职工以个人合法财产投入公司而形成的股份。

（5）以发行时间的先后为标准，股票可分为始发股和增发股。

始发股是公司设立时发行的股票，也称原始股。首次向社会公开发行股票被称为“IPO”，有时称 IPO 时发行的股票为原始股。增发股是公司增资时发行的股票。始发股通常是向特定投资者发行的，而增发股可以向特定投资者发行，也可以向社会公众发行。始发股和增发股的发行条件、发行目的、发行价格不尽相同，但是股东的权利和义务是一样的。

（6）按股份是否可以流通，股票可分为流通股和非流通股。流通股又可以分为无限售流通股和限制性流通股。

（7）以发行对象和上市地区为标准，股票可分为 A 股、B 股、H 股和 N 股等。

上海、深圳两个证券交易所是我国发展较早、规模较大的场内交易所，在这两个交易所发行和上市的股票有 A 股和 B 股两种。A 股是以人民币标明票面金额，并以人民币认购和交易的股票。B 股是以人民币标明票面金额，以外币认购和交易的股票。除了上海、深圳两个证券交易所，国内还有“新三板”市场。“新三板”又称“全国中小企业股份转让系统”，是针对中小微企业融资所形成的全国股份转让系统，其上市公司划分为三个层级，分别为基础层、创新层和精选层。2021 年 9 月，北京证券交易所成立。它是以现有的“新三板”精选层为基础所组建的证券交易所，形成与沪深交易所相同的场内交易所。另外，内地一些公司也有通过其他交易所发行股票并上市，形成所谓的 H 股、N 股和 S 股，分别指在香港联合证券交易所、纽约证券交易所及新加坡证券交易所上市的股票。

（二）普通股的权利和义务

依照我国《公司法》的规定，普通股股东主要有以下权利：

（1）投票权。普通股股东可以出席或委托代理人出席股东大会，并依公司章程规定行使表决权，拥有对公司账目和股东大会决议的审查权和对公司事务的质询权。

（2）股份转让权。普通股股东持有的股份可以自由转让，但必须符合《公司法》及其他法规和公司章程规定的条件和程序。

（3）股利分配要求权。分享盈余也是普通股股东的一项基本权利。盈余的分配方案由股东大会决定，每一个会计年度由董事会根据企业的盈利数额和财务状况来决定分发股利的多少并经股东大会批准通过。

（4）分配公司剩余财产的权利。当公司解散、清算时，普通股股东有分配公司剩余财产的权利。但是，当公司破产清算时，财产的变价收入首先要用来清偿债务，然后支付优先股股东，最后才能分配给普通股股东。因此，在破产清算时，普通股股东实际上很少能分到剩余财产。

（5）优先认股权。公司增发新股时，普通股股东有权按照其持股比例优先认购同样比例的新股。目前我国上市公司实施配股就是按照一定的比例向原有股东配售股份的一种筹资方式，向社会公开增发新股时也规定一定比例向原有股东配售。

当然，普通股股东同时要履行以下义务：遵守公司章程；缴纳股款；以缴纳的股款资本额为限承担公司的亏损责任；公司核准登记后不得要求退股，但可以依法转让股份。

（三）普通股的发行

1. 股票发行的方式

股票发行的方式是指公司通过何种途径发行股票。总体来说，股票发行的方式分为公开间接发行和不公开直接发行两类。公开间接发行也称不特定对象公开发行，指的是通过中介机构（券商），公开向社会公众发行股票。我国股份有限公司采用募集设立方式向社会公开发行新股时，须由证券经营机构承销的做法，就属于股票的公开间接发行。这种发行方式的发行范围广、股票的流通性好，而且有助于提高发行公司知名度，但手续繁杂，发行成本高。

我国于 2019 年 12 月 28 日修订、2020 年 3 月 1 日起施行的《中华人民共和国证券法》（以下简称《证券法》）规定，公开发行证券必须符合法律、行政法规规定的条件，并依法报经国务院证券监督管理机构或者国务院授权的部门注册。未经依法注册，任何单位和个人不得公开发行证券。证券发行注册制的具体范围、实施步骤，由国务院规定。有下列情形之一的，为公开发行：①向不特定对象发行证券；②向特定对象发行证券累计超过 200 人，但依法实施员工持股计划的员工人数不计算在内；③法律、行政法规规定的其他发行行为。

非公开直接发行也称向特定对象公开发行，指的是非公开对外发行，只向少数特定的对象直接发行股票，即定向发行股票，这种方式一般无须经过中介机构承销。我国股份有限公司采用发起设立方式和不向社会公开募集的方式发行新股的做法，就属于股票的非公开直接发行，这种发行方式弹性较大、发行成本较低，但股票的变现性较差。

我国《证券法》规定，非公开发行证券，不得采用广告、公开劝诱和变相公开方式。我国证券监督管理委员会 2020 年 2 月 14 日重新发布的《上市公司证券发行管理办法》规定，非公开发行股票的特定对象应当符合下列规定：①特定对象符合股东大会决议规定的条件；②发行对象不超过 35 名；③发行对象为境外战略投资者的，应当遵守国家的相关规定。

2. 股票发行的规定

股份有限公司在设立时需要发行股票。此外，公司设立之后，为了扩大经营、改善资本结构，也会增资发行新股，包括配股和增发。股票发行实行公开、公平、公正的“三公”原则，必须同股同权、同股同利。任何单位或个人所认购的股份，每股应支付相同的价款。同时，发行股票还应接受国务院证券监督管理机构的管理和监督。

按照我国《公司法》的有关规定，股份有限公司发行股票，应符合以下规定：

（1）每股金额相等。同次发行的股票，每股的发行条件和价格应当相同。但不属于同一次发行的股票，其发行价格可以不相等。

（2）股票发行价格可以按票面金额，也可以超过票面金额（溢价发行），但不得低于票面金额。这是因为认购股票的股东对公司所承担的最低责任是股票的面值。

（3）股票应当载明公司名称、公司登记日期、股票种类、票面金额及代表的股份数、股票编号等主要事项。

（4）向发起人、国家授权投资的机构、法人发行的股票，应当为记名股票；对社会公众发行的股票，可以为记名股票，也可以为无记名股票。

（5）公司发行记名股票的，应当置备股东名册，记载股东的姓名或者名称、住所、各股东所持股份、各股东所持股票编号、各股东取得其股份的日期；发行无记名股票的，公司应当记载其股票数量、编号及发行日期。

3. 股票发行的条件

对于公开发行证券，我国《上市公司证券发行管理办法》规定，上市公司的盈利能力具有可持续性，符合下列规定：①最近 3 个会计年度连续盈利。扣除非经常性损益后的净利润与扣除前的净利润相比，以低者作为计算依据。②业务和盈利来源相对稳定，不存在严重依赖于控股股东、实际控制人的情形。③现有主营业务或投资方向能够可持续发展，经营模式和投资计划稳健，主要产品或服务的市场前景良好，行业经营环境和市场需求不存在现实或可预见的重大不利变化。④高级管理人员和核心技术人员稳定，最近 12 个月内未发生重大不利变化。⑤公司重要资产、核心技术或其他重大权益的取得合法，能够持续使用，不存在现实或可预见的重大不利变化。⑥不存在可能严重影响公司持续经营的担保、诉讼、仲裁或其他重大事项。⑦最近 24 个月内曾公开发行证券的，不存在发行当年营业利润比上年下降 50% 以上的情形。上市公司财务状况良好，符合下列规定：①会计基础工作规范，严格遵循国家统一会计制度的规定。②最近 3 年及 1 期财务报表未被注册会计师出具保留意见、否定意见或无法表示意见的审计报告；被注册会计师出具带强调事项段的无保留意见审计报告的，所涉及的事项对发行人无重大不利影响或者在发行前重大不利影响已经消除。③资产质量良好。不良资产不足以对公司财务状况造成重大不利影响。④经营成果真实，现金流量正常。营业收入和成本费用的确认严格遵循国家有关企业会计准则的规定，最近 3 年资产减值准备计提充分合理，不存在操纵经营业绩的情形。⑤最近 3 年以现金方式累计分配利润不少于最近 3 年实现的年均可分配利润的 30%。

《上市公司证券发行管理办法》对于配股和增发还做了特殊的规定，具体包括：

（1）上市公司向原股东配售股份（简称“配股”），除符合发行证券的一般规定外，还应当符合下列规定：①拟配售股份数量不超过本次配售股份前股本总额的 30%。②控股股东应当在股东大会召开前公开承诺认配股份的数量。③采用证券法规定的代销方式发行。控股股东不履行认配股份的承诺，或者代销期限届满，原股东认购股票的数量未达到拟配售数量 70% 的，发行人应当按照发行价并加算银行同期存款利息返还已经认购的股东。

（2）上市公司向不特定对象公开募集股份（简称“增发”），除符合发行证券的一般规定外，还应当符合下列规定：①最近 3 个会计年度加权平均净资产收益率平均不低于 6%。扣除非经常性损益后的净利润与扣除前的净利润相比，以低者作为加权平均净资产收益率的计算依据。②除金融类企业外，最近一期末不存在持有金额较大的交易性金融资产和可供出售的金融资产、借予他人款项、委托理财等财务性投资的情形。③发行价格应不低于公告招股意向书前 20 个交易日公司股票均价或前 1 个交易日的均价。

（3）非公开发行股票的条件。这里所说的非公开发行股票，是指上市公司采用非公开方式，向特定对象发行股票的行为。根据《上市公司证券发行管理办法》（2020 年 2 月 14 日中国证券监督管理委员会《关于修改〈上市公司证券发行管理办法〉的决定》修正）的规定，公司非公开发行股票的特定对象必须符合股东大会决议规定的条件，并且发行对象不超过 35 名。上市公司非公开发行股票，应当符合下列规定：①发行价格不低于定价基准日前 20 个交易日公司股票均价的 80%；②本次发行的股份自发行结束之日起，6 个月内不得转让；控股股东、实际控制人及其控制的企业认购的股份，18 个月内不得转让；③募集资金使用符合本办法第十条的规定；④本次发行将导致上市公司控制权发生变化的，还应当符合中国证监会的其他规定。

《上市公司证券发行管理办法》同时规定，上市公司存在下列情形之一的，不得非公开发行股票：①本次发行申请文件有虚假记载、误导性陈述或重大遗漏。②上市公司的权益被控股股东或实际控制人严重损害且尚未消除。③上市公司及其附属公司违规对外提供担保且尚未解除。④现任董事、高级管理人员最近 36 个月内受到过中国证监会的行政处罚，或者最近 12 个月内受到过证券交易所公开谴责。⑤上市公司或其现任董事、高级管理人员因涉嫌犯罪正被司法机关立案侦查或涉嫌违法违规正被中国证监会立案调查。⑥最近 1 年及 1 期财务报表被注册会计师出具保留意见、否定意见或无法表示意见的审计报告。保留意见、否定意见或无法表示意见所涉及事项的重大影响已经消除或者本次发行涉及重大重组的除外。⑦严重损害投资者合法权益和社会公共利益的其他情形。

4. 股票发行的程序

我国《上市公司证券发行管理办法》规定：

（1）上市公司申请发行证券，董事会应当依法就下列事项做出决议，并提请股东大会批准：①本次证券发行的方案；②本次募集资金使用的可行性报告；③前次募集资金使用的报告；④其他必须明确的事项。

（2）股东大会就发行股票做出的决定，至少应当包括下列事项：①本次发行证券的种类和数量；②发行方式、发行对象及向原股东配售的安排；③定价方式或价格区间；④募集资金用途；⑤决议的有效期；⑥对董事会办理本次发行具体事宜的授权；⑦其他必须明确的事项。

（3）股东大会就发行证券事项做出决议，必须经出席会议的股东所持表决权的 2/3 以上通过。

（4）上市公司申请公开发行证券者非公开发行新股，应当由保荐人保荐，并向中国证监会申报。

（5）中国证监会依照下列程序审核发行证券的申请：①收到申请文件后，5 个工作日内决定是否受理；②中国证监会受理后，对申请文件进行初审；③发行审核委员会审核申请文件；④中国证监会做出核准或者不予核准的决定。

（6）自中国证监会核准发行之日起，上市公司应在 12 个月内发行证券；超过 12 个月未发行的，核准文件失效，须重新经中国证监会核准后方可发行。

（7）上市公司发行证券前发生重大事项的，应暂缓发行，并及时报告给中国证监会。该事项对本次发行条件构成重大影响的，发行证券的申请应重新经过中国证监会核准。

5. 股票发行价格的确定

股票的发行价格是投资者认购股票时所支付的价格。股票发行价格通常由发行公司根据股票面额、股市行情和其他有关因素决定。以募集设立方式设立公司首次发行的股票价格，由发起人决定；公司增资发行新股的股票价格，由股东大会做出决议。股票的发行价格可以与股票的票面金额一致，但多数情况高于面值。股票发行价格通常有等价、时价和中间价三种。等价是指以股票面额为发行价格，即股票的发行价格与其面额等价，也称平价发行或面值发行。时价是指以公司原发行同种股票的现行市场价格为基准来确定增发新股的发行价格，也称市价发行。中间价是指取股票市场价格与面额的中间值作为股票的发行价格。以中间价和时价发行都可能是溢价发行，也可能是折价发行。发行人通常会参考公司经营业绩、净资产、发展潜力、发行数量、行业特点、股市状态等，确定发行价格。值得注意的是，我国 2018 年 10 月 26 日修订的《公司法》规定，股票发行价格可以按票面金额，也可以超过票面金额，但不得低于票面金额。我国《证券法》规定，股票发行采取溢价发行的，其发行价格由发行人与承销的证券公司协商确定。我国《上市公司证券发行管理办法》规定，公开增发股票的发行价格，应不低于公告招股意向书前 20 个交易日公司股票均价或前 1 个交易日的均价；非公开发行股票的发行价格不低于定价基准日前 20 个交易日公司股票均价的 80%。

从理论上说，股票发行价格的确定方法主要有以下三种：

（1）市盈率法。市盈率（P/E）是指公司股票市场价格与公司盈利的比率，其计算公式为

$$市盈率=\frac{每股市价}{每股收益} \tag{5-1}$$

市盈率法是以股票的市盈率为依据确定发行价格的一种方法。采用市盈率法确定股票发行价格的步骤是：根据注册会计师审核后的盈利预测计算出发行公司的每股收益；参考股票二级市场的平均市盈率、发行公司所处行业的情况（同类行业公司股票的市盈率）、发行公司的经营状况及其成长性等拟定发行市盈率，依发行市盈率与每股收益的乘积决定发行价格，即

$$发行价格=每股收益\times 发行市盈率 \tag{5-2}$$

（2）市净率法。市净率法也称净资产倍率法，是指通过资产评估和相关会计手段确定发行公司拟募股资产的每股净资产值，然后根据证券市场的状况将每股净资产值乘以一定的倍数，以此确定股票发行价格的方法。市净率法在国外常用于房地产公司或资产现值要重于商业利益公司的股票发行，但在国内一直未采用。以此种方式确定每股发行价格不仅应考虑公平市值，还应考虑市场所能接受的溢价倍数。

$$发行价格=每股净资产\times 净资产倍率 \tag{5-3}$$

（3）现金流量折现法。现金流量折现法通过预测公司未来盈利能力，据此计算出公司净现值，并按一定的折扣率折算，从而确定股票发行价格。该方法首先是用市场接受的会计手段预测公司每个项目未来若干年内每年的净现金流量，再按照市场公允的折现率，分别计算出每个项目未来的净现金流量的净现值。公司的净现值除以公司股份数，即为每股净现值。由于未来收益存在不确定性，发行价格通常要对上述每股净现值折让 20%～30%。国际主要股票市场对新上市公路、港口、桥梁、电厂等基建公司的估值和发行定价一般采用现金流量折现法。这类公司的特点是前期投资大，初期回报不高，上市时的利润一般偏低，如果采用市盈率法发行定价则会低估其真实价值，而对公司未来收益（现金流量）的分析和预测能比较准确地反映公司的整体和长远价值。

然而，现实中股票的发行价格并不完全按照上述方法确定。尤其是向社会公开发行股票，其发行价格远高于其面值，属于高溢价发行。我国《证券法》规定，股票发行采取溢价发行的，其发行价格由发行人与承销的证券公司协商确定，报国务院证券监督管理机构核准。

我国首次公开发行股票以询价方式确定股票发行价格。简言之，就是向投资者征求意见，以什么价格发行股票，投资者愿意接受。询价方式有一般询价方式和累积投标询价方式。一般询价方式是指通过向询价对象询价来确定发行价格。询价对象是指依法设立的证券投资基金、合格境外投资者、符合中国证监会规定条件的证券公司，以及其他中国证监会认可的机构投资者。累积投标询价方式是指当投资者的有效申购总量大于本次股票发行量，但超额认购倍数小

于 5 倍时，以询价下限为发行价；如果超额认购倍数大于 5 倍时，则从申购价格最高的有效申购开始逐笔向下累计计算，直至超额认购倍数首次超过 5 倍为止，以此时的价格为发行价格，相当于在机构询价的基础上让市场定价。

按规定，上市公司向不特定对象公开募集股份，发行价格应不低于公告招股意向书前 20 个交易日公司股票均价或前 1 个交易日的均价。上市公司非公开发行股票，其发行价格不低于定价基准日前 20 个交易日公司股票均价的 90%。

（四）公司股票的上市

股票上市，是指股份有限公司公开发行的股票，符合规定条件，经申请批准后在证券交易所进行挂牌交易。按照国际通行做法，只有公开募集发行并经批准上市的股票才能进入证券交易所流通转让。我国《公司法》规定，股东转让其股份，必须在依法设立的证券交易所进行；同时对股票的上市及暂停上市和退市有明确的规定。

1. 股票上市的条件

按照《公司法》的规定，股份有限公司申请股票上市，应当符合下列条件：

（1）股票经国务院证券监督管理机构核准已公开发行。

（2）公司股本总额不少于人民币 3 000 万元。

（3）公开发行的股份达到公司股份总数的 25% 以上；公司股本总额超过人民币 4 亿元的，公开发行股份的比例为 10% 以上。

（4）公司最近三年无重大违法行为，财务会计报告无虚假记载。

2. 股票上市的信息披露要求

申请股票上市交易，应当向证券交易所报送下列文件：

（1）上市报告书。

（2）申请股票上市的股东大会决议。

（3）公司章程。

（4）公司营业执照。

（5）依法经会计师事务所审计的公司最近三年的财务会计报告。

（6）法律意见书和上市保荐书。

（7）最近一次的招股说明书。

（8）证券交易所上市规则规定的其他文件。

股票上市交易申请经证券交易所审核同意后，签订上市协议的公司应当在规定的期限内公告股票上市的有关文件，并将该文件置备于指定场所供公众查阅。

签订上市协议的公司除公告前条规定的文件外，还应当公告下列事项：①股票获准在证券交易所交易的日期；②持有公司股份最多的前十名股东的名单和持股数额；③公司的实际控制人；④董事、监事、高级管理人员的姓名及其持有本公司股票和债券的情况。

3. 股票上市的暂停与终止

按照我国《证券法》的规定，上市公司有下列情形之一的，由证券交易所决定暂停其股票上市交易：

（1）公司股本总额、股权分布等发生变化不再具备上市条件。

（2）公司不按照规定公开其财务状况，或者对财务会计报告作虚假记载，可能误导投资者。

（3）公司有重大违法行为。

（4）公司最近三年连续亏损。

（5）证券交易所上市规则规定的其他情形。

上市公司有下列情形之一的，由证券交易所决定终止其股票上市交易：

（1）公司股本总额、股权分布等发生变化不再具备上市条件，在证券交易所规定的期限内仍不能达到上市条件。

（2）公司不按照规定公开其财务状况，或者对财务会计报告作虚假记载，且拒绝纠正。

（3）公司最近三年连续亏损，在其后一个年度内未能恢复盈利。

（4）公司解散或者被宣告破产。

（5）证券交易所上市规则规定的其他情形。

值得指出的是，上市公司原发起人认购的股份，自公开发行结束之日起，12 个月内不得转让；控股股东、实际控制人及其控制的企业认购的股份，36 个月内不得转让。

（五）普通股发行与上市实例

【例 5-2】祖名股份 IPO。

1. 公司沿革及 IPO 前的情况

祖名豆制品股份有限公司（简称“祖名股份”，股票代码：003030）主营业务为豆制品的研发、生产和销售，是业内少有的“生鲜＋饮品＋休闲”三大系列豆制品皆生产的企业，品种涵盖生鲜豆制品、植物蛋白饮品、休闲豆制品、其他类产品等 400 多种产品。

祖名股份此次拟公开发行新股不超过 3 120 万股，且发行数量占发行后总股本的比例不低于 25%。发行方式为采用网下向配售对象询价配售与网上按市值申购向社会公众投资者定价发行相结合的方式进行，发行对象为符合资格的网下投资者和在证券交易所开户的境内自然人、法人等投资者（国家法律、法规、所适用的其他规范性文件及公司须遵守的其他监管者要求所禁止者除外）或中国证监会规定的其他对象，承销方式为余额包销。公司此次上市募集资金 4.05 亿元拟全部用于两个方面：一是投资 3.39 亿元的“年产 8 万吨生鲜豆制品生产线技改项目”，二是投资 6 522.78 万元的“豆制品研发与检测中心提升项目”。

2. 公司 IPO 的过程

经中国证券监督管理委员会《关于核准祖名豆制品股份有限公司首次公开发行股票的批复》（证监许可〔2020〕2650 号）核准，本公司公开发行不超过 3 120 万股。本次发行采用网下向符合条件的投资者询价配售（以下简称“网下发行”）与网上按市值申购方式向社会公众投资者定价发行（以下简称“网上发行”）相结合的方式，本次发行股票数量为 3 120 万股，本次发行全部为公开发行新股，无老股转让。其中网下最终发行数量为 312 万股，占本次发行数量的 10%，网上最终发行数量为 2 808 万股，占本次发行数量的 90%，发行价格为 15.18 元/股。公司发行的人民币普通股股票在深圳证券交易所上市，股票简称“祖名股份”，股票代码“003030”；本次公开发行的 3 120 万股股票将于 2021 年 1 月 6 日起上市交易。

（1）网上申购。保荐机构（主承销商）根据深圳证券交易所提供的数据，对本次网上发行的申购情况进行了统计，本次网上发行有效申购户数为 16 483 227 户，有效申购股数为 126 617 678 500 股，配号总数为 253 235 357 个。

（2）回拨机制实施、发行结构及网上发行中签率。根据《祖名豆制品股份有限公司首次公开发行股票发行公告》公布的回拨机制，由于网上初步有效申购倍数为 10 145.64732 倍，高于 150 倍，发行人和保荐机构（主承销商）决定启动回拨机制，将本次发行股份的 50% 由网下回拨至网上。回拨后，网下最终发行数量为 312 万股，占本次发行总量的 10%；网上最终发行数量为 2 808 万股，占本次发行总量的 90%。回拨后本次网上发行的有效申购倍数为 4 509.17658 倍，中签率为 0.0221769980%。

（3）网上摇号抽签。发行人与保荐机构（主承销商）于 2020 年 12 月 24 日（T+1 日）上午在深圳市罗湖区深业中心 308 室进行摇号抽签，并将于 2020 年 12 月 25 日（T+2 日）在《中国证券报》、《上海证券报》、《证券时报》和《证券日报》上公布摇号中签结果。

（六）对普通股筹资的评价

1. 普通股筹资的优点

利用普通股筹资有明显的优点，主要表现在：

（1）普通股筹资使公司筹集到可以长期使用的巨额资金，降低公司的财务风险。普通股股票没有固定到期日，不用偿还，是公司的一项永久资金来源。同时，利用普通股筹资，公司不需要支付固定的股利，只有在公司盈利时才可能支付普通股股利。

（2）普通股筹资使公司财务实力得到增强。普通股股票提供了对债权人利益的保障，从而改善了公司的资信状况，可以增加公司的举债能力，降低公司的筹资成本。

（3）普通股筹资比较容易被投资者所接受。由于普通股的预期收益较高并可在一定程度上抵消通货膨胀的影响，通胀背景下投资者愿意购买股票以减少购买力损失，因此，发行普通股相对于举债更容易被市场所接受。

2. 普通股筹资的缺点

普通股筹资也存在一些固有的缺点，主要表现在：

（1）普通股的资本成本较高。这是因为，从投资者的角度讲，投资于普通股的风险较高，相应地要求较高的投资报酬率。对于筹资公司来讲，普通股股利从税后利润中支付，这与债券利息作为费用从税前支付不同，因而不具抵税作用。此外，普通股的发行费用一般也高于其他证券。

（2）可能会分散公司的控制权。以普通股筹资会增加新股东，或引起股东在公司享有股份比例的重新调整，这可能会分散公司的控制权，削弱原有股东对公司的控制权。但在我国不存在这个问题，因为绝大多数上市公司的非流通股占总股份的一半以上，控制权掌握在国家或者法人股东手中。公司配股或增发新股时，即使大股东放弃认购权，也不会动摇其控制地位。

（3）限制条件多。与其他筹资方式（如借款）相比，发行普通股筹资（尤其是公开发行股份）需要有更多的限制条件，如要求公司有更强的盈利能力，法人治理结构更加完善。上市后政府对公司的信息披露要求更高，在一定程度上会对公司的经营产生负面影响。

（4）稀释公司的盈利。公司发行普通股筹资，募集资金投入使用后会提升公司的盈利水平，但公司的股本和账面净资产也随之增加。如果公司盈余没有增加，或增加幅度赶不上股本和净资产的增长幅度，发行普通股将会降低每股收益和净资产收益率，使股东每股分得的盈利相对减少。

三、发行认股权证

（一）认股权证及其特征

认股权证是期权的一种表现形式。认股权证是公司发行的一种长期股票买入选择权，它本身不是股票，既不享受股利收益，也没有投票权，但它的持有者拥有在一定时期内以一定价格购买一定数量公司普通股的权利。因此，认股权证具有股票看涨期权的性质。认股权证主要有以下几个特征：

（1）对发行公司而言，发行认股权证是一种特殊的筹资手段，其主要目的通常是吸引广大投资者和某些投资机构购买公司发行的股票。它是促销的一种手段，投资者既可以因购入股票而获得固定的红利收入，又可获得按规定价格优先购买公司普通股的权利，尤其是当普通股市场价格超过认购价格时，投资者将获得额外收益。

（2）认股权证本身含有期权条款，其持有人在认股之前，对发行公司既不拥有债券也不拥有股权，只是拥有股票认购权。

（3）认股权证具有价值和市场价格。用认股权证购买普通股票，其价格一般低于市价，这样认股权证就有了价值。发行公司既可以通过发行认股权证筹得现金，又可以将发行认股权证用于公司成立时对承销商的一种补偿。

（4）认股权证与优先认股权的不同之处。优先认股权是股份公司增发新股时，赋予普通股股东优于其他投资者，在一定期限内以低于市价的统一规定认购价格购买新股的权利。也就是说，只有公司普通股东才拥有优先认股权，但是认股权证持有人不一定是公司股东。

（二）认股权证的基本要素

认股权证的基本要素有以下几个：

（1）认股权证对应的标的资产是指认股权证发行所依附的基础资产，即认股权证持有人在行使权利时所指向的可交易资产。最常见的标的资产就是股票，即所谓的“正股”。

（2）有效期限，即认股权证的权利期限。在有效期内，认股权证持有者可随时要求将其转换成股票。

（3）认购比率，即每一份认股权证可认购的相关证券数量。

（4）认购价格，即认股权证持有者行使转换权的结算价格，相当于一般标准期权的执行价格。

（三）认股权证的融资功能

从融资角度看，认股权证一般采取三种方式发行：依附于其他证券发行、单独发行和配股时发行。我们来看下面的例题。

【例 5-3】以下公司分别发行认股权证，试判断它们的发行方式。

（1）广兴股份有限公司发行认股权证 10 万张，每张认股权证的发行价格为 400 元，规定一张认股权证可在 2 年内以每股 15 元的价格购买广兴公司股票 100 股。该公司股票目前的市场价格为 17.5 元。

（2）三星公司拟实施配股，目前股本总额为 8 000 万元，配股比例为 30%，配股价格为每股 8 元，配股有效期为 6 个月。配股股权登记日该公司股票的收盘价格为 13.2 元，配股权证可以上市流通，在除权日公司股票市场价格为 12 元，配股权证的市价为 5.5 元。

（3）北美电脑公司 2020 年发行 8 000 万美元、20 年期限的债券，投资银行认为应有 10%

的利率才能顺利发行。如果规定购买 1 000 美元面值的债券可附 30 张认股权证，则每张认股权证可以在 2 年内以每股 22 美元的价格买进 1 股该公司普通股股票（该公司股票目前的市场价格为 20 美元），这样公司债券可按 8% 的年利率发行。

【解答】例题中广兴股份有限公司属于单独发行认股权证，三星公司属于配股时发行认股权证，而北美电脑公司则属于依附于其他证券发行认股权证。

1. 单独发行认股权证

单独发行认股权证有两种情况：一是公司向老股东发放认股权证，即按老股东的持股数量以一定比例分配，这种发放可能是无偿的，这时可以认为是公司对老股东的一种回报，也可能是以一定的价格配售给老股东的；二是公司直接向所有投资者公开发行认股权证，这时发行的认股权证是有偿的。

在西方，认股权证备受上市公司的欢迎。上市公司希望尝试新的融资方式，而一些具有增发资格的上市公司也青睐认股权证。发行认股权证能鉴别真正的绩优公司，提高投资者对发行公司的认知度，激发投资者的认购热情。此外，资金分步到位对部分公司的投资行为有所约束，但对于真正需要资金、有良好项目的公司，随着项目展开和资金陆续到位，反而能提高资金的使用效率。业绩稳定增长的公司，在认股权证到期之前，若公司股票价格上涨，可以及时向上修正认股价格，从而按更高价格发售新股，在不扩大规模的前提下募集更多的资金。

2. 配股时发行认股权证

根据有关法律规定，股份公司在发行新股时，原股东有权优先认购。这种优先认购的权利如果采取证券化的形式，就形成了配股中的认股权证。这种情况也可以认为是单独发行认股权证的特殊情况，具体做法是：由股东大会通过配股的方案，确定配股比例、股权登记日及认股权证的有效期限等，然后按比例在配股除权日将认股权证“无偿”送给原股东（注意：这时候股票价格仍需要除权），股东可以在今后 6 个月内的任何时候认购股份。

3. 依附于其他证券发行认股权证

认股权证可以独立发行，但更多的是附在债券、优先股及普通股上一起发行，最普遍的方式是附在债券上一起发行。当认股权证附在债券上一起发行时，有两种不同的情况：一是发行后债券与认股权证不可分割，不可作为两种独立的证券在市场上流通，这种附有认股权证的债券实际上就是可转换债券，我们将在后面做进一步讨论；二是发行后的债券与认股权证可分割，并分别作为两种独立的金融产品在市场上流通，这就是我国证券市场上发行的可分离债券。

【例 5-4】赛微电子发行认股权证。

北京赛微电子股份有限公司（以下简称“公司”）于 2017 年 11 月 28 日召开的第三届董事会第五次会议及第三届监事会第三次会议审议通过了《关于全资子公司发行认股权证的议案》，公司位于瑞典的全资子公司 Silex Microsystems AB（以下简称“Silex”）拟向其管理层及核心员工合计 32 名对象发行总数不超过 1 100 000 份的认股权证（其中预留 9 000 份）；该认股权证的认购价格为 9.07SEK（瑞典克朗）/ 份；该认股权证的有效期限自生效持续至 2020 年 12 月 31 日，行权期限为 2020 年 11 月 1 日至 2021 年 3 月 31 日。

截至 2020 年 12 月 31 日，瑞典 Silex 发行的认股权证总数为 1 076 400 份，权证行权价格则因分红事项从 165SEK（瑞典克朗）/ 份调整为 164.46SEK（瑞典克朗）/ 份。近日，公司从瑞典 Silex 管理层获悉，认股权证持有人将其中一部分认股权证启动行权。截至本公告披露日，已有 217 981 份认股权证正在行权（剩余未行权数量为 858 419 份），且正在瑞典公司注册局办理新股变更登记手续。本次行权后，瑞典 Silex 不再是公司全资子公司，但仍为公司持股 97.26% 的控股子公司，不会导致公司合并报表范围发生变化。

（四）对发行认股权证筹资的评价

认股权证一般作为企业融资的辅助手段，适当利用有助于降低资本成本。当认股权证持有人行使认购权时，认股权证便成为一种融资手段。

1. 认股权证筹资的优点

（1）能使公司筹集到更多的资金。例 5-3 中广兴股份有限公司单独发行认股权证，能够使公司筹集到更多的资金。如果广兴股份有限公司现在立即发行新股，其每股的最高价格为 17.5 元，而采用认股权证的形式，公司可以获得相当于每股 4 元的现金收入，在认股权证持有者认购股份时，公司又可以获得每股 15 元的现金流入。二者加起来相当于发行了每股 19 元的新股。当然，以上分析有一个假设：认股权证的持有者会在 2 年内足额认购股份。

（2）能使高价格的配股得以实施。有时由于股票市场不景气，公司的股票价格会被低估，这对想要通过配股筹资的公司来说是十分被动的，因为配股的定价不可能高于目前的股价，而过低的配股价会影响公司的筹资。假如在配股中采用认股权证的形式，情况就可能大为改观。公司可以将配股价格定在适当的高位，因为认股权证实际上给予股东在较长的时间内行使认购股份的权利，如果公司的股票价格在配股的有效期内能涨到配股价格之上，股东就会乐于认购股份。既然目前的股价是跌过头了，那么在一定时期内股价的回升是完全可能的。同时，在配股中采用认股权证的形式，可以增加公司筹资的灵活性。按照现行的配股政策规定，配股权利只能由老股东享受，不能转让给他人，这会使公司和投资者陷入尴尬的境地。假如公司的配股价比市场价格低得多，但某些流通股股东没有资金来认购股份，那么他要么设法去筹措资金，要么将手头持有的股票（可能是该公司的股票）变现，要么放弃配股权。而放弃配股权实在很可惜，这样的局面对公司和老股东来说可谓是“双输”。然而，假如向老股东配股时采取发放认股权证的方式，情况就完全不同了。认股权证可以单独流通，而且有较长时间的有效期，它可使得一些暂时没有认购能力的投资者在未来具备认购能力时行使配股权利；对那些不打算配股的股东来说，有机会将认股权证转让。这一方面使得公司配股的认购率提高，另一方面使原股东在转让认股权证中取得收益，促进股票价格上涨，从而有效地保护股东权益。

（3）能吸引投资者，顺利发行其他证券，降低筹资成本。认股权证的发行是企业发行证券，特别是发行债券的引诱物，是企业给予投资者的一种优惠。它使得企业在不利条件下，能够顺利地发行债券。例 5-3 中北美电脑公司之所以能以低于正常票面利率的水平发行附于其他证券发行认股权证的债券，是因为认股权证给持有人一种选择权，这种选择权可能会给投资者带来丰厚的回报（当然也可能没有任何价值）。可见，认股权证能促进其他证券的顺利发行，并且降低了筹资成本。

2. 认股权证筹资的缺点

（1）认股权证行使期权时间的不确定性。认股权证为公司提供了又一次筹资机会，但这笔资金何时才能取得，公司是不能控制的。在公司急需资金时，若认股权证还没有被行使，则这笔资金数额不能及时到位，也就无法满足公司的资金需求。

（2）稀释每股普通股收益。当认股权被执行时，普通股股份会增加，而每股收益会减少。

同时，还会稀释原股东对公司的控制权。

（3）可能导致筹资失败。因为行权价定得过高，当公司股票市场不景气时，投资者有可能会放弃行权，那么公司就无法获得资金。

（4）可能导致筹资成本提高。如果行权价定得过低，投资者当然乐于行权，然而公司筹资的问题虽然得以解决，但事实上等于公司的股票被贱卖，这反而会导致公司筹资成本的提高。

第三节 债务资本筹集

企业通过发行债券、借款、融资租赁等方式筹集债务资本，对公司经营者有非常重要的意义。负债经营是一把“双刃剑”，其优势明显，运用好能使企业迅速筹集所需资金，降低财务成本，获得财务杠杆效益等；运用不好则会给企业带来风险甚至灭顶之灾。本节介绍负债经营的利弊，并阐述发行债券、借款、融资租赁、商业信用等筹资方式的主要内容及其优缺点。

一、负债经营的利弊

（一）负债经营对企业的有利影响

1. 负债经营可以弥补企业在经营和长期发展中资金的不足

企业在生产经营过程中必然需要资金，而单靠企业内部积累的自有资金，不仅在时间上不允许，而且在数目上也难以满足其发展的需要。因此，企业在资金不足的情况下，负债经营可以运用更大的资金力量，扩大企业规模和经济实力。一个企业不仅在资金不足时需要负债经营，就是在资金比较充裕时负债经营也是十分必要的。这是因为，一个企业只靠自有资金的积累和运用，其资金数量总是有限的。通过负债经营可以有效地取得和支配更多的资金量，合理地组织和协调资金比例关系，改善技术设备，从而扩大企业规模，增强经济实力。

2. 负债经营能给所有者带来“财务杠杆效应”

由于对债权人的利息支付是一项与企业盈利水平高低无关的固定支出，当企业的资产报酬率[①]高于债务利率时，企业的股东权益报酬率将会提高，即产生所谓的“财务杠杆效应”。同时，企业可利用负债节省下来的权益资本赚取更多的利润。例如，假设某企业的资产总额为 5 000 万元，资产报酬率为 15%，即每年能产生 750 万元的息税前利润。假如企业没有负债，股东权益报酬率等于资产报酬率。假如企业有 60% 的资本（3 000 万元）通过负债筹集，股东权益仅为 40%（2 000 万元），而负债的平均年利率为 10%，那么，股东权益报酬率将提高到 22.5%[②]。因此，在一定条件下实施负债经营对提高企业股东权益报酬率产生积极作用。

3. 负债经营有利于维持企业的控制权

在企业面临新的筹资决策中，如果以发行股票等方式筹集权益资本，势必造成股权分散，影响到现有股东对于企业的控制权。而负债筹资在增加企业资金来源的同时不影响企业控制权，有利于保持现有股东对于企业的控制。

4. 负债经营能使企业从通货膨胀中受益

在通货膨胀环境中，货币贬值，物价上涨，但企业负债的偿还仍然以账面价值为标准而不

① 这里的资产报酬率是息税前利润与资产总额的比值。
② 股东权益报酬率 = (750−3 000×10%)/2 000=22.5%。

考虑通货膨胀因素。这样，企业实际偿还款项的真实价值低于其所借入款项的真实价值，使企业获得货币贬值的好处。

5. 负债经营是企业改善治理机制的途径

企业负债不仅是一种融资手段，而且通过资本结构的优化，可以引入债权人的监督来减少股东与经理人员的代理成本。债权人为了保证自己资本的回收和增值，必定会对企业的运行进行关注，这无形中就起到了对经理人员的监督作用，从而减少股东对经理人员的监督成本。负债不仅是企业融资的一种手段，也作为企业改善其治理机制的一种外在监督因素引入公司。

（二）负债经营对企业的不利影响

1.“财务杠杆效应”的负面作用

当企业面临经济发展低潮或者其他原因带来的经营困境时，若资产报酬率低于负债的利率，由于负债需要承担固定的利息负担，所以会导致企业股东权益报酬率下降。例如前面的例子中，假如企业的资产报酬率仅为8%，而负债利率仍为10%，则负债将会使企业的股东权益报酬率降低至5%①。可见，负债经营是一把“双刃剑”，它可能给企业带来好处，也可能使企业陷入困境。

2. 无力偿付债务的财务风险

对于负债经营，企业负有到期偿还本金和利息的法律责任。如果企业利用负债筹集到的资金进行的投资项目不能获得预期的收益率，或企业整体生产经营和财务状况恶化，或企业短期资金运作不当等，则不仅会造成企业利润额大幅下降，而且会使企业面临无力偿债的风险。其结果可能导致企业资金紧张，被迫低价拍卖或抵押资产。

3. 提高再筹资成本

由于负债经营使企业资产负债率增大，对债权人保证程度降低，企业投资者也因企业风险增大而要求更高报酬率，作为可能产生风险的一种补偿，因此会使企业发行股票、债券等借款筹资成本大大提高，难度加大。

二、发行债券筹资

债券是债务人依照法律手续发行，承诺按约定的利率和日期支付利息，并在特定日期偿还本金的书面债权凭证。发行债券是企业负债筹资的一种重要方式。债券的发行人是债务人，投资于债券的人是债权人。公司债券是指公司依照法定程序发行、约定在一定期限还本付息的有价证券。这里所说的债券，一般指的是期限超过一年的公司债券。

（一）公司债券的种类

公司债券有很多形式，大致有以下几种分类：

（1）按债券上是否记有持券人的姓名或名称，分为记名债券和无记名债券。记名债券是在券面上记有持有人的姓名，发行企业在企业债券存根簿上载明债券持有人的姓名及支付本息有关的其他事项，这种债券在转让时需背书；无记名债券在券面上不载明持有人姓名，还本付息仅以债券为凭，这种债券在转让时不需背书。

（2）按能否转换为公司股票，分为可转换债券和不可转换债券。若公司债券能转换为本公司股票，为可转换债券；反之，为不可转换债券。一般来讲，前种债券的利率要低于后种债券。

① 股东权益报酬率 =(5 000×8%−3 000×10%)/2 000=5%。

（3）按有无特定的财产担保，分为抵押债券和信用债券。发行公司以特定财产作为抵押品的债券为抵押债券；没有特定财产作为抵押，凭信用发行的债券为信用债券。抵押债券又分为：一般抵押债券，即以公司产业的全部作为抵押品而发行的债券；不动产抵押债券，即以公司的不动产为抵押而发行的债券；设备抵押债券，即以公司的机器设备为抵押而发行的债券；证券信托债券，即以公司持有的股票证券及其他担保证书交付给信托公司作为抵押而发行的债券等。

（4）按利率的不同，分为固定利率债券和浮动利率债券。固定利率债券的利率在发行债券时即已确定并载于债券票面上。浮动利率债券的利率水平在发行债券之初不固定，而是根据有关利率加以确定。

（5）按是否参加公司盈余分配，分为参加公司债券和不参加公司债券。债权人除享有到期向公司请求还本付息的权利外，还有权按规定参加公司盈余分配的债券，为参加公司债券；反之，为不参加公司债券。

（6）按能否上市，分为上市债券和非上市债券。可在证券交易所挂牌交易的债券为上市债券；反之，为非上市债券。上市债券信用度高、价值高、变现速度快，因而较容易吸引投资者；但其上市条件严格，并要承担上市费用。

除上述基本分类外，债券还有其他分类标准，如按照所附条件的不同，债券有收益债券、附认股权债券、附属信用债券等。收益债券是只有当公司获得盈利时向持券人支付利息的债券，这种债券不会给发行公司带来固定的利息费用，对投资者而言收益较高，但风险也较大。附认股权债券是附带允许债券持有人按特定价格认购公司股票权利的债券，这种债券与可转换公司债券一样，票面利率通常低于一般公司债券。附属信用债券是当公司清偿时，受偿权排列顺序低于其他债券的债券；为了补偿其较低受偿顺序可能带来的损失，这种债券的利率高于一般债券。

（二）公司债券的特征

债券与股票都属于有价证券，对于发行公司来说都是一种筹资手段，而对于购买者来说都是投资手段。与股票相比，债券主要有以下特征：

（1）债券是债务凭证，是对债权的证明；股票是所有权凭证，是对所有权的证明。债券持有人是债权人，股票持有人是所有者。债券持有者与发行公司只是一种借贷关系，而股票持有者则是发行公司经营的参与者。

（2）债券的收入为利息，利息的多少一般与发行公司的经营状况无关，是固定的；股票的收入是股息，股息的多少是由公司的盈利水平决定的，一般是不固定的。如果公司经营不善发生亏损或者破产，投资者不但得不到任何股息，甚至连本金也保不住。

（3）债券的风险较小，因为其利息收入基本是稳定的，作为购买债券的投资者，未来获得本金和利息的结果一般是确定的。

（4）债券是有期限的，到期必须还本付息；股票除非公司停业，一般不退还股本。

（5）债券属于公司的债务，债券持有人在公司清算时的财产分配中优于股东。

（三）公司债券发行的条件

根据我国《公司法》和《公司债券发行试点办法》，公司发行债券应当符合下列规定：

（1）公司的生产经营符合法律、行政法规和公司章程的规定，符合国家产业政策，公开发行公司债券筹集的资金，必须用于核准的用途，不得用于弥补亏损和非生产性支出。

（2）公司内部控制制度健全，内部控制制度的完整性、合理性、有效性不存在重大缺陷。

（3）经资信评级机构评级，债券信用级别良好。

（4）公司最近一期末经审计的净资产额应符合法律、行政法规和中国证监会的有关规定，股份有限公司的净资产不低于人民币 3 000 万元，有限责任公司的净资产不低于人民币 6 000 万元。

（5）最近 3 个会计年度实现的年均可分配利润不少于公司债券 1 年的利息。

（6）本次发行后累计公司债券余额不超过最近一期末净资产额的 40%；金融类公司的累计公司债券余额按金融企业的有关规定计算。

（7）债券的利率不超过国务院限定的利率水平。

（8）上市公司发行可转换为股票的公司债券，除应当符合前面规定的条件外，还应当符合公司法关于公开发行股票的条件，并报国务院证券监督管理机构核准。

存在下列情形之一的，不得发行公司债券：①最近 36 个月内公司财务会计文件存在虚假记载，或公司存在其他重大违法行为；②本次发行申请文件存在虚假记载、误导性陈述或者重大遗漏；③对已发行的公司债券或者其他债务有违约或者迟延支付本息的事实，仍处于继续状态；④严重损害投资者合法权益和社会公共利益的其他情形。

（四）公司债券发行的程序

发行公司债券的程序比发行股票简单一些，但公开发行公司债券也应按照规定的程序进行。

（1）公司董事会制订发行方案，由股东会或股东大会对下列事项做出决议：①发行债券的数量；②向公司股东配售的安排；③债券期限；④募集资金的用途；⑤决议的有效期；⑥对董事会的授权事项；⑦其他需要明确的事项。

（2）提出申请。发行公司债券，应当由保荐人保荐，并向中国证监会申报。保荐人应当按照中国证监会的有关规定编制和报送募集说明书和发行申请文件。债券募集说明书自最后签署之日起 6 个月内有效。

申请公开发行公司债券，应当向国务院授权的部门或者国务院证券监督管理机构报送下列文件：①公司营业执照；②公司章程；③公司债券募集办法；④资产评估报告和验资报告；⑤国务院授权的部门或者国务院证券监督管理机构规定的其他文件。

（3）审核。中国证监会依照下列程序审核发行公司债券的申请：收到申请文件后，5 个工作日内决定是否受理；中国证监会受理后，对申请文件进行初审；发行审核委员会按照《中国证券监督管理委员会发行审核委员会办法》规定的特别程序审核申请文件；中国证监会做出核准或者不予核准的决定。

发行公司债券，可以申请 1 次核准，分期发行。自中国证监会核准发行之日起，公司应在 6 个月内首期发行，剩余数量应当在 24 个月内发行完毕。超过核准文件限定的时效未发行的，须重新经中国证监会核准后方可发行。

首期发行数量应当不少于总发行数量的 50%，剩余各期发行的数量由公司自行确定，每期发行完毕后 5 个工作日内报中国证监会备案。

（4）刊登债券募集说明书。公司应当在发行公司债券前的 2 ～ 5 个工作日内，将经中国证监会核准的债券募集说明书摘要刊登在至少 1 种中国证监会指定的报刊，同时将其全文刊登在中国证监会指定的互联网网站。

公司债券募集办法中应当载明下列主要事项：①公司名称；②债券募集资金的用途；③债券总额和债券的票面金额；④债券利率的确定方式；⑤还本付息的期限和方式；⑥债券担保情况；⑦债券的发行价格、发行的起止日期；⑧公司净资产额；⑨已发行的尚未到期的公司债券总额；⑩公司债券的承销机构。

（五）公司债券发行的价格

公司债券发行的价格是债券发行时使用的价格，即投资者购买债券时所支付的价格。公司债券发行的价格通常有三种：平价、溢价和折价。

平价指以债券的票面金额为发行价格；溢价指以高出债券票面金额的价格为发行价格；折价指以低于债券票面金额的价格为发行价格。债券发行价格的形成受诸多因素的影响，其中主要是票面利率与市场利率的一致程度及债券的付息方式。债券的票面金额、票面利率在债券发行前即已参照市场利率和发行公司的具体情况确定下来，并载明于债券之上，无法改变，但市场利率经常发生变动。在债券发售时，如果已确定的票面利率与当时的市场利率不一致，为了协调债券购销双方的利益，就要调整发行价格（溢价或折价）。同时，发行公司采用的付息方式不同也会对债券的发行价格产生重要影响。关于债券的估值方法，本书第三章第三节已有详细阐述，这里不再介绍。

（六）发行债券实例分析

【例 5-5】杭州滨江房产集团股份有限公司（简称“滨江集团”，股票代码：002244）于 2021 年 7 月 6 日向社会公开发行公司债券 6 亿元。发行事项与程序如下：

（1）本期债券为 2 年期，全称为“杭州滨江房产集团股份有限公司 2021 年面向合格投资者公开发行公司债券（第一期）”，债券简称“21 滨房 01”，债券代码：149540。

（2）本期债券发行规模为人民币不超过 6 亿元（含 6 亿元），每张面值为 100 元，发行数量为不超过 600 万张，发行价格为人民币 100 元 / 张。

（3）根据《公司债发行与交易管理办法》等相关规定，本期债券仅面向合格投资者发行，公众投资者不得参与发行认购。本期债券上市后将被实施投资者适当性管理，仅限合格投资者参与交易，公众投资者认购或买入的交易行为无效。

（4）本期债券无担保。

（5）本期债券的询价区间为 3.60% ～ 4.60%，发行人和主承销商将向网下合格投资者利率询价，并根据利率询价情况确定本期债券的最终票面利率。

滨江集团 2021 年公司债券基本要素如表 5-2 所示。

表 5-2　滨江集团 2021 年公司债券基本要素

发行主体	杭州滨江房产集团股份有限公司
债券名称	杭州滨江房产集团股份有限公司 2021 年面向合格投资者公开发行公司债券（第一期）债券简称“21 滨房 01”，债券代码：149540
发行规模	6 亿元
票面金额	100 元
发行价格	按面值平价发行
债券期限	2 年

续表

债券利率确定方式	本期债券票面利率将根据网下询价簿记结果，由发行人与主承销商按照国家有关规定协商确定
还本付息的期限和方式	本期债券采用单利按年计息，不计复利。每年付息一次，到期一次还本，最后一期利息随本金的兑付一起支付。本期债券于每年的付息日向投资者支付的利息金额为投资者截至付息债权登记日收市时所持有的本期债券票面总额与对应的票面利率的乘积；于兑付日向投资者支付的本息金额为投资者截至兑付债权登记日收市时所持有的本期债券最后一期利息及所持有的债券票面总额的本金
担保情况	无
主承销商(保荐人)及承销方式	中信证券股份有限公司以余额包销的方式承销
发行费用	发行费用不超过募集资金总额的 2.0%，主要包括保荐及承销费用、审计师费用、律师费用、资信评级费用、发行推介费用、信息披露费用等
发行方式及发行对象	本期债券发行采取网下面向合格投资者询价配售的方式。网下申购由发行人、簿记管理人根据簿记建档情况进行债券配售 《公司债券发行与交易管理办法》规定的持有中国证券登记结算有限责任公司深圳分公司 A 股证券账户的合格投资者（法律、法规禁止购买者除外）。本期发行公司债券不向公司股东优先配售

（6）债券发行时间安排。

①发行公告刊登日期：2021 年 7 月 6 日。

②发行期限：2021 年 7 月 8 日至 2021 年 7 月 9 日。

③网下申购期：2021 年 7 月 9 日。

④结果公告日：2021 年 7 月 12 日。

（七）对发行债券筹资的评价

发行债券募集资金，对发行公司既有利也有弊，应加以识别和权衡。债券作为负债筹资的一种方式，具有以下优点：

（1）能产生财务杠杆作用。作为负债筹资的一种方式，发行债券筹资能产生财务杠杆作用，即当企业资金利润率高于负债利率时，负债筹资能给所有者带来更大的利益。

（2）筹资成本较低。与股票的股利相比，债券的利息允许在所得税税前支付，发行公司可享受抵税利益，这使公司实际负担的筹资成本常常低于发行股票的筹资成本。

（3）不会影响所有者对企业的控制权。债券持有人无权参与发行公司的管理决策，因此公司发行债券不会对公司的控制权构成威胁。

利用债券筹资虽有上述优点，但也有明显的不足，主要表现在：

（1）产生财务杠杆的负面影响，增加财务风险。债券有固定到期日，并需支付利息。当企业资产报酬率低于债券利率时，发行债券筹资会降低公司的股东权益报酬率。在公司经营不景气时，公司也必须向债券持有人支付本息，这会给公司带来更大的财务困难，甚至导致破产。

（2）限制条件较多。发行债券的限制条件一般要比长期借款、租赁融资的限制条件都要多且严格，从而限制了公司对债券筹资方式的使用。

（3）筹资数量有限。公司利用债券筹资一般受一定额度的限制，如我国《公司法》规定，发行公司流通在外的债券累计总额不得超过公司净资产的40%。

三、借款筹资

借款是企业根据借款合同从有关银行或非银行金融机构借入所需资金的一种筹资方式。它是几乎每一个企业曾经采用或准备采用的筹资方式。

（一）借款的种类

企业可供选择的借款的种类很多，可按不同标准进行划分。

1. 按借款的期限划分

按借款的期限长短不同，借款可分为短期借款、中期借款和长期借款。短期借款是指借款期限在1年以内（含1年）的借款；中期借款是指借款期限在1年以上（不含1年）5年以下（含5年）的借款；长期借款是指借款期限在5年以上（不含5年）的借款。

2. 按借款的条件划分

按借款是否需要担保，借款可分为信用借款、担保借款和票据贴现。信用借款是指以借款人的信誉为依据而获得的借款，企业取得这种借款，无须以财产做抵押；担保借款是指以一定的财产做抵押或以一定的保证人做担保为条件所取得的借款；票据贴现是指企业以持有的未到期的商业票据向银行贴付一定的利息而取得的借款。

3. 按借款的用途划分

按借款的用途不同，借款可分为固定资产投资借款、更新改造借款、技术开发借款、产品试制借款和流动资金借款等。

4. 按提供贷款的机构划分

按提供贷款的机构不同，借款可分为政策性银行贷款和商业银行贷款。此外，企业还可以从信托投资公司取得实物或货币形式的信托投资贷款、从财务公司取得各种贷款等。

（二）借款的程序

我们以银行借款为例说明企业申请贷款的基本程序，主要包括以下内容：

（1）提出借款申请。企业申请借款时应当填写包括借款金额、借款用途、偿还能力及还款方式等主要内容的“借款申请书”，并提供有关资料。

（2）贷款方审查申请。贷款人受理借款人申请后，对借款企业的信用等级及借款企业的合法性、安全性、盈利性等情况进行调查，核实抵押物、保证人情况，测定贷款的风险度。

（3）签订借款合同。贷款方核准借款申请后，借贷当事人双方进一步协商贷款的具体条件，签订正式的贷款合同。

（4）取得借款。借款合同签订后，企业可以在核定的贷款额度内，根据用款计划和实际需要，一次或分次将贷款转入企业的存款结算户，按借款合同约定用途使用贷款。

（三）借款合同的基本内容

借款合同是规定当事人双方权利和义务的契约。借款合同应当具备下列基本条款：借款种类；借款用途；借款金额；借款利率；借款期限；还款资金来源及还款方式；保证条款和违约责任。其中，保证条款是规定借款方应具有银行规定比例的自有资金，并有适销适用的物资和财产作贷款的保证，必要时还可规定保证人，当借款方不履行合同时，由保证人连带承担偿还本息的责任。下面列示的是中国建设银行（固定资产投资贷款类）借款合同。

中国建设银行借款合同（固定资产投资贷款类）

借款单位:（简称甲方）____________________________

贷款银行:（简称乙方）中国建设银行 ___________ 行

甲方为进行建设和发展的需要，依据 ____________，特向乙方申请 ____________ 借款，经乙方审同意发放。为明确双方责任，恪守信用，特签订本合同，共同遵守。

一、甲方向乙方借款人民币（大写）____________ 万元，规定用于 ____________。

二、借款期约定为 ________ 年 ________ 个月，即从 ________ 年 ________ 月 ________ 日至 ________ 年 ________ 月 ________ 日。乙方保证按固定资产投资计划和信贷计划，在下达的贷款指标额度内供应资金。甲方保证按规定的借款用途用款，预计分年用款计划为：

________ 年 ________ 月 ________ 万元　　________ 年 ________ 月 ________ 万元

________ 年 ________ 月 ________ 万元　　________ 年 ________ 月 ________ 万元

________ 年 ________ 月 ________ 万元　　________ 年 ________ 月 ________ 万元

三、贷款利息自支用贷款之日起，以实际支出数按年（月）息 ________%（‰）计算，按年（季、月）结息。甲方不能按本合同规定的分 ________ 年（次）还款计划归还的部分，作为逾期处理，加收利息 ________%。在本合同有效期内，若国家利率调整，从调整之日起，乙方即按调整后的贷款利率计（结）算贷款利息，同时书面通知甲方和担保单位。

四、甲方保证按还款计划归还贷款本金。分年（次）还款计划为：

________ 年 ________ 月 ________ 万元　　________ 年 ________ 月 ________ 万元

________ 年 ________ 月 ________ 万元　　________ 年 ________ 月 ________ 万元

________ 年 ________ 月 ________ 万元　　________ 年 ________ 月 ________ 万元

甲方保证按下达方式按时付息：

甲方不能按时付息时，乙方有权从甲方账户中扣收或暂时停止支付贷款。

五、借款到期，甲方如不能按期偿还，由担保单位代为偿还。担保单位在收到乙方还款通知三个月后仍未归还，乙方有权从甲方或担保单位的投资或存款户中扣收，或变卖甲方抵押的财产归还其借款。

六、乙方有权检查贷款使用情况，了解甲方的经营管理、计划执行、财务活动、物资库存等情况。甲方保证按季提供有关统计、会计、财务等方面的报表和资料。如发现借款被挪作他用，对挪用部分向甲方加收罚息 ________%。乙方不能在下达的贷款指标及时供应甲方资金需要，在未达时间内按未达资金数额，向甲方承付按逾期贷款利率计算的违约金。

七、在本合同有效期内，甲方因实行承包、租赁、兼并等而变更经营方式的，必须通知乙方参与清产核资和承包、租赁、兼并合同（协议）的研究、签订的全过程，并根据国家有关规定落实债务、债权关系。

八、需要变更合同条款的，经甲乙双方协商一致，应签订借款合同补充文本。

九、甲方需向乙方填送借款申请书，并对偿还借款本息，以抵押或（和）第三方保证的方式提供担保，并签订抵押、担保协议书。甲方填送的申请书和各方签订的协议书，均为本合同的组成部分。

十、其他约定（甲乙双方商定的其他条款）

十一、本合同自签订之日起生效，贷款本息全部偿清后失效。

十二、本合同正本三份，甲乙方、保证方各执一份，副本 ________ 份，送乙方财会部门和有关部门。

借款单位:（公章）____________________

法定代表人:（签字）__________________

贷款银行:（公章）____________________

法人代表人或负责人:（签字）__________

担保单位:（公章）____________________

法定代表人:（签字）__________________

（四）借款的名义利率和实际利率

利率是资金的价格，是影响借贷双方投融资决策的重要因素。人们通常十分注重借款合同中规定的利率，但这仅仅是一种名义利率，还有更重要的一种利率需要关注，那就是实际利率。实际利率是债务人在一定时期内实际承担的利息费用与借款获得的可使用资金净额按复利方式计算的年利率。理解实际利率的概念，要注意以下几点：

第一，实际利率是按借款人实际承担的利息费用计算的。有时借贷双方虽然在借款合同中规定了一个名义利率，但债权人会给债务人一个免息期限或贴息优惠，这样一来，债务人实际承担的利息费用就没有借款合同中规定的利率所计算的那么多。因此，实际利率应当将实际未承担的利息费用扣除。

第二，实际利率必须是按照借款所筹集的可使用资金净额计算的利率。简单地说，利率是利息和本金的比值，但有时债务人取得一笔借款，其实际可使用的数额并没有借款的本金那么大。实际利率当然应该按照可以使用的资金净额计算，而不能按照名义上的本金计算。

第三，实际利率必须是按复利计算的利率。由于不同借款合同中规定的付息方式和还款方式不尽相同，有些是到期一次还本付息，有些是按季度付息，按月付息也十分普遍。不同的付息方式和还款方式对借款人实际承担的利率负担有着很大的差异。

借款合同中的某些条款（如付息方式、补偿性余额等）会使债务人实际承担的利率水平高于或低于其名义利率，下面我们来举例说明名义利率与实际利率产生差异的几种典型情形。

【例 5-6】斯密思公司向银行借款 2 000 万元，期限为 3 年，合同上注明的年利率为 10%。

1. 到期一次还本付息的情形

如果长期借款合同规定到期一次付息，并且按单利计算利息，那么由于货币时间价值的作用，借款的实际利率会低于其名义利率。在例 5-6 中，如果银行规定该借款的本金和利息于借款到期时一次支付。

我们来计算该方案的实际利率。设实际利率为 x，则得到以下方程

$$2\ 000(1+x)^3=2\ 000\times(1+10\%\times3)$$

解得 $x\approx9.14\%$。

可见，实际利率 9.14% 比名义利率低 0.86 个百分点。由于本例中的借款年限才 3 年，利率也不见得高，实际利率与名义利率的差异可见一斑；如果借款的期限相当长，结果会怎样呢？

假如上述借款的期限不是 3 年而是 30 年，结果会怎样呢？我们很快就可以计算出实际利率为 4.73%，连名义利率的一半还不到。可见“到期一次还本付息”（单利计息）的威力还真不

小，它让债权人的收益一下子少了一半，当然也让借款人赚了不少便宜。当然这只是一个假设，因为现实中期限为30年的借款并不多见，30年期限的借款又是到期一次还本付息的情形就更罕见了。

2. 一年内多次付息

如果长期借款需要在一年内多次支付利息，由于时间价值的作用，借款的实际利率高于其名义利率。假如例5-6中的借款为每季度支付利息，到期还本。那么每季度付息一次，一年分4次付息，每次按照2.5%的利率支付。这样，此项借款的实际利率就是以2.5%的季度利率按4期复利计算得到的年利率，即实际利率为

$$(1+10\%/4)^4-1 \approx 10.38\%$$

这个结果比名义利率高出约0.38个百分点。显然，一年内付息的时间间隔越短，名义利率会越高。如果上述借款按月支付利息，那么其实际利率约为10.47%（请读者自行计算）。如果付息时间间隔无限短（称为连续复利），则实际利率将会达到多少呢？显然，即使利息支付的时间间隔无限短，其实际利率也不可能是无穷大，而应是下列算式

$$\lim(1+10\%/n)^n-1 \approx e^{10\%}-1=10.52\%$$

由此可见，即使连续复利，上述借款的实际利率也不过为10.52%，与名义利率的差异并不明显。因此，债权人没有必要在支付利息的时间间隔这一问题上给借款人提出过于苛刻的要求。

3. 预扣利息

在资金比较紧张的状况下，民间的某些借贷业务会出现这样的契约条款：借款人同意在借款时将利息预先支付给债权人，这就是所谓的预扣利息。这时借款人实际得到的资金数额只有本金减去利息后的差额，借款人实际可使用的资金减少，这会导致其实际利率提高。

一般来说，预扣利息的做法大多用于短期借款，因为如果借款期限较长，借款人实际得到的资金净额由于利息的预先支付而大打折扣，借款人势必会增加借款的本金额度，这会增加借款人的付息压力。

假设例5-6中，3年的利息（单利计息）600万元在借款时预扣，实际借款净额为1 400万元，而3年后仍需偿还2 000万元的本金。设实际利率为x，则得到以下方程

$$1\,400(1+x)^3=2\,000$$

解得x=12.62%。

计算结果表明，由于利息预先在本金中扣除，实际利率较名义利率高出2.62个百分点。这个差异还是比较明显的。

4. 存在补偿性余额条款

补偿性余额是银行要求借款人在银行中保持按贷款限额或实际借用额一定百分比的最低存款余额。对于借款企业来讲，补偿性余额条款会导致借款人可使用的资金减少。因此，补偿性余额提高了借款的实际利率。

假设例5-6中，银行规定每年支付利息，到期还本，但要求借款人维持12%的补偿性余额，每年支付。我们再来计算其实际利率。

显然，如果不存在补偿性余额，按年分期付息、到期一次还本的借款，其实际利率与名义利率相同。由于存在补偿性余额，该公司此项2 000万元的借款实际可以使用的资金为借款额

的 88%，即 1 760 万元，但利息仍需按 2 000 万元的本金计算支付。因此，其实际利率为

$$\frac{2\,000 \times 10\%}{1\,760} \approx 11.36\%$$

实际利率明显高于名义利率。当然，借款人存放在银行的存款也有利息收入，但相对于贷款利息来说，可以忽略不计。因此，上述计算中没有考虑存款利息的影响。

（五）还款方式及其选择

从财务角度来看，还款方式实际上是一个现金流量的安排问题。对借款人来说，借款这种筹资活动的现金流量分布是：借入的本金产生现金流入，归还本金、支付利息产生现金流出，流出量大于流入量的差额为利息。对巨额的长期借款来说，还款方式的选择直接关系到借款人借款期限内现金流量的分布，对企业的其他理财决策乃至经营活动都会产生一定的影响。还款方式其实包括两个方面：本金偿还方式和利息支付方式。

1. 本金偿还方式及其选择

本金偿还方式简称还本方式。概括地说，借款的还本方式主要有到期一次还本和分期还本两种。

（1）到期一次还本。顾名思义，到期一次还本方式就是借款人只要在借款到期日向债权人归还本金，平时不需要还本，但可能要支付利息。这是一种传统的还本方式，也是目前银行贷款中最常见的还本方式。采用这种方式，借款人在规定的期限内可以足额使用借款本金，平时没有还款压力，但在到期时要一次支付全部本金，可能会产生较大的压力。

（2）分期还本。分期还本是指借款人自取得款项后的某一日期开始分期归还借款的本金，同时偿付利息。这种方式在具体操作中又可以有多种形式。例如，一笔 3 000 万元的 5 年期借款，可以从借款后的第一年开始还本，也可以从第三年开始还本；可以每期等额还本（如每年还本 600 万元），也可以每期不等额还本（如前 3 年每年还 400 万元，后 2 年每年还 900 万元）。分期还本方式可以将借款人的还本压力分摊在一定期限内，避免到期偿还巨额本金的压力。

还本方式的选择是借贷双方都要考虑的问题，在这个问题上，借款人有更多的主动权，而银行只是为客户提供可能的还本方式。我们现在要讨论的问题是：如果金融机构给出了若干种还本的方式，借款人应当如何选择？一般来说，借款人选择还本方式主要应当考虑以下几个基本的因素：

一是借款本身的期限长短。短期借款通常采用到期一次还本付息的方式，没有必要采用分期还本付息的方式；长期借款通常采用定期支付利息、到期一次性偿还本金的方式，或者采用分期等额偿还本金或平时逐期偿还小额本金和利息、期末偿还余款的方式。目前在一般的商业银行贷款种类中还没有分期还本的方式，而按揭贷款中采用的大多为分期还本方式。

二是借款数额的大小。借款数额的大小对选择还本方式也会产生较大的影响。小额借款对企业现金流量的影响不大，分期还本没有什么优势，借款人一般都会选择一次还本方式。而对巨额借款，由于到期一次性还本对借款人的压力太大，采用分期还本方式比较合适。

三是投资项目或企业经营产生现金流量的分布情况。企业的借款有一定的目的，可能用于补充日常的流动资金，也可能是为了进行某项固定资产投资。选择还本方式要考虑的一个重要因素是，借款人的经营活动或投资项目投产后所产生的现金流量的分布情况。当企业每期有稳定的现金流入，又无其他合适的投资机会时，应该选择分期还本的方式；如果企业的借款用于

专门的投资项目，而该项目的寿命期较长，每年产生的现金流量相对较少，到期时会有较多的现金回收，则应当选择到期一次还本的方式。

四是预期利率的变动趋势。对于固定利率借款，由于利率是在借款合同中约定的，在借款期内不可能更改，所以借贷双方对未来市场利率的预期趋势也会影响其还本方式的选择。如果借款人认为未来银行利率会上升，选择到期一次还本对借款人比较有利；反之，则选择分期还本比较主动。

五是借款人的融资能力。企业的融资方式是多种多样的，借款只是其中的一种方式，而借款也可以有多种渠道。企业举新债还旧债的情况也是经常出现的，因此，借款人确定某一笔借款的还本方式时，应当考虑其融资能力及其可能性。

2. 利息支付方式及其选择

总体来说，支付利息对借款人现金流量的影响并没有偿还本金那样明显。利息支付方式(简称付息方式)主要有以下几种：①到期一次付息(复利和单利两种)；②分期付息；③预扣利息。这些方式在前面已经做了介绍，这里不再阐述。那么借款人应当如何选择利息支付方式呢？实际上，借款的付息方式与还本方式是有密切关系的，本金的偿还方式会直接影响利息的支付方式和支付金额。例如，采用到期还本的借款，其利息可以分期支付，也可以到期一次支付，但借款人实际承担的利率是不同的；而采用分期等额还本方式，利息自然是分期支付的，各期支付的利息额必然是逐期减少的。

3. 具体还款方式的比较

将前面给出的各种还本方式和付息方式进行组合，便会形成各种各样的还款方式，归纳起来主要有以下几种：①到期一次还本付息；②定期付息，到期一次还本；③贷款期内分期等额偿还本息；④贷款期内分期付息，分期等额还本；⑤平时逐期偿还小额本金和利息，期末偿还余额。

下面我们通过一个实例来说明各种还款方式的现金流量分布情况。

【例 5-7】中顺股份有限公司向中国工商银行取得 1 000 万元的长期借款，借款期限为 5 年，目前 5 年期贷款年利率为 6.22%。假如银行给出的还款方式有以下几种：

（1）到期一次还本付息，单利计息。

（2）分期（每年）付息，到期还本。

（3）分期（每年）付息，分期（每年）等额还本。

（4）分期（每年）等额还本付息。

（5）前 4 年每年年末归还一笔相等金额的款项，最后 1 年归还本息共 400 万元，5 年内还清全部本息。

要求：计算各种还款方式下的还款金额，并对最后一种还款方式编制还款计划表。

【解答】

（1）到期一次还本付息，单利计息。

5 年后应付本利和共计为

$$1\,000\times(1+6.22\%\times5)=1\,311\text{（万元）}$$

（2）分期（每年）付息，到期还本。

分期（每年）付息 62.2 万元，到期还本 1 000 万元。

（3）分期（每年）付息，分期（每年）等额还本。

第一年付息 62.2 万元（1 000×3.22%），还本 200 万元；本利合计为 260 万元。

第二年付息 49.76 万元（800×6.22%），还本 200 万元，本利合计为 249.76 万元。

依此类推，每年的还款额(本金和利息)成等差数列递减，公差为 -12.44 万元(200×6.22%)。

（4）分期（每年）等额还本付息。

这是年金现值问题，每年偿还的本金和利息的和是相等的。设每年的还款额为 A，可以得到

$$A\times \text{年金现值系数（6.22\%，5）}=1\ 000$$

从而

$$A\approx 1\ 000/4.1873\approx 238.82\text{（万元）}$$

利息总额约为 238.82×5-1 000=194.1 万元。

（5）最后 1 年还款 400 万元，相当于现在的价值为

$$400/(1+6.22\%)^5\approx 295.82\text{（万元）}$$

设前 4 年每年还款额为 B，则

$$1\ 000-295.82=B\times \text{年金现值系数（6.22\%，4）}$$

解得 $B\approx 204.25$（万元）。

最后一种还款方式的还款计划表，如表 5-3 所示。

表 5-3　还款计划表

单位：万元

年份	年初尚未归还本金余额	当年利息	年末止本利和	计划还款额	当年归还本金数额
1	1 000.00	62.20	1 062.20	204.25	142.05
2	857.95	53.36	911.31	204.25	150.89
3	707.06	43.98	751.04	204.25	160.27
4	546.79	34.01	580.80	204.25	170.24
5	376.55	23.42	399.97[1]	399.97	376.55
合计	—	216.97	—	1 216.97	1 000.00

应当注意的是，上述还款方式各有所长，没有严格的优劣之分，更不能以借款期内支付的利息多少来评价各种还款方式的好坏。如果按照承担的利率高低评价，应当说第一种方式的实际利率最低，因为该方式是按照单利计息的，而其他方式都是按照复利计息的。

（六）对借款筹资的评价

与其他筹资方式相比，借款筹资的优点主要表现在以下几个方面：

（1）筹资速度快。借款的手续比发行股票、债券简单得多，因此得到借款所花费的时间也就比较短。

（2）筹资成本较低。借款利率一般低于债券利率，筹资费用也较低。另外与股票等权益资本筹集方式相比，由于借款利息可以在税前列支，具有抵税的作用，因而资本成本较低。

---

① 计算结果与题目中要求的 400 万元略有误差，系“四舍五入”引起的。

（3）筹资弹性较大。借款时企业与银行等金融机构直接交涉，有关条件可以经过谈判确定，用款期间发生变动，也可以与金融部门协商。因此，借款筹资对借款企业来讲，具有较大的灵活性。

当然，借款筹资也存在一些缺陷，主要表现在以下两个方面：

（1）增加财务风险。与债券筹资一样，无论企业是否盈利，借款人必须按规定时间还本付息。当企业的资产报酬率低于债券利率时，借款筹资会导致企业的股东权益报酬率下降。在企业经营不景气时，借款可能会使企业产生不能偿债的风险，给企业带来财务困难，甚至导致破产。

（2）筹资数量有限。借款方式筹集资金不像发行股票、债券那样能够一次性筹集到大量资金。在企业资金需要量较大时，借款只能作为辅助性的筹资方式，而不能成为主导的筹资方式。

四、租赁筹资

租赁是一个古老的经济范畴，现代租赁已成为许多国家发展最快的一种融资形式。所谓租赁，是出租人以收取租金为条件，在契约或合同规定的期限内，将资产租借给承租人使用的一种经济行为。它的主要特征是转移资产的使用权，而不转移资产的所有权，并且这种转移是有偿的，取得使用权以支付租金为代价。租赁行为实质上具有借贷属性，不过它直接涉及的是物而不是货币。按照被租赁资产有关的风险和报酬是否实质上转移，可以将租赁分为融资租赁和经营租赁两种。融资租赁是指实质上转移了与租赁资产所有权有关的几乎全部风险和报酬的租赁。经营租赁是指融资租赁以外的其他租赁。下面介绍的是具有融资性质的租赁，即融资租赁。

（一）融资租赁的种类

租赁合约的当事人至少包括出租人和承租人两方，出租人是租赁资产的所有者，承租人是租赁资产的使用者。按当事人之间的关系，融资租赁可分为直接租赁、售后回租和杠杆租赁三种。

1. 直接租赁

直接租赁是融资租赁中最常见的形式，即租赁公司按照承租人的要求，向制造商购买所需要的资产（一般是设备，下同），再将资产出租给承租人，承租人向出租人租入支付租金。直接租赁一般由以下两个合同构成：①出租人与承租人签订的租赁合同；②出租人按照承租人订货要求与制造商签订的购销合同。

2. 售后租回

售后租回又称回租，是指资产所有人先将拥有的资产出售给租赁公司，然后再从租赁公司租回使用，并定期向租赁公司支付租金。这种租赁形式的好处是：企业可以通过出售资产的所有权取得相当于售价的一笔资金，同时仍可使用该项资产；但在此期间，该企业要支付租金，并失去了资产的所有权。售后租回的融资功能特别明显。它可以使企业在不丧失资产使用权的前提下，获得一笔资金。从形式上看，它相当于以设备为抵押品取得一项贷款（注意：从法律上看则完全不同）。对于缺乏头寸的企业，这种租赁形式是一种改善财务状况的非常有利的做法。

3. 杠杆租赁

杠杆租赁是指采用“财务杠杆”方式的融资租赁。它与其他融资租赁形式的最大区别在于：出租人购置设备时只用总价款的一定比例（通常在 20% ～ 40%）的自有资金，而大部分资金则从相关金融机构获得，出租人以较少的自有资金就可在经济上拥有设备的所有权。

从法律上说，杠杆租赁实际上是承租人、出租人和贷款人三方的协议安排。值得注意的是：杠杆租赁中的贷款是典型的无追索权贷款。一旦出现违约，出租人无义务向贷款人偿债。对此，贷款人可以采取下列两个措施保护自己：①规定贷款人对出租资产具有第一留置权；②在出租人债务违约的情况下，承租人必须把租金直接支付给贷款人。

（二）租赁费用

租赁费用是承租人向出租人承诺提供一系列的现金支付。租赁费用的报价形式和支付形式双方可以灵活安排，是协商一致的产物，没有统一的标准。

租赁费用的经济内容包括出租人的全部出租成本和利润。出租成本包括租赁资产的购置成本、营业成本及相关的利息。如果出租人收取的租赁费用超过其成本，剩余部分则成为利润。租赁费用的报价形式有以下三种：

（1）合同分别约定租赁费、利息和手续费。例如：租赁资产购置成本 100 万元，分 10 年偿付，每年租赁费 10 万元，在租赁开始日首付；尚未偿还租赁资产购置成本按年利率 6% 计算利息，在租赁期内每年年初（或年末）支付；租赁手续费 10 万元，在租赁开始日一次付清。

（2）合同分别约定租赁费和手续费。如上例，租赁费 136 万元，分 10 年支付，每年 13.6 万元，在租赁开始日首付；租赁手续费 10 万元，在租赁开始日一次付清。

（3）合同只约定一项综合租赁费，没有分项的价格。如上例，租赁费 149 万元，分 10 年支付，每年 14.9 万元，在租赁开始日首付。

租赁费的支付形式也存在多样性。典型的租赁费支付形式是预付年金，即分期（年、半年、季度、月或日等）的期初等额系列付款。经过协商，也可以在每期期末支付租赁费，或者各期的支付额不等。利息支付可以各期等额支付，也可以根据各期期初负债余额计算并支付。手续费可以在租赁开始日一次支付，也可以分期等额支付。通常，租赁合约规定每月或每半年支付一笔等额的租赁费，第一笔租赁费大多在签约时就要支付，也有在每期期末支付的情况。有时候，根据承租人的要求也可以适当调整每期的支付额。例如，设备使用的第一年需要进行复杂的调试，则可能在租赁的第一年安排较低的租赁费，甚至约定免租期。

根据全部租赁费是否超过资产的成本，租赁分为不完全补偿租赁和完全补偿租赁。不完全补偿租赁是指租赁费不足以补偿租赁资产的全部成本的租赁。完全补偿租赁是指租赁费超过资产全部成本的租赁。

租赁的撤销。根据租赁是否可以随时解除，租赁分为可以撤销租赁和不可撤销租赁。可以撤销租赁是指合同中注明承租人可以随时解除的租赁。通常，提前终止合同，承租人要支付一定的赔偿额。不可撤销租赁是指在合同到期前不可以单方面解除的租赁。如果经出租人同意或者承租人支付一笔足够大的额外款项从而得到对方认可，不可撤销租赁也可以提前终止。

租赁资产的维修。根据出租人是否负责租赁资产的维护（维修、保险和财产税等）租赁分为毛租赁和净租赁。毛租赁是指由出租人负责资产维护的租赁。净租赁是指由承租人负责资产维修的租赁。租赁资产的维修，也可以单独签订一个维修合同，与租赁合同分开处理。

（三）租赁的原因

1. 节税

如果承租方的有效税率高于出租方，通过租赁可以节税。也就是说，资产的使用者如果处于较高税率级别，则在购买方式下它从折旧中获得的抵税利益较少，而在租赁方式下可获得较多的抵税利益。在竞争性市场上，承租方和出租方分享税率差别引起的减税效益，会使资产使用者倾向于采用租赁方式。如果不能取得税收的好处，大部分长期租赁在经济上都难以成立。如果双方的实际税率相等，承租人可以直接在资本市场上筹集借款，没有必要转手租赁公司筹资，增加无用的交易成本。节税是长期租赁存在的重要原因。租赁是所得税制度的产物。所得税制度对于融资租赁的促进，主要表现在允许一部分融资租赁的租赁费税前扣除。

2. 降低交易成本

租赁公司可以大批量购置某种资产，从而获得价格优惠。对于租赁资产的维修，租赁公司可能更内行或者更有效率。对于旧资产的处置，租赁公司更有经验。交易成本的差别是短期租赁存在的主要原因。我国的资本市场存在某些缺陷，利率市场化不充分。租赁公司由于信用、规模和其他原因，融资成本往往比承租人低。这也是租赁存在的原因之一。尤其是中小企业融资成本比较高或者不能迅速借到款项，会倾向于采用租赁方式。

3. 减少不确定性

租赁的风险主要与租赁期满时租赁资产的余值有关。承租人不拥有租赁资产的所有权，不承担与此有关的风险。资产使用者如果自行购置，就必须承担该项风险。

一般认为，不同公司对于风险的偏好有差别。规模较小或新成立公司，其风险较大，希望尽可能降低风险，较倾向于租赁。蓝筹公司有能力承担资产余值风险，更偏好自行购置。

（四）租赁的会计处理

2018 年 12 月 7 日，财政部修订发布了《企业会计准则第 21 号——租赁》（以下简称新租赁准则）。按照新租赁准则的规定，承租人的会计处理不再区分经营租赁和融资租赁，而是采用统一的会计处理方法。也就是说，除采用简化处理的短期租赁和低价值资产租赁外，对所有租赁均确认使用权资产和租赁负债，参照固定资产准则对使用权资产计提折旧，采用固定的周期性利率确认每期利息费用。

出租人租赁仍分为融资租赁和经营租赁两类，并分别采用不同的会计处理方法。租赁属于融资租赁还是经营租赁取决于交易的实质，而不是合同的形式。如果一项租赁实质上转移了与租赁资产所有权有关的几乎全部风险和报酬，出租人应当将该项租赁分类为融资租赁。出租人应当将融资租赁以外的其他租赁分类为经营租赁。

采用简化处理的短期租赁和低价值资产租赁是指在租赁期开始日，租赁期不超过 12 个月的租赁。包含购买选择权的租赁不属于短期租赁。

低价值资产租赁是指单项租赁资产为全新资产时价值较低的租赁。承租人在判断是否是低价值资产租赁时，应基于租赁资产在全新状态下的价值进行评估，不应考虑资产已被使用的年限。低价值资产同时还应满足以下条件，即承租人能够从单独使用该价值资产或将其与承租人易于获得的其他资源一起使用中获利，且该项资产与其他租赁资产没有高度依赖或高度关联关系。低价值资产租赁的标准应该是一个绝对金额，即仅与资产全新状态下的绝对价值有关，不受承租人规模、性质等影响，也不考虑该资产对于承租人或相关租赁交易的重要性。

对于短期租赁和低价值资产租赁，承租人可以选择不确认使用权资产和租赁负债做出该选择的，承租人应当将短期租赁和低价值资产租赁的租赁付款额，在租赁期内各期间按照直线法或其他系统合理的方法计入相关资产成本或当期损益。

对除采用简化处理的短期租赁和低价值资产租赁以外的租赁，在租赁期开始日，承租人应当对租赁确认使用权资产和租赁负债。

租赁负债应当按照租赁期开始日尚未支付的租赁付款额的现值进行初始计量。在计算租赁付款额的现值时，承租人应当采用租赁内含利率作为折现率；无法确定租赁内含利率的，应当采用承租人增量借款利率作为折现率。

租赁内含利率是指使出租人的租赁收款额的现值与未担保余值的现值之和等于租赁资产公允价值与出租人的初始直接费用之和的利率。其中，未担保余值是指租赁资产余值中，出租人无法保证能够实现或仅由与出租人有关的一方予以担保的部分。初始直接费用是指为达成租赁所发生的增量成本。增量成本是指若企业不取得该租赁，则不会发生的成本，如佣金、印花税等。无论是否实际取得租赁都会发生的支出不属于初始直接费用，如为评估是否签订租赁而发生的差旅费、法律费用等。此类费用应当在发生时计入当期损益。增量借款利率是指承租人在类似经济环境下为获得与使用权资产价值接近的资产，在类似期间以类似抵押条件借入资金须支付的利率。

使用权资产是指承租人可在租赁期内使用租赁资产的权利。在租赁期开始日，承租人应当按照成本对使用权资产进行初始计量。该成本包括下列四项：①租赁负债的初始计量金额；②在租赁期开始日或之前支付的租赁付款额，存在租赁激励的，应扣除已享受的租赁激励相关金额；③承租人发生的初始直接费用；④承租人为拆卸及移除租赁资产、复原租赁资产所在场地或将租赁资产恢复至租赁条款约定状态预计将发生的成本。而承租人按照固定的周期性利率计算租赁负债在租赁期内各期间的利息费用，并计入当期损益或相关资产成本。周期性利率是指承租人对租赁负债进行初始计量时所采用的折现率，或者因租赁付款额发生变动或因租赁变更而需按照修订后的折现率对租赁负债进行重新计量时，承租人所采用的修订后的折现率。承租人应当参照固定资产折旧，自租赁期开始日起对使用权资产计提折旧。

（五）租赁的税务处理

新租赁准则将原租赁准则下承租人的经营租赁和融资租赁会计处理方式进行了统一要求。承租人对所有租赁（选择简化处理的短期租赁和低价值资产租赁除外）确认使用权资产和租赁负债，并分别确认折旧和利息费用。这种处理充分考虑了分期支付租金的货币时间价值。而税法通常不考虑货币时间价值，仅按照实际支付款项作为计税基础。

我国的所得税法（《中华人民共和国企业所得税法》）没有关于租赁分类的条款，但规定“在计算应纳税所得额时，企业财务、会计处理办法与税收法律、行政法规的规定不一致的，应当依照税收法律、行政法规的规定计算”。这一规定应被理解为：税法没有规定租赁的分类标准，可以采用会计准则对租赁的分类和确认标准；税收法规规定了租赁资产的计税基础和扣除时间，并且与会计准则不一致，应遵循税收法规。

我国的所得税法实施条例（《中华人民共和国企业所得税法实施条例》）规定，“以融资租赁方式租入固定资产发生的租赁费支出，按照规定构成融资租入固定资产价值的部分应当提取折旧费用，分期扣除”，“融资租入的固定资产，以租赁合同约定的付款总额和承租人在签订租赁合同过程中发生的相关费用为计税基础，租赁合同未约定付款总额的，以该资产的公允价值和承租人在签订租赁合同过程中发生的相关费用为计税基础”。此外，还规定企业在生产经营活动中发生的利息支出（包括非金融企业向金融企业借款的利息支出），准予扣除。其中，金融企业包括从事租赁等业务的专业和综合性非银行金融机构。财务管理主要关注估值，由于税法的相关规定将影响税后现金流量，所以财务管理将采用税法的角度而不是会计的角度看待租赁问题。

【例 5-8】山东华泰纸业股份有限公司（简称“华泰公司”，股票代码：600308）及全资子公司河北华泰纸业有限公司（下称“河北华泰”）2010 年 7 月 29 日实施售后融资租赁业务：华泰公司和河北华泰作为共同承租人，于 2010 年 7 月 29 日与建信金融租赁股份有限公司（下称“建信租赁”）签订了《转让合同》《融资租赁协议》，将河北华泰部分生产设备（租赁物原值 127 660.41 万元，账面净值 84 589.39 万元；经建信租赁认定，租赁物置换价值为 84 589.39 万元）以售后租回方式，向建信租赁融资人民币 80 000 万元，租赁期限届满，出租人确认共同承租人已经履行完毕其在协议项下的所有责任和义务后，设备的所有权自动转移至共同承租人。租赁期限自起租日（建信租赁根据转让合同的规定向河北华泰支付首笔设备转让价款之日）起算，共计 5 年。租赁利率为中国人民银行公布的人民币 3 ～ 5 年期贷款基准利率（5.76%）下浮 20%，即按每次放款日（出租人根据转让合同向共同承租人支付每笔设备转让价款之日）当日适用的中国人民银行公布的人民币 3 ～ 5 年期贷款基准利率下浮 20% 分别计算。租金支付期间共计 20 期。第一个租赁年度，承租方仅支付利息，按季度后付；自第二个租赁年度起，按等额本息的方式计算租金，按季度后付。除前四期（第一个租赁年度）租金外，其余每期租金为 55 116 710 元（概算）。承租方在建信租赁依据转让合同向承租方支付首笔设备转让价款之前，向建信租赁一次性支付相当于全部租赁成本 3.5%（2 800 万元）的保证金（不计利息）和 1.95%（1 560 万元）的手续费。

本例中的租赁行为属于融资租赁，具体租赁方式为售后租回。该项租赁涉及的当事人有三方，分别是：河北华泰纸业有限公司、建信金融租赁股份有限公司和山东华泰纸业股份有限公司，其中河北华泰纸业有限公司为资产转让人，并与山东华泰纸业股份有限公司共同作为承租人，建信金融租赁股份有限公司为出租人。租赁期限为 5 年，起租日为建信租赁公司根据转让合同的规定向河北华泰支付首笔设备转让价款之日。租赁利率按照中国人民银行公布的人民币 3 ～ 5 年期贷款基准利率下浮 20% 确定，首期按照年利率 4.608%（每季度利率为 1.1326%）计算。租金及支付方式为：租金支付期间共计 20 期。第一个租赁年度，承租方仅支付利息，为 906.08 万元，按季度支付；自第二个租赁年度起，按等额本息的方式计算租金，按季度支付租金 55 116 710 元。

（六）对融资租赁的评价

对承租企业而言，融资租赁是一种特殊的筹资方式。通过租赁，企业可不必预先筹措一笔相当于设备价款的现金，即可获得所需设备。因此，与其他筹资方式相比，融资租赁颇具特点。

融资租赁的优点主要体现在以下几个方面：

（1）可以迅速获得所需资产。融资租赁集融资与融物于一体，通常要比筹措现金后再购置设备来得更快，可尽快形成企业的生产能力。

（2）筹资限制较少。利用股票、债券、长期借款等筹资方式，都受到相当多的资格条件的限制，相比之下，融资租赁筹资的限制较少。

（3）免遭设备淘汰的风险。科技的不断进步使得功能更全、效率更高的设备大量出现。对设备陈旧过时可能导致使用不经济的风险，在多数租赁协议中都规定由出租人承担，承租企业可以避免这种风险损失。

（4）减轻财务支付压力。按照规定，全部租金在整个租期内分期支付，并且租金可在税前扣除。

融资租赁虽具有其优越性，但也存在缺点，主要体现在以下几个方面：

（1）租赁成本高。长期租赁利率一般高于举债筹资的利率。另外，当市场利率下降时，企业可在借款到期之前提前偿还本息，而租赁则受合同制约，企业不能因市场利率下降而降低租金。

（2）当物价上涨时，企业会失去资产增值的好处。当市场商品价格普遍上涨时，设备资产也随之增值，像土地、建筑物等残值较大的资产增值更快。租赁期满后，如果租赁合同中未签署交付转让费后留购的条款，企业就享受不到资产增值所带来的好处。

（3）难以对设备进行技术改造。通常合约明文规定，承租企业不得对设备进行拆卸、改装，不得中途解约，这使设备技改难以实施。

五、商业信用

商业信用是指在商品交易中由于延期付款或预收货款所形成的企业间的借贷关系。商业信用产生于商品交换之中，是所谓的“自发性融资”。它运用广泛，在短期负债筹资中占有相当大的比重。企业可以利用应付款周期、应收款周期和预收款周期进行自发性融资。

（一）应付款融资

1. 应付账款

应付账款是企业采用赊购方式而形成的债务，它是卖方允许买方在购货后一定时期内支付货款的一种形式。卖方利用这种方式促销，而对买方来说，延期付款则等于向卖方借用资金购进商品，可以满足短期的资金需要。

（1）应付账款的成本。应付账款形式提供的短期资金无须付息，但通常附有现金折扣的信用条件。所谓现金折扣，是指卖方给予买方提前支付货款的一种报酬。倘若买方企业购买货物后在卖方规定的折扣期内付款，便可以享受免费信用，这种情况下企业没有因为享受信用而付出代价。这种信用条件是按“2/10, N/30”方式在购货发票上注明的，意指购货方在10天内付款，可享受2%的折扣；10天之后付款不能享受折扣，在30天之内应全数付清。在此条件下，10天为折扣期，30天为信用期。倘若买方企业放弃折扣，在10天后（不超过30天）付款，该企业便要承受因放弃折扣而造成的隐含利息成本。一般而言，放弃现金折扣的成本（按年计算）可由下式求得

$$\text{放弃现金折扣成本}=\frac{\text{折扣百分比}}{1-\text{折扣百分比}}\times\frac{360}{\text{信用期}-\text{折扣期}} \tag{5-4}$$

【例5-9】假定雷迪克公司按“2/10，N/30”的信用条件购入货物100万元。如果该公司在10天内付款，便享受了10天的免费信用期，并获得折扣2万元，免费信用额为98万元。

本例中，该企业放弃现金折扣成本为

$$\frac{2\%}{1-2\%}\times\frac{360}{30-10}=36.73\%$$

公式表明，放弃现金折扣的成本与折扣百分比的大小、折扣期的长短同方向变化，与信用期的长短反方向变化。可见，如果买方放弃折扣而获得信用，其代价是较高的。然而，如果企业在放弃折扣的情况下，推迟付款的时间越长，其成本便会越小。比如，如果企业延至 50 天付款，其放弃折扣的成本则为

$$\frac{2\%}{1-2\%}\times\frac{360}{50-10}=18.37\%$$

（2）利用现金折扣的决策

在附有信用条件的情况下，因为获得不同信用要负担不同的代价，买方企业便要在利用哪种信用之间做出决策。一般来说，如果能以低于放弃折扣的隐含利息成本（实质是一种机会成本）的利率借入资金，便应在现金折扣期内用借入的资金支付货款，享受现金折扣；反之，企业应放弃折扣。如果在折扣期内将应付账款用于短期投资，所得的投资收益率高于放弃折扣的隐含利息成本，则应放弃折扣而去追求更高的收益。当然，假使企业放弃折扣优惠，也应将付款日推迟至信用期内的最后一天，以降低放弃折扣的成本。

2. 应付票据

应付票据是企业进行延期付款商品交易时开具的反映债权、债务关系的票据。根据承兑人的不同，应付票据分为商业承兑汇票和银行承兑汇票两种，支付期最长不超过 6 个月。应付票据可以带息，也可以不带息。应付票据的利率一般比银行借款的利率低，且不用保持相应的补偿余额和支付协议费，所以应付票据的筹资成本低于银行借款成本。但是应付票据到期必须归还，如果延期便要交付罚金，所以风险较大。

（二）应收款融资

向银行等金融机构借款时，一般均须由借款人提供担保。在商业信贷盛行的国家，有应收账款抵借、应收账款贴现和应收账款让售等筹资方式。

1. 应收账款抵借

应收账款抵借就是以应收账款这一债权作为抵押担保，向银行等金融机构借款的方式。通常，借款企业同贷款人签订合同，在合同有效期内，借款企业定期将其客户的订货单送交贷款人审核，贷款人对某些信用不佳或不符合要求的客户订单予以剔除，然后借款企业根据贷款人审核通过的订单供货，将发票存根集中定期向贷款人申请抵押借款，借款额一般折合应收账款的 75% 左右。如果客户到期不还款，银行保留向借款人（供货人）追索的权利。因此，在应收账款抵押业务中，坏账风险仍由借款企业承担。

2. 应收账款贴现

企业将应收账款向银行等金融机构贴现，一般可贴得相当于其总额 75% 的现款。贷款人在支付贴现值的同时，出具贴现人承兑的汇票。贴现后，借款企业照常收取应收账款，在汇票到期日将汇票兑现还款。

3. 应收账款让售

应收账款让售是将应收账款出让给银行等金融机构以筹措资金的一种筹资方式。通常，让售应收账款的企业会事先与银行等金融机构签订合同，商品运出，应收账款就转让售给贷款机

构，借款额一般为应收账款额扣减：①允许客户在付款时扣取的现金折扣；②贷款机构的手续费；③在应收账款中可能发生的销货退回和折让而保留的扣存款的余额。

让售应收账款与抵押应收账款不一样，前者转移了应收账款所有权，款项由让售企业通知客户后由客户直接付货款给银行，并负责催收。如果遇到应收账款坏账，由贷款人承担。因此，在办理应收账款让售业务时，银行对每一现有和未来的欠款人（应收账款对象）的信用状况与偿债能力严加查审，不符条件的，不接受让售。换个角度说，在企业让售应收账款的过程中，借款企业无疑得到了客户信誉及偿债能力方面的咨询，节约了借款企业的咨询成本。

（三）预收账款

预收账款是卖方企业在交付货物之前向买方预先收取部分或全部货款的信用形式。对于卖方而言，预收账款相当于向买方借用资金后用货物抵偿。预收账款一般用于生产周期长、资金需要量大的货物销售。

第四节 混合性筹资

混合性筹资是指兼具债权和股权筹资双重属性的长期筹资方式。本节我们来介绍发行优先股、可转换债券和可分离债券。

一、发行优先股

优先股起源于欧洲，英国在16世纪就已发行过优先股。但在以后几百年内，由于生产力水平不高，一般公司为了便于管理，只发行普通股，很少发行优先股。进入20世纪后，随着经济发展和技术进步，为了筹集急需的巨额资金，优先股就有了适宜生长的土壤。公司最初发行优先股主要出于以下考虑：一是为了清偿公司债务；二是帮助公司渡过财政难关；三是在不影响普通股股东控制权的前提下增加公司的资本。一些国家的公司法规定，优先股只有在公司增募新股或清理债务等特殊情况下才能发行，而我国很少有公司发行优先股。

（一）优先股的特征

优先股是相对普通股而言的，是较普通股具有某些优先权利，同时也受到一定限制的股票。优先股与普通股有许多相似之处，如优先股也无到期日，公司运用优先股所筹资本，也属权益资本；但是，由于它具有债券的某些特征，所以它是一种混合性证券。与普通股相比，优先股一般具有以下特征：

（1）优先分配固定的股利。优先股股东通常优先于普通股股东分配股利，且其股利一般是固定的，受公司经营状况和盈利水平的影响较小。因此，优先股类似于固定利息的债券。

（2）优先分配公司剩余财产。当公司破产进行财产清算时，优先股股东对公司剩余财产优先于普通股股东的要求权。

（3）优先股股东一般无表决权。在公司股东大会上，优先股股东一般无表决权，仅在涉及优先股股东权益问题时享有表决权。因此，优先股股东不可能控制整个公司。

（二）优先股的种类

按照优先股在具体权利上的不同，可以将其做如下分类：

（1）累积优先股和非累积优先股。累积优先股是指在任何年度内未支付的股利可以累积起来，由以后各年度的利润一起支付的股票。非累积优先股是指按当年利润分配优先股股利，而不予以积累支付的优先股股票。显然对于投资者而言，累积优先股的优势更为明显，因此，累积优先股股票的发行更为广泛，而非累积优先股股票的发行则逐步减少。

（2）参与优先股与非参与优先股。参与优先股是指优先股股东除获取固定股利外，还有权参与普通股股东剩余利润的分配。参与优先股由于参与利润分配方式不同，又可分为完全参与优先股和部分参与优先股。完全参与优先股与普通股股东共同等额分享剩余利润的分配；部分参与优先股只参与分享一定限额的剩余利润分配。非参与优先股则无权参与剩余利润的分配，只能获得固定的红利。一般大多数公司发行的优先股都是非参与优先股。

（3）可转换优先股和不可转换优先股。可转换优先股是指在一定的时期内，优先股的持有者有权根据优先股发行的规定将其转换为公司的普通股。不可转换优先股则没有这项权利，只能收取固定的股利。显然，可转换优先股股东在公司不稳定时受到保护，在公司盈利时可分享成功的果实，处于有利地位。

（4）可赎回优先股和不可赎回优先股。可赎回优先股是指公司可以按照发行的规定，在将来某一时期以一定的价格赎回的优先股股票。不可赎回优先股则是指在任何情况下公司都不能赎回优先股股票。大多数优先股都是可赎回的，而公司赎回优先股的目的则是减轻股息负担。显然，可赎回优先股在剩余索取方面对股东不利。

（三）优先股的发行

按照许多国家的公司法规定，优先股可以在公司设立时发行，也可以在公司增资发行新股时发行。有些国家的法律则规定，优先股只有在特定情况下，如公司增发新股或清偿债务时才能发行。发行优先股在操作方面与发行普通股无太大差别。

我国《公司法》没有关于优先股的规定。国务院在 2013 年 11 月 30 日发布了《关于开展优先股试点的指导意见》，证监会在 2014 年 3 月 21 日发布了《优先股试点管理办法》，这两项规定是我国目前关于优先股筹资的主要规范。按照我国《优先股试点管理办法》的规定，上市公司可以发行优先股，非上市公众公司可以非公开发行优先股。

1. 发行优先股的一般条件

（1）最近 3 个会计年度实现的年均可分配利润应当不少于优先股 1 年的股息。

（2）最近 3 年现金分红情况应当符合公司章程及中国证监会的有关监管规定。

（3）报告期不存在重大会计违规事项。公开发行优先股，最近 3 年财务报表被注册会计师出具的审计报告应当为标准审计报告或带强调事项段的无保留意见的审计报告。非公开发行优先股，最近 1 年财务报表被注册会计师出具的审计报告为非标准审计报告的，所涉及事项对公司无重大不利影响或者在发行前重大不利影响已经消除。

（4）已发行的优先股不得超过公司普通股股份总数的 50%，且筹资金额不得超过发行前净资产的 50%，已回购、转换的优先股不纳入计算。

2. 发行优先股的特别规定

（1）上市公司公开发行优先股，应当符合以下情形之一：

①其普通股为上证 50 指数成分股。

②以公开发行优先股作为支付手段收购或吸收合并其他上市公司。

③以减少注册资本为目的回购普通股的，可以公开发行优先股作为支付手段，或者在回购

方案实施完毕后，可公开发行不超过回购减资总额的优先股。

中国证监会核准公开发行优先股后不再符合第①项情形的，上市公司仍可实施本次发行。

（2）最近3个会计年度应当连续盈利。扣除非经常性损益后的净利润与扣除前的净利润相比，以孰低者作为计算依据。

（3）上市公司公开发行优先股应当在公司章程中规定以下事项：

①采取固定股息率。

②在有可分配税后利润的情况下，必须向优先股股东分配股息。

③未向优先股股东足额派发股息的差额部分应当累积到下一会计年度。

④优先股股东按照约定的股息率分配股息后，不再同普通股股东一起参加剩余利润分配。

商业银行发行优先股补充资本的，可就第②项和第③项事项另行约定。

（4）上市公司公开发行优先股的，可以向原股东优先配售。

（5）最近36个月内因违反工商、税收、土地、环保、海关法律、行政法规或规章，受到行政处罚且情节严重的，不得公开发行优先股。

（6）公司及其控股股东或实际控制人最近12个月内应当不存在违反向投资者做出的公开承诺的行为。

3. 其他规定

（1）优先股每股票面金额为100元。

优先股发行价格和票面股息率应当公允、合理，不得损害股东或其他利益相关方的合法利益，发行价格不得低于优先股票面金额。

公开发行优先股的价格或票面股息率以市场询价或证监会认可的其他公开方式确定非公开发行优先股的票面股息率，不得高于最近两个会计年度的年均加权平均净资产收益率。

（2）上市公司不得发行可转换为普通股的优先股。但商业银行可根据商业银行资本监管规定，非公开发行触发事件发生时强制转换为普通股的优先股，并遵守有关规定。

（3）上市公司非公开发行优先股仅向规定的合格投资者发行，每次发行对象不得超过200人，且相同条款优先股的发行对象累计不得超过200人。

发行对象为境外战略投资者的，还应当符合国务院相关部门的规定。

4. 交易转让及登记结算

（1）优先股发行后可以申请上市交易或转让，不设限售期。

公开发行的优先股可以在证券交易所上市交易。上市公司非公开发行的优先股可以在证券交易所转让，非上市公众公司非公开发行的优先股可以在全国中小企业股份转让系统中转让，转让范围仅限合格投资者。交易或转让的具体办法由证券交易所或全国中小企业股份转让系统另行制定。

（2）优先股交易或转让环节的投资者适当性标准应当与发行环节保持一致；非公开发行的相同条款优先股经交易或转让后，投资者不得超过200人。

（3）中国证券登记结算公司为优先股提供登记、存管、清算、交收等服务。

（四）发行优先股的动机

公司发行优先股的动机很多，主要包括以下几种：

（1）防止公司股权分散化。优先股不具有表决权，因此，公司发行一定数量的优先股以保护原有普通股股东对公司经营权的控制。

（2）维持公司举债能力。优先股所筹集的资本属于权益资本，因此，它可作为公司举债的基础提高公司的负债能力。

（3）增加公司普通股股东的权益。因为优先股的股息固定，且优先股对公司留存收益不具有要求权，所以在公司收益较高的情况下，提高优先股的比例会相应提高普通股股东的权益，提高普通股每股净收益。

（4）调整公司资本结构。因为优先股在特定情况下具有“可转换性”和“可赎回性”，所以公司安排权益资本与借入资本比例关系时，可借助于优先股的这些特性来调整公司的资本结构。

（五）对发行优先股筹资的评价

与其他筹资方式比较，公司发行优先股筹资有其优点。主要表现在以下几个方面：

（1）股息的支付既固定又有一定的灵活性。一般而言，优先股均采用固定股息，但对固定股息的支付并不构成公司的法定义务，若公司财务状况不佳或无盈利，则可以不支付优先股股息，不像债券那样，必须定期、定额地履行支付义务。

（2）保持普通股股东对公司的控制权。由于通常情况下优先股股东没有表决权，公司发行优先股既可以增加权益资本，又不影响原有股东对公司财务决策的控制权。

（3）提高公司的举债能力。优先股股本是公司权益资本的组成部分，发行优先股，可以进一步保障债权人的权益，提高公司的举债能力。

（4）财务灵活性增强。优先股一般没有固定的到期日，不必偿还本金，这与负债筹资相比，减轻了财务压力，增强了灵活性。对于可赎回优先股，公司可以视经营需要决定是否赎回、在何时赎回，以调整公司的资本结构。

发行优先股筹资也存在一些缺陷，主要有以下几点：

（1）与发行债券筹资比较，优先股筹资资本成本较高。因为优先股股息率通常高于债券的利息率，并且优先股的股利从公司税后利润中支付，所以无法产生所得税抵减的作用。

（2）发行优先股筹资后对公司的限制因素较多。例如，公司不能连续三年拖欠股利，公司的盈利必须先分配给优先股股东，公司举债额度较大时要先征求优先股股东的意见，等等。

（3）可能形成较重的财务负担。优先股要求支付固定股利，当公司盈利下降时，优先股股利可能会成为公司一项沉重的财务负担。

【例 5-10】中国建筑发行优先股融资。

2014 年 5 月，中国建筑非公开发行优先股预案获董事会审议通过，公司董事会于 5 月 26 日审议通过向不超过 200 名合格投资者定向发行不超过 3 亿股优先股预案，募集资金总额不超过 300 亿元。本次发行方案尚需国资委、股东大会和证监会依次审核，证监会核准起 6 个月内的首发比例不低于 50%，剩余部分 2 年内发毕。

此次优先股前 5 年优先股股息率在 6.5% ～ 7.5%，5 年后可赎回，考虑第 6 年起股息率增加 2 个百分点，5 年后赎回概率较大。本次优先股采用附单次跳息的固定股息率，即前 5 年股息率固定（依据发行时实际情况而定，公司内部测算区间为 6.5% ～ 7.5%）。假设股息率为 7%，总股息分别占 2013 年到 2015 年归属母公司净利润的 10.3%、8.7% 和 7.3%（假定 2014 年和 2015 年业绩增速为 18% 和 20%）。公司在首发优先股满 5 年起至全部赎回之日拥有优先股赎回权，考虑从第6年起优先股股息率增加2个百分点并保持不变，公司在5年后赎回概率较大。优先股股息可递延支付，但考虑公司为确保普通股股息正常分配，每年按期足额支付优先股股息概率较大。本次优先股采用累积股息支付方式，即公司可以选择足额或部分派发当年优先股股息，递延部分及其孳息可累积至下一年度支付。但由于优先股股东享有股息分配优先权，在完全派完优先股股息前不得向普通股股东分配利息。

中国建筑发行优先股的意义有以下几点：

（1）补充资金以撬动优质项目，并保障项目顺利推进。300亿元募集资金中48.3亿元拟投向基础设施及其他投资项目，176.7亿元补充重大工程承包项目营运资金，75亿元补充一般流动资金。

（2）本次优先股属于权益类，降低公司资产负债率和综合融资成本，由于中国建筑本次优先股发行在付息方式和偿还期限上有较大自主权，故该方案下优先股属于权益类融资工具，发行优先股后资产负债率有望从78.7%下降2.9个百分点至75.8%，资产负债率的降低有助于公司拓宽融资渠道，同时降低综合融资成本。

（3）提升普通股股东收益，中国建筑平均净资产收益率约为17.1%，显著高于优先股股息率，优先股的发行可提升普通股股东收益。

二、发行可转换债券

可转换债券是可转换公司债券的简称，是指发行人依照法定程序发行，在一定期间内依据约定的条件，债券持有人可将其转换为发行公司股票的债券。中国资本市场中推出可转换债券可谓是融资方式的一种创新。发行可转换债券具有筹资成本低、易于调整资本结构等优势，已经成为我国上市公司乐于采用的一种筹资方式。

（一）可转换债券的特点

对于中国上市公司而言，通过发行可转换债券实现其再融资，有着较为明显的优势。这些优势是与可转换债券本身的特点相关联的。可转换债券兼具有债券和股票的特性，它具有以下三个特点：

（1）债权性。与其他债券一样，可转换债券也有规定的利率和期限。投资者可以选择持有债券到期，收取本金和利息。

（2）股权性。可转换债券在转换成股票之前是纯粹的债券，但在转换成股票之后，原债券持有人就由债权人变成了公司的股东，可参与企业的经营决策和利润分配。

（3）可转换性。可转换性是可转换债券的重要标志，债券持有者可以按约定的条件将债券转换成股票。可转换债券在发行时就明确约定，债券持有者可按照发行时约定的价格将债券转换成公司的普通股股票。如果债券持有者不想转换，则可继续持有债券，直到偿还期满时收取本金和利息，或者在流通市场出售变现。

（二）可转换债券的要素

1. 标的股票

可转换债券对股票的可转换性，实际上是一种股票期权或股票选择权，它的标的物就是可以转换成的股票。在我国上市公司发行的可转换债券的标的股票都是发行公司自己的股票，通常称为“正股”。

2. 转换价格

可转换债券在发行之时，应该明确以怎样的价格转换为普通股，该价格就是可转换债券的转换价格。我国《上市公司发行可转换公司债券实施办法》规定，可转换债券的转股价格的确定应以公布募集说明书前20个交易日公司股票的平均交易价格和前1个交易日的均价为基础，并上浮一定幅度。具体上浮幅度由发行人与主承销商商定。

3. 转换比率

转换比率是债权人通过转换可获得的普通股股数。对于一定面值的可转换债券，转换价格越高，转换比率越低；反之亦然。

4. 转换期

转换期是指可转换债券转换为股份的起始日至结束日的期间。可转换债券的转换期可以与债券的期限相同，也可以短于债券的期限。我国上市公司发行可转换债券时通常规定的转换期为发行后6个月起至债券到期日止。

5. 赎回条款

赎回条款是可转换债券的发行公司可以在债券到期日之前提前赎回债券的规定。赎回条款包括下列内容：

（1）赎回期。赎回期是可转换债券的发行公司可以赎回债券的期间。赎回期安排在不可赎回期之后，不可赎回期结束后，即进入可转换债券的赎回期。不可赎回期是可转换债券从发行时开始，不能被赎回的那段期间。我国上市公司发行的可转换债券的赎回期一般规定为发行后的6个月之后至到期日。

（2）赎回价格。赎回价格是事前规定的发行公司赎回债券的出售价格。赎回价格一般高于面值。

（3）赎回条件。赎回条件是对可转换债券发行公司赎回债券的情况要求，即需要在什么样的情况下才能赎回债券。一般是在可转换债券发行公司的股票价格达到持续上涨到某一价格时，公司才能赎回债券。

6. 回售条款

回售条款是在可转换债券发行公司的股票价格达到某种恶劣程度时，债券持有人有权按照约定的价格将可转换债券卖给发行公司的有关规定。设置回售条款是为了保护债券投资人的利益，使他们能够避免遭受过大的投资损失，从而降低投资风险。

（三）可转换债券融资实例

【例5-11】江山欧派发行转换债券融资。

2021年6月9日，江山欧派门业股份有限公司（简称“江山欧派”，股票代码：603208）发布可转换公司债券发行公告，公开发行可转换公司债券已获得中国证监会证监许可〔2021〕1184号文核准。本次发行可转换公司债券简称“江山转债”，债券代码：113625，发行5.83亿元可转债，每张面值为人民币100元，共计583万张，58.3万手。

本次发行可转换公司债券的基本情况如下：

（1）发行证券的种类。发行证券的种类为公司A股股票的可转换公司债券。该可转换公司债券及未来转换的公司股票将在上海证券交易所上市。

（2）发行规模和发行数量。本次发行可转换公司债券募集资金总额为人民币5.83亿元，发行数量为 58.3 万手（583 万张）。

（3）票面金额和发行价格。本次发行可转换公司债券每张面值为人民币 100 元，按面值发行。

（4）债券期限。本次发行可转换公司债券的期限为自发行之日起六年，即自 2021 年 6 月 11 日（T 日）至 2027 年 6 月 10 日。

（5）票面利率。本次发行可转换公司债券的票面利率为第一年 0.40%、第二年 0.60%、第三年 1.00%、第四年 1.50%、第五年 2.50%、第六年 3.00%。

（6）付息的期限和方式。本次发行可转换公司债券采用每年付息一次的付息方式，到期归还本金和最后一年利息。

（四）对可转换债券筹资的评价

发行可转换债券是一种特殊的筹资方式。它具有一般公司债券的优点外，还存在以下明显的优势：

（1）筹资成本低，可以减轻公司的财务负担。可转换债券的利率通常低于普通债券，故在转换前，可转换债券的资本成本低于普通债券；转换为股票后，又可节省股票的发行成本，从而降低股票的资本成本。

（2）可能实现高价格股权融资，使公司筹集更多资本。可转换债券的转换价格通常高于发行时的股票价格，因此，可转换债券转换后，其筹资额大于当时发行股票的筹资额。另外，它还有稳定股价的作用。

（3）有利于调整资本结构。可转换债券是一种具有债权筹资和股权筹资双重性质的筹资方式。在转换前属于公司的一种债务，若发行公司希望可转换债券持有人转股，可以通过设置某些条款（如赎回条款），使债券持有人加速转股，进而调整资本结构。

利用可转换公司债券筹资，虽有上述优势，但缺点也很明显，主要表现在以下几个方面：一是转股后可转换债券筹资将失去低利率的好处；二是公司若确需股票筹资，但股价并未上升，可转换债券的持有人不愿转股时，发行公司将承受偿债压力；三是若可转换债券转股时股价高于转换价格，则发行可转换债券将遭受筹资损失，实际上提高了股票筹资成本。

三、发行可分离债券

可分离债券又称附认股权证公司债。我国国内市场上的可分离债券是指“认股权证和债券可分离交易的可转换债券”，即上市公司在发行债券的同时附有认股权证，该权证持有人将依法享有在一定期间内按约定价格认购公司股票的权利。2006 年 11 月 13 日，马钢股份作为首家尝试这一融资新品种的上市公司，成功发行了 55 亿元分离交易式可转债。此后已有众多上市公司实施或拟实施可分离债券融资。由于其独特的优势，可分离债券正发展成为大型上市公司后续融资的一种重要工具。

（一）可分离债券的特点

（1）捆绑发行、分离交易。可分离债券与普通可转债的本质区别在于其债券与权证的可分离性。在传统的可转债中，债券持有人不能同时享受债权与股权。债券持有人在转股前仅获取债券固定利率带来的收益不享有股权，转股后债权即被股权取代。而可分离债券中的债权与期权是同时存在的，二者捆绑发行，上市后即可分开交易。这种债券与权证捆绑发行、分离交易的组合特征，正是该金融产品的最大特色之一。

（2）一次发行、两次融资。可分离债券作为一种介于债券与股票之间的混合债券产品，赋予了上市公司两次筹资的机会：一次是发行附认股权证公司债，属于债券融资；另一次是认股权证持有人行权期内行权，属于股权融资。如果债权融资部分完成后，企业经营业绩得到市场认可，债券所附的认股权证就很可能会被行权。以此方式，企业可以轻松地实现一次发行、两次融资的效果，这也是发行可分离债券区别于配股、增发普通股及发行可转换债券的一大特点。

（3）票面利率低，债券期限长。可转换债券是用期权价值补偿普通公司长期债券的债性，以获取较低的票面利率。可分离债券则把普通可转债的股性分离出来，加大了期权价值对普通公司长期债券债性的补偿，从而进一步降低了票面利率。同时，按照相关规定，可分离债券仅有“期限最短为一年”的限制，对于债券期限的上限则没有要求，这也为上市公司通过发行可分离债券寻求长期资金来源创造了机会。

（4）发行限制严，投资风险小。发行可分离债券对发行公司有严格的资格要求。发行限制严决定了通过发行可分离债券进行再融资的公司均为规模大、资产质量较好、负债率较低的上市公司；并且，发行可分离债券的公司必须承担还本付息的义务，若改变了公告募集资金的用途，可分离债券持有人与传统可转债持有人一样被赋予回售权利，这样大大降低投资者的风险。

（二）可分离债券实例分析

可分离债券实际上是债券和认股权证的“先合后分”，发行时将二者合并，交易时将二者分离。因此，可分离债券的基本要素与普通债券、认股权证的要素基本相同，不同的是发行可分离债券应事先明确配送比例，即投资者每购买 1 张债券可以配送认股权证的数量。下面我们来举例说明。

【例 5-12】江西铜业股份有限公司（简称“江西铜业”，股票代码：600362）2008 年发行可分离债券的基本情况如下：

2008 年 1 月 23 日，江西铜业股份有限公司刊登董事会决议公告：江西铜业股份有限公司于 2007 年 1 月 16 日召开四届十七次董事会，会议审议通过了《关于发行认股权和债券分离交易的可转换公司债券方案的议案》。

2008 年 3 月 20 日，该公司召开股东大会，逐项审议批准《关于发行认股权和债券分离交易的可转换公司债券方案》议案，以及《关于认股权和债券分离交易可转债募集资金投向的可行性报告》议案。

2008 年 7 月 29 日，江西铜业关于发行分离交易可转换债券申请获得中国证券监督管理委员会发行审核委员会审核通过。

2008 年 9 月 18 日，公司刊登了认股权和债券分离交易的可转换公司债券募集说明书。该债券发行基本情况如表 5-4 所示。

表 5-4　江西铜业分离交易可转债基本要素

发行主体	江西铜业股份有限公司
发行种类	分离交易可转债
发行总额	6 800 000 000 元

续表

票面金额	100 元 / 张
发行价格	债券按面值平价发行，债券所附认股权证按比例向债券的认购人派发
债券期限	8 年
债券利率确定方式	票面利率在债券存续期内固定不变，采取单利按年计息，不计复利。最终确定票面利率为 1%
还本付息的期限和方式	计息起始日 2008 年 9 月 22 日，每年付息一次，到期一次还本，最后一期利息随本金的兑付一起支付
权证发行数量及配送比例	权证 176 120 万份，每手债券的认购人可以同时获得发行人派发的 259 份认股权证
权证的存续期	2008 年 10 月 10 日 —2010 年 10 月 9 日（自认股权证上市之日起 24 个月）
行权期	权证存续期最后 5 个交易日
行权比例	认股权证行权比例为 4∶1，即每 4 份认股权证代表 1 股公司发行的 A 股股票的认购权利
行权价格	认股权证的初始行权价格为 15.44 元 / 股。不低于募集说明书公告前 20 个交易日公司 A 股股票均价、前 1 个交易日公司 A 股股票均价、前 20 个交易日公司 H 股股票均价和前 1 个交易日公司 H 股股票均价的孰高值①
发行对象与发行方式	向发行人原 A 股股东优先配售；向符合法律法规的机构投资者网下发行；向持有上交所股票账户的自然人、法人、证券投资基金，以及符合法律法规规定的其他投资者网上发行
发行时间	优先配售日和网上、网下申购日为 2008 年 9 月 22 日
主承销商（保荐人）及承销方式	中国国际金融有限公司组织的承销团以余额包销的方式承销
发行费用	承销及保荐费用为募集资金的 1.5%；发行手续费 92 万元，律师费 150 万元，审计费 10 万元，评估费 90 万元，资信评级费用 57 万元，推介及路演等其他费用 168 万元

（二）发行可分离债券的优缺点

1. 上市公司可分离债券融资的优点

（1）融资规模大。虽然规定发行后累计公司债券余额不超过最近一期期末净资产额的 40%，但由于附有认股权证融资，在考虑了到期行权效应后，可分离债券的融资总额大大规避了这一限制。上市公司发行可分离债券最终实现的融资规模将是发行普通可转债或长期企业债券融资规模的 1 ～ 2 倍。

（2）融资成本低。一方面，由于嵌入了股票的看涨期权，可分离债券的利率要低于相同信用级别的普通公司债利率，为上市公司提供了享受低利率长期债券融资的优势，减少了财务费用。另一方面，债券融资与权证并行，如果发行公司的业绩增长，股价上升，上市公司通过认股权证行权可获得二次融资。因此，可分离债券只需要通过一次审批，将为上市公司带来双重的融资效应，比债券与权证分别发行的融资方式节约了更多的发行成本。

① 在认股权证存续期内，若公司 A 股股票除权、除息，将对本次认股权证的行权价格、行权比例做相应调整。

2. 上市公司可分离债券融资的缺点

（1）发行风险。可分离债券的成功发行有赖于投资者对上市公司资信的认可及债券发行条款的合理设置。发行时机是否恰当、利率设计是否合理、行权价是否经过科学论证都将直接影响可分离债券发行对投资者吸引力的大小。发行时机选择不当或发行要素设置不合理均可能导致发行失败。

（2）偿债风险。相对股权融资而言，债权融资所筹集资金的使用风险较大。传统的可转换债券在转换为股票时可转债的总数减少，公司的负债同步减少而股本增加。可分离债券的债权与股权是分离的，即使行权也不会减少负债总额。可分离债券必须在规定的期限内还本付息，届时上市公司将会有一大笔现金流出。倘若公司在发行可分离债券后项目运行不良或经营管理不善，到期高额的还款义务将造成巨大的财务压力，引发偿债危机。

（3）行权风险。可分离债券的权证部分行权时，相当于上市公司向持有权证的投资人增发新股。在权证存续期间内，尽管上市公司可以通过自身努力不断提高经营业绩，其股价仍不可避免地受整个证券市场走势的影响。因此，可分离债券的期权价值受股价波动的影响也将具有很强的不确定性。此外，与普通可转债不同，分离交易式可转债没有认股价格向下修正条款，也不设赎回条款。如果发行后股价下跌，行权价不能修正，上市公司将面临无法行权的威胁，进而造成项目资金短缺，影响企业经营管理并可能导致到期无法偿债等严重后果。

【思考与练习】

一、思考题

1. 目前我国企业的筹资渠道与筹资方式有哪些？

2. 企业筹资管理的目标主要体现在哪几个方面？

3. XYZ股份有限公司为扩大生产能力需筹集5 000万元的资金。现有两种筹资方式：

（1）举借长期借款，估计年利率为6%。

（2）拟实施配股。

该公司财务人员王林认为：从理论上说，公司发行股票筹资的资本成本应该高于借款筹资的资本成本。公司证券部张扬则认为：目前通过证券市场实施配股，其实际筹资成本远低于借款筹资成本。

王林和张扬的观点完全相反，但他们分别从理论和实际分析资本成本，有各自的论据。请你说明：

（1）为什么从理论上说，公司配股筹资的资本成本应该高于借款筹资的资本成本？

（2）为什么目前我国上市公司配股筹资的实际资本成本远低于借款筹资的资本成本？

4. 长期负债筹资的优点之一是“可以发挥财务杠杆作用”，缺点之一是“财务风险较大”。请你对长期负债筹资的上述优缺点加以说明。

5. 企业选择长期借款的还本方式应该考虑哪些主要因素？

6. 融资租赁主要有哪几种形式？请你结合我国上市公司的实际，谈谈上市公司如何通过“售后租回”方式实现利益输送？

7. 试说明应收账款抵借和应收账款让售两种筹资方式的主要区别。

8. 例 5-3 中介绍的公司运用认股权证进行融资有三种情形，请你分别加以说明，并结合例 5-3 阐述认股权证筹资的优点。

二、单项选择题

1. 企业权益资本筹集方式除了吸收直接投资和发行普通股，还有一种常用的方式是(　　)。

A. 发行可转换债券　　B. 融资租赁
C. 利用商业信用　　D. 收益留存

2. 股票按股东的权利不同、义务不同可以分为（　　）两种。

A. 普通股票和优先股票　　B. 记名股票和无记名股票
C. A 股、B 股和 H 股　　D. 参加优先股和不参加优先股

3. 下列权利中，属于普通股股东但不属于优先股股东权利的是（　　）。

A. 利润分配权　　B. 优先认股权
C. 剩余财产分配权　　D. 重大问题投票权

4. 某企业按年利率 5% 向银行借款 300 万元，银行规定按年支付利息，并要求保留 20% 的补偿性余额，则该项借款的实际利率（存款利息忽略不计）为（　　）。

A. 5%　　B. 6.25%　　C. 10%　　D. 25%

5. 可转换债券是指在一定时期内，可按事先商定的价格或一定比例，由持券人自由地选择转换为（　　）的一种债券。

A. 发行该债券公司的普通股　　B. 发行该债券公司的认股权证
C. 发行该债券公司的优先股　　D. 发行该债券公司的任何一种有价证券

6. 下列各项中，属于融资租赁特点的是（　　）。

A. 租赁期限长
B. 在租赁期内出租人一般都提供维修服务
C. 在合理限制条件范围内，可以解除租赁契约
D. 租赁期满，租赁资产一般要归还给出租人

7. 与其他负债资金筹资方式相比，下列各项属于融资租赁缺点的是（　　）。

A. 资本成本较高　　B. 限制条件多
C. 税收负担重　　D. 筹资速度慢

8. 下列属于商业信用融资的缺点是（　　）。

A. 筹资非常不方便　　B. 限制条款多
C. 期限较短　　D. 筹资成本高

9. 某企业按“2/10，N/60”的条件购进商品一批，若该企业放弃现金折扣优惠，而在信用期满时按发票全额付款，则（按照一年计算）放弃现金折扣的机会成本约为（　　）。

A. 10.50%　　B. 12.24%　　C. 14.40%　　D. 14.69%

10. 公司发行可转换债券时，为了保护债券投资人的利益，避免遭受过大的投资损失，降低投资风险，通常（　　）。

A. 设置赎回条款　　B. 设置回售条款
C. 延长转换期　　D. 降低转换价格

三、多项选择题

1. 下列属于负债筹资方式的有（ ）。

A. 借款　B. 发行债券　C. 融资租赁　D. 收益留存

2. 普通股融资的优点有（ ）。

A. 没有到期日，不需要归还，资本具有永久性

B. 没有固定的利息负担，筹资风险小

C. 能增强公司的信誉，增强公司的举债能力

D. 由于筹资的风险小，所以资本成本也较低

3. 优先股股东的优先权利主要体现在（ ）。

A. 优先认股权　B. 优先分配股利权

C. 优先分配剩余财产权　D. 优先投票权

4. 下列条件属于目前我国股份公司股票上市条件的有（ ）。

A. 公司股本总额 3 000 万元以上　B. 净资产收益率达到 10% 以上

C. 流通股的持股比例至少达到 25%

D. 公司在最近三年内无重大违法行为，财务会计报告无虚假记载

5. 企业在持续经营过程中，会自发地、直接地产生一些资金来源，部分地满足企业经营的需要，如（ ）等。

A. 预收账款　B. 应付职工薪酬

C. 应付票据　D. 短期借款

6. 融资租赁是一种筹资方式。融资租赁的主要形式又有（ ）。

A. 直接租赁　B. 售后租回　C. 杠杆租赁　D. 经营租赁

7. 现金折扣政策是信用政策的重要内容。销售方提供现金折扣优惠条件主要是为了鼓励购买方尽早付款。在现金折扣中，销售方付出的代价（ ）。

A. 与折扣百分比的大小呈正比例　B. 与信用期的长短呈正比例

C. 与折扣百分比的大小呈反比例　D. 与信用期的长短呈反比例

8. 下列属于混合性筹资方式的有（ ）。

A. 发行可转换债券　B. 发行优先股

C. 融资租赁　D. 发行认股权证

9. 公司利用认股权证进行融资时，若认股权证到期时股票市价远高于行权价，则（ ）。

A. 认股权证持有者会选择行权　B. 认股权证持有者会放弃行权

C. 公司利用认股权证筹资的成本会比直接发行股票筹资的成本高

D. 公司利用认股权证筹资的成本会比直接发行股票筹资的成本低

10. 目前我国上市公司发行可分离债券融资的特点主要体现在（ ）。

A. 捆绑发行、分离交易　B. 票面利率低，债券期限长

C. 融资成功率低，发行风险大　D. 票面利率高，债券期限短

四、计算分析题

1. 苏州瑞可达连接系统股份有限公司原先是一家非上市公司，2020 年年末总股本为 8 100 万股（均为普通股，每股面值人民币 1 元，下同），归属于母公司所有者的权益总额为

533 664 191.13 元，2020 年实现归属于母公司所有者的净利润为 73 626 645.90 元。经中国证监会批准，该公司于 2021 年 7 月 12 日向社会公开发行人民币普通股 2700 万股，最终确定的发行价格为每股 15.02 元，筹资总额 405 540 000 元，扣除发行费用 55 706 600 元，实际筹资净额为 349 833 400 元。

要求：

（1）按照 2020 年年末总股本计算该公司 2020 年的每股收益（计算结果精确到 0.01 元）和每股净资产。

（2）按照上述（1）的计算结果，计算该公司发行新股的市盈率和市净率分别是多少倍（计算结果精确到 0.01 倍，下同）？

（3）按照 2020 年实现的净利润和 2021 年发行新股后的总股本计算每股收益，其发行市盈率又是多少倍？

2. PK 公司向银行借入一笔 6 年期的可变利率贷款 2 500 万元。规定一年后按年分期等额还本付息，年利率为 7%。从第 3 年开始，银行宣布年利率按 6% 计算。试分别计算该笔借款前 2 年和后 4 年每年应等额还款的数额（计算结果精确到 0.01 万元）。

3. ABC 公司向银行借入 1 000 万元，年复利率为 8%，规定的还款方式：第 2 年年末、第 4 年年末和第 5 年年末均偿还一笔相等金额的款项。试计算（计算结果精确到 0.01 万元）：

（1）第 2 年、第 4 年、第 5 年年末偿还的相等金额。

（2）第 2 年偿还的款项中利息和最初本金的数额。

（3）第 5 年偿还的款项中利息和最初本金的数额。

4. 利尔公司从供应商处购进一批原材料，总价款为 420 万元，供应商给出的付款条件为：“3/10，N/35”。商场采购部经理正在考虑是否在折扣期内付款的问题，他想知道放弃折扣的代价有多大，于是向财务人员请教。假如你是该商场的财务人员，请你帮助采购部经理做下列计算工作：

（1）如果商场在折扣期内付款，应当支付的总金额是多少？

（2）如果商场放弃在折扣期内付款，而承诺在信用期的最后一天付款，则商场放弃折扣的代价是多少（计算结果以百分比表示，精确到 0.01%，下同）？

（3）如果商场放弃在折扣期内付款，而且不准备在信用期内付款，估计在信用期过后 20 天付款，则商场放弃折扣的代价又是多少？

五、案例题

【案例一】　　新炬网络 IPO

上海新炬网络信息技术股份有限公司（简称“新炬网络”，股票代码：605398）于 2021 年 1 月 11 日实施 IPO，有关资料如下。

（一）公司基本情况

上海新炬网络信息技术股份有限公司（以下简称“股份公司”或“公司”）前身为 2014 年 11 月 4 日成立的上海新炬网络信息技术有限公司（以下简称“新炬有限”）。新炬有限设立时的注册资本为人民币 3 500 万元。2015 年 2 月，公司通过股权转让和吸收新投资人出资，注册资本由 3 500 万元增至 38 888 889 元。2017 年 7 月 2 日，新炬有限召开股东大会，以 2017 年 5 月 31 日为基准日，将新炬有限整体变更设立为股份有限公司，注册资本为人民币 4 150 万元。

按照发起人协议及章程（草案）的规定，各股东以其所拥有的截至2017年5月31日新炬有限的净资产54 383 803.24元，按原出资比例认购公司股份，按1∶0.7631的比例折合股份总额共计4 150万股，净资产大于股本部分12 883 803.24元计入资本公积。公司于2017年8月1日完成工商变更登记。2017年8月31日，公司召开2017年第一次临时股东大会，会议同意上海僧忠投资中心（有限合伙）、上海好炬企业管理咨询中心（有限合伙）及李灏江等四名自然人增资入股，公司注册资本由原来的人民币41 500 000元变更为人民币44 623 656元。公司于当日完成工商变更登记。截至2020年12月31日，公司注册资本为44 623 656元，股本总数为44 623 656股（每股面值1元）。公司经营范围：从事网络信息技术、计算机专业技术领域内的技术开发、技术服务、技术转让、技术咨询，计算机网络工程，计算机系统集成，销售计算机、软件及辅助设备。公司实际控制人为孙星炎、孙正暘和孙正晗。

（二）公司主要财务数据

根据天健正信会计师事务所有限公司出具的审计报告，上海新炬网络信息技术股份有限公司2018—2020年经审计的主要财务会计数据如下（单位：万元）：

（1）合并资产负债表主要数据见下表。

项目	2020年12月31日	2019年12月31日	2018年12月31日
资产总计	66 292.14	54 703.73	44 762.09
其中：流动资产	65 647.81	54 019.73	44 002.51
非流动资产	644.33	684.00	759.58
负债总计	24 727.91	21 993.49	20 814.75
其中：流动负债	24 710.05	21 961.75	20 797.59
非流动负债	17.86	31.74	17.16
股东权益总计	41 564.23	32 710.24	23 947.34
其中：股本	4 462.37	4 462.37	4 462.37
归属于母公司股东权益	41 545.88	32 696.96	23 936.74

（2）合并利润表主要数据见下表。

项目	2020年度	2019年度	2018年度
营业收入	56 097.70	55 429.29	52 770.62
净利润	10 853.99	10 562.90	9080.03
其中：归属于母公司股东的净利润	10 848.92	10 560.21	9079.73

（三）IPO基本情况

（1）发行日期：2021年1月11日。

（2）股票种类：人民币普通股（A股）。

（3）每股面值：1.00元。

（4）发行股数、占发行后总股本的比例：本次公开发行的股票数量为14 874 552股，占发行后总股本的25%。

（5）每股发行价：37.61元。

（6）募集资金情况：筹资总额55 943.19万元，发行费用总额4 421.89万元，实际筹资净额 51 521.30 万元。

（7）发行方式：采用网上按市值申购向持有上海市场非限售 A 股股份和非限售存托凭证市值的社会公众投资者直接定价发行的方式进行。

（8）承销方式：承销团余额包销。

（四）其他资料

（1）该公司 2021 年 1—6 月份实现归属于母公司股东的净利润为 3 278.91 万元，按 2021 年 6 月 30 日最新股本 5 949.82 万股计算的每股收益约为 0.551 元，2021 年 6 月 30 日按最新股本计算的每股净资产约为 15.79 元。

（2）该公司股票 2021 年 6 月 30 日的收盘价为 43.71 元。

问题：

（1）请你进入上海新炬网络信息技术股份有限公司网站，查阅该公司首次公开发行股票招股说明书后回答：该公司 IPO 募集资金的主要用途有哪些？

（2）按照该公司 2018—2020 年的会计数据计算，该公司发行前 3 年的平均每股收益是多少？如果按该每股收益计算，其发行市盈率为多少倍？

（3）该公司 2020 年年末的每股净资产为多少？按该每股净资产计算，其发行市净率是多少倍？

（4）按照 2020 年度的净利润和发行后的总股本全面摊薄计算，该公司的发行市盈率又是多少倍？

（5）如果不考虑 2021 年 1 月 1 日—1 月 11 日实现的净利润，该公司 IPO 完成后的每股净资产达到多少？

（6）按照该公司 2021 年 1—6 月实现的每股收益和 2021 年 6 月 30 日收盘价计算，该公司股票的动态市盈率为多少倍？

【案例二】 SX 城东热电公司的借款的年利率究竟有多高？

资料：

1998 年冬季，SX 城东热电有限公司（简称“SX 公司”）的财务经理王昕在工作中遇到了这样一个筹资方案：SX 公司与某信托投资公司正在洽谈一笔融资业务，由信托投资公司向该公司提供 2 000 万元的信贷资金，分 10 年付清本息，前 5 年每季度由 SX 公司付给信托投资公司 60 万元的利息，后 5 年每年年末向信托投资公司还本付息 500 万元。这样 2 000 万元的借款就算还清了。另外，在取得借款时，SX 公司还得向信托投资公司一次性支付 30 万元的咨询费。

SX 公司在进行融资决策时，首先应确定该融资项目的实际利率大约有多高。公司财务经理王昕请财务部的张兴中计算该融资项目的年利率。张兴中是这样计算该融资项目的年利率的

$$\frac{(60\times20+500\times5)-(2\,000-30)}{2\,000-30}/10\approx8.78\%$$

从当时的金融市场状况看，8.78% 的年利率是很低的。SX 公司也许应该接受该融资项目。然而，财务经理觉得这个融资项目的年利率不可能在 8.78% 这么低的水平，因为她知道信托投资公司这种放贷业务的预期收益率至少也得达到 10%。8.78% 的收益率不仅低于信托投资公司的预期收益率，甚至低于信托投资公司的筹资成本。这说明张兴中的计算是错误的，但王昕也

不清楚张兴中的计算究竟错在哪里。

问题：

（1）张兴中计算该融资项目的年利率的方法为什么是错误的?

（2）为什么财务经理王昕将该融资项目的年利率与信托投资公司的预期收益率及其筹资成本进行比较? 有什么意义?

（3）你认为应该如何计算上述融资项目的实际利率?

（4）根据你的计算结果，请你指出：该融资项目中前5年每季度支付的60万元利息是否全为利息? 如果其中包含了一部分本金，请你计算第一个季度支付的60万元中所偿还的本金约是多少?

第六章　收益分配与股利决策

【引子】

郑州宇通客车股份有限公司（以下简称“宇通公司”）是1993年在郑州客车厂的基础上改制设立的一家股份制公司，主要经营客车及其配件制造、机械加工、汽车及其配件销售等。1997年5月，郑州宇通客车股份有限公司股票（简称“宇通客车”股票代码：600066）在上海证券交易所挂牌上市，宇通公司成为国内首家客车行业上市公司。宇通公司是一家集客车产品研发、制造与销售为一体的大型制造企业，产品覆盖公路客运、旅游客运、公交客运、团体通勤、校车、景区车、机场摆渡车、自动驾驶微循环车、客车专用车等。近年来，宇通公司正在从“制造型＋销售产品”企业向“制造服务型＋解决方案”企业转型。

2020年，受国内外新冠肺炎疫情影响，各地人员流动受限，人员出行需求减少，导致城市公交客运量、中短途客运量、旅游客运量大幅下降，市场竞争加剧；同时，受疫情防控影响，宇通公司出口业务开展受阻。宇通公司经营业绩有所下滑，2020年累计实现客车销售41 756辆，同比下降28.85%；实现营业收入217.05亿元，同比下降28.82%；实现归属于上市公司股东的净利润5.16亿元，同比下降73.43%。然而，宇通公司在经营业绩和现金流下降的同时，仍然给股东丰厚的回报。2021年3月27日，宇通公司召开董事会通过2020年利润分配方案，拟向全体股东每10股派发现金红利5元（含税）。截至2020年12月31日，宇通公司总股本2 213 939 223股，以此计算合计拟派发现金红利1 106 969 611.50元（含税）。宇通公司2020年度现金分红合计占公司2020年合并报表中归属于母公司股东的净利润比例为214.53%。

宇通公司在利润分配方面非常大方。数据显示，1997年上市至2020年，除1999年和2002年实施“不分配”外，公司每年给予投资者每股0.30～1.00元不等的现金分红（税前），同时推出资本公积金转增股本方案。宇通公司上市后历年实现的每股收益和权益分派方案（包括利润分配及资本公积金转增股本方案）如表6-1所示。

表6-1　宇通公司上市后历年实现的每股收益和权益分派方案

年度	实现每股收益（元）	权益分派方案	方案实施日期
1997年度	0.561	10股派6元	1998年6月5日
1998年中期	0.279	10股转3股	1998年10月12日
1998年度	0.4634	10股派5元	1999年7月6日
1999年度	0.621	不分配	—
2000年度	0.6368	10股派6元	2001年7月10日
2001年度	0.7199	10股派6元	2002年4月12日
2002年度	0.7611	不分配	—
2003年度	0.94	10股转5股派4元	2004年4月15日
2004年度	0.70	10股转3股派5元	2005年4月19日

续表

年度	实现每股收益（元）	权益分派方案	方案实施日期
2005 年度	0.7199	10 股转 5 股派 10 元	2006 年 4 月 20 日
2006 年度	0.7611	10 股派 5 元	2007 年 4 月 5 日
2007 年度	0.94	10 股转 3 股派 7 元	2008 年 5 月 15 日
2008 年度	0.70	10 股派 6 元	2009 年 5 月 15 日
2009 年度	0.7199	10 股派 10 元	2010 年 5 月 18 日
2010 年度	0.7611	10 股派 3 元	2011 年 5 月 16 日
2011 年度	0.94	10 股派 3 元	2012 年 5 月 9 日
2012 年度	0.70	10 股转 8 股派 7 元	2013 年 5 月 15 日
2013 年度	1.53	10 股派 5 元	2014 年 5 月 20 日
2014 年度	1.18	10 股转 5 股派 10 元	2015 年 5 月 14 日
2015 年度	1.60	10 股派 15 元	2016 年 5 月 13 日
2016 年度	1.83	10 股派 10 元	2017 年 6 月 6 日
2017 年度	1.41	10 股派 5 元	2018 年 7 月 20 日
2018 年度	1.01	10 股派 5 元	2019 年 5 月 19 日
2019 年度	0.85	10 股派 10 元	2020 年 5 月 14 日
2020 年度	0.21	10 股派 5 元	2021 年 5 月 17 日

据初步统计，截至 2021 年 5 月底，宇通公司已累计发放现金股利 1 492 902.94 万元，分红率达到了 57.98%，远超整个 A 股市场平均水平。截至 2021 年 5 月底，宇通公司发行在外普通股 126 952.59 万股，为上市初的 30.99 倍。在股本迅速扩张的同时，宇通公司仍能持续实施高额现金分红方案。我国正不断完善上市公司分红相关制度。2020 年 3 月 1 日正式实施的新证券法也明确指出，上市公司应当在章程中明确分配现金股利的具体安排和决策程序，依法保障股东的资产收益权。2020 年 4 月 9 日，国务院发布的《关于构建更加完善的要素市场化配置体制机制的意见》更是明确提出，鼓励和引导上市公司现金分红。2020 年 9 月 18 日，中国上市公司协会联合上海证券交易所、深圳证券交易所发布 A 股上市公司现金分红榜单，分别以近一年和近三年的现金分红总额和股利支付率为主要指标，评选出“上市公司丰厚回报榜单”和“上市公司真诚回报榜单”，宇通客车同时入选两个榜单。

表 6-1 所示的资料涉及企业财务管理中的一个重要问题——利润分配决策，或者说股利决策问题。郑州宇通客车股份有限公司在其盈利水平大幅提升的同时，十分注重给股东丰厚的投资回报，即使利润下降，也坚持分红。那么，该公司推行的是何种股利政策？公司管理层出于何种考虑推行这种股利政策？这种股利政策会对公司发展产生什么影响？

利润分配和股利决策是企业财务决策的重要内容之一。股利政策和股利分配形式的选取是否得当，对一个公司的发展至关重要。通过本章的学习，我们将了解企业利润分配的主要内容和基本程序，明确股利决策在企业财务管理中的重要地位，熟悉各种股利政策的特点及影响股利政策的因素，从而在理论上进一步理解郑州宇通客车股份有限公司的股利分配问题。

第一节　收益分配概述

一、收益的构成

多数情况下，收益也被称为利润，是指企业在一定时期内从事各项经济活动所获取的财务成果。它是企业生产经营及各项投资活动的最终成果，是衡量企业经济活动效益好坏的综合性指标，也是投资者最关心的财务指标之一。收益分配的对象是一定会计期间实现的净利润，而净利润是税前利润扣除所得税费用的结果。因此，本节首先说明两种不同口径的利润概念：税前利润和净利润。

（一）税前利润

税前利润即企业在一定时期内实现的利润总额，这是会计核算的结果。就其构成来看，既有通过生产经营活动获得的经营利润，也有通过投资活动获得的投资收益，还包括那些与日常生产经营活动无直接关系的偶然事项所引起的利得和损失。会计核算中的税前利润由营业利润和营业外收支净额两部分组成，即

$$\text{利润总额}=\text{营业利润}+\text{投资净收益}+\text{营业外收入}-\text{营业外支出} \tag{6-1}$$

营业利润是企业在一定时期内从事经营活动所取得的成果。它是评价企业管理层生产经营业绩的主要衡量标准，也是企业利润的最主要来源。一般来说，营业利润在短期内具有稳定性。营业利润是在营业收入的基础上，减去营业成本、税金及附加、期间费用、资产减值损失、信用减值损失，加上其他收益、投资收益、公允价值变动收益、资产处置收益后计算得到的。它用公式可表示为

$$\begin{aligned}\text{营业利润}=&\text{营业收入}-\text{营业成本}-\text{税金及附加}-\text{期间费用}-\\&\text{资产减值损失}-\text{信用减值损失}+\text{其他收益}+\text{投资收益}+\\&\text{公允价值变动收益}+\text{资产处置收益}\end{aligned} \tag{6-2}$$

营业收入是企业因销售商品、提供劳务及让渡资产使用权等业务活动所实现的收入，包括主营业务收入和其他业务收入。主营业务收入是指企业在其主要的或主体的经常性业务活动中所实现的收入；其他业务收入是指企业主营业务以外的其他业务活动所取得的收入。

营业成本是企业为销售商品和提供劳务等经营业务而发生的成本，包括主营业务成本和其他业务成本等。

税金及附加是指国家税法规定对企业获取的主营业务收入净额按一定比例计算缴纳，并由本企业负担的税金，以及按所缴纳的税金的一定比例缴纳的有关附加税费，主要包括消费税、城市维护建设税、资源税、房产税、土地使用税、车船使用税、印花税及教育费附加等。

期间费用是指直接计入当期损益的各项费用，包括企业为组织商品流转而发生的销售费用，企业行政管理部门为组织和管理企业生产经营活动而发生的管理费用，以及企业为筹集生产经营所需资金而发生的财务费用。

资产减值损失是指因资产的账面价值高于其可收回金额而造成的损失。资产减值范围主要是固定资产、无形资产及除特别规定外的其他资产减值的处理。

信用减值损失是指因应收账款的账面价值高于其可收回金额造成的损失，对应坏账准备。

其他收益是指与企业日常活动相关，但不宜确认收入或冲减成本费用的政府补助。

公允价值变动收益是指公允价值变动收益与公允价值变动损失的差额，如交易性金融资产公允价值变动损益等。

投资收益是指企业对外投资所产生的投资收益与投资损失的差额。

资产处置收益是指企业出售划分为持有待售的非流动资产（金融工具、长期股权投资和投资性房地产除外）或处置组时确认的处置利得或损失，以及处置未划分为持有待售的固定资产、在建工程、生产性生物资产及无形资产而产生的处置利得或损失。债务重组中因处置非流动资产产生的利得或损失和非货币性资产交换产生的利得或损失也包括在本项目内。

营业外收支净额是指企业营业外收入减去营业外支出的差额。

营业外收入是指与企业经营活动没有直接联系的收入及各种偶然所得，主要包括固定资产盘盈、接受的捐赠所得、罚款收入及教育费附加返还款等。

营业外支出是指与企业经营活动没有直接关系的各项支出，主要包括固定资产盘亏、处理固定资产净损失、出售无形资产损失、非常损失、罚款支出、非货币性交易损失、债务重组损失、捐赠支出等。

（二）净利润

净利润是指税前利润扣除所得税费用的差额，也称税后利润。它的计算公式为

$$净利润 = 利润总额 - 所得税费用 \quad (6\text{-}3)$$

所得税费用既不是利润总额与所得税税率的乘积，也不是本期应交所得税额，具体涉及所得税会计的有关内容，这里不再展开。

【例 6-1】中国建材检验认证集团股份有限公司（简称“国检集团”，股票代码：603060）前身为成立于 1984 年 10 月的轻工业部机械出口供应公司。1992 年 8 月，更名为中国轻工业机械出口供应公司。2012 年 2 月，更名为中国建材检验认证集团股份有限公司。2016 年 11 月 9 日，国检集团股票在上海证券交易所上市。2021 年 3 月 30 日，国检集团发布 2020 年年度报告，2020 年母公司实现营业总收入 47 366.59 万元，营业利润 15 641.36 万元，利润总额 15 752.72 万元，净利润 13 666.88 万元。国检集团 2020 年利润实现情况如表 6-2 所示。

表 6-2　国检集团 2020 年利润实现情况

项目	金额（万元）
营业收入	47 366.59
减：营业成本	26 418.81
税金及附加	198.28
销售费用	856.51
管理费用	5 481.83
研发费用	3 251.25
财务费用	-181.63
加：其他收益	1 322.87
投资收益	3 113.81
公允价值变动收益（“-”号表示损失）	0.00

续表

项目	金额（万元）
信用减值损失（“-”号表示损失）	-95.57
资产减值损失（“-”号表示损失）	-33.26
资产处置收益（“-”号表示损失）	-8.03
营业利润	15 641.36
加：营业外收入	231.41
减：营业外支出	120.06
利润总额	15 752.72
减：所得税费用	2 085.84
净利润	13 666.88

二、收益分配的原则

收益分配是根据企业所有权的归属及各投资者的出资比例，对企业收益进行的划分，是一种利用财务手段确保收益的合理归属和正确分配的财务活动。收益分配关系到企业与债权人、投资者、企业职工等各方的利益，因此，这是一项既重要又敏感的工作。它会影响企业的筹资和投资决策，涉及企业的短期利益和长远利益、整体利益与局部利益等关系的协调与处理。企业收益分配应遵循以下原则。

（一）依法分配原则

为规范企业的收益分配行为，国家制定和颁布了若干法规，这些法规规定了企业收益分配的基本要求、一般程序和分配比例，主要体现以下两个方面：一方面，企业实现的收益应按照税法的规定先缴纳所得税，这是企业应尽的社会责任；另一方面，税后利润的分配要按照《公司法》的有关规定进行，包括合理确定税后利润分配的项目、顺序、比例和数量等。

（二）资本保全原则

资本保全原则要求企业在收益分配时，不能在弥补以前年度亏损前向股东分配股利；同时，不能将资本金用于利润分配，即收益分配并不是对股东的资本返还。这对企业收益分配的顺序及对象做出了约束。

（三）兼顾各方利益的原则

收益分配必然涉及国家、投资者、债权人、企业职工等各方利益。国家以行政管理者的身份向企业征收所得税，无偿参与企业的利润分配；投资者作为企业的所有者，对企业利润拥有所有权，因此企业须按照所有者出资的比例对其分配税后净利润；为保护债权人的利益，企业应考虑将一定的收益留在企业，作为偿债保证；员工作为企业价值的创造者之一，在收益分配时应当考虑他们的长远利益。因此，企业在制定利润分配政策时，应当兼顾各方利益，建立一个有效的激励机制，为企业理财营造一个良好的环境。

（四）分配与积累并重原则

分配与积累并重原则体现了利润分配中积累与消费之间的关系，关系到企业的长远发展，也是协调投资者眼前利益与长远利益的一个重要问题。税后利润属于企业所有者权益，可以按投资比例在各投资者之间进行分配，但不意味着企业必须将利润全部支付给投资者。为了实现企业的可持续发展，增强抵御风险的能力，企业除按规定提取法定公积金外，可适当留存一部分利润作为积累。事实上，理性投资者通常会选择发展潜力和发展机会较好的公司，他们愿意将大部分现金留存于企业，以期获得更高的资本增值收益。高成长的公司偏好于将资金留存于企业，这样可以减轻融资压力，促进企业更快地发展。例如，微软公司自 1986 年 6 月上市以后的十几年中，从未发放过现金股利，直到 2003 年 1 月 16 日才宣布每股 8 美分的分红。但是，由于微软公司的业务增长机会一直很好，各种投资项目管理得非常成功，因此即使公司不发放股利，股东财富也因股价的持续上升得以快速增长。

（五）同股同利原则

同股同利原则是指股份公司对于相同性质的股票，不论投资主体是谁，也不管这些股票是何时发行和按何种价格发行的，在分配股利时，都必须按照股权登记日在册的股东名单，每股给予相同形式与相同金额的股利。因此，不管是国家股、法人股、个人股还是外资股，都应该按照投资者各自的出资比例进行分配，享有相等的每股股利。这样才能从根本上保护投资者的利益，使他们的收益与投资风险相匹配。

三、收益分配的内容和程序

收益分配是对企业所实现的利润在各利益主体之间的分配，这种分配不仅需要遵循一定的原则，还必须按照一定的顺序进行。下面我们以股份有限公司为例说明收益分配的程序和内容。

股份有限公司是股份制企业的一种主要组织形式，也是我国现在大多数股份制企业采用的组织形式。股份有限公司的收益分配方式，代表了公司收益分配的一般模式，也是我国其他类型的企业利润分配制度改革的目标。根据我国《公司法》的规定，股份有限公司实现的净利润应按以下顺序分配。

（一）弥补亏损

亏损的弥补是利润的逆向分配，也属于利润分配的组成内容。经营性亏损的弥补方式一般有两种：税前利润弥补和税后利润弥补。税前利润弥补是指企业发生的亏损用以后年度实现的利润在其缴纳所得税前加以弥补；税后利润弥补是指企业发生的亏损用以后年度实现的利润在其缴纳所得税后再加以弥补。税后利润弥补亏损又有两种不同的形式：一是用以前年度的盈余公积弥补，二是用企业累计实现的未分配利润弥补。按有关法律的规定，企业发生的经营性亏损，可以用以后 5 年内实现的利润在税前进行弥补；延续 5 年内未弥补完的亏损，用缴纳所得税后的利润弥补。

【例 6-2】ABC 有限公司经营前 8 年的税前利润（发生亏损以“-”表示）如表 6-3 所示。

表 6-3 ABC 有限公司经营前 8 年的税前利润

单位：万元

年份	1	2	3	4	5	6	7	8
利润	-100	-40	30	10	10	10	60	40

假设除弥补亏损外无其他纳税调整事项，该公司的所得税税率一直为 25%。ABC 有限公司按规定享受连续 5 年税前利润弥补亏损的政策，税后利润（弥补亏损后）按 10% 的比例提取法定盈余公积金。请分析后回答：

（1）该公司第 7 年是否需要缴纳所得税？是否有利润提取法定盈余公积金？

（2）该公司第 8 年是否有利润提取法定盈余公积金？是否有利润可分配给股东？

【解答】

（1）公司第 1 年的亏损 100 万元可以由第 2 年到第 6 年的利润弥补，但由于第 2 年仍是亏损，所以只有第 3 年到第 6 年的利润可用于补亏，最终尚有 40 万元不足弥补，需用以后年度的税后利润加以弥补。公司第 7 年的利润 60 万元应弥补第 2 年发生的亏损 40 万元，弥补亏损后的利润 20 万元应缴纳所得税 5 万元，税后利润 15 万元还要弥补第 1 年的亏损，故第 7 年应缴纳所得税，但不应提取法定盈余公积金。

（2）公司第 8 年的利润 40 万元应首先缴纳所得税 10 万元，税后利润 30 万元弥补第 1 年的亏损 25 万元（40−15）后还剩余 5 万元，故第 8 年应提取法定盈余公积金 0.5 万元，剩下的利润 4.5 万元可分配给股东。

（二）提取法定盈余公积金

企业的税后利润弥补亏损后，应当按 10% 的比例计提法定盈余公积金。当企业法定盈余公积金累计总额达到或超过注册资本的 50% 时，可不再提取。法定盈余公积金的主要用途是：①弥补以后年度的亏损；②按规定转增资本；③以后年度分配股利。但法定盈余公积金转增资本和分配股利后的余额不得低于注册资本的 25%。

（三）分配优先股股利

优先股是比普通股在某些方面享有优先权利的股份，优先股股东可以在普通股股利分配前，按照预先约定的股息率或金额优先分配股利。因此，发行了优先股的股份有限公司，在提取法定盈余公积金后，应先分配优先股股利，以确保优先股股东的收益优先分配权。

（四）提取任意盈余公积金

提取任意盈余公积金是股份有限公司税后利润分配的一个显著特点，其目的主要是让更多的利润留在公司，用于发展与满足生产经营管理的资金需要。另外，它也能起到限制普通股股利的分配，调整各年股利分配的波动的作用。任意盈余公积金的计提比例通常由公司按照当前的发展需要和实际情况自行决定。任意盈余公积金是盈余公积金的一种，其用途与法定盈余公积金相同。

（五）分配普通股股利

股份有限公司在弥补亏损、提取法定盈余公积金、分配优先股股利及提取任意盈余公积金后的利润，可按照普通股股东所持股份的比例进行分配。可供分配的利润既有当年实现的部分，也有以前年度未分配的利润，所以当年分配的股利数额可以大于净利润扣除公积金、优先股股利之后的净额。普通股股利的多少事先并没有规定，公司是否分配普通股股利、分配多少、以何种形式分配都由公司的股利政策决定，这是收益分配需要解决的核心问题。

公司利润分配是有序的。在弥补亏损之前，不能提取法定盈余公积金；在提取法定盈余公积金之前，不能向股东分配利润。如果公司股东会或董事会违背上述利润分配顺序，必须将违反规定发放的利润退还给公司。公司利润分配的有关事项，应当在公司章程中明确规定。例如，中国建材检验认证集团股份有限公司 2021 年 3 月 30 日经股东大会修订的《公司章程》的第一百五十八条规定，“公司分配当年税后利润时，应当提取利润的 10% 列入公司法定盈余公积金”。

【例 6-3】中国建材检验认证集团股份有限公司股东大会于 2021 年 5 月 31 日审议通过 2020 年度的利润分配方案，具体内容如下：公司 2020 年母公司实现净利润 13 666.88 万元，截至 2020 年年底可供分配利润 28 453.42 万元，以实施权益分派股权登记日的总股本 43 120 万股为基数，以未分配利润向全体股东每 10 股送红股 2 股并派发现金股利 1.61 元（含税），以资本公积金向全体股东每 10 股转增 2 股，共计派发现金红利 6 942.32 万元，派送红股 8 624 万股，转增 8 624 万股，分配后公司总股本为 60 368 万股。

第二节　股利形式及其分配程序

一、股利的形式

股利是公司依据法定程序，根据股东的持股份额从其可供分配的利润中向股东支付的一种投资报酬。股份有限公司常见的股利支付方式有现金股利、股票股利、财产股利和负债股利四种。

（一）现金股利

现金股利是公司直接以现金形式向股东分配的股利。它是股份公司最常见也是最主要的股利形式。以现金分配股利能满足投资者直接获得投资回报的愿望，易被广大股东接受；但对企业而言，支付现金会加大资金流出量，增加财务压力。因此，只有当企业拥有充足的现金时，才会采用现金股利支付方式。我国上市公司中大多数蓝筹股都采用现金股利的分配形式。

（二）股票股利

股票股利俗称送股，是指公司以增加股东所持股票的形式作为股利的分配方式。对股东来讲，发放股票股利没有收到现金及非现金资产，并不直接增加股东的财富，仅仅是股东手中持股数量的增加，但持股比例仍保持不变；对公司来讲，股票股利形式既无须流出现金及其他非现金资产，也不会增加公司的负债，却依然能向市场传递利好的信号，可谓是一举两得。但是，股票股利形式会引起所有者权益各项目的结构发生变化，即一部分未分配利润转为股本，使公司的股本总数增大，公司股票的价格会因此而下降（除权调整）。同时，股本增加对公司今后的发展及盈利的增长会构成较大的压力。如果公司盈利能力不能赶上股本的扩张速度，每股盈余就会随着股本增加而稀释（摊薄），这对树立良好的公司形象和支持股价的上涨可能是不利的。例如，四川宜宾五粮液酒厂股份有限公司股票（股票代码：000858）于 1998 年 4 月 27 日在上海证券交易所上市流通，当时公司股本总额为 3.2 亿股（每股面值 1 元，下同），其中流通股为 7 200 万股。该公司从 1998 年到 2020 年这 22 年中，有 10 年采纳股票股利或资本公积金转增股本的方案，经过这 10 次股票股利分配和资本公积金转增股本方案的实施，目前其总股本已接近 38.816 亿股（含该公司 2018 年 4 月实施非公开增发股票导致的股本增加）。

（三）财产股利

财产股利是以现金以外的资产支付的股利，可以是本公司的产品、服务，但通常是公司所拥有的其他企业的有价证券（如股票、债券等）。以公司拥有的有价证券发放财产股利，可以解决公司现金压力较大的问题，而且它的变现能力相对较强，同样易被多数股东接受，但是分配财产股利在一定程度上向外界反映了企业资金不足的状况，会对公司产生不利影响。

（四）负债股利

负债股利是企业以应付票据、应付债券等负债方式支付给股东的股利。从理论上说，它适用于那些有盈利但现金不足的企业。作为股利分配给股东的票据或债券通常是带息的，这种股利形式虽然缓解了目前现金流量不足的情况，却构成了公司未来的支付压力，也往往会损害公司的形象。因此，除非万不得已，否则公司不会采取这种形式。

上述四种股利形式各有利弊。在我国，上市公司一般采用现金股利和股票股利两种形式，而财产股利和负债股利目前在我国公司实务中很少使用。

此外，公司以资本公积金转增股本具有与股票股利相同的效果，但它不属于股利分配形式。因为资本公积金并不是企业的收益留存，而是公司资本的一种积累，所以资本公积金转增股本不属于利润分配方案，它只是公司所有者权益内部项目的一种转换。当然，公司的盈余公积金也可以转增股本（目前上市公司很少采用），由于盈余公积金是公司以前年度收益留存的一种形式，因此以盈余公积金转增资本可以被认为是一种与股票股利相同的利润分配方式。

【例 6-4】中国建材检验认证集团股份有限公司（以下简称“国检集团”）2020 年年末股东权益情况（母公司）如表 6-4 所示。

表 6-4 国检集团 2020 年年末股东权益情况（母公司）

项目	金额（元）
普通股（每股面额 1 元）	431 200 000.00
资本公积	400 033 702.64
盈余公积	100 472 672.23
未分配利润	284 534 198.33
股东权益合计	1 216 240 573.20

该公司于 2021 年 5 月 31 日通过的 2020 年度权益分配方案为：以方案实施前的公司总股本 43 120 万股为基数，向全体股东每 10 股派发现金红利 1.61 元(含税)，每 10 股派送红股 2 股，以资本公积金向全体股东每 10 股转增 2 股，共计派发现金红利 6 942.32 万元，派送红股 8 624 万股，转增 8 624 万股，此次分配后总股本为 60 368 万股。

我们来看上述权益分配方案的实施对公司资产和股东权益各项目的影响。

（1）公司分配的现金股利 69 423 200 元，导致未分配利润项目减少 69 423 200 元，货币资产减少 69 423 200 元。

（2）分配股票股利 86 240 000 元，导致未分配利润项目减少 86 240 000 元，股本增加 86 240 000 元。

（3）资本公积金转增股本方案的实施，导致公司资本公积金减少 86 240 000 元，股本增加 86 240 000 元。

上述利润分配及资本公积金转增股本方案实施后，公司的资产总额减少了 69 423 200 元，股东权益总额也减少了 69 423 200 元，股东权益内部各项目变动后的情况如表 6-5 所示。

表 6-5 股东权益内部各项目变动后的情况

单位：元

项目	实施前金额	增减额	实施后金额
普通股（每股面额 1 元）	431 200 000.00	增加 172 480 000	603 680 000.00
资本公积	400 033 702.64	减少 86 240 000	313 793 702.64
盈余公积	100 472 672.23	不变	100 472 672.23
未分配利润	284 534 198.33	减少 155 663 200	128 870 998.33
股东权益合计	1 216 240 573.20	减少 69 423 200	1 146 817 373.20

需要指出的是，例 6-4 中分配股票股利时所送股份按照每股面值来计算，这是我国上市公司的普遍做法。而在很多西方国家，公司股票股利的价格既有按股票面值计算的，也有按市价计算的。通行的做法是：当股票股利的分配比例较小时（小于 20%），一般按股票市价确定；而当公司实施较高比例的股票股利方案时，一般按股票面值确定。

分配股票股利和实施资本公积金转增股本的方案，不仅会影响公司股东权益各项目发生增减变化，也会对公司有关财务指标和股价产生影响。由于股本增加，相同净利润计算的每股收益会下降，每股净资产也会降低，每股市价因除权而下降。但股东享有的权益总额或财富总额并不因为股票股利和资本公积金转增股本而变化，股东持股比例也不会发生变化。

例如，例 6-4 国检集团 2021 年 5 月 31 日实施利润分配和资本公积金方案后，其 2020 年的净利润按照增加后总股本计算的（摊薄）每股收益由原来的 0.5364 元降低到 0.3832 元，股票每股市价由股权登记日的 25.05 元（收盘价）降低到除权日的 17.97 元。

值得注意的是，该公司 2021 年 5 月 31 日实施利润分配和资本公积金方案时，已经于 2021 年 4 月 29 日公布了其 2021 年一季度的财务报告，披露的总股本仍为 43 120 万股，每股收益为 -0.0327 元。而这些财务数据是按照 2021 年 3 月 31 日的股本计算的，实施股票股利等方案后，某些财务指标的数值发生了很大的变化。为避免误导投资者，必须重新计算有关财务指标，并予以公布。例如，该公司 2021 年一季度摊薄后的每股收益为 -0.0234 元。

二、股利分配的程序

股份有限公司向股东分配股利，一般先由董事会提出分配预案，然后提交股东大会审议，只有经股东大会审议通过的方案才能实施。由于股票市场各种股票的交易相当频繁，公司股东不断变更，因此，为了明确哪些股东可以获得股利，必须确定领取股利的最后交易时间，以确定有权领取股利的股东名单。通常与股利分配事项有关的日期包括股利宣告日、股权登记日、除权除息日和股利支付日。

（一）股利宣告日

股利宣告日是指董事会将股利分配方案予以公告的日期。一般是在股东大会通过利润分配方案后，由公司董事会以书面公告的形式公布。利润分配公告一般应当宣布股利分配的方式、支付金额、股权登记日期和股利支付日期等事项。应当注意的是，公司在公布年度报告时提出的利润分配方案，属于董事会提出的利润分配预案，并不一定是可以实施的分配方案；该方案必须经过股东大会审议通过后才能实施。

（二）股权登记日

股权登记日也称最后交易日，是指公司规定的有权领取本期股利的股东资格登记的截止日期。只有在股权登记日这天在公司股东名册上登记在册的股东，才有权享受此次的股利分配；而在这一天之后才列入股东名册的股东，即使是在股利发放日之前买进股票的，也无权分享本次股利。证券交易所的中央清算系统一般在股权登记日结束的当天即可打印出股东名册，这为股利发放提供了很大的便利。

（三）除权除息日

除权除息日也称除息日，是指领取股利的权利与股票相分离的日期。在除权除息日当天或之后购买股票的股东将不能享受这次分配的股利，因此除权除息日对股票价格有明显的影响。除权除息日之前的股票价格包含了应付的股利，因此在除权除息日后的股票价格会有所下降。从除权除息日开始，取得此次股利的权利与股票相分离，新购入股票的股东不能分享股利。在实务中，除权除息日一般就是股权登记日的下一个交易日。

（四）股利支付日

股利支付日也称付息日，是指公司将股利发放给股东的日期。由于目前上海和深圳两个证券交易所都已经实行指定交易，在付息日公司会通过交易系统将股利转入有权分配股利的各个股东的账户中，同时公司会计处理应冲销其负债（对现金股利而言）记录。

为了弄清上述与股利分配有关的重要日期，我们仍然以国检集团 2020 年度利润分配方案的实施过程来加以说明。

【例 6-5】中国建材检验认证集团股份有限公司（以下简称“公司”）于 2021 年 3 月 29 日召开第四届董事会第三次会议审议通过了《关于 2020 年度利润分配及公积金转增股本方案暨修订公司章程的议案》。2021 年 3 月 30 日，公司披露 2020 年度利润分配预案。本次分配以实施权益分派股权登记日的总股本为基数，以未分配利润向全体股东每 10 股送红股 2 股并派发现金股利 1.61 元（含税），本次拟送红股 86 240 000 股，拟派发现金股利 6 942.32 万元（含税，现金分红占归属于上市公司普通股股东的净利润的比例为 30.01%），共计分配利润 15 566.32 万元。同时以资本公积金转增股本方式向全体股东每 10 股转增 2 股，本次拟转增共计 86 240 000 股。上述方案实施完毕后，公司总股本为 603 680 000 股，公司注册资本由 43 120 万元人民币变更为 60 368 万元人民币。

2021 年 6 月 22 日，公司披露 2020 年度权益分派实施公告，经过股东大会审议通过的 2020 年度利润分配方案为：以方案实施前的公司总股本 431 200 000 股为基数，向全体股东每股派发现金红利 0.161 元(含税)，每股派送红股 0.2 股，以资本 公积金向全体股东每股转增 0.2 股，共计派发现金红利 69 423 200 元，派送红股 86 240 000 股，转增 86 240 000 股，本次分配后总股本为 603 680 000 股。

本次权益分派股权登记日为 2021 年 6 月 25 日，除权除息日为 2021 年 6 月 28 日，现金红利发放日为 2021 年 6 月 28 日，新增无限售条件流通股份上市日为 2021 年 6 月 29 日。

本例中，2021 年 3 月 30 日为分配预案公告日，2021 年 6 月 20 日为股利宣告日；2021 年 6 月 25 日为股权登记日，该日下午上海证券交易所收市后，在中国证券登记结算有限责任公司深圳分公司登记在册的本公司全体股东有权分配本次股利。股权登记日的下一个交易日，即 2021 年 6 月 28 日为除权除息日，从这一天和这一天以后买进该公司股票的投资者无权享受本次股利，这一天也是现金红利的到账日，以及红股与转增股份的上市交易日。

第三节 股利分配政策

股利政策是企业就股利分配有关事项所采取的一系列方针和策略的总称。股利政策包含是否分配股利、分配多少股利、何时分配股利、以何种方式分配股利等内容，其核心问题是分配多少股利，即股利支付比率。这个问题实际上也就是协调股东的眼前利益和公司长远发展的问题。围绕这一核心问题，股利政策主要有以下四种。

一、剩余股利政策

剩余股利政策是指在股利分配前，先考虑满足公司的投资需要，会将净利润较多地留在企业，用于增加投资，依据预先确定的最佳资本结构（目标资本结构，一般在目标资本结构下，资本成本较低），确定利润留存的数量，再将剩余的利润分配给投资者。这种政策主要是考虑公司未来的投资机会，即当企业面临良好的投资机会时，在目标资本结构的约束下，最大限度地使用留存收益来满足投资方案所需的自有资金数额。在这种分配政策下，公司只要存在有利的投资机会，就会首先考虑其资金需要，然后再考虑剩余收益的分配需要。当公司投资项目所实现的报酬率大于投资者自行利用股利再投资所获的报酬率时，则大多数投资者愿意公司将利润留存予以再投资而不发放股利。

在剩余股利政策下，每年的股利发放额会随投资机会和盈利水平波动。在盈利水平一定的情况下，投资机会越多，分配的股利越少；而投资机会越少，股利发放则越多。同样，当投资机会一定时，公司盈利越多，股利分配越多；反之亦然。当然，采用剩余股利政策时，还需要考虑一个很重要的因素，那就是公司现存的资本结构与目标资本结构的差异程度。如果公司目前的资本结构相对于目标资本结构而言，债务资本比例明显偏高，那么应当将较多的利润留存于公司；否则可以将更多的利润分配给股东。

采用剩余股利政策时，计算分配的股利可分为以下四步：①设定目标资本结构，即确定权益资本与长期债务的比率，在此结构下，加权平均资本成本最低；②确定该资本结构下，投资所需的股东权益数额；③最大限度地用盈余来满足所需的权益资本数额；④当所需权益资本满足后，若有剩余，可用于股利分配。

实行剩余股利政策，最主要的优点是能使公司保持较为理想的资本结构。但这种股利政策的缺点也是十分明显的，主要是股利的分配数量不稳定，不利于投资者安排收入和支出，也不利于公司树立良好的形象。处于高速成长期的公司及一些高新技术企业可能会选择这种股利分配政策。

在我国，选择剩余股利政策的上市公司比比皆是。许多公司正处于快速成长期，需要大量的资金，公司实现的利润首先要满足经营活动和投资活动的需要。有些公司由于盈利水平低，即使将所有利润留存公司，也不能满足其资金需求，当然不可能再发放现金股利。当然，剩余股利政策有时也为公司“不分配”提供借口；确实有一些公司是借“公司发展需要资金”之名，限制分配现金股利，这实际上是对剩余股利政策的曲解。

二、固定股利或稳定增长股利政策

固定股利或稳定增长股利政策，是指公司将每年支付的每股股利额维持在某一固定水平上，并在较长的时期内保持不变，只有在公司利润有较大增长或下降时，且这种变动被认为是不可逆转时，才可能调整每股股利额。在采纳这一股利政策时，公司坚持一个不降低每年的股利发放额的原则。不过，在通货膨胀的情况下，大多数公司的盈余会随之提高，且大多数投资者也希望公司能提供足以抵消通货膨胀不利影响的股利，因此在长期通货膨胀较为明显的时期，公司应提高股利发放额。

在我国上市公司中，确实有一些公司在奉行固定股利政策。比较典型的是大秦铁路股份有限公司（股票代码：601006）。该公司从 2006 年 8 月 1 日上市以来，连续四年（2006—2009 年）给出的利润分配方案均为每股分配现金股利 0.30 元；2010—2020 年每年分配的现金股利基本上维持在 0.35 ～ 0.49 元（2016 年度除外）。又如，中国长江电力股份有限公司（股票代码：600900）于 2017—2020 年，每年分配的现金股利依次为 0.68 元、0.68 元、0.68 元、0.70 元，股利分配体现了固定股利或稳定增长股利政策的特点。

采用固定股利或稳定增长股利政策的优点主要有以下两个方面：一方面，稳定的股利向市场传递着公司正常发展的信息，有利于稳定股票的价格和树立公司良好的形象，增强投资者对公司的信心，有利于股价的上涨；另一方面，稳定的股利有利于投资者安排股利收入和支出，特别是对那些对股利有着很高依赖性的股东更是如此。

当然，固定股利或稳定增长股利政策也存在明显的缺点：一方面，股利支付缺乏弹性，与公司的盈余能力相脱节，没有考虑公司实际发展的需要，当盈余较低或公司有较好的投资机会需要资金时仍要支付固定的股利，这相当于是一笔固定的短期负债，可能会给公司带来不小的财务压力，提高筹资成本；另一方面，不能像剩余股利政策那样保持较低的资本成本和较为理想的资本结构，对公司未来的发展可能造成不良的影响。

因此，采用这种政策的大多数是收益较稳定或正处于成长期的企业。

三、固定股利支付率政策

固定股利支付率政策是指公司每一年度按固定的股利支付比率从税后利润中支付股利。在这种股利政策下，每年的股利总量随着公司盈利的变动而变动，保持股利与利润的一定比率关系，体现了风险与收益对等的原则。

固定股利支付率政策是一种常见的股利政策，为许多公司所采用。在上海证券交易所上市的申能股份有限公司（股票代码：600642），最近 10 多年所采纳的股利政策就是比较典型的固定股利支付率政策。该公司自 1999 年以来，每年分配的现金股利基本上保持在当年实现净利润的一半左右。据初步计算，该公司 2014—2020 年每年的股利支付率依次为 47.39%、46.40%、49.70%、52.37%、51.40%、48.78%、50.08%。这绝不是偶然的，而是公司管理层在利润分配中奉行固定股利支付率政策的体现。

固定股利支付率政策的优点表现在：可以减轻公司的财务压力，避免公司在盈利大幅度下降的年份，因支付较多的固定股利而陷入财务困境；可使股利与公司的盈余紧密地结合，体现多盈多分、少盈少分、不盈不分的原则；对于内部职工持股比例较高的公司，如果采用这种股利政策，可将职工利益与公司利益紧密结合起来，充分调动广大职工的积极性和创造性。

采用固定股利支付率政策的缺点表现在：由于各年股利的支付额不稳定，在一定程度上增加了股东回报的不确定性，也容易使投资者产生公司经营不稳定的印象，对稳定股票价格也很不利；同时，固定股利支付率政策不像剩余股利政策那样能够保持相对较低的资金成本。

在这种股利政策下，由于公司历年支付的股利具有波动性，股利的多少通常被认为透露着公司未来的发展状况，投资者可能会认为股利的波动意味着风险的增加，而要求提高其投资报酬率，引起股价下跌。因此，从理论上说，这种股利政策不可能使公司股价最大化。

四、低正常股利加额外股利政策

低正常股利加额外股利政策是指公司一般情况下每年向股东支付固定的、数额较低的股利，在盈余多的年份，再根据实际情况向股东发放额外股利。但额外股利并不固定化，不意味着公司永久地提高了规定的股利率。这是将固定股利政策和固定股利支付率政策折中的一种股利政策。

低正常股利加额外股利政策是一种弹性很强的股利政策，使公司在确定股利分配方案时具有较大的灵活性。当公司盈余较少或需用较多资金进行投资时，可维持固定的、数额较低的股利，股东就不会有太大的失落感；而当盈余有较大幅度增加时，可追加股利，增强股东对公司的信心，这也有利于稳定股票价格。另外，这种股利政策可使那些依靠股利度日的股东每年至少可以得到虽然较低但稳定的股利收入，从而吸引这部分股东长期持有公司股票。正因为低正常股利加额外股利具有这样的优点，所以那些盈利水平波动较大、现金流量难以把握的公司喜欢采用这种政策。

采用低正常股利加额外股利政策也存在一些不足。倘若公司连续几年内由于经营状况较好而发放较多的额外股利，容易提高股东对股利发放的期望值，将额外股利视为公司的正常股利。一旦公司因盈利下降而发放较少的额外股利，便会导致部分股东的不满。

上述各种股利分配政策各有所长，也各有不足。在利润分配的实际工作中，我们很难说某一公司的股利分配一直在奉行哪种股利政策；公司的股利政策不是一成不变的，往往随着公司实际情况的不同会有所改变。纵观我国上市公司的利润分配方案，采用剩余股利政策的公司似乎占大多数，这些公司从自身发展出发，首先考虑满足内部筹资的需要。当然，政府监管部门的政策引导对上市公司的股利决策会产生很大影响。例如，2001 年年底，中国证监会提出把现金分红派息作为上市公司再融资的必要条件，这在很大程度上影响着上市公司的股利决策，派发现金股利的上市公司明显增多。2013 年，证监会发布《上市公司监管指引第 3 号——上市公司现金分红》，立足资本市场实情，从保护投资者合法权益、培育市场长期投资理念出发，多措并举引导上市公司完善现金分红机制，强化回报意识。2020 年 3 月 1 日起施行的新《证券法》第九十一条指出，“上市公司应当在章程中明确分配现金股利的具体安排和决策程序，依法保障股东的资产收益权”。2020 年 4 月，中共中央、国务院发布《关于构建更加完善的要素市场化配置体制机制的意见》，鼓励和引导上市公司现金分红。上市公司现金分红是资本市场的一项基础性制度，也是属于公司自治范畴的事项。从金融理论和监管实践看，分红制度能有效增强资本市场投资功能和吸引力。

【例 6-6】科德电子科技股份有限公司上市五年来，一直保持较好的发展势头和较高的盈利水平。每年的净利润基本上以 10% 的速度持续增长。公司目前总股本为 12 000 万股，其中限制性流通股 7 000 万股，实际流通股 5 000 万股。公司近五年每年均分配现金股利，没有分配股票股利，也没有实施公积金转增股本的方案。2019 年公司实现净利润 15 000 万元，分配现金股利 6 000 万元。2020 年公司实现净利润 17 200 万元，尚未分配。公司 2020 年年末的资本结构为：权益资本占 35%，债务资本占 65%。公司 2021 年准备扩大生产能力，需要筹资 16 000 万元。2021 年年初，公司董事会讨论 2020 年度的股利分配方案。财务部门设计了下面四种利润分配方案：

（1）采用稳定增长的股利政策，每年分配的现金股利按照 10% 的速度稳定增长。

（2）采用固定股利支付率政策，保持上年的股利支付比率。

（3）如果公司管理层认为目前的资本结构是较为理想的资本结构，将继续维持，应当采用剩余股利政策。2021 年投资所需债务资本通过长期借款满足，所需权益资本全部通过 2020 年的收益留存满足，多余利润作为现金股利。

（4）如果公司管理层认为公司目前的债务资本比例偏高，应当适当降低负债比率。投资所需要的大部分资金通过配股筹措，拟定的配股方案为：以 2020 年的年末总股本为基数，按 10∶2 的比例配股，拟定配股价格为每股 4.20 元，所有股东均全额参加配股。配股筹资不能满足投资需要的资金缺口由 2020 年收益留存融资，2020 年留存收益以外的净利润全部用来分配现金股利。

要求：针对上述四种利润分配方案，分别计算该公司 2020 年度应分配的现金股利。

【解答】

（1）采用稳定增长的股利政策。由于公司 2019 年分配现金股利 6 000 万元，要求每年分配的现金股利按照 10% 的速度稳定增长，因此 2020 年度应分配的现金股利为 6 000×(1+10%)= 6 600 万元。

（2）采用固定股利支付率政策。由于公司 2019 年实现净利润 15 000 万元，分配现金股利 6 000 万元，股利支付率为 40%，2020 年股利分配将保持该股利支付比率，因此 2020 年度应分配的现金股利为 17 200×40%=6 880（万元）。

（3）采用剩余股利政策。按照目标结构的要求，由于公司投资需筹集权益资本 16 000×35%=5 600（万元），需负债筹资 16 000×65%=10 400（万元），因此应从 17 200 万元净利润中划出 5 600 万元作为留用利润，以满足投资所需的权益资本，然后将剩余的 11 600 万元作为股利予以分配。

（4）先计算配股筹资的资金。配股数量 2400 万股，配股筹资额为 2 400×4.20=10 080（万元）。除配股外，需用留存收益的融资额为 16 000−10 080=5 920（万元）。因此，公司应将 2020 年留存收益以外的净利润 11 280 万元作为股利分配。

第四节　股利决策

一、股利决策的影响

财务管理的目标是追求股东价值的最大化，所以公司在制定股利决策时应当考虑什么样的股利政策对投资者的投资行为会产生什么样的影响，从而保证公司的股价不会因为股利政策而产生下跌的结果。

就公司内部而言，股利政策会影响下一年度的可用资金数量，对公司的筹资及投资决策带来一定的影响，即股利分得多了，公司留存的利润就少了。当投资总额不变时，负债筹资必定会增加，以致财务风险增加。

同时，市场对于公司的股利决策往往较为关心，较高的现金股利向外界传达着盈利良好、经营稳定的信息，有利于提振市场的信心，促使股价的上涨。股票股利虽没有直接增加股东的资产总额，但同样有着提升股价的作用。而股利波动较大，或者近年来一直有下降的趋势，外界会对公司的经营能力产生怀疑，使得公司的股价下行。

因此，采用什么样的股利政策会直接影响股价，企业应当权衡各方利弊，根据实际情况确定最佳的股利政策。

二、股利理论

股利理论主要是为股份制企业的收益分配提供理论参考，更好地协调企业各相关方面的利益，以及企业本身的长远利益与短期利益的关系。目前，用得较多、发展较成熟的股利理论主要有两类：股利无关论和股利相关论。

（一）股利无关论

股利无关论是指公司的市场价值与股利分配无关，是由米勒和莫迪格利安尼在 1961 年提出的。这一理论建立在完美资本市场的假设之上，其主要观点是：

第一，投资者对公司的股利分配并不关心。如果公司股利分配较少，将较多收益留存于企业用于再投资，会导致公司的股价上升，投资者可以通过出售股票获得较高收益；如果公司分配较多的股利，投资者会用现金去购买更多的股票。也就是说，投资者对于股利和股价上升带来的资本利得没有偏好。

第二，公司价值与股利支付率无关。公司价值主要由经营效率及其投资政策决定，与它的分配政策无关，股利分配多少并不影响投资者对公司的估值，即不影响公司股权资本的筹集。

（二）股利相关论

股利相关论是在打破了股利无关论中的某些理想假设的基础上，做了相应的延伸得到的。它认为股利政策对于公司价值会产生影响，主要包括税差理论、“一鸟在手”理论、代理理论、信号理论等。

1. 税差理论

股利无关论假设不存在税收，但现实中必定会对股利及股票的资本利得征税。发放现金股利一般会征收所得税，由于股利分配在企业缴纳所得税之后实施，所以存在着重复征税的现象。而资本利得税是在投资者出售股票时，对股票出售价格高于购入价的部分征税。税差理论就是考虑了股利收益与资本利得的税负差异而得出的，一般来说，出于健全和保护资本市场投资的目的，现金股利的税负要高于资本利得的税负，这使得一些大股东偏好于少发或不发现金股利。但如果股票的交易成本较高，使得获取现金股利更有利时，投资者又会倾向于多派股利。

2. “一鸟在手”理论

西方有句名谚，“一鸟在手，强于百鸟在林”。现金股利可能虽不及资本利得增加来得多，但毕竟是实实在在到手的钱。对于投资者而言，靠将收益留存于企业，以期获得股价上升带来的好处，其不确定性较大，而现金股利就没有这样的风险。因此，根据“一鸟在手”理论，股东更偏好于现金股利而非资本利得，他们会倾向于股利支付率较高的股票，当公司的股利支付率提高时，其所要求的权益报酬率会相应有所降低。

3. 代理理论

由于股东、债权人、经理人员等的目标并不完全一致，一方利益的实现可能会以伤害另一方的利益为代价，这种利益冲突在公司的股利分配过程中表现为不同形式的代理成本。

（1）股东与债权人的代理冲突。股东为实现自身的利益可能会选择风险较大的投资方案，从而给债权人带来了额外的风险。债权人为保证自己的利益实现，会要求公司减少股利的分配，以提高公司的偿债能力。

（2）经理人员与股东的代理冲突。当公司拥有较为充裕的现金流时，经理人员为了个人业绩可能把资金投资于低回报项目，或者为了用于在职消费，希望将更多的钱留在公司，因此，他们会选择低股利政策。这便损害股东的利益，不仅降低股利，还降低股东的投资回报率。

（3）控股股东与小股东的代理冲突。拥有较多股份的股东可能会出于少交个人所得税的考虑，希望公司少发股利，多将利润留存于企业，用于再投资，他们更希望股价上涨带来收益。但对于小股东而言，他们要交的个人所得税也比较有限，由于公司未来的股价存在不确定性，所以他们更希望公司可以多发股利，以降低自己的投资风险。

4. 信号理论

股利无关论假设不存在信息不对称，但实际上是不可能的，外部投资者只能通过有限的途径获取公司经营状况与发展状况的部分信息，因此，投资者处于相对弱势的地位。股利支付信息及股利支付水平的变化有利于投资者对公司的盈利能力、盈利的持续性及增长性等做出较为合理的判断。若股利支付增加，会被认为企业未来的盈利能力良好，有利于公司股价的上涨；反之，股利支付波动较大或有明显的下降，则对公司的股价不利。

当然，增发股利在有些人看来并不是公司发展向好的迹象，反而说明公司缺乏回报率较高的投资机会。因此，股利信号对于不同的人会有不同的理解，这也决定了人们对企业的价值会做出不同的判断。

三、影响股利决策的基本因素

股利决策的形成受企业内外各种因素的影响，如法律因素、股东因素、公司因素、其他因素等。

（一）法律因素

为保护债权人和股东的利益，国家法律、法规对企业的利润分配予以一定的硬性规定。这些规定主要体现在以下两个方面约束：

1. 资本保全的约束

它要求企业所发放的股利和投资分红不得来自资本（股本和资本公积），只能来自企业的各种当期利润或保留盈余。尤其是当企业出现年度亏损时，除非以前年度留有足够的保留盈余，否则当年不得分配利润。利润分配中的资本保全约束可以保证企业有完整的产权基础，保护债权人和投资者等各方的利益。

2. 资本积累的约束

公司的税后利润应先按一定的比例提取法定盈余公积金，以用于公司今后发展的需要。同时，公司也可适当地提取任意盈余公积金，以避免由于虚增利润而导致的过度利润分配的不良后果。但在西方国家，利润积累到一定程度会受到法律的限制，由于股东接受股利缴纳的所得税高于其进行股票交易的资本利得税，所以许多公司往往通过积累利润推动股价上涨而帮助股东避税。为了制止这种行为，有些国家的法律明确规定公司不得超额累积利润，否则将被加征额外税额。我国目前尚未做出此种规定。

（二）股东因素

1. 稳定收益和规避风险的考虑

一些收入较低而依靠股利维持生活的股东，往往希望公司支付稳定的股利，而不愿意公司留存较多的利润。另外，在某些股东看来，通过增加留存收益引起股价上涨而获得的资本利得是有风险的，而目前的股利是确定的，即便是现在的股利较少，也强于未来较多的资本利得，因此他们往往要求较多的股利支付。

2. 避税考虑

由于发放股利会引起股东缴纳个人所得税，而公司在分配利润之前已经缴纳了企业所得税，所以分配股利会导致重复征税，给股东带来较重的税负。出于避税的考虑，有一些股东并不在乎发放的股利，他们更希望将资金留存于企业，让企业将资金用于报酬率更高的投资项目，取得更多的盈利，以期获得股价上涨的好处。

3. 控制权考虑

如果公司实行高股利支付率，那么留存收益就会减少，未来经营资金紧缺的可能性就会增大，这意味着将来发行新股的可能性增大。发行新股（通常指普通股）意味着公司控制权有进一步被稀释，甚至旁落他人的可能。因此，出于保持控制权目的，股东要求限制股利支付。

4. 所持股票流动性考虑

在我国，上市公司的股份分为流通股和非流通股两种。流通股股东和非流通股股东对待股利分配的偏好是不同的。持有流通股的股东虽然分得现金股利，但是股票价格会因除权而下落，股东实际并没有增加财富，而且发放股利会让流通股股东因缴纳所得税而造成损失，所以他们宁愿公司将利润留存于公司，以享受未来丰厚的资本利得。而持有非流通股的股东由于其股票不能上市交易，不能直接享受股价上涨带来的好处，所以他们希望公司能分配现金股利，而且对法人投资者来说，现金股利一般无须征收企业所得税。

（三）公司因素

公司股利的发放与企业的生产经营状况是密切相关的，公司生产经营对现金的需求是影响公司股利政策最重要的因素。

1. 资产流动情况

持有一定数量的现金，保持其资产较好的流动性，是企业生产经营顺利进行的基础和必要条件。资产流动性越强，则支付现金股利的可能性越大；反之，如果企业的资产流动性差，即使收益可观，暂时也不宜分配过多的现金股利。尤其是那些高成长、盈利性强的企业，愿意将大部分资金投资在固定资产和永久性流动资产上，为了保持一定的流动性，它们不愿意支付大额股利而对企业的生存造成威胁。

2. 举债能力

举债能力是指企业在一定期间以负债形式从外界获得资金的能力。对于股份有限公司来说，其举债能力越强，就越能够筹措到所需的资金，就可以采取比较宽松的股利政策；而举债能力较弱的公司，则应采取比较紧缩的股利政策，少发放现金股利，多留存利润。

3. 投资机会

投资机会是影响公司股利决策的一个重要因素。当公司预计有良好的投资机会时，需要有强大的资金支持，公司就会考虑少发股利而增加留存利润，用于再投资；当公司缺乏良好的投资机会时，保留大量的现金就会造成资金的闲置，于是公司应增加股利支付。

4. 资金成本

资金成本是公司选择筹资方式的基本依据。假设公司现正为一项目筹措资金，如果资本市场利率较高，即公司获得外部资金的成本较高，那么公司应采取低股利政策，让更多的利润留存公司；反之，则可发放相对较高的股利。

5. 盈余稳定状况

由于盈余相对稳定的公司能够更好地判断未来的收益情况，因此其股利支付率通常较高；反之，若公司盈余不稳定，对未来的把握程度小，往往会害怕盈余下降而造成股利无法支付、股价下跌的危险，因此出于安全性考虑，其股利支付率就会较低。

（三）其他因素

1. 合同条款限制

合同条款限制主要是指企业发行债券的协议、借贷合同、租赁合同及优先股协议中所包含的对企业股利支付方面的限制。它对企业股利政策的影响很大：第一，这类限制限定了企业所能支付股利的总额，有时可能规定只有当企业的盈利达到某个水平时，才能支付股利；第二，借款协议中要求企业必须从偿债基金中拿出一部分用于支付债务，从而减少股息支付；第三，当企业的流动比率低于某个预定的水平时，债权人可能会禁止股息支付。特别是公司长期债务合同，债权人出于自我保护的考虑，往往会限制公司现金股利的支付程度，致使公司不得不采取低股利政策。

2. 通货膨胀

在通货膨胀的情况下，企业的折旧经常可能不足以补偿固定资产的更新，因此，企业不得不保留较高的留存收益以满足固定资产更新时资金不足的需要。另外，通货膨胀还影响企业营运资本的需求。企业的各种材料成本会上升，为了支持大批量的产品生产，投资于存货的资金数量将相应增加。同时，由于应收款项数额增加，企业的现金数量相应增加；应付款项数额增加，企业的现金支出将随之上升；现金投资也必须相应增加。因此，在通货膨胀时期，公司往往采取偏紧的股利政策。但投资人在通货膨胀时，可能要求比之前更高的股利支付率，所以公司在制定股利政策时应协调双方利益综合考虑。

【思考与练习】

一、思考题

1. 企业的营业利润由哪些项目构成？
2. 试述股份有限公司收益分配的一般程序。
3. 分配股票股利和实施资本公积金转增股本都会使公司的股本增加。请你指出这两种方式存在哪些区别?

4. 在我国上市公司中，遵循固定支付率股利政策的公司并不多见，除了教材中介绍的申能股份有限公司，请你再列举一家上市公司。

5. 简要说明从企业层面看，在进行收益分配决策时应考虑哪些因素?

二、单项选择题

1. 在分配优先股股利之前，企业不能（　　）。

A. 弥补亏损　　B. 缴纳所得税

C. 提取任意盈余公积金　　D. 提取法定盈余公积金

2. 按照我国《公司法》的规定，当公司累计的法定盈余公积金达到注册资本的（　　）时，可以不再提取。

A. 5%　　B. 10%　　C. 25%　　D. 50%

3. 若用法定盈余公积金转增资本，转增资本后的法定盈余公积金一般不得低于注册资本的（　　）。

A. 10%　　B. 25%　　C. 35%　　D. 50%

4. 按规定，股份有限公司实现的净利润在计提法定盈余公积金后，应当先（　　）。

A. 计提任意盈余公积金　　B. 弥补以前年度的亏损

C. 分配优先股股利　　D. 分配普通股股利

5. 在股利支付方式中，最常见也是最易被股东接受的是（　　）。

A. 现金股利　　B. 股票股利

C. 财产股利　　D. 负债股利

6. 公司采取固定股利支付率政策，（　　）。

A. 是为了保持理想的资本结构

B. 有利于树立公司良好的形象，稳定股票价格

C. 能使股利与公司盈余紧密结合

D. 能使公司股利分配具有较大的灵活性

7. 某企业因投资需要筹措资金 1 000 万元，目标资本结构（权益资本：负债资本）是 3∶2，现有净利润 1 300 万元，如果采用剩余股利政策，则需要支付股利（　　）万元。

A. 400　　B. 520　　C. 600　　D. 700

8. 2019 年年末宏鑫公司总股本为 2 000 万股，2020 年 4 月 20 日公司公布 2019 年利润分配方案：以 2019 年年末总股数为基数，每 10 股转增 3 股。股权登记日为 2020 年 5 月 12 日，除权除息日为 2020 年 5 月 13 日。5 月 12 日公司股价为 28 元，请问除权后公司股价将变为（　　）元。

A. 28　　B. 18.67　　C. 27.18　　D. 21.54

三、多项选择题

1. 以下属于收益分配的原则的有（　　）。

A. 资本保全原则　　B. 按需分配原则

C. 兼顾各方利益原则　　D. 分配与积累并重原则

2. 下列（　　）会影响企业一定时期的营业利润。

A. 公允价值变动收益　　B. 投资收益

C. 资产减值损失　　D. 信用减值损失

3. 按现行法律规定，公司从税后利润中留存的法定盈余公积金，可用于（　　）。

A. 弥补以后年度经营性亏损　　B. 作为职工奖励基金

C. 按法定程序转增资本　　D. 以后年度分配股利

4. 企业发生的经营性亏损，一般可用（　　）进行弥补。

A. 以前年度提存的法定盈余公积金　　B. 资本公积金

C. 以后年度的税前利润　　D. 以后年度的税后利润

5. 目前，我国上市公司的股利分派形式通常是（　　）。

A. 现金股利　　B. 财产股利　　C. 负债股利　　D. 股票股利

6. 在其他条件不变的前提下，若不考虑股利分配中的所得税因素，则分配股票股利会引起公司（　　）。

A. 所有者权益增加　　B. 股本总额增加

C. 每股收益减少　　D. 每股市价下落

7. 公司内部的下列因素中，对股利决策产生影响的有（　　）。

A. 资本成本　　B. 举债能力

C. 盈余稳定状况　　D. 投资机会

8. 股利理论中的“股利无关论”的基本观点是（　　）。

A. 投资者对于股利和资本利得两种收益没有偏好

B. 投资者获得的股利与资本利得所承受的所得税没有差异

C. 公司价值与股利支付率无关

D. 股利分配对公司的资产结构和资本成本不会产生影响

四、计算分析题

1. 思特惠有限责任公司开始经营的前 7 年中实现税前利润（发生亏损以“−”表示）见下表（单位：万元）。

年份	1	2	3	4	5	6	7
利润	−200	50	−50	30	50	50	150

假设除弥补亏损外，无其他纳税调整事项。该公司的所得税税率一直为 25%，按规定享受连续 5 年税前利润弥补亏损的政策，税后利润（弥补亏损后）按 10% 的比例提取法定盈余公积金。要求：

（1）计算该公司第 7 年应缴纳的所得税额和税后利润。

（2）计算该公司第 7 年应当提取的法定盈余公积金。

（3）通过计算后回答：该公司第 7 年可以分配给投资者的利润最多能达到多少？

2. 正大股份有限公司发行在外普通股为 6 000 万股，2019 年实现净利润 4 500 万元，分配现金股利每股 0.45 元，而 2020 年公司的净利润只有 3 750 万元。该公司对未来仍有信心，决定投资 3 600 万元引进新生产线，所需要资金的 60% 来自举债，40% 来自权益资本。要求：

（1）如果公司采用剩余股利政策，计算该公司 2020 年可以分配的每股现金股利。

（2）如果公司遵循固定股利支付率政策，维持 2019 年的股利支付比率，计算 2020 年应分配的每股现金股利。

3. ABC股份有限公司2020年全年实现净利润7 500万元，年末在分配股利前的股东权益账户余额见下表。

项目	金额（万元）
股本（面值1元）	8 000
资本公积	20 000
盈余公积	2 500
未分配利润	7 500
合计	38 000

公司2021年1月25日经年度股东大会审议通过的利润分配方案为：以2020年年末的总股本为基数，每股分配现金股利0.30元，并按照股本总额的25%分配股票股利（按面值计算）。股权登记日为2021年2月1日，除权除息日为2月21日。股权登记日的股票收盘价为12.20元/股。假如不考虑股利分配中的税金因素，试求解以下互不相关的问题：

（1）2021年实施2020年利润分配方案后，该公司股东权益结构有何变化（不考虑2021年实现的利润而增加的股东权益）？

（2）该公司股票因实施利润分配方案而除权后的每股价格应该是多少（不考虑股票涨跌情况）？

（3）假设2021年该公司净利润比上年增长20%，2021年度的利润分配若遵循固定股利支付率政策并保持分配25%的股票股利，则2021年利润分配中应发放多少现金股利？

（4）若预计2021年净利润将增长20%，且2021年年底公司将开展一个大型项目，该项目所需资金为6 000万元。若公司想要保持负债率40%的目标资本结构，按照剩余股利政策，则2021年度利润分配中能否发放现金股利？能发放多少现金股利？

五、案例题

【案例】 三鑫医疗2020年度权益分派方案

资料：

（一）公司简介

江西三鑫医疗科技股份有限公司（以下简称“三鑫医疗”）前身是江西三鑫医疗器械集团有限责任公司，成立于1997年3月7日。2010年9月18日，根据股东会决议，将江西三鑫医疗器械集团有限责任公司整体变更为江西三鑫医疗科技股份有限公司。2011年1月18日南昌市工商行政管理局核准了股份公司的设立登记，注册资本为5 200万元，股本总数为5 200万股（每股面值1元，下同）。2011年5月6日，根据公司股东大会决议向公司内部52位自然人增发股份750万股，变更后的公司注册资本为5 950万元，股本总数为5 950万股。2015年5月6日首次向社会公众发行人民币普通股1 986万股，于2015年5月15日在深圳证券交易所创业板上市，增加注册资本人民币1 986万元，变更后的注册资本为人民币7 936万元，股本总数为7 936万股。公司所处行业为医疗器械制造业，经营范围：医疗器械的生产、经营；医疗设备租赁；消毒剂的生产、销售；经营本公司生产、科研所需的原辅材料、机械设备、仪器仪表、零配件及相关技术的进口业务及本公司的进料加工；日用口罩（非医用）销售、日用口罩（非医用）生产；劳动保护用品生产、劳动保护用品销售；卫生用品和一次性使用医疗用品生产、卫生用品和一次性使用医疗用品销售；化妆品生产、化妆品批发、化妆品零售；互联网销售（除销售需要许可的商品）、食品互联网销售；食品生产；保健食品生产、保健食品销售；日用品销售、日用品批发、日用品生产；国内贸易代理。公司主要产品为血液净化类、注射类、留置导管类、输液输血类、心胸外科类、防护类、其他医用耗材类等系列产品。

（二）首次公开发行股份情况

经中国证券监督管理委员会“证监许可〔2015〕719号”文核准，公司于2015年5月6日向社会公开发行人民币普通股1 986万股，每股面值1元，每股发行价12.87元，筹资总额25 559.82万元，发行费用2 587.22万元，筹资净额22 972.60万元。2015年5月15日，经深圳证券交易所同意，公司向社会公开发行的1 986万股股票在深圳证券交易所挂牌交易，股票简称“三鑫医疗”，股票代码：300453。

（三）公司股票上市后的股本变动情况

公司上市之初的总股本为7 936万股，截至2020年12月31日，公司总股本为26 268.5万股。股本变动的原因如下：

（1）2016年4月1日，公司实施2015年度利润分配及转增股本方案，以公司总股本7 936万股为基数，向全体股东每股派发现金红利0.20元（含税），以资本公积金向全体股东每股转增1股，转增后公司总股本增至15 872万股。

（2）公司于2018年10月24日召开了2018年第一次临时股东大会，审议通过了《2018年限制性股票激励计划（草案）》，向55名激励对象授予了459.5万股限制性股票，股权激励方案实施后公司总股本增至16 331.5万股。

（3）2019年5月6日，公司实施2018年度利润分配及转增股本方案，以公司总股本16 331.5万股为基数，向全体股东每股派发现金红利0.10元（含税），以资本公积金向全体股东每股转增0.6股，转增后公司总股本增至26 130.4万股。

（4）2019年7月24日，公司向20名激励对象授予了140.1万股预留限制性股票，并于2019年7月29日完成登记，公司股份总数由26 130.4万股增至26 270.5万股。

（5）2020年11月5日，公司2018年限制性股票激励计划的激励对象刘振坤先生因个人原因离职，不再符合激励对象条件。根据《上市公司股权激励管理办法》和公司《2018年限制性股票激励计划（草案）》等相关规定，公司将其所持已获授但尚未解锁的20 000股限制性股票进行回购注销，回购后公司股份总数由26 270.5万股减少为26 268.5万股。

（四）上市后公司历年权益分派情况

公司上市后的每股收益及权益分派情况见下表。

年度	每股收益（元）	股份总数（股）	权益分派方案	实施日期
2015年度	0.34	79 360 000	每10股派2元转增10股	2016年4月1日
2016年度	0.23	158 720 000	每10股派1元	2017年4月27日
2017年度	0.27	158 720 000	每10股派1元	2018年6月4日
2018年度	0.16	163 315 000	每10股派1元转增6股	2019年5月6日
2019年度	0.24	262 705 000	每10股派1元	2020年5月13日
2020年度	0.45	262 685 000	每10股派2元送1.5股转增3.5股	2021年4月29日

（五）2020 年度权益分派方案

公司于 2021 年 3 月 27 日公布 2020 年年度报告，公司 2020 年度实现归属于母公司所有者的净利润 11 562.48 万元。同时公布 2020 年利润分配及资本公积金转增股本（权益分派）预案为：以公司股权登记日总股本为基数，向全体股东每 10 股派 2 元现金，送红股 1.5 股，同时以资本公积金向全体股东每 10 股转增 3.5 股。公司于 2021 年 4 月 20 日召开 2020 年年度股东大会，审议通过了 2020 年度的权益分派方案。2021 年 4 月 22 日，公司董事会公布 2020 年度权益分派实施公告，方案为：以 2020 年利润分配股权登记日的总股本 262 685 000 股为基数，以未分配利润向全体股东每 10 股派发现金股利 2 元（含税），每 10 股送红股 1.5 股，同时以资本公积向全体股东每 10 股转增 3.5 股。合计派发现金红利 52 537 000 元（含税），合计派送红股 39 402 750 股，合计转增股本 91 939 750 股。股权登记日为 2021 年 4 月 28 日，除权除息日为 2021 年 4 月 29 日，股利支付日为 2021 年 4 月 29 日，送转股份上市日为 2021 年 4 月 29 日。此次送红股和转增股本完成后，公司的总股本为 394 027 500 股。

（六）某投资者情况

路宽先生是三鑫医疗股票的个人投资者，于 2015 年 5 月 6 日（该公司 IPO 时间）认购了该公司股份 1 000 股新股，认购价格为 12.87 元。2017 年 2 月 3 日，路宽先生又以每股 21.83 元（当日收盘价）的价格买入该公司股份 3 000 股。路宽先生购买的三鑫医疗股票一直持有至今。已知三鑫医疗股票 2021 年 4 月 28 日（股权登记日）的收盘价为 18.03 元，而 4 月 29 日（除权除息日）的收盘价为 11.93 元。

问题：

（1）按照我国《公司法》的规定，上市公司的税后利润可直接向股东分配股利吗？

（2）三鑫医疗在 2020 年 12 月 31 日前需要对 2020 年度利润分配及资本公积金转增股本预案进行会计处理吗？若需要，请给出会计分录；若不需要，请说明理由。该预案需要在 2020 年年度报告中加以披露吗？

（3）请你为三鑫医疗 2020 年度的权益分派方案进行会计处理。

（4）资本公积金转增股本属于利润分配方案吗？它与股票股利有何不同？上市公司实施送股和资本公积金转增股本方案会增加股东财富吗？

（5）本案例中，三鑫医疗股本增减的途径有哪些？从 A 股上市公司看，导致上市公司股本增减的途径还可能有哪些？

（6）与 2021 年 4 月 28 日相比，4 月 29 日三鑫医疗股票的价格是上涨还是下跌？涨跌幅度为多少？

（7）路宽先生在 2021 年 4 月 29 日除权后拥有三鑫医疗股票多少股？他从该公司股票上市以来获得的现金股利合计有多少（不考虑个人所得税）？截至 2020 年 4 月 29 日路宽先生投资该股票的累计账面盈利（或亏损）约为多少（不考虑股票交易税费）？

第七章　资本成本和资本结构

【引子】

韩国第二大企业集团大宇集团1999年11月1日向新闻界正式宣布，该集团董事长金宇中以及14名下属公司的总经理决定辞职，以表示“对大宇的债务危机负责，并为推行结构调整创造条件”。韩国媒体认为，这意味着“大宇集团已经消失”。

大宇集团于1967年奠基立厂，其创办人金宇中当时是一名纺织品推销员。经过30年的发展，通过韩国政府的政策支持、银行的信贷支持和在海内外的大力并购，大宇成为直逼韩国最大企业——现代集团的庞大商业帝国。1998年年底，总资产高达640亿美元，营业额占韩国GDP的5%，业务涉及贸易、汽车、电子、通用设备、重型机械、化纤、造船等众多行业。大宇集团在韩国国内所属企业曾多达41家，海外公司数量创下过超600家的纪录，鼎盛时期，海外雇员多达几十万人，大宇成为国际知名品牌。大宇是“章鱼足式”扩张模式的积极推行者，认为企业规模越大，越能立于不败之地，即所谓的“大马不死”。据报道，1993年金宇中提出“世界化经营”战略时，大宇在海外的企业只有15家，而到1998年年底已增至600多家，等于“每3天增加一个企业”。

1997年年底韩国发生金融危机后，其他企业集团都开始收缩，但大宇仍然我行我素，结果债务越背越重。尤其是1998年年初，韩国政府提出“五大企业集团进行自律结构调整”方针后，其他集团都把结构调整的重点放在改善财务结构方面，努力减轻债务负担。大宇却认为，只要提高开工率，增加销售额和出口就能躲过这场危机。因此，它继续大量发行债券，进行“借贷式经营”。1998年大宇发行的公司债券达7万亿韩元（约58.33亿美元）。1998年第4季度，大宇的债务危机已初露端倪，在各方援助下才避过债务灾难。此后，在严峻的债务压力下，大梦方醒的大宇虽做出了种种努力，但为时已晚。1999年7月中旬，大宇向韩国政府发出求救信号；7月27日，大宇因“延迟重组”，被韩国4家债权银行接管；8月11日，大宇在压力下屈服，割价出售两家财务出现问题的公司；8月16日，大宇与债权人达成协议，在1999年年底前，将出售盈利最佳的大宇证券公司，以及大宇电器、大宇造船、大宇建筑公司等，大宇的汽车项目资产免遭处理。“8月16日协议”的达成，表明大宇已处于破产清算前夕，遭遇“存”或“亡”的险境。由于在此后的几个月中，经营依然不善，资产负债率仍然居高不下，大宇最终不得不走向本文开头所述的那一幕。

问题：

（1）大宇集团衰败的原因固然是多方面的，其中财务杠杆起到了怎样的作用？

（2）如何理解“财务杠杆是一把双刃剑”？

（3）什么是最优资本结构？其衡量的标准是什么？大宇集团的资本结构是不是“最优”？

（4）我国资本市场上的企业，从“大宇神话”中应吸取哪些教训？

通过对本章的学习，相信你将加深对这些问题的理解。

韩国大宇集团的倒闭固然受当时亚洲金融危机的外部环境驱动，但公司内部财务政策过于激进，利用财务杠杆过度负债，资本结构不合理，是导致其财务危机的根本原因。由此可见，优化资本结构对于一个公司是多么的重要。而资本结构与资本成本、财务杠杆又有密切的联系。一个理性的企业管理者，需要了解来自不同筹资渠道的资本和不同筹资方式取得的资本需要付出多大的代价，寻找最“便宜”的资本，力求降低资本成本；同时需要知道如何将这些不同来源的资本进行组合，以达到最优资本结构。本章首先介绍资本成本的概念、作用，详细阐述个别资本成本、加权平均资本成本和边际资本成本的概念及计量方法，接着从经营杠杆和财务杠杆两个方面阐述杠杆效应，最后介绍资本结构决策理论与决策方法。

第一节 资本成本

资本成本是财务管理中非常重要的概念，在企业筹资决策、投资决策、企业价值评估中具有十分重要的地位。因此，作为企业管理人员，必须正确认识资本成本的意义，掌握资本成本的计量方法。

一、资本成本的概念和内容

（一）资本成本的概念

资本成本是企业为筹集和使用资本而付出的代价。这里的资本是指各种长期资金，包括长期负债和所有者权益。财务管理中将长期负债称为债务资本，而将所有者权益称为权益资本。需要指出的是，将短期内（通常指一年以内）可以使用但随时需要偿还或至少在一年内需要偿付的债务排除在资本之外。这主要是出于两点考虑：一是短期资本的需要量及其筹资是经常变化的，且在整个资本总量中所占比重不稳定；二是短期资本通常没有直接的资本成本（短期借款等除外），或者其资本成本相对于长期资本来说可以忽略不计。

从筹资的角度看，资本成本是筹集资本所付出的代价；而从投资的角度看，资本成本又是资本供给者所要求的报酬。众所周知，一个企业的资本来自债权人和股东，他们将资本投入企业，需要获得相应的报酬。债权人要求从企业定期获取利息，股东则要求企业支付股利。因此，资本成本既是筹资的概念，也是投资的概念。

（二）资本成本的内容

企业的资本成本包括筹资成本和用资成本两部分。

（1）筹资成本是指企业在筹集资本过程中支付的各项费用，主要包括借款的手续费，发行股票、债券而支付的各项承销费用等。筹资成本通常是筹集资本过程中一次性支付的，与筹资数量的多少有关，而与资本使用的时间长短无关。因此，在计量资本成本时，筹资成本实际上作为资本筹集额的减项来处理。

（2）用资成本是指企业在生产经营、投资过程中因使用资本而支付给资本供给者的报酬，主要包括支付给股东的股利、向债权人支付的利息等。用资成本一般与筹集数额的大小和使用时间的长短有关，具有经常性、定期性支付的特点，是资本成本的主要内容。

资本成本按其在决策中的作用不同，可以区分为个别资本成本、加权平均资本成本和边际资本成本三种。个别资本成本是指单一筹资方式的成本，用于比较各种筹资方式的优劣；加权平均资本成本是指各种资本成本以各种资本所占比重为权数计算的加权平均数，用于资本结构决策和企业价值评估；边际资本成本是指增量资本所需要增加的资本成本，主要用于追加筹资决策。

（三）资本成本的性质

资本成本不同于生产经营成本。生产经营成本是资源消耗的价值，而资本成本是使用资源的代价。从资本循环的过程看，资本成本的发生实际上是资金退出企业的过程。

（1）资本成本是资本所有权和使用权相分离的产物。对于筹资企业来说，资本成本是其取得和占有资本使用权的代价；对于提供资本的债权人和股东来说，资本成本是让渡资本使用权所要求的报酬。

（2）资本成本不同于一般的经营支出。虽然资本成本也是企业的一种支出，但它与企业的生产经营没有直接的关系，一般不计入产品生产成本，而应当将其作为企业的期间费用处理（如利息费用），或在企业的税后利润中列支（如股利支出）。

（3）资本成本包含货币时间价值但不等于货币时间价值。货币时间价值是指在没有风险、没有通货膨胀的条件下，随时间的推移而发生的资本增值。可以说，时间价值是资本成本的下限，资本成本除包括时间价值外，还包括对投资风险和通货膨胀的补偿价值。

（4）从现金流量净现值看，资本成本是筹资项目现金流量净现值等于零的贴现率，即第二章所说的筹资活动（融资行为）的内含成本率。

（四）资本成本的作用

资本成本在企业财务管理中具有十分重要的地位。尤其是在筹资决策和投资决策中，资本成本是决策者必须考虑的重要因素之一。

（1）从企业筹资角度讲，资本成本是选择筹资方式、进行资本结构决策的重要依据。企业筹集资本的方式多种多样，不同的筹资方式，其个别资本成本各不相同。企业一般通过计算和比较不同筹资方式的资本成本，以选择资本成本尽可能低的筹资方式。资本结构是债务资本和权益资本的各种组合，这种组合有多种方案，企业一般通过计算和比较不同方案的加权平均资本成本，以选择加权平均资本成本最低的资本结构，以达到最优资本结构。

（2）从企业投资角度讲，资本成本是评价投资项目、制订投资方案的主要经济标准。任何投资项目，只有其投资报酬率高于资本成本，企业才有利可图；反之，如果预期投资报酬率低于资本成本，则投资方案是不可行的。因此，投资决策中通常将资本成本视为是否采用投资项目的“取舍率”。

（3）从企业经营管理角度讲，资本成本是衡量企业经营业绩的重要标准。资本成本是企业从事生产经营必须实现的最低收益率，将企业的资本成本总额与相应的息税前利润总额进行比较，或者将加权平均资本成本与资产报酬率进行比较，则可以评价企业经营业绩的优劣。若资产报酬率高于加权平均资本成本，可以认为企业的经营状况良好；反之，则认为企业的经营活动不是有利可图的。

二、个别资本成本的计量

个别资本成本是计量加权平均资本成本和边际资本成本的基础。不同的筹资方式，其个别资本成本各不相同。资本成本可以用绝对数表示，即资本成本总额，但资本成本总额往往与筹资额成正比，不便比较不同筹资规模的资本成本的高低。为了更好地衡量不同筹资方式资本成本的大小，一般用相对数表示资本成本的高低。

（一）计量个别资本成本的基本原理

本书第二章中已经提到筹资活动现金流量净现值等于零的贴现率是筹资活动（融资行为）的内含成本率，基于这一原理，我们可以通过分析一项筹资活动的现金流量来计量其资本成本。筹资活动的现金流入是筹资中获得的现金资产或其他资产，如借款取得的现金，发行股票或债券取得的现金；其现金流出则主要表现为归还借款或收回债券偿还的本金及支付的利息，支付给股东的股利等。通常一项筹资活动引起的现金流入和现金流出总量是不相等的，但流入现金与流出现金的现值可以达到相等。使筹资活动现金流入量现值等于现金流出量相等的贴现率就是筹资的资本成本。这就是计量个别资本成本的基本原理。

如果以 P 表示筹资项目产生的现金流入量，那么 $P(K)$ 表示流入量在贴现率为 K 时的现值。如果筹资项目的现金流入在筹资最初一次获得，那么 P 本身就是现值；如果筹资项目的现金流入并非全部在筹资时一次筹足，而是陆续取得，那么 $P(K)$ 是 K 的递减函数。同样，我们以 F 表示筹资项目发生的现金流出量，$F(K)$ 表示流出量在贴现率为 K 时的现值，它也是 K 的递减函数。根据前面的分析，筹资活动的资本成本便是下式的一个合理的根

$$P(K)-F(K)=0 \tag{7-1}$$

式（7-1）是计量筹资项目资本成本的一个通用模型。当然，当筹资项目的现金流量所涉及的期限较长时，求解式（7-1）会比较困难。但我们可以运用数学方法（如第四章第三节介绍的“逐步测试法”），求出资本成本的近似值。

（二）债务资本成本的计量

债务资本的资本成本主要是利息，而利息作为企业的一种期间费用通常具有抵减所得税的作用。因此，债务资本成本有税前资本成本和税后资本成本之分。税前资本成本和税后资本成本的一般关系为

$$税后资本成本 = 税前资本成本 \times (1- 所得税税率) \tag{7-2}$$

因此，我们只要先计算税前资本成本，再计算税后资本成本。债务筹资产生的现金流入量是借款或发行债券获得的现金（扣除发行费用），现金流出量则表现为支付给债权人的利息和偿还的本金。设债务筹资总额为 P_0，每年需支付的利息为 I_t，到期偿还本金为 P_n，贴现率为 K，则债务资本成本就是满足下式的 K 值。

$$P_0-[\sum_{t=0}^{n}\frac{I_t}{(1+K)^t}+\frac{P_n}{(1+K)^n}]=0 \tag{7-3}$$

对于按年付息到期一次还本的债务，其资本成本的计算公式可以简化为

$$K=\frac{B\cdot i(1-T)}{B_0(1-f)} \tag{7-4}$$

式中：B 表示借款的本金或债券的面值；B_0 表示借款的筹资总额或债券的发行价格；i 表示债务的年利率；T 表示适用的所得税税率；f 表示筹资费用占筹资总额的比例（筹资费用率）。

如果不存在筹资费用，且债券平价发行，按年支付利息，到期一次还本，债务利息全部可以在所得税税前列支，则债务资本的税前资本成本就等于其年利率，税后资本成本按照下式计算

$$K=i(1-T) \tag{7-5}$$

如果债务属于到期一次还本付息（单利计息，年利率为 i），则税前资本成本为

$$K=\sqrt[n]{\frac{P+nI}{P}}-1=\sqrt[n]{1+ni}-1 \tag{7-6}$$

【例 7-1】XYZ 公司拟采用下列两种债务筹资方案：

（1）向工商银行取得 3 年期借款 3 000 万元，年利率为 6.9%，规定到期一次还本付息，利息按单利计算。

（2）发行面额 100 元的债券 500 000 份，期限为 5 年，票面利率为 7.5%，规定按年付息，到期一次还本。该债券按面值发行，发行费用按筹资额的 1% 计算支付。公司适用的所得税税率为 25%。

要求：计算上述两种筹资方案的资本成本。

【解答】

（1）根据式（7-6），借款的税前资本成本为

$$K=\sqrt[3]{1+3\times 6.9\%}-1\approx 6.47\%$$

税后资本成本约为 6.47%×(1−25%) ≈ 4.85%。

（2）我们来分析发行债券筹资活动的现金流量。

现金流入量：5 000×(1−1%)=4 950（万元）。

现金流出量：每年支付利息 375 万元，到期偿还的本金为 5 000 万元。

此筹资活动现金流量的净现值可表示为

$$NPV=4\,950-[375\times \text{年金现值系数}(K,5)+5\,000\times \text{复利现值系数}(K,5)]$$

用逐步测试法找出净现值为 0 的 K 值，取 K=7.5%，计算出其净现值为 −50 万元；再取 K=8%，计算出其净现值为 49.82 万元。根据逐步测试法得到税前资本成本为

$$K=7.5\%+\frac{-50}{-50-49.82}\times(8\%-7.5\%)\approx 7.75\%$$

税后资本成本约为 5.81%。

如果直接运用式（7-4），计算债券筹资的税后资本成本为

$$K=\frac{5\,000\times 7.5\%\times(1-25\%)}{5\,000\times(1-1\%)}\approx 5.68\%$$

这一结果与前面通过分析现金流量净现值的解法所得到的结果存在一定的差异，所以式（7-4）只能作为计算债务资本成本的近似公式。

（三）权益资本成本的计量

权益资本的筹资方式主要有发行普通股、发行优先股和利用收益留存等。从筹资的角度看，收益留存与发行普通股实质上是一样的[①]。收益留存实际上就是增加了普通股股东对公司的投资，这种投资的回报就是未来的股利和资本利得。

发行普通股和优先股引起的现金流入量是发售股票获得的现金扣除发行成本后的筹资净额；现金流出量则主要是股利支出和赎回股票时付出的现金。当然，公司赎回已发行的普通股或优先股这种行为是很少发生的。假设公司不赎回股票，那么资本成本在很大程度上取决于公司的股利水平，而优先股的股利通常是事先确定的，普通股的股利取决于公司的盈利水平和股利分配政策。下面我们分别来介绍发行普通股和发行优先股的资本成本计算公式。

① 从计量资本成本的角度看，收益留存与发行普通股的主要差异在于收益留存不需要支付发行费用。

1. 发行普通的股资本成本

设公司发行普通股的筹资总额为 P，发行成本（筹资费用）占筹资总额的比例为 f，预计公司未来各年支付的普通股股利总额为 D_t，普通股的资本成本为 K。这样，公司发行普通股筹资活动产生的现金流量净现值可以表示为

$$\mathrm{NPV}=P(1-f)-\sum_{t=1}^{\infty}\frac{D_t}{(1+K)^t} \tag{7-7}$$

显然，资本成本 K 的高低取决于每年的股利 D_t。从理论上说，股利分配有多种模式，如固定股利模式、固定增长股利模式等。如果公司采用固定股利模式，则未来股利的现值是永续年金的现值。此时，式（7–7）变为

$$\mathrm{NPV}=P(1-f)-\frac{D_0}{K} \tag{7-8}$$

式中的 D_0 为每年的股利额。令式（7–8）中的 NPV=0，得到资本成本的计算公式为

$$K=\frac{D_0}{P(1-f)} \tag{7-9}$$

【例 7–2】大秦铁路股份有限公司（简称“大秦铁路”，股票代码：601006）于 2006 年 7 月 21 日向社会公开发行人民币普通股 303 030.30 万股，每股发行价 4.95 元，筹资总额 1 500 000 万元，发行费用 26 578.97 万元，筹资净额 1 473 421.03 万元。据查上市后四年中该公司每年分配的现金股利均为每股 0.30 元（税前）。假设以后每年分配的现金股利均为每股 0.30 元，并且股利于每年 8 月 1 日派发。试计算该公司发行普通股的资本成本。

【解答】运用式（7–9），按一股计算资本成本，P=4.95，$f\approx1.7719\%$，D_0=0.30，则发行普通股筹资的资本成本为

$$K=\frac{0.30}{4.95\times(1-1\ 7719\%)}\approx6.17\%$$

固定股利模式并不符合大多数公司的股利分配政策，采用固定增长股利模式更为现实，即各年的股利呈等比级数增长，递增的百分比为 G，于是第 t 年股利可表示成 $D_t=D_1(1+G)^{t-1}$。因此，式（7–7）变为

$$\mathrm{NPV}=P(1-f)-\frac{D_0}{K-G} \tag{7-10}$$

令式（7–10）中的 NPV=0，得到此时计算资本成本的公式为

$$K=\frac{D_0(1+G)}{P(1-f)}+G \tag{7-11}$$

这就是固定增长股利模式下普通股资本成本的计算公式。该公式表明，普通股资本成本分为两部分：一是第一年支付的股利相对于股票发行价格的百分比$\frac{D_0(1+G)}{P(1-f)}$，二是股利的增长率 G。另外，式（7–11）与本书第三章第二节关于股利固定增长、长期持有的股票收益率的计算公式基本相同。这进一步说明了资本成本与投资报酬率的关系。

【例 7–3】我们仍以例 7–2 中的大秦铁路股份有限公司为例。实际上该公司自 2012 年开始，每年分配的现金股利呈现稳步递增的趋势（2016 年除外）。已知该公司 2020 年分配的现金股利为 0.48 元 / 股，以 2011 年每股 0.30 元为基数，可计算出这 9 年中分配的现金股利大约以 5.36%

的年平均速度增长。假设该公司以后每年分配的现金股利按此增长率持续增长。又知 2020 年 12 月 31 日该公司股票收盘价为 6.46 元 / 股，如果该公司 2020 年年末以每股 6.46 元的价格发行普通股，发行费用占筹资总额的比例保持不变，则运用式（7-11），我们可以估算出该公司目前普通股筹资的资本成本为

$$K=\frac{0.48\times(1+5.36\%)}{6.46\times(1-1.7719\%)}+5.36\%\approx 13.33\%$$

2. 发行优先股的资本成本

发行优先股的资本成本主要是优先股股利。优先股股利通常按照固定的比率定期支付，且为所得税税后支付，没有抵税效应。因此，优先股成本的计算公式为

$$K_P=\frac{D}{P(1-f)} \tag{7-12}$$

式中：D 表示优先股每年的股利额。

【例 7-4】河南中原高速公路股份有限公司（简称“中原高速”，股票代码：600020）于 2015 年 6 月 25 日以非公开发行的方式发行 3 400 万股优先股，每股票面金额为 100 元，规定票面股息率为 5.8%，平价发行，筹资总额 340 000 万元，扣除发行费用 2 889 万元，实际募集资金净额 337 111 万元。试计算中原高速发行优先股的资本成本。

【解答】运用式（7-12），按一股计算资本成本，$P=100$，$f\approx 0.8497\%$，$D=5.80$，则发行优先股筹资的资本成本为

$$K_P=\frac{5.8}{100\times(1-0.8497\%)}\approx 5.85\%$$

由于优先股股利在税后支付，不减少企业所得税，而且在企业破产时，优先股的求偿权位于债券持有人之后，优先股股东的风险比债券持有人的风险要大。因此，优先股的资本成本通常明显高于债券的资本成本。

3. 收益留存的资本成本

收益留存是将实现的利润留存公司，以满足公司发展的需要。这是内部筹资的一种方式，所形成的资本来源称为留存收益（包括盈余公积和未分配利润）。它是公司尚未分配的累计利润，其所有权归全体股东。从表面上看，公司使用留存收益不需要花费任何成本。但实际上，股东愿意将收益留用于公司而不作为股利分配，意味着股东总是要求得到与普通股相同的投资报酬率。因此，留存收益资本成本的计算方法与普通股资本成本计算方法基本相同，但无须考虑发行费用。在股利固定增长的前提下，其资本成本的计算公式为

$$K=\frac{D}{P}+G \tag{7-13}$$

三、加权平均资本成本的计量

（一）加权平均资本成本的概念和计量方法

前面介绍的个别资本成本的计量方法是针对某一种特定的筹资方式而言的，而实际上企业的资本不可能来源于单一的筹资渠道和单一的筹资方式，企业可能同时从多种渠道、用多种方式筹措资本，而各种筹资方式的资本成本是不同的。为了正确地进行筹资和投资决策，就必须计算企业的加权平均资本成本。加权平均资本成本就是企业各种个别资本成本的加权平均数，

其一般计算公式为

$$K_W = \sum_{i=1}^{n} K_i W_i \tag{7-14}$$

式中：K_W 表示加权平均资本成本；K_i 表示第 i 种筹资方式的个别资本成本；W_i 表示第 i 种筹资方式筹资额占全部资本的比重，即权数，满足 $\sum_{i=1}^{n} W_i = 1$。

从式（7-14）可以看出，加权平均资本成本受到个别资本成本和权数两个因素的影响。在企业资本总规模一定的前提下，资本来源的不同组合会产生不同的加权平均资本成本，这便是本章后面资本结构决策中要研究的问题之一。

【例 7-5】XYZ 股份有限公司目前的资本总规模为 20 000 万元，其中通过长期借款筹资 4 000 万元，发行债券筹资 6 000 万元，发行普通股筹资 10 000 万元。根据前面例 7-1 和例 7-4 的计算结果可知，借款筹资的资本成本为 4.85%，发行债券筹资的资本成本为 5.81%，假设该公司发行普通股筹资的资本成本为 10%。试计算该公司 20 000 万元资本的加权平均资本成本。

【解答】先确定各种资本占资本总额的比重：长期借款为 20%，债券为 30%，普通股为 50%。根据式（7-14），得到加权平均资本成本为

$$K_W = 4.85\% \times 20\% + 5.81\% \times 30\% + 10\% \times 50\% \approx 7.71\%$$

（二）计算加权平均资本成本中权数的选择

在计算加权平均资本成本中，个别资本成本相对容易确定，而权数主要有三种选择：账面价值、市场价值和目标价值。

账面价值权数是指以账面价值为依据确定各种资本的权数。使用账面价值权数，资料可直接从资产负债表中取得，数据相对真实。例 7-5 中的加权平均资本成本就是按照各种筹资方式所筹集资本的账面价值计算的。但是当债券、股票的市场价格与账面价值差别较大时，计算得出的加权平均资本成本就会偏离实际，不利于筹资决策。

市场价值权数是指债券、股票以现行的市场价格确定权数来计算加权平均资本成本。由于证券市场价格波动频繁，因此可选用平均的市场价格。使用市场价值权数计算的加权平均资本成本能够反映企业目前资本成本的实际情况。

【例 7-6】假设在例 7-5 中，XYZ 股份有限公司的加权平均资本成本按照市场价值作为权数来计算。同时假设借款的市场总价值与账面价值相同，为 4 000 万元，债券的市场总价值为 6 300 万元，普通股的市场总价值为 14 700 万元。那么各种长期资本占资本总额的比重分别为：长期借款为 16%，债券为 26.2%，普通股为 58.8%。假设各种筹资方式的个别资本成本不变，则按市场价值为权数的加权平均资本成本为

$$K_W = 4.85\% \times 16\% + 5.81\% \times 25.2\% + 10\% \times 58.8\% \approx 8.12\%$$

目标价值权数是指债券、股票等以未来预计的目标市场价值确定资本权数。这种权数能够体现企业目标资本结构，而不是像账面价值权数和市场价值权数那样只反映过去和现在的资本结构，所以按目标价值权数计算的加权平均资本成本更适用于企业筹措新的资本。

计算加权平均资本成本时，确定资本权数的三种思路各有利弊，但由于资本的账面价值容易确定，在实际工作中，企业一般使用账面价值权数。

四、边际资本成本的计量

当企业筹集的资本不足以满足投资需要时，企业往往要采用适当的方式增加资本。这就引出了边际资本成本的概念。边际资本成本是指资本每增加一个单位而增加的资本成本，也就是企业筹资额每增加一个单位所引起的资本成本的变动。边际资本成本的高低是企业追加筹资决策的主要依据。若企业同时以多种不同的方式追加筹资，新增的几种不同资金的加权平均成本，称为加权平均边际资本成本。

一般来讲，随着企业筹资规模的不断扩大，企业资本成本也会相应提高，追加筹资的加权平均资本成本也会增加。但是，在追加投资中，并非每增加一定量的资本都会引起资本成本的变动，而是有一定的范围。在原有资本量的基础上，若追加筹资在某一数量范围内，其资本成本仍保持原有资本结构的平均成本；当某种新增资金突破某一限度时，边际资本成本将会提高。

在进行追加筹资决策时，使用边际资本成本的基本步骤为：①确定目标资本结构；②确定各种筹资方式的资本成本分界点；③计算筹资总额分界点；④计算边际资本成本；⑤比较各筹资范围内新增筹资总额的边际资本成本，选择筹资方案。

其中，筹资总额分界点就是指各种筹资方式下资本成本发生变动的最大筹资总额。筹资总额分界点的计算公式为

$$\text{筹资总额分界点}=\frac{\text{某一资本成本范围筹集到的最大资本额}}{\text{该种资本在资本总额中所占的比重}} \tag{7-15}$$

下面我们仅对筹资总额分界点和各筹资范围的边际资本成本的计算举例说明，不涉及筹资决策问题。

【例 7-7】ABC 有限公司目前的资本结构为：长期借款 4 000 万元，普通股 6 000 万元。公司因投资新项目需要再筹集一定数量的资本，并维持目前的资本结构。公司财务人员对金融市场进行分析后认为，随筹资额增加，借款和发行普通股的资本成本会相应地提高，具体资料如表 7-1 所示。

表 7-1 各种方式追加筹资的资本成本资料

资本来源	筹资额	资本成本
长期借款	1 000 万元及以下	5%
	1 000 万元以上	6.5%
普通股	2 250 万元及以下	10%
	2 250 万元以上	12%

要求：

（1）计算各筹资方式的筹资总额分界点及各筹资范围的边际资本成本。

（2）假如该公司为投资新项目需要新筹集资本 3 000 万元，试计算筹集该 3 000 万元资本的边际资本成本。

【解答】

（1）首先，计算确定各种筹资方式的筹资比重：长期借款为 40%，普通股为 60%。

其次，计算各种筹资方式的筹资总额分界点。

长期借款的筹资总额分界点为：1 000/40%=2 500（万元）。

发行普通股的筹资总额分界点为：2 250/60%=4 250（万元）。

最后，计算各个筹资总额区间的边际资本成本。根据以上筹资总额分界点的计算结果，我们将筹资总额分为三个区间：2 500 万元及以下、2 500 万～ 4 250 万元、4 250 万元以上。

筹资总额在 2 500 万元以下的边际资本成本 =5%×40%+10%×60%=8%。

筹资总额在 2 500 万～ 4 250 万元的边际资本成本 =6.5%×40%+10%×60%=8.6%。

筹资总额在 4 250 万元以上的边际资本成本 =6.5%×40%+12%×60%=9.8%。

（2）该公司需要新筹集资本 3 000 万元，属于上述第二个区间，故其边际资本成本为 8.6%。

第二节　经营杠杆和财务杠杆

经济学中所称“杠杆”是指对某一经济变量的调整引起其他经济变量发生相应变化的现象。例如，调整利率会引起投资、消费和汇率发生相应的变化，我们说这是利率的杠杆作用。再如，税收是一种经济杠杆，那是因为税收政策的调整会引起财政收入、国内生产总值等经济指标发生相应变化。财务管理中所说的“杠杆”，一般是指企业销售量（或业务量）的变化引起企业盈利发生更大幅度变化的现象。杠杆作用可给企业带来一定的杠杆利益，同时也会给企业带来相应的风险。企业在进行资本结构决策时就需要在杠杆利益与其相应的风险之间进行合理的权衡。财务管理中的杠杆主要有经营杠杆、财务杠杆和总杠杆。

一、与杠杆有关的几个基本概念

为了阐述杠杆作用，必须先简要介绍成本、产销量和利润之间的数量关系，包括成本习性分析、边际贡献和盈亏平衡点等概念。

（一）成本习性分析

所谓成本习性分析，是指研究成本总额与业务量之间的依存关系。这里的业务量是指企业的生产经营活动水平的标志量。它可以是产出量，也可以是投入量；可以使用实物度量，也可以使用货币度量。例如，产品产量、销售量、劳务量、销售额等都可以作为业务量大小的标志。当业务量变化时，各种成本有不同的习性。按照成本的习性不同可以将成本分为三种：固定成本、变动成本和混合成本。

固定成本是指在一定时期和一定业务范围内，其成本总额不受业务量增减变动影响而保持固定不变的成本。按照平均年限法计提的折旧费、财产保险费和房屋租赁费等通常都是固定成本。

变动成本是指在一定条件下，成本总额同业务总量呈正比例增减变动的成本，如制造产品所发生的直接材料成本和直接人工成本、按照工作量法计提的固定资产折旧等。

混合成本是指成本总额随业务量的变动而变动，但不成正比例变动的成本。混合成本介于固定成本和变动成本之间，它有不同的模式。通常将混合成本看成固定成本和变动成本的复合，可以将混合成本总额分解成固定成本和变动成本两部分。这样就可以建立成本习性模型，即

$$C=F+vQ \tag{7-16}$$

式中：C 表示成本总额；F 表示固定成本总额；v 表示单位变动成本；Q 表示业务量。

财务会计提供的成本核算资料通常是混合成本，并没有分解后的固定成本和变动成本数

据，需要运用一定的方法，将混合成本进行分解。也就是求出式（7-16）中 F 和 v 的值，得到反映成本与业务量之间依存关系的函数关系式。具体分解方法请读者参见管理会计中的相关内容，这里不再介绍。式（7-16）是一个非常重要的成本模型，它在成本预测、成本决策中应用十分广泛。

（二）边际贡献

将成本分解成固定成本和变动成本后，引出了一个新的概念——边际贡献。边际贡献是指销售收入减去变动成本以后的差额，又称贡献毛益。从边际贡献的构成内容上看，它包括固定成本总额和息税前利润两部分。因此，边际贡献是补偿固定成本、创造利润的来源，是评价企业获利能力的重要指标。边际贡献总额的计算公式为

$$M=pQ-vQ=(p-v)Q \tag{7-17}$$

式中：M 表示边际贡献总额；p 表示单位业务量或单位产品的售价；其他字母的含义同前。

边际贡献不仅可以用绝对额表示，也可以用相对额和相对数表示。从而产生所谓单位边际贡献和边际贡献率的概念。单位边际贡献是指单位业务量（或单位产品）所产生的边际贡献；边际贡献率是边际贡献总额与销售额的比值。它们的计算公式分别为：

$$m=p-v \tag{7-18}$$

$$\mathrm{MR}=\frac{M}{S}\times100\%=\frac{m\times Q}{p\times Q}\times100\%=\frac{m}{p}\times100\% \tag{7-19}$$

式中：S 表示销售收入总额；m 表示单位边际贡献；MR 表示边际贡献率；其他字母的含义同前。

边际贡献率与第六章第三节中提及的变动成本率相关。变动成本率是指变动成本在销售收入中所占的百分比。显然，变动成本率与边际贡献率之和等于 100%。

应当指出，边际贡献并不是企业的经营利润，它必须补偿固定成本（不包括利息费用）后，才形成企业的息税前利润，即

$$\text{息税前利润（EBIT）}=M-F=(p-v)Q-F \tag{7-20}$$

（三）盈亏平衡点

盈亏平衡是指企业收入总额和成本总额相等的状态，即企业处于既不盈利也不亏损的状态，也称保本，这时企业的边际贡献等于固定总额，息税前利润为零。企业在盈亏平衡状态下的销售量或销售额称为盈亏平衡点，也称保本点。盈亏平衡点是企业经营决策中一个十分重要的概念，其基本含义在于：企业在既定的售价和成本水平下，业务量或产销量必须超过盈亏平衡点才能盈利，否则就会发生亏损。

就生产单一产品的企业来说，盈亏平衡点的计算并不困难。我们只要令式（7-20）中的息税前利润等于零，此时的销售量（或销售额）就是所求的盈亏平衡点。因此，盈亏平衡点销售量（以字母 A 表示）的计算公式为

$$A=\frac{F}{p-v}=\frac{F}{m} \tag{7-21}$$

根据式（7-21），不难得到计算盈亏平衡点销售额（以字母 B 表示）的计算公式为

$$B=A\times p=\frac{F}{p-v}\times p=\frac{F}{m}\times p=\frac{F}{\mathrm{MR}} \tag{7-22}$$

式（7-21）和式（7-22）表明，盈亏平衡点销售量等于固定成本与单位边际贡献的比值，盈亏平衡点销售额等于固定成本总额与边际贡献率的比值。

【例 7-8】飞龙实业有限公司 2020 年生产销售甲产品 2 250 件，单位售价 2 740 元，单位变动成本 1 781 元，固定成本总额 1 553 580 元。根据上述资料，计算得到：

（1）单位边际贡献：m=2 740−1 781=959（元）。

（2）边际贡献总额：M=2 250×2 740−2 250×1 781=2 157 750（元）。

（3）边际贡献率：MR=959/2 740=35%。

（4）息税前利润：EBIT=2 157 750−1 553 580=604 170（元）。

（5）保本点销售量：A=1 553 580/959=1 620（件）。

（6）保本点销售额：B=1 620×2 740=4 438 800（元），或 1 553 580/35%=4 438 800（元）。

二、经营杠杆

为了说明经营杠杆作用，我们先看下面这个例子。

【例 7-9】灌满啤酒股份有限公司 2020 年与 2021 年有关经营资料如表 7-2 所示。

表 7-2 灌满啤酒股份有限公司 2020 年与 2021 年有关经营资料

财务指标	2020 年实际	2021 年计划	计划比上年增减幅度
产销量（Q，万吨）	15	18	20%
价格（P，元 / 吨）	2 500	2 500	—
单位变动成本（v，元 / 吨）	1 500	1 500	—
边际贡献总额（TMC，万元）	15 000	18 000	20%
固定成本总额（F，万元）	7 500	7 500	—
息税前利润（EBIT，万元）	7 500	10 500	40%

从表 7-2 中可以看出，该公司 2021 年计划产售量比上年增加 20%，在价格、单位变动成本和固定成本总额保持不变的前提下，最后的息税前利润却比上年增加了 40%。这是什么现象？是什么原因引起这样的结果呢？

这是经营杠杆作用，它是由于存在固定成本而引起的。下面我们就一般情形对经营杠杆的概念和计量方法进行阐述。

（一）经营杠杆的概念

经营杠杆也称营业杠杆，是指由于存在固定成本而引起的企业息税前利润的变动率大于业务量变动率的现象。

由于存在固定成本，当产销量发生变化时，单位产品分摊的固定成本会随之变动，最后导致利润更大幅度的变动。具体地说，在其他条件不变的情况下，产销量的增加不会改变固定成本总额，却会降低单位固定成本，从而提高单位产品利润额，使得利润的增长率大于产销量的增长率。例如，在表 7-2 中，该公司 2021 年计划的产销量由上年的 15 万吨增长到 18 万吨，增幅为 20%，而固定成本 7 500 万元保持不变。这样，随着产销量的增长，息税前利润以更快的速度增长；反之，产销量的减少会提高单位固定成本，降低单位产品利润，使得利润下降幅度大于产销量减少幅度。假如不存在固定成本，所有成本都是变动的，那么边际贡献就是息税前利润，这时利润的变动率就会等于产销量的变动率。但是，由于固定成本的存在，产销量的变动率与利润变动率不相等，利润变动率总是大于产销量变动率。

（二）经营杠杆的计量

只要存在固定成本，就存在经营杠杆的作用。但是不同企业或同一企业在不同业务量水平下的经营杠杆作用程度是不完全一致的。为此，需要对经营杠杆作用程度加以计量。计量经营杠杆作用程度的指标是经营杠杆度，也称经营杠杆系数。所谓经营杠杆度，是指息税前利润变动率相当于产销业务量变动率的倍数，其计算公式为

$$\mathrm{DOL}=\frac{\Delta \mathrm{EBIT}/\mathrm{EBIT}}{\Delta Q/Q}=\frac{\Delta \mathrm{EBIT}/\mathrm{EBIT}}{\Delta S/S} \tag{7-23}$$

式中：DOL 表示经营杠杆度；EBIT 表示息税前利润；Q 表示业务量（产销量）；S 表示销售额；Δ 表示变动符号。

显然，经营杠杆度实际上是经济学中的弹性系数。但运用式（7–23）计算经营杠杆度，必须以变动前后的相关资料为前提，实务中不便使用。为此，需要将式（7–23）进行变换，以便简化计算。

我们知道，息税前利润可以表示成式（7–20）的形式，在 p、v 和 F 不变的前提下，EBIT 的增量可以表示为

$$\Delta\,\mathrm{EBIT}=\Delta\,Q(p-v) \tag{7-24}$$

将式（7–20）和式（7–24）代入式（7–23），化简后可以得到

$$\mathrm{DOL}=\frac{Q(p-v)}{Q(p-v)-F} \tag{7-25}$$

或者写成下面的形式

$$\mathrm{DOL}=\frac{S-vQ}{S-vQ-F} \tag{7-26}$$

式（7–25）和式（7–26）表明，经营杠杆度等于基期边际贡献总额与基期息税前利润总额之比。由于上述公式中的分子必然大于分母（企业盈利的情况下），所以经营杠杆度数值一定大于 1。进一步分析可以看出：

第一，经营杠杆度的大小与固定成本总额呈同方向变化，即企业的固定成本越大，其经营杠杆度越大；反之亦然。

第二，在固定成本不变的情况下，经营杠杆度会随着产销量的增加而呈下降趋势；反之亦然。这说明同一企业在微利状态下的经营杠杆作用比高盈利状态下的经营杠杆作用更为明显。

利用前面例 7–9 所给的灌满啤酒股份有限公司的资料，我们可以计算该公司 2020 年的经营杠杆度为

$$\mathrm{DOL}=\frac{15\times(2\,500-1\,500)}{15\times(2\,500-1\,500)-7\,500}=2$$

2 倍的经营杠杆度表明：当 2021 年的产销量在 2020 年的基础上增长 1% 时，其息税前利润将增长 2%；反之，当产销量下降 1% 时，息税前利润将下降 2%。

（三）经营杠杆与经营风险

经营风险也称营业风险，是指生产经营方面的不确定因素给企业的收益带来的不确定性。影响经营风险的主要因素有：产品需求的变化、产品销售价格的变动、固定成本总额的多少、单位产品变动成本的变化等，其中最重要的是产品销售量所引起的不确定性。随着产销业务量的变动，息税前利润将以 DOL 倍数的幅度变动。可见，经营杠杆扩大了产品销量变动对息税

前利润的影响。一般来说，在其他因素不变的情况下，经营杠杆度越高，息税前利润变动越剧烈，企业的经营风险就越大。当然，经营杠杆本身并不是产生经营风险的原因，但它会加剧利润的不稳定性。

三、财务杠杆

为了清楚地说明财务杠杆作用及其计量方法，我们继续以灌满啤酒股份有限公司来举例。

【例 7-10】灌满啤酒股份有限公司有关经营资料见例 7-9。该公司资本结构有关资料如下：2020 年年末资产总额为 80 000 万元，负债总额为 50 000 万元，负债的平均年利率为 5%，总股本为 5 000 万股（每股面值 1 元），公司所得税税率为 25%，这些财务指标 2021 年不会改变。

我们来看该公司 2021 年计划的每股收益较 2020 年实际每股收益的变化情况。

在不存在优先股的情况下，每股收益的计算公式为

$$\text{EPS}=\frac{(\text{EBIT}-I)(1-T)}{N} \tag{7-27}$$

式中：EPS 表示每股收益；I 表示年利息额；T 表示所得税税率；N 表示普通股股数。

根据前面的资料，计算得到满灌啤酒股份有限公司 2020 年与 2021 年有关财务指标，如表 7-3 所示。

表 7-3　灌满啤酒股份有限公司 2020 年与 2021 年有关财务资料

财务指标	2020 年实际	2021 年计划	计划比上年增减幅度
息税前利润（EBIT，元）	7 500	10 500	40%
利息支出（I，万元）	2 500	2 500	—
税前利润（EBIT，万元）	5 000	8 000	60%
所得税（T，万元）	1 250	2 000	60%
净利润（EAIT，万元）	3 750	6 000	60%
每股收益（EPS，元）	0.75	1.20	60%

从表 7-3 可以看出，该公司 2021 年息税前利润计划比上年增加 40%，每股收益却比上年增加了 60%。为什么每股收益的增长幅度会超过息税前利润的增长幅度？是什么原因引起这样的结果呢？

这种现象称为财务杠杆作用，它是由于企业存在债务资本而支付固定利息费用所引起的结果。下面我们就一般情况阐述财务杠杆的概念及其计量方法。

（一）财务杠杆的概念

简单地说，财务杠杆是由于负债经营而引起每股收益的变动率大于息税前利润变动率的现象。在一定的负债水平下，由于企业支付的利息费用是固定不变的。随着息税前利润的增加，单位息税前利润所负担的利息费用相对减少；反之，当息税前利润减少时，单位息税前利润负担的利息费用就会相对增加。这样，息税前利润的变动就会在更大程度上影响普通股每股收益的变动。从表 7-3 中可以看出，灌满啤酒股份有限公司 2021 年计划的息税前利润由上年的 7 500 万元增长到 10 500 万元，增幅为 40%，而利息支出 2 500 万元保持不变。在这个条件下，随着息税前利润的增长，每股收益以 1.5 倍的速度，即 60% 的幅度增长。

由于优先股的股利是按照固定的数额或固定的比率计算的，企业盈利时必须支付。从这一点看，优先股股利与债务利息有相似之处，只是前者是所得税税后支付的，而后者是所得税税前支付的。因此，当企业的资本来源中存在优先股时，普通股每股收益的变动率大于息税前利润变动率的现象也会出现。从这个意义上说，财务杠杆作用不仅产生于负债筹资，而且产生于优先股筹资。不过，通常所说的财务杠杆往往指由于负债筹资引起的上述现象。

（二）财务杠杆的计量

只要在企业的筹资中有固定财务支出（利息或优先股股利）的债务和优先股，就会存在财务杠杆作用，但是不同企业财务杠杆的作用程度是不完全一致的。为此，需要对财务杠杆作用程度进行计量。计量财务杠杆最常用的指标是财务杠杆度，也称财务杠杆系数。它是指普通股每股收益变动率相当于息税前利润变动率的倍数，其计算公式为

$$\mathrm{DFL}=\frac{\Delta \mathrm{EPS} / \mathrm{EPS}}{\Delta \mathrm{EBIT} / \mathrm{EBIT}} \tag{7-28}$$

式中：DFL 表示财务杠杆度；其他字母和符号的含义同前。

上述公式反映的是财务杠杆度的定义，但运用该公式计算财务杠杆度，必须以已知变动前后的相关资料为前提，计算比较麻烦。我们可以将式（7-28）进行变换，以便简化计算。根据式（7-27），可以得到

$$\Delta \mathrm{EPS}=\frac{\Delta \mathrm{EBIT}(1-T)}{N} \tag{7-29}$$

将式（7-27）和式（7-29）代入式（7-28），经过演算后便可得到

$$\Delta \mathrm{DFL}=\frac{\Delta \mathrm{EPS}/\mathrm{EPS}}{\Delta \mathrm{EBIT}/\mathrm{EBIT}}=\frac{\mathrm{EBIT}}{\mathrm{EBIT}-I} \tag{7-30}$$

式（7-30）表明，财务杠杆度等于基期的息税前利润与基期的税前利润之比。

在有优先股的条件下，由于优先股股息应当在税后利润支付。此时，财务杠杆度的计算公式应改写成以下形式

$$\Delta \mathrm{DFL}=\frac{\mathrm{EBIT}}{\mathrm{EBIT}-I-\dfrac{D_p}{1-T}} \tag{7-31}$$

式中：D_p 表示优先股股息；其他字母和符号的含义同前。

从式（7-30）和式（7-31）可以看出，在一定的经营环境下，财务杠杆度的数值必定大于1。它与利息额和优先股股利呈同方向变化。支付的利息和优先股股利越多，其财务杠杆度越大；反之亦然。特别地，当不存在负债和优先股，或者虽存在负债和优先股但利息和优先股股利为零时，财务杠杆度为 1，即不存在财务杠杆效应，这时普通股每股收益随息税前利润的变动而发生同方向、同比例变化。同时，与经营杠杆作用一样，在其他条件不变的情况下，企业在微利状态的财务杠杆度强于高盈利状态的财务杠杆度。

利用前面例 7-10 所给的灌满啤酒股份有限公司的资料，我们可以通过式（7-30）计算该公司 2020 年的财务杠杆度为

$$\mathrm{DFL}=\frac{7\ 500}{7\ 500-2\ 500}=1.5$$

1.5 倍的财务杠杆度表明：当该公司的息税前利润在 2020 年的基础上增长 1% 时，普通股每股收益将增长 1.5%；反之，当息税前利润下降 1% 时，普通股每股收益将下降 1.5%。而且，

从表 7-3 中不难看出，当息税前利润在 2020 年的基础上增长 40% 时，税前利润、净利润均增长 60%，与每股收益的增长幅度相同。

（三）财务杠杆与财务风险

财务风险也称筹资风险，是指负债经营给企业财务成果带来的不确定性。前面我们提到过，负债经营可以给企业带来财务杠杆效应，即当企业的资产报酬率高于债务利率时，企业的股东权益报酬率将会提高，这可以被认为是财务杠杆作用的正面影响。从这一点上说，企业应当增加债务资本。但当息税前利润下降时，企业的每股收益就会以更快的速度下降。因此，财务杠杆度越大，债务资本所产生的财务杠杆作用越强，每股收益的变动幅度越大，财务风险也就越大。因此，在公司资本结构中，债务资本的比例越大，公司的财务风险也越大；相反，当债务资本比例较低时，财务风险相对较小。

四、总杠杆

（一）总杠杆的概念

如前所述，由于存在固定的生产经营成本，产生经营杠杆作用，使息税前利润的变动率大于业务量的变动率；同样，由于存在固定的财务支出（固定利息和优先股股息），产生财务杠杆作用，使得企业每股收益的变动率大于息税前利润的变动率。从整个经营过程和财务活动来看，企业既存在固定的生产经营成本，又存在固定的财务支出，这就意味着两种杠杆会共同产生作用，表现为业务量的变动最终会使每股收益产生更大幅度的变动。这种由于固定生产经营成本和固定财务支出的共同存在而导致每股收益的变动大于业务量变动的现象称为总杠杆作用。

（二）总杠杆的计量

与经营杠杆和财务杠杆的度量相似，衡量总杠杆作用程度大小指标是总杠杆度，也称总杠杆系数，记为 DTL，它是每股收益变动率相当于业务量变动率的倍数，其计算公式为

$$\text{DTL}=\frac{\Delta\text{EPS}/\text{EPS}}{\Delta Q/Q}=\frac{\Delta\text{EPS}/\text{EPS}}{\Delta S/S} \quad (7\text{-}32)$$

上述公式显示，总杠杆度是每股收益变动率相当于产销业务量变动率的倍数。为便于计算，式（7-32）可进一步变换为下面的形式

$$\text{DOL}=\frac{Q(p-v)}{Q(p-v)-F-I} \quad (7\text{-}33)$$

如果公司发行了优先股，则应在分母中扣除税前的优先股股息。

显然，总杠杆系数与经营杠杆度、财务杠杆度之间存在如下关系：总杠杆度等于经营杠杆度与财务杠杆度的乘积。用公式表示便是

$$\text{DTL}=\text{DOL}\times\text{DFL} \quad (7\text{-}34)$$

【例 7-11】利用前面例 7-10 所给的灌满啤酒股份有限公司的有关资料，我们可以计算该公司 2020 年的总杠杆度为

$$\text{DTL}=\frac{15\times(2\ 500-1\ 500)}{15\times(2\ 500-1\ 500)-7\ 500-2\ 500}=3$$

或

$$\text{DTL}=2\times1.5=3$$

3 倍的总杠杆度表明：当该公司的销售量或销售额在 2020 年的基础上增长 1% 时，普通股每股收益将比上年增长 3%；反之，当销售量或销售额下降 1% 时，普通股每股收益将下降 3%。

（三）总杠杆与总风险

从杠杆原理的角度来理解，总风险是指由于总杠杆的作用使每股收益大幅度波动而形成的风险。在总杠杆的作用下，当企业销售量增加时，每股收益会大幅度上升；而当企业销售量减少时，每股收益就会大幅度下降。因此，企业总杠杆度越大，每股收益的波动幅度越大。也就是说，在其他因素不变的情况下，总杠杆度越大，企业承受的总风险越大；总杠杆度越小，企业承受的总风险越小。

五、经营杠杆和财务杠杆的协调

在企业财务管理中，经营杠杆和财务杠杆的协调是至关重要的。任何一个企业，能够承担的风险总是有限度的。例如，一个盈利企业不希望自己在未来年度发生亏损，那么利润的下降幅度不应超过 100%，这是基本的目标。我们再来分析市场的情况。不同的企业经营的业务不同，其销售量和销售额的变动幅度是不同的。例如，我们预计某一企业未来年度的销售额变动幅度会在上年的基础上增减 20% 左右，那么企业的总杠杆度不应超过 5 倍（100%/20%）。假如要求计划年度最后的利润不低于上年的 50%，那么总杠杆度不应超过 2.5 倍。

当然，不同的企业承担风险的能力也是不相同的，对风险的态度也不同。评价一个企业的风险承受能力的主要因素有：资本实力、多元化经营的程度、以往的盈利状况、融资能力等。

从式（7-34）中我们可以看出经营杠杆与财务杠杆的关系，即为了使企业的总杠杆度控制在一定的水平，经营杠杆和财务杠杆可以有很多不同的组合。例如，经营杠杆度较高的公司应该在较低程度上使用财务杠杆；经营杠杆度较低的公司可以在较高程度上使用财务杠杆。它告诉企业管理层，在企业承受的风险水平一定的前提下，经营杠杆和财务杠杆起到相互制约的作用，制约的结果是达到某种协调。例如，企业可以承受的总杠杆度为 4 倍，而经过分析可知，企业的经营杠杆度为 2.5 倍，则在确定资本结构时，要求企业的财务杠杆度限定在 1.6 倍。

需要指出的是，不同产业之间及同一产业的不同企业之间，运用财务杠杆的程度有很大的差异，从而资本结构也有很大的差异。不同的企业，其理想的资本结构存在很大的差异。一般来说，零售商大量运用负债，尤其是短期负债，其原因是经营风险较小。某些制造业的存货较少，尤其是小型制造企业，因为它很难进入股票市场，所以负债会多一些。当然，制造企业的杠杆组合也有很大差异。例如，飞机制造业会大量运用财务杠杆；电力设备制造商因其生产周期长，而需要举借大量负债。但制药行业相对而言较少举债，因为其生产周期很短，且偏重科研，不宜大量举债。总杠杆能够估计出销售收入变动对每股收益的影响，同时还可通过对经营杠杆和财务杠杆的不同组合，达到某一总杠杆度。例如，经营杠杆度较低的企业可以在较大的程度上利用财务杠杆；经营杠杆度较高的企业则需要谨慎负债，在较低的程度上利用财务杠杆。

第三节 资本结构理论

一、资本结构概述

要阐述资本结构和资本结构理论，先要说明资本的不同口径。最大口径的资本是指企业全部资金来源，包括负债与所有者权益。负债是债权人提供给企业的资本，分为流动负债和长期负债。财务上常将流动负债称为短期债务资本，将长期负债称为长期债务资本。较宽口径的资本是指长期负债和所有者权益的统称，强调了资金来源可供企业使用的时间长短。较小口径的资本仅指所有者权益，即通常所说的权益资本，它不构成法定偿还义务。最小口径的资本是指企业的注册资本或实收资本。[①]

不同口径的资本形成了不同口径的资本结构。资本结构也有广义和狭义的说法。广义的资本结构是指全部资金来源中不同资本的构成比例，可以分为权益资本（所有者权益）、长期债务资本（长期负债）和短期债务资本（流动负债）三大部分。狭义的资本结构仅指权益资本和长期债务资本（简称债务资本）的构成比例。财务管理教科书中介绍的资本结构理论是针对狭义的资本结构而言的，本章后面提及的资本结构一般也限制在狭义资本结构范围内。

权益资本是企业经营的本钱，每个企业必须有权益资本，通常也有债务资本。有两种情形除外：一种情形是企业刚设立时，投资者已经投入资本而企业基本上还没有开展正常的生产经营活动，尚未向金融机构或其他债权人举借长期负债，这时企业只有权益资本，没有债务资本；另一种情形是当企业由于经营亏损或资本抽回（法律规定不容许）等原因，出现资不抵债时，企业账面上只有债务资本，权益资本已经为零或负数（虽然这时从法律形式上看企业的注册资本仍然存在）。

同时存在债务资本和权益资本的企业，就有一个资本的搭配问题，这就是资本结构问题。资本结构的核心是两类资本的比例，不同的搭配形成不同的资本结构，不同的资本结构会导致不同的财务结果，这是资本结构理论要研究的重点问题。

二、早期资本结构理论

企业资本结构是由于企业采用不同筹资方式筹措资金而形成的，各种筹资方式的不同组合决定着企业的资本结构及其变化。总体来说，企业的资本可以分为债务资本和权益资本两类。

资本结构理论就是通过研究财务杠杆、资本成本和企业价值之间的关系，阐述债务筹资或财务杠杆对企业的加权平均资本成本和企业总价值的影响。西方财务管理理论对这一问题存在许多争议，由此形成了不同的资本结构理论。早期资本结构理论是美国学者大卫·杜兰特提出的，包括净收入理论、营业收益理论和折衷理论。

（一）净收入理论

选择何种资本结构，财务上的一个重要标准是评价其加权平均资本成本。加权平均资本成本是各种资本成本的加权平均数。由于企业的资本分为债务资本和权益资本两类，所以加权平均资本成本的大小取决于债务资本和权益资本成本的高低及资本结构。如果设权益资本价值为 E，债务资本价值为 D，则权益资本在全部资本中所占比例为$\frac{E}{E+D}$，债务资本所占比例为

① 按照新《公司法》的规定，公司的实收资本可以与注册资本不相等。

$\frac{D}{E+D}$；再设权益资本成本为 K_e，债务资本成本为 K_d，那么加权平均资本成本 K_W 可以写成

$$K_w = \frac{E}{E+D}K_e + \frac{D}{E+D}K_d \tag{7-35}$$

净收入理论认为，债务资本成本和权益资本成本均不受负债程度的影响，无论负债程度多高，企业的债务资本成本和权益资本成本都不会变化。而且债务资本成本一定低于权益资本成本，即上式（7-35）中 $K_d < K_e$，那么，企业债务资本比例越高，加权平均资本成本越低，企业的价值就越大。当负债比率为 100% 时，企业加权平均资本成本最低，企业价值将达到最大。

净收入理论忽视一个重要的事实，那就是：相对于债务资本的比例高低来说，K_e 和 K_d 都不是常数，而且都会随着债务资本比例的提高而增加。这是因为，债务资本比例的提高，意味着财务风险增大，投资者会要求增加报酬率，即权益资本成本 K_e 增加；其次，债务资本比例的提高，意味着债权人的保障程度下降，风险增大，K_d 也会增大。因此，加权平均资本成本最低不会出现在债务资本比例最高的资本结构中。

（二）营业收益理论

当债务资本比例发生变化时，有两种力量在影响着加权平均资本成本：一是式（7-35）中的权数，二是由于债务资本比例变动而引起的 K_e 和 K_d 的变动。例如，一方面随着债务资本比例的提高，式（7-35）中债务资本成本的权数增大，权益资本成本的权数减小，加权平均资本成本会降低；而另一方面，债务资本比例的提高会引起债务资本成本和权益资本成本都上升，这又会使加权平均资本成本上升。这两种力量从不同的方向影响着加权平均资本成本，影响的结果要看哪种力量占上风。营业收益理论认为，上述影响加权平均资本成本的两种力量刚好能够抵消，加权平均资本成本与债务资本比例高低无关，即债务资本与权益资本的任何配比都会产生相同的加权平均资本成本，企业价值取决于企业的营业收益，而与资本结构无关。按照这种理论，企业不存在最佳资本结构，任何资本结构没有优劣之分。

（三）折衷理论

关于债务资本比例高低对加权平均资本成本的影响，净收入理论和营业收益理论是一个问题的两种极端观点。事实上，债务资本成本的权数增大导致加权平均资本成本的降低程度，与提高债务资本比例而引起资本成本上升的程度，无法完全抵消。这两种力量从不同的方向影响着加权平均资本成本，其强弱程度在不同的债务资本比例下有所不同。当债务资本比例开始上升时，它对资本成本的影响比较小，所以债务资本成本权数的增大所带来的影响使加权平均资本成本降低。而债务资本比例进一步上升后，它对资本成本的影响开始显现，债务资本成本权数的增大所引起的加权平均资本成本降低开始被资本成本的上升所抵消。这两种力量在债务资本比例的某一水平会完全抵消，达到平衡，此时加权平均资本成本最低。这就是折衷理论。它介于净收入理论和营业收益理论之间。折衷理论认为，企业利用财务杠杆尽管导致资本成本的上升，但在一定程度内不会完全抵消利用低成本的债务资本所获得的好处，因此会使加权平均资本成本下降，企业总价值上升。但是，超过一定程度地利用财务杠杆，债务资本和权益资本成本的上升就不能为债务的低成本所抵消，加权平均资本成本便会上升。加权平均资本成本从下降变为上升的转折点，是加权平均资本成本的最低点，这时的债务资本比例就是企业的最佳资本结构。对折衷理论的分析如图 7-1 所示。

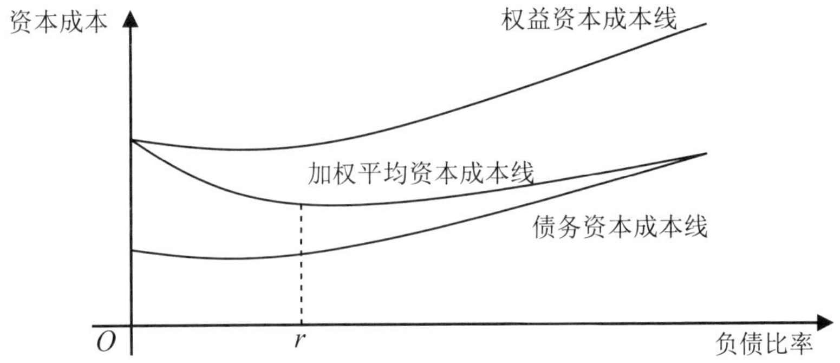

图 7-1 对折衷理论的分析

三、现代资本结构理论

现代资本结构理论研究的起点是美国学者莫迪格利尼和米勒提出的 MM 理论。随后，这两位学者又提出了权衡理论。随着现代企业资本结构理论的发展，许多学者又先后提出了代理理论、信号传递理论等。下面我们来简要介绍 MM 理论和权衡理论。

（一）MM 理论

最初的 MM 理论是基于完美资本市场的假设提出的，其基本观点是：企业价值是由全部资产的盈利能力决定的，而与资本结构无关。后来，莫迪格利尼和米勒进一步研究所得税对企业加权平均资本成本和企业价值的影响，提出了较为完整的 MM 理论。MM 理论的焦点是资本结构对企业价值和加权平均资本成本是否产生影响及产生何种影响，具体分两种情形加以阐述。

1. 无所得税情形下的 MM 理论

在不考虑所得税的情况下，MM 理论得出了两个命题。

命题一：在没有所得税的情况下，有负债企业的价值与无负债企业的价值相等，即无论企业是否有负债，企业的价值与企业的资本结构无关。它的表达式为

$$V_L=\frac{\text{EBIT}}{K_W^O}=V_U=\frac{\text{EBIT}}{K_W^U} \tag{7-36}$$

式中：V_L 表示有负债企业价值；V_U 表示无负债企业价值；EBIT 表示企业全部资产创造的息税前利润（假定是永续的）；K_W^O 表示有负债企业的加权平均资本成本；K_W^U 表示无负债企业的权益资本成本。

命题二：在没有所得税的情况下，有负债企业的权益资本成本随着财务杠杆（以债务资本与权益资本的比值表示）的提高而增大。有负债企业的权益资本成本等于无负债企业的权益资本成本加上风险溢酬，而风险溢酬与以市值计算的财务杠杆成正比。它的表达式为

$$K_E^L=K_E^U+\frac{D}{E}(K_E^U-K_D) \tag{7-37}$$

式中：K_E^L 表示有负债企业的权益资本成本；K_E^U 表示无负债企业的权益资本成本；D 表示有负债企业的债务市场价值；E 表示有负债企业的权益市场价值；K_D 表示税前债务资本成本；$\frac{D}{E}(K_E^U-K_D)$ 表示对有负债企业财务风险的补偿（风险溢酬）。

在无所得税的情况下，有负债企业的加权平均资本成本与无负债企业的资本成本（权益资本成本）相等。加权平均资本成本的表达式为

$$K_W^O=K_E^U=\frac{E}{E+D}K_E^L+\frac{D}{E+D}K_D \tag{7-38}$$

事实上，式（7-38）与式（7-37）是可以互换的（请读者自己思考）。

2. 有所得税情形下的 MM 理论

显然，不考虑企业所得税得出的资本结构的有关理论是不切实际的。莫迪格利尼和米勒于1963年对最初的MM理论进行了修正，提出了考虑企业所得税的MM理论的两个命题。

命题一：在存在所得税的情况下，有负债企业的价值等于无负债企业的价值加上债务利息抵税收益的现值。它的表达式为

$$V_L=V_U+T\times D \tag{7-39}$$

式中：T 表示企业所得税税率；D 表示企业债务总额；其他字母的含义同前。

利息抵税价值 $T\times D$ 又称财务杠杆收益，是企业由于支付利息而抵减的所得税所获得收益 $D\times i$ 的永续年金现值（以利率 i 为贴现率计算）。

命题一表明，债务利息可以在税前扣除导致有负债企业的现金流量大于无负债企业的现金流量，从而增加企业的价值。

命题二：在存在所得税的情况下，有负债企业的权益资本成本等于无负债企业的权益资本成本加上风险溢酬，该风险溢酬与以市值计算的财务杠杆和所得税税率有关。它的表达式为

$$K_E^L=K_E^U+\frac{D}{E}(K_E^U-K_D)\times(1-T) \tag{7-40}$$

式中：$\frac{D}{E}(K_E^U-K_D)\times(1-T)$ 表示风险溢酬。

在有所得税的情况下，有负债企业的利息抵税收益也可以通过加权平均资本成本来反映。企业使用债务资本所支付的利息中，有一部分被利息抵税所抵消，其实际债务利息成本（税后债务资本成本）为 $K_D\times(1-T)$。在考虑所得税因素时，有负债企业的加权平均资本成本的表达式为

$$K_W^T=\frac{E}{E+D}K_E^L+\frac{D}{E+D}K_D(1-T) \tag{7-41}$$

（二）权衡理论

权衡理论实际上是MM理论的进一步发展。前面所述的MM理论的一个重大缺陷是只考虑了负债带来的抵税收益，却忽略了负债带来的风险和额外费用。而现实中，随着负债的增加，财务风险和相关的费用都是不可避免的。因此，有必要在传统资本结构理论中加入更多的现实因素，其中财务危机成本是最为典型的因素。

财务危机成本是指企业因无力支付到期债务或需付出极大努力才能勉强支付这些债务而付出的代价。财务危机成本包括直接财务危机成本和间接财务危机成本。

直接财务危机成本是企业依法破产时实际支付的费用。负债给企业增加了财务压力，因为利息和本金的支付是企业必须承担的合同义务。如果企业无法偿还债务，那么它将面临财务危机，最后有可能导致破产。破产是一个法律过程，企业将其资产让渡给债权人，与之相关会产生一些破产成本，如法律诉讼费、管理费、律师费和顾问费等。破产成本是典型的直接财务危机成本。财务危机会增加企业的费用，进而减少企业资产创造的现金流，留给股东和债权人分配的现金会减少。由于债权人对企业资产有优先索偿权，所以股东承担了绝大部分财务危机

成本。

在宣布依法破产之前，企业可能已经承担了巨大的间接财务危机成本。例如，由于负债过多，企业不得不放弃有价值的投资机会、减少研发费用、缩减市场开发来积累现金并避免破产。消费者可能会因此对企业的长期生产能力和服务质量产生怀疑，最终决定购买其他企业的产品，供应商可能会因此拒绝向该企业提供商业信用，优秀的员工可能会因此离开企业，管理者、股东、债权人和员工之间可能会因此产生矛盾。所有这些都间接地给企业造成负面影响，并且随着企业负债的增加，这些影响越来越显著。

引入了财务危机成本的资本结构理论就是通常所说的权衡理论。权衡理论考虑了负债利息抵税收益与财务危机成本对企业价值的综合影响，认为有负债企业价值等于无负债企业价值加上利息抵税价值，再扣除财务危机成本的价值，即

$$V_L=V_U+T_B-PV_F \tag{7-42}$$

式中：V_L 表示考虑了利息抵税收益与财务危机成本的有负债企业价值；V_U 表示无负债企业价值；T_B 表示负债利息抵税收益的现值；PV_F 表示财务危机成本的现值。

权衡理论认为，负债可以为企业带来利息抵税收益，但债务资本成本会随着负债比率的提高而上升，而且当负债比率达到某一高度时，由于财务危机成本的出现，不仅资本成本会上升，息税前利润也会下降，企业承担破产的可能性增大。

权衡理论的最佳资本结构如图 7-2 所示。

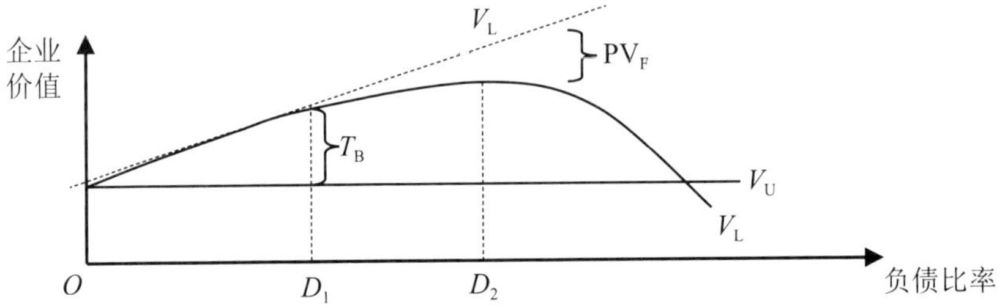

图 7-2 权衡理论的最佳资本结构

当负债比率未达到 D_1 点时，财务危机成本不明显，几乎可以忽略不计；当负债比率超过 D_1 点时，财务危机成本开始显得比较重要，负债获得的利息抵税收益开始被财务危机成本所抵消，但还不能完全抵消；当负债比率超过 D_2 点时，财务危机成本与利息抵税收益正好抵消，边际财务危机成本和边际利息抵税收益相当，这时企业价值最大；当负债比率超过 D_2 点后，财务危机成本超过利息抵税收益，企业价值开始回落。因此，D_2 点的负债比率是最优资本结构。

资本结构理论还在不断发展，一些学者在研究中还提出了代理理论、信号传递理论、融资优序理论等。各种资本结构理论为企业融资决策提供了有价值的参考，可以指导决策行为。但是我们应该看到，由于筹资活动本身和外部环境的复杂性，目前仍难以准确地描述出财务杠杆、资本成本及企业价值之间的关系，财务学家还在做进一步的探索和研究。因此，在财务管理实践中还要依靠有关人员的经验和主观判断。

第四节　资本结构决策

一、影响资本结构决策的因素

在企业财务管理的实践中，要进行资本结构决策，必须首先考虑影响企业资本结构的因素。决定资本结构的因素有很多，归纳起来主要有以下几个方面。

1. 资本成本

资本成本无疑是资本结构决策中需要考虑的最重要的因素。不同的筹资渠道和筹资方式，其资本成本存在很大差异。通常债务资本的成本低于权益资本的成本，但过度负债会增加企业的财务压力，导致不能还本付息的风险，对企业的经营产生不利影响。因此，企业不能一味地追求低成本而提高债务资本的比例，而应权衡各种筹资方式的利弊。

2. 企业自身的经营风险程度

企业的经营风险对筹资方式有很大的影响。如果企业本身的经营风险很大，或者已经具有较高的负债水平，再举债筹资就不如发行股票等股权筹资方式来得明智。这是因为股票不需要定期支付利息，也无须按时偿还本金。从前面经营杠杆和财务杠杆的合理组合看，经营风险大的企业不宜再冒更大的财务风险。

3. 企业的经营状况和经营效益

如果企业经营状况良好，预期收益稳定或成长性较好，那么增加债务资本的比重，可以获得财务杠杆利益；相反，经营状况不好、盈利水平较低、资金拮据的企业，则应增加权益资本的比重，以降低财务风险。

4. 管理人员的态度

由于普通股股东拥有表决权，为了不分散控制权，企业一般不愿意通过增发新股来筹措资金，而尽可能用债务筹资的方式来增加资本。如果管理人员愿意冒风险，就会增加债务资本的比重；如果管理人员倾向于稳健保守，不愿承担过大的风险，则会减少债务资本的比重。

5. 企业所在行业的差别

在确定资本结构时，行业的差异是十分明显的。实际工作中，不同行业及同一行业的不同企业，在运用债务筹资的策略和方法上并非千篇一律。企业在资本结构的决策中，应以行业资本结构的一般水准为参照，具体分析差别，以确定企业合理的资本结构，并根据实际情况进行及时调整。

6. 税收因素

税收是影响资本结构的重要因素。由于企业的债务利息在税前列支，具有抵税作用，而股票股利在税后列支，没有抵税效应，因此，利用债务资本可以得到减税的好处。而且，企业的所得税税率越高，债务资本的这种减税效应就越明显，企业会越倾向于举债筹资。相反，对于一个低税负或免税的企业，债务资本所带来的税收好处不甚明显，企业就会更乐于股权筹资。由此可见，税收政策，尤其是所得税政策，对企业资本结构的影响是相当明显的。

7. 金融机构的态度

虽然企业对如何恰当地使用财务杠杆，进行资本结构的决策有自己的见解，但在涉及大规模的债务筹资时，金融机构与信用评定机构的态度实际上会成为决定企业资本结构的关键因素。当金融机构与信用评定机构认为企业的负债过高，潜在的风险过大，信用等级下降时，贷款人会认为企业过高地运用了财务杠杆作用，不愿意接受大额贷款的要求，除非附有抵押物、第三方担保或相当高的利率，才会同意增加贷款。因此，企业的资本结构受金融机构和信用评定机构的制约。

二、最优资本结构的确定

最优资本结构的含义实际上是相当模糊的。一般来说，最优资本结构是指企业在一定时期内使其加权平均资本成本最低，同时企业价值最大的资本结构。根据现代资本结构理论，一个企业的最优资本结构是存在的，即在资本结构的最佳点上。这时企业的加权平均资本成本达到最低，同时价值达到最大。

根据上述最优资本结构的含义，可以认为衡量企业资本结构是否达到最佳的标准主要有两个：一是企业的加权平均资本成本最低，即筹资所花费的代价最小；二是有利于最大限度地增加股东的财富，能使企业价值最大化。除此之外，有时人们将控制财务风险、确保企业健康发展也作为确定最优资本结构的标准。

从财务管理的目标出发，企业选择最优资本结构的标准应当是企业价值最大化，也就是资本结构决策的比较公司价值法。然而，这种方法比较抽象，很难在实践中加以应用。在财务管理实际工作中，确定最优资本结构常用的定量分析法有每股收益分析法和比较资本成本法等。下面我们以股份有限公司为例介绍每股收益分析法和比较资本成本法。

1. 每股收益分析法

这里所说的每股收益是指普通股每股收益（非股份有限公司就是“单位资本收益”），它是投资者最关注的盈利指标之一。财务管理中每股收益的计算公式见式（7-27），存在优先股情况下的每股收益计算公式为[①]

$$\text{EPS}=\frac{(\text{EBIT}-I)(1-T)-D_{\text{P}}}{N} \tag{7-43}$$

式中：D_{P} 表示优先股股利；其他字母的含义同前。

以提高普通股每股收益作为资本结构决策的标准有其合理性，因为公司价值等于未来收益的现值和，每股收益最大化在某种程度上也体现了公司价值最大化的目标。资本结构决策的每股收益分析法，就是将息税前利润和每股收益这两大指标结合起来，利用每股收益无差别点来进行资本结构决策的方法。所谓每股收益无差别点，是指两种筹资方式下普通股每股收益相等时的息税前利润点，也称息税前利润平衡点或筹资无差别点。

该方法测算每股收益无差别点的计算公式为

$$\frac{(\text{EBIT}-I_1)(1-T)-D_1}{N_1}=\frac{(\text{EBIT}-I_2)(1-T)-D_2}{N_2} \tag{7-44}$$

式中：EBIT 表示每股收益无差别点处的息税前利润；I_1、I_2 表示两种筹资方式下的年利息；D_1、D_2 表示两种筹资方式下的优先股股利；N_1、N_2 表示两种筹资方式下流通在外的普通股股数。

每股收益无差别点的息税前利润计算出来以后，可与预期的息税前利润进行比较，据以选择筹资方式。当预期的息税前利润大于无差别点息税前利润时，应采用负债筹资方式；当预期

① 财务管理中所说的每股收益与我国会计准则中的基本每股收益或稀释每股收益不尽相同。财务管理中一般按照期末发行在外的普通股股数计算每股收益。

的息税前利润小于无差别点息税前利润时，应采用普通股筹资方式。我们来举例说明这种分析方法的运用。

【例 7-12】盛龙股份有限公司现有资产总额 20 000 万元，现行的资本结构为：债务资本占 40%，年利率为 7.5%；普通股权益资本占 60%，共 1 500 万股。公司欲新筹集资金 5 000 万元以扩大生产经营规模。筹集资金的方式有增发普通股和长期借款。如果采用增发普通股的方式筹资，则计划以每股 10 元的价格增发 500 万股；如果采用长期借款的方式筹资，则以 9% 的年利率借入 5 000 万元。公司现行和增资后的资本结构如表 7-4 所示。

表 7-4　公司现行和增资后的资本结构

单位：万元

资金种类	现行资本结构		增资后的资本结构			
			增发普通股方案		增加长期借款方案	
	金额	比例	金额	比例	金额	比例
长期借款	8 000	0.40	8 000	0.32	13 000	0.52
普通股权益	12 000	0.60	17 000	0.68	12 000	0.48
资本总额	20 000	1.00	25 000	1.00	25 000	1.00
年利息额	8 000×7.5%=600	—	8 000×7.5%=600	—	8 000×7.5%+5 000×9%=1 050	—
普通股股份数（万股）	1 500	—	2 000	—	1 500	—

假定增加资本后预期息税前利润为 3 600 万元，所得税税率为 25%，试采用每股收益分析法计算分析应选择何种筹资方式。

【解答】

（1）计算两种筹资方式的每股收益无差异点。

$$\frac{(\text{EBIT}-600)\times(1-25\%)}{1\ 500+500}=\frac{(\text{EBIT}-1\ 050)\times(1-25\%)}{1\ 500}$$

求得 EBIT=2 400（万元）。此时的每股收益 EPS=0.675（元）。

（2）计算两种增资方案的每股收益，并选择最佳筹资方式。两种增资方案的每股收益如表 7-5 所示。

表 7-5　两种增资方案的每股收益

项目	增发股票方案	增加长期借款方案
预计息税前利润（万元）	3 600	3 600
减：利息（万元）	600	1 050
税前利润（万元）	3 000	2 550
减：所得税（万元）	750	637.5
税后利润（万元）	2 250	1 912.5
普通股股数（万股）	2 000	1 500
每股收益（元）	1.125	1.275

由表 7-5 计算得知，预期息税前利润为 3 600 万元时，增加长期借款方案能产生更高的每股收益，所以应采用增加长期借款的方式筹集资金。

事实上，根据每股收益无差别点的意义，我们可以得到该公司两种增资方案下每股收益更一般的结论：当息税前利润等于 2 400 万元时，采用增加长期借款与增发股票两种方式的每股收益是相等的（为 0.675 元）；当息税前利润大于 2 400 万元时，采用增加长期借款的筹资方式能产生更高的每股收益；当息税前利润小于 2 400 万元时，采用增发股票的筹资方式能产生更高的每股收益。由于该公司预计息税前利润为 3 600 万元，大于无差别点的息税前利润，所以采用增加长期借款筹资较为有利。

（3）绘制每股收益无差别点分析图。

上述关于资本结构的每股收益无差别点的分析也可通过每股收益无差别点分析图加以说明，如图 7-3 所示。

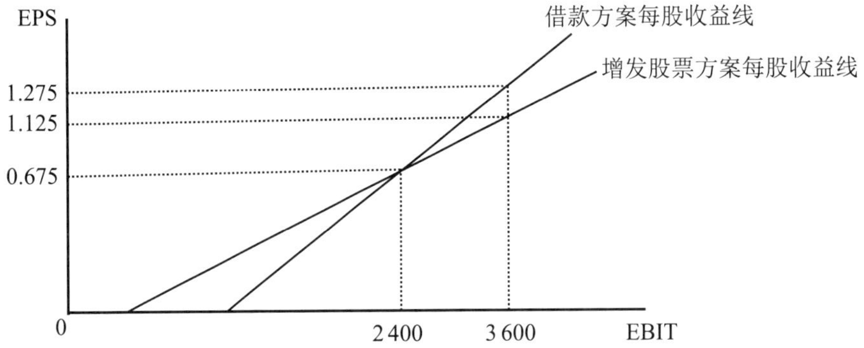

图 7-3　每股收益无差别点分析图

从图 7-3 中可以看出，当息税前利润为 2 400 万元时，两种筹资方式的每股收益直线相交；当息税前利润大于 2 400 万元时，采用增加长期借款筹资方式的每股收益直线在增发股票筹资方式的每股收益线上方，这时应采用增加长期贷款筹资方式；当息税前利润小于 2 400 万元时，采用增发股票筹资方式的每股收益直线在增加长期借款筹资方式的每股收益线上方，这时应采用增发股票筹资方式。

每股收益分析法直接将资本结构与企业财务目标、企业市场价值等相关因素结合起来，简单明了，在企业筹资决策中得到广泛运用。但本方法的缺点也很明显，主要是没有考虑企业债务比例变化引起的风险增加而可能减少企业价值。

2. 比较资本成本法

比较资本成本法以资本成本的高低作为确定最优资本结构的标准，是指通过计算不同资本组合的加权平均资本成本，并以其中加权平均资本成本最低的组合为最优资本结构的一种方法。它的具体决策过程如下：第一步，确定不同筹资方案的资本结构；第二步，计算不同方案的加权平均资本成本；第三步，选择资本成本最低的资本组合，即最优资本结构。

【例 7-13】宏大股份有限公司拟筹资 1 000 万元，准备采用发行债券、普通股和优先股方式筹集，现有三种筹资方案可供选择，有关资料如表 7-6 所示。试运用比较资本成本法确定该公司三种筹资方案中的最优资本结构。

表 7-6　宏大股份有限公司三种筹资方案的有关资料

项目	债券		普通股		优先股	
	所占比例	资本成本	所占比例	资本成本	所占比例	资本成本
甲方案	50%	9%	40%	14%	10%	12%
乙方案	40%	8%	30%	13%	30%	12%
丙方案	30%	7%	50%	15%	20%	11%

根据表 7-6 所示的资料，三种方案的加权平均资本成本分别计算如下：

甲方案：K_W=50%×9%+40×14%+10%×12%=11.3%。

乙方案：K_W=40%×8%+30×13%+30%×12%=10.7%。

丙方案：K_W=30%×7%+50×15%+20%×11%=11.8%。

通过比较计算结果可以看到，乙方案的加权平均资本成本最低，可认为乙方案为最佳筹资组合，它所确定的资本结构为最优资本结构。

比较资本成本法通俗易懂，计算过程也不是十分复杂，是确定资本结构的一种常用的方法。但由于所拟定的筹资方案数量有限，决策者不可能将所有可能的筹资组合全部设计出来，有时可能会将真正最优的筹资方案遗漏，而只是选择了一个相对较好的方案。

需要指出的是，上述资本结构决策方法可帮助企业的财务管理人员对资本结构的合理性进行评价，但不能将它们作为确定资本结构的绝对标准。实践中还应考虑影响资本结构的其他因素，加之财务管理人员的经验加以确定，力争使企业的资本结构趋于最佳。

下面我们通过一个实例来进一步说明企业应当综合考虑各方面的因素，确定最优资本结构。

【例 7-14】力拉钢丝绳股份有限公司 2020 年有关财务资料如下：

（1）年末资产总额为 80 000 万元。

（2）年末股东权益总额为 48 000 万元；发行在外的普通股股数为 10 000 万股（每股面值 1 元）；普通股的资本成本为 12%，公司股票目前每股市价 14.50 元。

（3）年末负债总额为 32 000 万元，均为长期负债，负债的平均年利息率为 6.5%。

（4）2020 年实现销售额 60 000 万元，边际贡献率为 25%，固定成本总额为 3 000 万元。

（5）2021 年公司进行新产品项目投资，需要筹集 20 000 万元资金。公司财务部对金融市场的现状和公司的理财环境进行分析后设计了如下两种筹资方案：

A 方案：长期借款 12 000 万元，年利率为 7.5%；同时发行优先股 8 000 万股，按面值发行（每股 1 元），筹集 8 000 万元资金，优先股股利为面值的 9%。

B 方案：全部资金通过配股筹集，拟向原股东配股 2 000 万股，配股价每股 10 元。

（6）据公司财务部门分析，无论采纳哪种筹资方案，公司普通股边际资本成本将保持不变。同时，不考虑发行优先股和配股的发行费用；所有负债均为每年付息、到期还本；利息费用可以全额在所得税税前扣除；所得税税率一直维持在 25% 的水平。

（7）据公司相关部门测算，2021 年新产品项目投入营运后，公司的销售额将比上年增加 15 000 万元，边际贡献率保持不变，固定成本将增加 750 万元。

公司董事会正在讨论该筹资问题。

公司证券部经理认为，每股收益是股东最关注的指标，因此，本次筹集决策应以提高公司每股收益为主要目标。

公司董事长认为，降低资本成本应该是本次筹资决策最重要的目标。

公司总经理则认为，公司目前的经营风险已经较大，所以本次筹资决策应考虑的主要目标是控制财务风险。

问题：

假如你是力拉钢丝绳股份有限公司的财务顾问，公司董事会请你为他们的筹资决策完成以下工作：

（1）公司 2021 年的息税前利润达到何种水平时，两种筹资方案的每股收益（以年末总股本计算）相等？

（2）按照公司董事长的观点，从降低加权平均资本成本（以期末账面价值为权数，不考虑 2021 年实现的净利润）来考虑，应该选择 A 方案还是 B 方案？

（3）按照公司总经理的观点，以控制风险（以总杠杆度衡量）为主要目标，应该选择 A 方案还是 B 方案？

（4）如果公司董事会最终达成的意见是：将提高每股收益同时降低加权平均资本成本作为筹资决策的目标，你认为该公司应采纳哪种筹资方案？

【解答】

（1）根据已知条件，公司 2020 年的边际贡献总额为 15 000 万元（60 000×25%），息税前利润为 12 000 万元（15 000−3 000）。

2021 年的边际贡献总额为 (60 000+15 000)×25%=18 750（万元），息税前利润为 18 750−3 000−750=15 000（万元）。

设两种筹资方案的每股收益相等的息税前利润为 EBIT，得到下列方程

$$\frac{(\text{EBIT}-32\,000\times6.5\%-12\,000\times7.5\%)\times(1-25\%)-8\,000\times9\%}{10\,000}=\frac{(\text{EBIT}-32\,000\times6.5\%)\times(1-25\%)}{10\,000+2\,000}$$

解得 EBIT=13 240（万元），即当 2021 年息税前利润达到 13 240 万元时，上述两种筹资方案的每股收益相等。

（2）公司 2020 年的每股收益、加权平均资本成本和总杠杆度分别为

$$\text{每股收益}=\frac{(12\,000-32\,000\times6.5\%)\times(1-25\%)}{10\,000}=0.744（\text{元}）$$

$$\text{加权平均资本成本}=\frac{48\,000\times12\%+32\,000\times6.5\%\times(1-25\%)}{48\,000+32\,000}=9.15\%$$

$$\text{总杠杆度}=\frac{15\,000}{15\,000-3\,000-32\,000\times6.5\%}\approx1.512$$

（3）选择 A 方案的每股收益、加权平均资本成本和总杠杆度分别为

$$\text{每股收益}=\frac{(15\,000-32\,000\times6.5\%-12\,000\times7.5\%)\times(1-25\%)-8\,000\times9\%}{10\,000}=0.8295（\text{元}）$$

$$\text{加权平均资本成本}=\frac{48\,000\times12\%+(32\,000\times6.5\%+12\,000\times7.5\%)\times(1-25\%)-8\,000\times9\%}{48\,000+32\,000+20\,000}$$

$$=8.715\%$$

$$\text{总杠杆度}=\frac{18\,750}{18\,750-3\,750-32\,000\times6.5\%-12\,000\times7.5\%-720/(1-25\%)}\approx1.695$$

（4）选择B方案的每股收益、加权平均资本成本和总杠杆度分别为

$$每股收益=\frac{(15\ 000-32\ 000\times6.5\%)\times(1-25\%)}{10\ 000+2\ 000}=0.8075（元）$$

$$加权平均资本成本=\frac{(48\ 000+20\ 000)\times12\%+32\ 000\times6.5\%\times(1-25\%)}{48\ 000+32\ 000+20\ 000}=9.72\%$$

$$总杠杆度=\frac{18\ 750}{18\ 750-3\ 750-32\ 000\times6.5\%}\approx1.451$$

（5）将上述计算结果汇总，力拉钢丝绳股份有限公司有关财务指标如表7-7所示。

表7-7　力拉钢丝绳股份有限公司有关财务指标

财务指标名称	2020年	2021年A方案	2021年B方案
每股收益（元）	0.744	0.8295	0.8075
加权平均资本成本	9.15%	8.715%	9.72%
总杠杆度（倍）	1.512	1.695	1.451

由表7-7我们可以得出以下结论：

按照公司董事长的观点，从降低加权平均资本成本来考虑，应该选择A方案。

按照公司总经理的观点，以控制总风险为主要目标，应该选择B方案。

按照公司董事会最终达成的意见，从提高每股收益同时降低加权平均资本成本来考虑，应采纳A方案。

【思考与练习】

一、思考题

1. 债务资本的资本成本和权益资本的资本成本相比较，为何前者一般低于后者？这是否意味着企业应当尽可能提高债务资本的比例，而降低权益资本的比例？为什么？

2. 经营杠杆度的大小与哪些因素有关？财务杠杆度的大小又与哪些因素有关？

3. 盈利水平高的企业可以适当提高负债比率，而微利企业不宜采用高负债的资本结构。请你从经营杠杆和财务杠杆的协调性加以分析。

4. MM理论认为："有负债企业的价值等于相同等级的无负债企业的价值加上债务利息抵税收益的现值。"用公式表示为：$V_L=V_U+T\times D$。请你思考以下两个问题：

（1）有负债企业需要向债权人支付利息，这会导致企业的现金流量减少；利息的抵税作用只是使企业实际负担的利息费用小于支付的利息费用。既然如此，企业有负债情况下的现金流量必定小于无负债情况下的现金流量，那么有负债企业的价值怎么可能大于相同等级的无负债企业的价值呢？

（2）本书中为什么将债务利息抵税收益的现值表述为$T\times D$？

5. 什么叫每股收益无差别点？它在资本结构决策时具有什么意义？

6. 结合企业实际谈谈在确定资本结构时主要应考虑哪些因素？

二、单项选择题

1. 不存在筹资费用的筹资方式是（　　）。

A. 发行普通股　B. 发行优先股　C. 发行债券　D. 利用留存收益

2. A 公司向银行取得 3 年期借款 500 万元，年利率 7%，银行规定每年付息一次，到期一次还本，无筹资费用，所得税税率为 25%。则该借款的资本成本为（ ）。

A. 4.92% B. 5.25% C. 6.56% D. 7.00%

3. B 公司发行普通股 5 000 万股，发行价格每股 10 元，发行费用占筹资总额的 4%，估计该公司未来第一年分配的股利为每股 0.72 元，以后每年递增 10%。那么，该公司发行普通股的资本成本为（ ）。

A. 7.2% B. 7.5% C. 17.2% D. 17.5%

4. 与边际贡献总额大小无关的因素是（ ）。

A. 销售量 B. 销售价格

C. 单位变动成本 D. 固定成本总额

5. 如果经营杠杆系数为 1.5 倍，财务杠杆系数为 2 倍，则当销售额增加 10% 时（其他条件不变），其息税前利润将增加（ ）。

A. 15% B. 20% C. 25% D. 30%

6. 调整企业的资本结构并不能（ ）。

A. 降低财务风险 B. 降低资本成本

C. 降低经营风险 D. 提高每股收益

7. 一种资本结构理论认为，不论企业的财务杠杆程度如何，其加权平均资本成本不变，企业的价值也就不受资本结构的影响，所以不存在最优基本结构。这种理论叫（ ）。

A. 净收入理论 B. 营业收益理论 C. MM 理论 D. 代理理论

8. 每股收益无差异点是指两种筹资方式方案下，普通股每股收益相等时的（ ）。

A. 成本总额 B. 筹资总额 C. 息税前利润 D. 资本结构

三、多项选择题

1. 资本成本包括筹资费用和用资费用。筹资费用通常（ ）。

A. 与筹资额相关 B. 与资金使用时间长短有关

C. 与筹资额无关 D. 与资金使用时间长短无关

2. 在计量个别资本成本中，须考虑所得税因素的是（ ）。

A. 债券资本成本 B. 长期借款资本成本

C. 优先股资本成本 D. 普通股资本成本

3. 计算加权平均资本成本时，所采用的权数可以是各种资本的（ ）。

A. 账面价值 B. 市场价值 C. 目标价值 D. 重置价值

4. 下列因素中，（ ）的变动会影响产品的盈亏平衡点销售量。

A. 产销量 B. 单位产品售价

C. 单位产品变动成本 D. 固定成本总额

5. 下列（ ）与息税前利润没有直接关系。

A. 固定成本总额 B. 资本结构

C. 债务利息费用 D. 所得税

6. 在企业盈利的情况下，财务杠杆度的大小与（ ）呈同方向变化（假设某一因素变动时其他因素不变）。

A. 债务资本比例 B. 债务的利率水平

C. 息税前利润总额　　D. 固定成本总额

7. 早期资本结构理论主要有（　　）。

A. 净收入理论　　B. 营业收益理论

C. 权衡理论　　D. 折衷理论

8. 无所得税情形下的 MM 理论认为：(　　)。

A. 有负债企业的价值与无负债企业的价值相等

B. 企业价值与资本结构无关

C. 有负债企业的加权平均资本成本等于无负债企业的权益资本成本

D. 有负债企业的权益资本成本随着财务杠杆的提高而增大

9. 企业债务资本成本过高时，调整其资本结构的方式有（　　）。

A. 利用税后留存收益归还长期债务

B. 鼓励投资者将可转换债券转换为普通股

C. 发行普通股筹集资金，用于提前偿还长期债务

D. 以资本公积金转增股本

10. 某股份公司的投资项目需追加筹资 3 000 万元，现有两种方式：一是发行普通股，二是增加长期债务。假设追加筹资后，公司的债务资本和权益资本的资本成本保持不变。经分析两种筹资方式的每股收益无差别点为 2 500 万元，则下列关于息税前利润（EBIT）和每股收益（EPS）的分析正确的是（　　）。

A. 当 EBIT 等于 2 500 万元时，两种筹资方式的 EPS 相等

B. 当 EBIT 小于 2 500 万元时，发行普通股筹资方式的 EPS 较大

C. 当 EBIT 大于 2 500 万元时，增加长期负债筹资方式的 EPS 较大

D. 当 EBIT 小于 2 500 万元时，增加长期负债筹资方式的 EPS 较大

四、计算分析题

1. G 股份有限公司为新建生产基地需要筹集资金，做出如下筹资计划：

（1）向银行借款 2 000 万元，期限为 4 年，年利率为 6.75%，规定到期一次还本付息，单利计息，无筹资费用。

（2）发行债券 50 万张，期限为 5 年，票面年利率为 7.2%，规定每年支付一次利息，发行价为每张 95 元，筹资费用为筹资总额的 0.8%。

（3）发行普通股 600 万股，发行价 12 元，筹资费用为筹资总额的 2%。估计未来第一年每股股利为 0.90 元，以后每年呈 8% 的增长率持续增长。

已知该公司所得税税率为 25%。试根据以上资料：

（1）分别计算该公司采用上述三种方式能够筹集的可使用资金净额。

（2）分别计算上述三种筹资方式的个别资本成本。

（3）计算该公司利用上述三种方式筹资的加权平均资本成本（以每种方式实际筹资净额为权数）。

2. 新炬网络公司的财务人员经过分析后认为，该公司的债务资本成本（Y_L）与权益资本成本（Y_S）均会随着债务资本比率（X）的变化而变化，其相互关系近似地可以用下列函数描述：

债务资本成本：$Y_L=0.04+0.12X$。

权益资本成本：$Y_S=0.17+0.08X$。

要求：

（1）如果该公司的债务资本比率为 50%，计算其债务资本成本和权益资本成本。

（2）写出以 X 表示的该公司加权平均资本成本的表达式。

（3）当债务资本比率为多高时，其加权平均资本成本最低，计算此时的加权平均资本成本。

3. 假设 A 公司只生产一种甲产品，有关资料如下：

（1）2020 年甲产品的销售量为 2.4 万件，单位售价为每件 5 000 元，单位变动成本为每件 3 500 元，固定成本总额（不含利息费用）为 600 万元。

（2）2020 年年末发行在外的普通股为 3 000 万股（每股面值为 1 元），股东权益总额为 15 000 万元，普通股的资本成本为 12%；长期负债为 10 000 万元，长期负债的平均年利率为 10%，规定每年支付利息。假设公司没有流动负债。

（3）假设公司适用的所得税税率为 25%。

要求：

（1）根据 2020 年的数据计算该公司的经营杠杆度、财务杠杆度和每股收益。

（2）计算该公司 2020 年的加权平均资本成本。

（3）欲使该公司 2021 年的每股收益比上年增加 30%，则该公司 2021 年的息税前利润应比上年增加百分之几（计算时假设 2021 年经营甲产品的单位售价、单位变动成本和固定成本总额将保持 2020 年的水平）？

4. 韵苑公司 2020 年度销售额为 8 000 万元，边际贡献率为 25%，全部经营性固定成本为 1 300 万元（不包括利息支出），总资产为 7 500 万元，资产负债率为 52%，全部负债的平均年利率为 10%，假设所得税税率为 25%。

2021 该公司拟改变经营计划和财务计划，需追加投资 1 000 万元，这样估计每年可以使销售额增加 20%，固定成本增加 200 万元，并使边际贡献率上升至 30%。

对于 1 000 万元资金的筹集问题，公司财务部根据当时的融资环境和公司的实际情况，设计了以下两种筹资方案：

A 方案：由投资者追加投入资本获得。假定此项筹资不会使负债利率发生变化。

B 方案：向银行取得借款。假定此项筹资将使全部负债（原有负债和新借入资金）平均利息率上升至 13%。

现公司董事会正在讨论 1 000 万元资金的筹集问题。董事长认为 A 方案较好，理由是：投资者追加资本可以增强公司的财务实力，降低资产负债率，同时资本成本也较低，提高企业的盈利水平。总经理则认为 B 方案较好，理由是：向银行取得借款，可以增加负债经营的力度，利用财务杠杆作用。

尽管董事长和总经理的意见不一致，但有一点董事会的意见是一致的：公司应以提高净资产收益率同时降低总杠杆度作为改造经营计划和财务计划的目标。

要求：

（1）上述两种改变经营计划和财务计划的方案各有什么利弊（结合公司董事长和总经理的观点进行分析，只要求做定性分析）？

（2）通过计算说明 A 方案和 B 方案能否达到改造经营计划和财务计划的目标。

（3）在上述目标下，你认为采纳哪种方案更好？为什么？

五、案例题

【案例】　　ABC 公司的投融资决策

1. 公司基本财务资料

ABC 化工股份有限公司是一家上市公司。公司股票自 2005 年 3 月在上海证券交易所上市以来，其股本总额一直为 15 000 万元（15 000 万股，每股人民币 1 元）。该公司 2020 年 12 月 31 日的资产负债表（简化）和 2020 年度的利润表（简化），见下表。

资产负债表（简化）

2020 年 12 月 31 日　　单位：万元

资产	年末数	负债及所有者权益	年末数
货币资金	7 000	短期借款	14 000
应收票据	1 600	其他流动负债（经营性）	25 000
应收账款	20 400	流动负债合计	39 000
预付账款	3500	长期负债合计	24 000
存货	16 500	负债合计	63 000
流动资产合计	49 000	股本	15 000
固定资产	56 000	资本公积	18 000
无形资产	10 000	留存收益	24 000
其他资产	5 000	所有者权益合计	57 000
合计	120 000	合计	120 000

利润表（简化）

2020 年度　　单位：万元

项目	本年实际数
营业收入	125 000
减：营业成本	86 100
税金及附加	1 350
销售费用	4 250
管理费用	10 450
财务费用（均为利息支出）	2 850
利润总额	20 000
减：所得税费用	5 000
净利润	15 000

公司全部资产均与产品生产经营有关，不存在投资性资产；短期借款以外的流动负债均不发生资本成本；短期借款和长期负债为有息负债，与生产经营无直接关系。

2. 投资项目基本资料

（1）该公司 2020 年年末准备扩建一个生产基地，2021 年投产某一新产品。该项目的投资估算见下表。

项目	金额（万元）
征地费用（形成无形资产）	4 000
建筑布置费（构成房屋、建筑物）	6 000
设备购置费（含设备运费、安装费）	5 580
水、电设施（形成固定资产）	920
其他投资支出（形成长期待摊费用）	620
合计	17 120

假定上述全部投资均在2020年年末完成，新产品可在2021年投产并销售。

（2）该产品投产后，估计寿命期为5年，根据市场预测，新产品每年的销售额为15 000万元。有关付现成本费用资料见下表（不含固定资产折旧及摊销）。

项目	金额（万元）
销售额	15 000
变动性生产成本合计	8 400
固定性生产成本合计	1 000
变动性销售和管理费用	900
固定性销售及管理费用	400
税金及附加	300

3. 折旧政策与摊销方法

该公司对新增固定资产采用平均年限法计提折旧。折旧年限为：房屋、建筑物30年；机器设备5年；长期待摊费用在5年内摊销；土地使用权摊销年限为50年。预计房屋、建筑物30年后的净残值率为10%；设备在5年后项目结束时的净残值估计为原价的4%。以上会计政策为税法所允许。房屋、建筑物在运营5年后将整体出售，预计出售价格为7 000万元；所有设备能够按照预计的金额收回残值。

4. 融资需求估计

项目投产前期公司需要增加固定资产投资等17 120万元，同时为新产品的生产经营，公司2020年年末需要投入2 880万元的营运资金。投资总额为20 000万元。投入的营运资金在项目寿命结束时可全部变现收回。

5. 税项

估计公司经营新产品的增值税销项税额为销售额的13%，进项税额为原材料成本的13%。该产品不涉及营业税和消费税等流转税，城建税和教育费附加分别按照增值税的7%和4%计算。公司的所得税税率为25%，不存在任何纳税调整事项。

6. 资金筹措

根据财务部门分析，公司经营新产品所需的资金有以下两种筹集方案：

方案1：向金融机构借款20 000万元，该借款的期限为5年，年利率约为7.5%，要求每年付息，到期还本。

方案 2：通过增发新股方式筹资。拟增发 5 000 万股，每股价格为 4.20 元，扣除发行费用，实际筹资为 20 000 万元。

7. 资本成本

在公司目前的资本结构下，短期借款和长期负债的平均年利率为 7.5%。权益资本的资本成本估算如下：当前的无风险收益率为 6%，预期市场风险溢酬为 10%，根据历史资料估计该公司的贝塔系数为 1.25。据估计，新产品生产、销售需要增加的资金，如果通过增发新股筹集，其资本成本与目前水平相当。

8. 股利分配政策

假设公司每年实现的利润在当年年末立即分配，全部净利润均分配现金股利。

9. 该公司在二级市场的股票交易有关资料

2020 年年末该公司股票的收盘价为 9.50 元。该公司在 2020 年年末向市场推出了一种标的资产为 ABC 公司股票的欧式认股权证。该权证的执行价格为 9.00 元，有效期为 1 年；根据以往的交易情况看，ABC 公司股票收益率的标准差为 0.3。

问题：

（1）在评价新产品投资项目的可行性时，是否应当考虑不同筹资方式对投资项目现金流量的影响？

（2）如果不考虑投资项目的资金来源，试分析新产品投资项目在寿命期内的经营现金净流量。

（3）在计算该公司加权平均资本成本时，是否应当将短期借款包括在内？请你计算该公司 2020 年年末资本结构下的加权平均资本成本，并以该资本成本作为贴现率，对该投资项目的可行性做出评价。

（4）针对给定的两种筹资方案，分别计算该公司 2021 年（新产品投产后）的每股收益。

（5）在选择 20 000 万元的筹资决策方案时，财务经理提出的目标是降低整个公司的加权平均资本成本和财务杠杆度，总经理提出的目标是提高整个公司的净资产收益率（按年末净资产计算），请你以 2021 年的数据为例进行计算和分析，分别为财务经理和总经理选择筹资方案。

第八章　资产营运管理

【引子】

众信旅游集团股份有限公司（简称“众信旅游”，股票代码：002707）2019 年度报告显示，该公司 2019 年 12 月 31 日流动资产主要项目的年末数和年初数如表 8-1 所示（母公司报表数据）。

表 8-1　众信旅游流动资产主要项目的年末数和年初数

单位：元

项目	年末数	年初数	比重增减
货币资金	993 370 791.56	924 511 578.69	7.44%
应收账款	664 026 798.00	606 367 827.77	9.51%
预付账款	1 002 780 027.39	913 401 301.63	9.79%
其他应收款	353 366 489.01	316 989 867.67	11.48%
存货	6 662 841.11	2 700 375.83	146.74%
流动资产合计	3 020 206 947.07	2 763 970 951.59	9.27%

王小言是某财经院校会计学专业三年级学生。在阅读该公司的财务报表时，她有下列疑问：

（1）公司 2019 年较 2018 年货币资金增加 68 859 212.87 元，同时，资产负债表上短期借款增加了 164 829 795.86 元。那么，公司增加的货币资金是否有必要？公司为什么一方面将巨额货币资金闲置在银行，而另一方面又增加借款？如果以银行存款偿还短期借款，不就可以减少利息支出吗？

（2）从公司 2019 年的利润表中可以发现，当年实现的销售收入较上年增长 3.7%，但应收账款较上年增长了 9.51%。这是否意味着公司 2019 年的信用政策和收账政策较上年出现了变化？是否意味着公司降低信用标准、延长信用期间，或者取消现金折扣？

（3）公司 2019 年年末预付账款相较于年初预付账款总额出现了 9.79% 的增长，主要为预付机票、地接、签证、邮轮等上游资源的采购款项。结合相关预付款项结转成本或收回情况，公司是否因为疫情存在较大的坏账损失风险？是否会对众信旅游经营业绩及资金状况产生重大不利影响？

（4）公司 2019 年年末存货大幅度增加，较年初存货总额上涨了 146.74%。增加的原因来自库存商品和低值易耗品的增加。这是否意味着该公司 2019 年度产品出现了滞销？合理确定存货需要量应该考虑哪些因素？

上述问题涉及企业流动资产的四大块内容：货币资金、应收款项、预付账款、存货。王小言提出的疑问实际上是流动资产管理中需要研究的主要问题。

本章将介绍企业流动资产管理的有关内容，对现金持有量的合理确定、信用政策和收账政策的制定、存货的经济订货量等财务决策的理论和方法进行系统的阐述，将有助于读者解决类似王小言所提出的有关流动资产管理的问题。

资产营运管理是在分析各种资产的风险与收益的基础上，合理确定企业的资产结构，对各种资产的取得、使用和处置实施计划、控制和指导，以提高资产的使用效益、实现资产保值增值的目标。资产营运管理是企业财务管理的日常内容，也是企业管理人员必须面临的基础性工作。本章在阐述资产营运管理基本理论的基础上，重点介绍现金、应收账款、存货、固定资产和无形资产日常管理的主要内容。

第一节　资产营运管理概述

资产营运是指企业管理者出于资产保值增值的需要，对企业所拥有或控制的各种资产进行投放、使用、耗费和回收的全过程。资产营运是企业生存、发展和获利的原始动力，因为无论是筹资还是投资，最终都必须通过良好的资产营运来为企业获得更多的盈利。由此可见，资产营运管理在企业管理中有着举足轻重的地位。

一、资产的分类

按照会计准则的定义，资产是指由过去的交易或事项形成的、由企业拥有或者控制的、预期会给企业带来经济利益的资源。该资源在未来会给企业带来某种直接或间接的现金和现金等价物的流入。

企业资产按其流动性的不同可以划分为流动资产和非流动资产。

（一）流动资产

流动资产是指可以在 1 年或者超过 1 年的一个营业周期内变现或者耗用的资产，主要包括库存现金、银行存款、应收及预付款项、存货等。

（1）库存现金是指企业持有的现款，主要用于支付日常发生的小额、零星的费用或支出。

（2）银行存款是指企业存入某一银行账户的款项。企业的银行存款主要来自投资者投入资本的款项、负债融入的款项、销售商品的货款等。

（3）应收及预付款项是指企业在日常生产经营过程中发生的各项债权，包括应收款项（应收票据、应收账款、其他应收款等）和预付账款等。

（4）存货是指企业在日常生产经营过程中持有以备出售，或者仍然处在生产过程中将要消耗，或者在生产或提供劳务的过程中将要耗用的各种材料或物料，包括库存商品、半成品、在产品及各类材料等。

流动资产具有资金占用时间短、周转速度快和变现能力强等特点。在大多数企业中，流动资产一般要占全部资产的 50% ～ 60%，它在企业经营过程中的流动和运作是最频繁的。同时，企业流动资产管理水平的高低将直接影响到企业的盈利能力和财务风险，其管理在企业财务管理中占有重要的地位。

（二）非流动资产

非流动资产是指不能在 1 年或者超过 1 年的一个营业周期内变现或者耗用的资产，主要包括长期股权投资、固定资产、无形资产等。

（1）长期股权投资是指持有时间超过 1 年（不含 1 年）、不能变现或不准备随时变现的股票和其他投资。企业进行长期股权投资的目的是获得较为稳定的投资收益或者对被投资企业实施控制或影响。

（2）固定资产是指企业使用年限超过 1 年的房屋、建筑物、机器、机械设备、运输工具及其他与生产、经营有关的设备、器具、工具等。

（3）无形资产是指企业拥有或者控制的没有实物形态的可辨认非货币性资产。无形资产包括专利权、非专利技术、商标权、著作权、土地使用权等。

非流动资产占用资金金额较大、时间较长，变现能力不如流动资产，但它是带动企业正常生产经营的必要物资，在企业运营过程中具有举足轻重的地位。

二、资产营运的过程

资产营运是指企业对资产的具体运作与管理，包括生产经营活动中的存货、固定资产及无形资产等生产性资产的使用、耗费、回收等，也包括货币资金、债权与股权性资产的运作与管理。

一般而言，企业资产营运的过程可以通过货币资金的流转过程来反映，如图 8-1 所示。

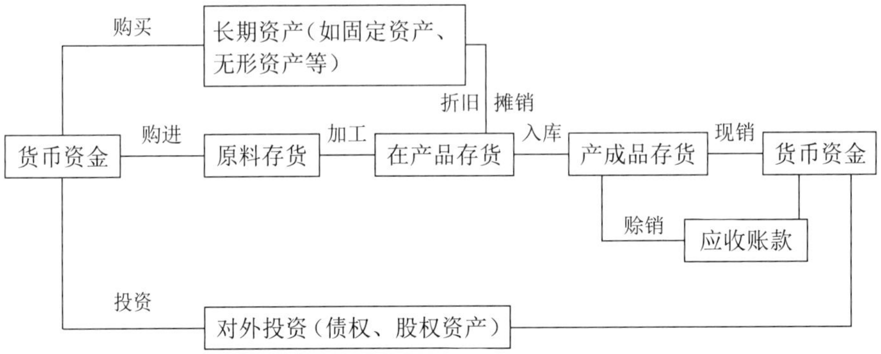

图 8-1 企业资产营运的过程

如图 8-1 所示，资产营运主要有三种模式。第一种模式，也是一般制造企业最为主要的营运模式，即企业先通过货币资金购进原材料，经生产加工入库后转变为产成品存货，最终销售来获取货币资金。在这个过程中，企业通过产品的生产销售来获取利润。第二种模式，主要是将货币资金投资于债权股权性资产来获取投资收益。这种方式对于投资公司而言，是最为主要的资产营运模式。第三种模式，即将货币资金投资于长期资产，如固定资产和无形资产，通过长期资产的折旧和摊销，将其价值转移到产品中去，通过产品的销售来获取收益。

当然，对于不同性质、不同行业的企业而言，其资产结构会存在较大不同，因此资产营运模式也会有所差异。一般情况下，加工制造类型的企业，由于其固定资产的比重较高，货币资金主要通过转化为存货与长期资产的形式来获取收益。而商品流通类型的企业，其资产中主要以流动资产为主，固定资产较少，因此其资产营运主要通过货币资金转化为存货资产来获取差额利润。另外，对于一些投资公司而言，其资产营运主要将资金投入债权股权资产来获取投资收益。

此外，对于某一特定的企业而言，随着经营阶段的改变和生产方式的改进，其资产营运方式也会随之改变。例如，一个以生产加工为主的制造企业，随着它规模的扩大和盈利水平的提高，企业开始多元化经营，逐渐涉足其他产业投资，其资产营运的模式也会随之发生改变。

资产营运的过程是企业获取收益的过程。因此，无论是企业对外投资，还是进行产品的日常经营生产，其目的都是通过对资产的充分利用来提高资产使用效率，增加资产使用带来的经济收益，最大限度地实现资产的价值。

三、资产营运管理的内容

从资产营运管理的工作环节看，资产营运管理的内容主要有以下几个方面：

（1）明确各种资产在企业生产经营中的特点，分析其风险性和盈利性。风险性和盈利性是资产的两个重要特征，不同的资产其风险性和盈利性不同。资产的风险性来自几个方面，如资产的流动性、资产的抗通胀能力和资产的可回收性等。资产营运管理的任务之一就是要正确分析各类资产的风险与收益的匹配关系。

（2）合理确定企业的资产结构。在分析企业各类资产的风险性和盈利性的前提下，企业的经营管理者应当根据企业生产经营的特点，在各个经营环节配置各种资产，形成合理的资产结构，并根据企业生产经营环境的变化对资产结构实行动态管理。

（3）根据成本效益原则估计持有各种资产的成本和收益，合理控制资产的规模。企业持有各种资产都是要付出代价的，这就是资产的持有成本。资产营运管理的内容之一，是要正确估计各种资产的持有成本，合理控制资产的资金占用量。例如，需要考虑现金资产、应收账款和存货在何种水平比较合理。

（4）合理回收和依法处置资产。在企业经营过程中，有些资产（如流动资产）会发生形态转变，最后收回货币资金；有些资产通过生产经营的各个环节后并不发生形态的变化，但最终要退出企业，必须对这些资产及时进行处置，以收回应有的残值。

从管理的对象看，资产营运管理可以分为现金管理、应收账款管理、存货管理、固定资产管理、无形资产管理等内容。

四、资产营运管理的要求

有效的资产营运是企业快速发展的动力。在日常的生产经营过程中，企业应该合理安排资产结构，尽可能地保证各类资产相互之间匹配协调及有效使用。资产营运管理的要求包括以下几个方面：

（1）合理选择投资，优化企业资产结构。广义地说，资产就是企业投资形成的资源。企业在选取投资项目时应该考虑资产结构，合理保证资产的流动性和变现能力。对于一般的生产制造企业而言，产品生产是企业的主要经营活动，因此存货在企业资产中应该占有较大的比例。但如果企业将较多的资金投资于股票等投资性资产，并逐渐加大投入，企业的投资风险便会随之加大，资产结构也会发生较大变化。虽然在短期内企业或许会获得较大的投资收益，但长远来看，企业可能会失去原有经营方向，这对企业而言是不利的。当然，这并不意味着企业不能进行多元化经营，毕竟多元化经营可以分散经营风险、发挥协同效应，同时，也可促进企业经营范围的扩展、资产结构的复杂化和资产经营模式的多元化，只是企业应该合理安排投资，不断优化企业的资产结构。

（2）加强资金运作，加速资金周转，尽可能地提高资金使用效率。企业应致力于强化有效资金的运作，挖掘资金的潜力，尽可能地将资金投资于高收益、低风险的领域。例如，同样是进行产品生产，企业应合理分析产品的获利能力，将资金较多地投资于利润高的产品中去，同时应减少投资低获利能力甚至亏损的产品。如果企业在正常的生产经营基础上开始多元化发展，则企业还应考虑在其他领域中的获利情况，合理控制各类风险；否则，投资决策的失误可能会给企业带来致命的危害。在投资方向正确的基础上，企业还应该加速资金的周转，并尽可能地减少其持有量，在相同的时期内获取更高的收益。

（3）将资产营运管理落实到各项资产的管理中去，切实做好各类资产的有效使用。资产营运实际上是对各类具体资产的投放、使用、耗费与回收，因此，资产营运管理实质上可分解为各项具体资产的管理，包括现金管理、应收账款管理、存货管理、长期资产管理（固定资产、无形资产等）与各类投资性资产管理（如股权债权类资产）等。考虑到各项资产均具有不同的特征，在实际的管理过程中，企业应根据不同的特征来进行分类管理。例如，对于应收账款而言，控制坏账是其重要内容，则企业应较多地关注应收账款的赊销政策及各类账款的账龄分析，其目的在于降低坏账成本，提高应收账款的质量。又如，对于部分企业而言，存货所占比例较高，其进出也较为频繁，因此，合理保证存货的账实相符是企业的管理重点，企业应该完善存货账簿记录制度并定时进行存货的盘点。

第二节 资产的风险性和盈利性

资产的风险性和盈利性呈同方向变动。一种资产的风险越大，其盈利能力通常较强；反之亦然。企业资产结构的安排总不能两全其美，需要在风险、成本和盈利之间进行权衡，寻求它们的平衡点。

一、资产的风险性

简单地说，资产的风险是指企业持有和使用某一资产所带来的经济利益的不确定性。资产的风险根据其风险源的不同，可以分为违约风险、流动性风险和通货膨胀风险等。

1. 资产的违约风险

资产的违约风险主要存在于债权性金融资产，是指债权性证券的发行人（债务人）未能按时支付利息或未能如期偿还本金而使证券持有者造成损失的可能性。例如，企业购买另外一个企业发行的公司债券，企业因此拥有该项金融资产，如果发行债券的公司未能按规定还本付息，那么持有该项金融资产的企业就会遭受损失。又如，企业对外赊销商品形成应收账款这项金融资产，如果债务人到期未能偿付款项，就会给应收账款持有人带来坏账损失。一般来说，金融资产的违约风险越大，投资者要求的报酬（利率）就越高。当然，企业大多数经营性资产不存在违约风险，如企业持有存货、固定资产和无形资产等资产，并没有形成债权债务关系，也就不可能产生违约风险。

2. 资产的流动性风险

简言之，资产的流动性是指资产的变现能力（变现力）。这种变现能力是通过资产流通来表现的。不同的资产，其流动性存在很大的差异。流动性最强的资产当然是现金，因为它已经变现了，其流通性自然也是最好的。交易性金融资产的变现力很强，会计上将某些交易性金融资产视为现金等价物①。应收票据因可以被用来贴现，其流动性也很强。存货的流动性很难说。如果该存货是畅销的商品，那么其流动性较好；如果是一些积压物资之类的存货，其流动性较差。固定资产等长期资产的流动性一般较差。

资产的流动性风险是指由于资产缺乏流动性不能及时变现而给资产持有者可能带来的损失。因为资产的变现力差，在资产价格下跌时，该资产不能被变卖，等到将来变卖时，该资产价格已经缩水很多了。倘若该资产的流动性很强，即使资产价格下跌，持有者也可以及时出售，将可能发生的更多损失转嫁给购买者。由于不断地流通，虽然该资产的价格在一定时期内仍然跌去一大截，但最初持有该资产的人并没有很大的损失，他（她）的损失由于资产被及时出售而被锁定了。显然，流动性越强的资产，其风险越小；反之亦然。

3. 资产的通货膨胀风险

资产的通货膨胀风险，也称购买力风险，是指由于物价上涨而导致持有资产的购买力发生损失的可能性。例如，虽然现金资产没有流动性风险，也不会减值，但同样数量的现金由于物价上涨，其购买力会下降，这说明现金的通货膨胀风险很大。但是其他资产，如存货和固定资产等，随着物价的上涨，其价格也会水涨船高，其涨幅甚至可能超过同期物价上涨的水平。这就说明这些资产的通货膨胀风险较小，或不存在通货膨胀风险。从资产负债表中的资产类别看，交易性金融资产和应收债权（包括应收账款、应收票据、其他应收款）等资产的通货膨胀风险较大，而存货、固定资产、投资性房地产、无形资产的通货膨胀风险一般较小，长期股权投资和预付账款则很难说。

我们似乎可以得出这样的结论：流动性风险和通货膨胀风险呈反方向变化。一种资产的流动性越强，其流动性风险越小，而其通货膨胀风险往往越大；反之亦然。这样的结论只能说一般是正确的，而实际情况并非如此简单。

二、资产的盈利性

资产的盈利性是指资产给持有人带来超过资产成本的价值之特性。资产持有人在未来持有资产和转让资产所获得的现金能够超过资产取得成本的这部分价值就是持有资产的收益。不同资产，其盈利性存在很大的差异。现金资产的盈利性最差。库存现金不会盈利，存放在银行的存款除活期利息外，没有其他收益，其盈利性十分微薄。交易性金融资产虽然具有很强的变现力，流动性风险很小，但是其他风险（如系统风险等）很大，其盈利性存在很大的不确定性。它可能会给企业带来巨大的收益，也可能会使企业发生巨额亏损。应收票据等债权性资产与现金资产类似，没有盈利的可能，或只能带来微利（如带息应收票据）。存货的盈利性很难说，但一般而言具有较强的盈利性。这是因为企业持有存货的目的是出售，或加工后出售，出售的价格一般总会高于其取得成本。虽然一个企业持有某些存货不会盈利甚至会亏损，但就某一企业的全部存货来说，盈利是可以预期的。而固定资产、投资性房地产、无形资产的盈利性通常比较强。

① 会计上所说的现金等价物是指企业持有的期限短、流动性强、易于转换为已知金额现金、价值变动风险很小的投资。

三、资产风险性与盈利性的关系

从前面的分析，我们可以将风险和收益的关系概括为以下结论：流动性强的资产，其流动性风险小，通货膨胀风险往往比较大，而盈利性通常比较差；流动性差的资产，其流动性风险大，通货膨胀风险往往比较小，而盈利性通常比较强。

将企业各类典型资产的流动性风险、通货膨胀风险、其他风险和盈利性进行比较，得到的结果如表 8-2 所示。

表 8-2 比较的结果

资产	违约风险	流动性风险	通货膨胀风险	盈利性
现金	无	无	大	差
交易性金融资产	大	小	大	强
债权性资产	大	较小	大	差
存货	小	较大	较小	较强
固定资产、无形资产等	小	大	小	强
长期股权投资	大	较大	不一定	不一定

企业的资产实际上是一个资产组合。任何一个企业在任何时候都不可能只有一种或一类资产，而必须同时拥有不同类别的资产。这些资产的风险和收益各有差异：如果想保持资产的低风险，那么可能会失去盈利的机会；如果想要取得高盈利，就得承担较大的风险。这里就有一个风险和盈利权衡的过程。

第三节　现金管理

现金是流动性最强的资产，具有普遍的可接受性。但是，在企业所有的资产中，现金的获利能力最差。因此，企业必须努力做好现金管理，既要掌握相当数量的现金以满足日常经营活动的需要，又要防止过剩资金的闲置，造成综合投资报酬率的降低。

那么，企业应该如何进行现金管理？现金管理的根本目标是在保持企业高效率、高质量地开展经营活动的情况下，尽可能地保持最低现金持有量，帮助企业实现效益最大化。企业进行现金管理，要把握现金资产的内容和特点，明确企业持有现金的动机，合理确定最佳现金持有量，并加强现金的日常管理等。

一、现金资产的内容和特点

（一）现金的内容

现金分为广义的现金和狭义的现金。狭义的现金是指企业的库存现金，即企业金库中存放的现金，包括人们经常接触的纸币和硬币等。广义的现金是指企业财务部门存放的现金、银行存款和其他货币资金。财务管理中的现金一般是指广义的现金。它是流动资产中流动性最强的资产，也是流动资产的基本形态。此外，现金与有价证券具有密切关系。有价证券一般是指债券、股票等具有一定价值的收款凭证。短期有价证券是指可以很快转化成现金的有价证券，可以视同现金进行管理。

（二）现金资产的特点

现金是随时可以投入流通的交换媒介，是企业拥有的流动性最强的资产。现金资产的特点主要体现在以下几个方面：

（1）现金具有普遍可接受性。它可被企业直接用来支付其各项费用或者偿付其各项债务。

（2）现金资产是企业暂时间歇的资金。从理论上讲，现金资产是从经营过程中溢出的非盈利性资产，是上一次资金循环的终结和下一次资金循环的开始，是企业两次资金循环的间歇资金。

（3）现金的流动性最强。现金的使用一般不受约定的限制，可以在一定范围内自由流动，因此不存在流动性风险，但通货膨胀风险较大。企业持有现金资产，会遭受物价上涨带来的购买力损失。

（4）现金的盈利性最差。企业持有现金除活期存款利息外，基本没有其他收益，说明现金的获利能力较弱。

二、持有现金的动机

现金是非盈利性资产，从现金的收益能力看，企业应拒绝持有现金。但事实上，任何一个企业都必须保留一定量的现金。企业持有现金主要出于以下三个方面的动机。

（一）交易的动机

交易的动机是指企业为了满足日常交易活动的需要而必须持有的现金数额，如购买原材料、支付职工薪酬、缴纳税款、支付股利等。具体地说，体现现金交易性动机的主要原因有：

首先，在日常经营活动中，每天现金流入量和现金流出量在数量上通常都存在一定的差额，很少是同步发生的。这是因为：①企业进行生产经营活动，购买材料等支付的购货款和销售产品收到的销货款并不完全一致；②企业销售产品向顾客提供的信用条件或结算方式与供应商向企业提供的信用条件与结算方式是不同的。例如，企业为了加快产品销售、减少库存积压而采取亏本销售，则销售产品收到销货款小于支付的购货款，现金流入小于现金流出。又如，企业为提高资产整体利用效率而采取促销手段，给予顾客一定的现金折扣，但其本身可能并不能享受到供应商的信用优惠。因此，企业必须持有一定数量的现金才能满足企业日常交易活动的正常进行，其数额的大小主要取决于企业的生产经营规模，即生产经营规模越大，交易活动所需要的现金越多。

其次，季节性的变化造成现金收付的不平衡。现实生活中，由于不少企业在业务上具有季节性的产品，如服装生产企业在销售旺季到来之前，必须垫付大量现金以供企业在短期内造成大量现金的支出。另外，季节性的变化也会造成这样一种现象：当某类产品处于淡季时售价较低，企业会大量购进该类产品而造成现金大量支出；而在产品旺季时快速、高价销售，从而造成现金大量流入。因此，经营的季节性变化会使企业的现金收支产生很大的差异。

最后，其他交易活动造成的现金收支不平衡。在企业的正常营运过程中，往往还会发生以下事项：购置设备、购买有价证券、支付股利等，这些业务带有一定的偶发性，不容易预测，因此企业必须持有一定量的现金作为生产经营的保证。

（二）预防的动机

预防的动机是指为了应付意外事件发生而持有的现金，如为应付自然灾害、重大设备故障、意外发生的财务困难等。如果企业日常不备有一定量的现金，则可能因一时的困难境地，影响企业正常的生产经营活动，进而给企业造成巨大的损失。预防性现金持有量的多少主要取决于以下几个方面的因素：

一是企业对现金流量预测的准确程度。企业对于现金流量的预测总会带有些许偏差，其准确程度高低又与现金短缺可能性的大小直接相关。准确程度越高，现金短缺的可能性越小；反之，可能性越大。因此，现金流量预测的准确程度直接影响到企业是否能以最少的现金余额来应对现金短缺的风险。

二是企业愿意承担现金短缺风险的程度。若企业愿意承担较大的现金短缺的风险，则它总把现金投资于盈利较高的资产上，以获得较多的收益，这时企业为满足预防的动机而需要保持的现金余额较少；相反，一个不愿意承担该风险的企业，往往会将现金留做备用而失去投资于高盈利性项目并获得高额收益的机会，这时企业为满足预防的动机而需要保持的现金余额较多。

三是企业的临时筹资能力。为维持正常的生产经营活动，企业必须持有一定数额的现金来应对各类突发事件。但是现金获利能力很低，为提高其利用效率，必须将其控制在一定水平。如果企业筹资能力较强，很容易随时接到现金，则企业可以将其定在较低水平；反之，如果企业筹资能力有限，则其必须持有较多现金以应对各类突发事件。

（三）投机的动机

投机的动机是指为投机获利而持有的现金。例如，供应商因资金周转困难，廉价出售原材料，如果本企业持有足够的现金，便能够低价购进这些原材料，降低企业生产成本，从而获取更高的利润。又如，银行抵押贷款对象因无能力偿还贷款，银行廉价处理其抵押品，本企业便可以用现金去购买这些商品，从中获取收益。当然，为了投机而保存现金不是一种普遍的现象，除金融和投资公司外，一般企业并不需要专为投机置存过多的现金。但如果企业拥有相当数额的现金，确实能为突然的大批采购提供方便。

需要说明的是，上述三项持有现金的动机，虽然在理论上是可以划分的，但对于实际持有现金来讲，并不能确认某笔现金是因什么动机而持有的。这是因为从现金管理的目的看，主要是保证企业有供随时动用的现金资产，至于它到底是用于偿债还是用于投资，要视企业的具体情况而定。所以，企业在日常活动中并不是按上述三种动机来测定各期现金存量的，而是根据企业各期财务状况来编制现金预算，并使各期保留的现金资产量足以达到收支平衡。当然，企业在编制各期现金预算时，应充分考虑交易、预防和投机的因素，使现金的预算尽可能地完善。

三、最佳现金持有量的确定

为了有效地实现现金管理的目的，除了做好日常收支、加快现金流转速度，我们还需要控制好现金的持有规模，即确定恰当的现金持有量。

最佳现金持有量的确定方法主要有成本分析模式、存货模式、现金周转模式和随机模式四种。本节主要介绍最佳现金持有量的成本分析模式和存货模式，对现金周转模式和随机模式只稍作介绍。

（一）成本分析模式

成本分析模式是根据现金有关的成本，寻求其总成本最低时现金持有量的一种方法。这里提及的与现金有关的成本，主要指机会成本、管理成本和短缺成本，不考虑转换成本。

1. 机会成本

企业持有现金就会放弃将其进行投资而可能获取的收益，这就是现金的机会成本。例如，因为持有现金而放弃购买债券，这就放弃了相关的利息收入，机会成本就是放弃投资的代价。在实际工作中可以用企业的资本成本来衡量。假定某公司的资本成本是8%，若年平均持有现金1 500万元，则该公司每年持有现金的机会成本就是120万元（1 500×8%）。显然，企业的现金持有量越大，资本成本越高，现金的机会成本也就越大。现金的机会成本可以表述为现金持有量的正比例函数。

2. 管理成本

现金的管理成本是指企业日常对留存的现金资产进行管理而付出的代价。它包括企业建立健全企业现金管理控制制度的制度设计成本、为保证现金资产安全而添置必要硬件设施（如保险柜等）的成本，以及支付给现金管理人员的薪酬等。现金管理成本是一种相对固定的成本，与现金持有量没有明显的对应关系。

3. 短缺成本

现金短缺成本是指因缺乏必要的现金使企业不能应对日常业务开支而蒙受的损失或付出的代价。发生现金短缺成本的情形主要有以下几种：

（1）错失购买机遇的成本。这类成本主要是指企业因缺少现金而不能在有利时机购进生产物资，从而使企业失去额外获利空间而付出的代价。当然，如果企业因缺少资金无法购进足额材料来维持正常的生产，进而导致停工，则会给企业造成更大的损失。

（2）丧失折扣的成本。这类成本主要是指企业因缺少现金而无法在现金折扣期内付款，从而丧失享受现金折扣优惠的好处。这类成本一般用放弃现金折扣所承担的资金成本来衡量。

（3）信用损失和失去偿债能力的成本。信用损失成本主要是指企业由于现金不足而不能按期付款，失信于供货单位而付出的代价。该类损失往往会造成企业信誉和形象的下降，还会造成供货商之后拒绝供货或不接受延期付款等。如果企业现金严重不足，根本无力支付各类债务，则会造成企业失去偿债能力，甚至出现财务危机，影响企业的生存。这种损失对企业而言也许是致命的。

现金短缺成本与机会成本相反，它与现金持有量的关系为：现金持有量越大，短缺成本越小；现金持有量越小，短缺成本越大；当现金持有量高达一定水平时，现金短缺成本就会等于零。

上述三项成本之和最小的现金持有量，就是最佳现金持有量。如果把以上三种成本与现金持有量的关系用图像描述出来，可以得到如图8-2所示的现金总成本及最佳持有量。

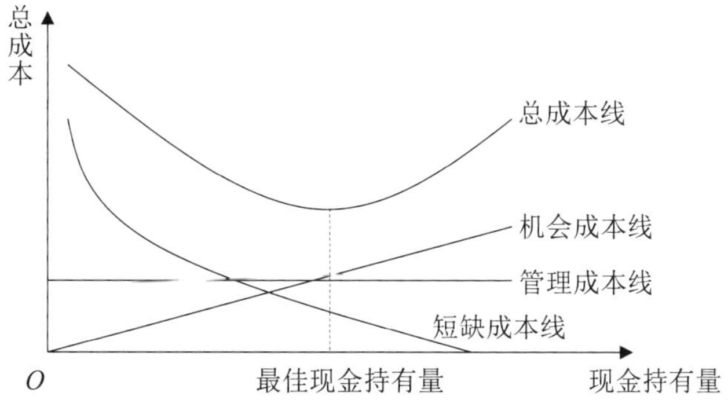

图8-2 现金总成本及最佳持有量

从图 8-2 中可以看出，现金机会成本随现金持有量的增加而上升，所以机会成本线向右上方倾斜，其斜率代表企业的资金成本率；管理成本相对固定，不随现金持有量的变化而变化；现金短缺成本则随现金持有量的增加而下降，在图上反映为一条向右下方倾斜的曲线。若将机会成本、管理成本和短缺成本相加，则构成了企业持有现金的总成本，总成本线是一条开口向上的抛物线，该线的最低点代表的现金持有量即为最佳现金持有量。当现金持有量小于最佳持有量时，短缺成本上升的代价大于机会成本下降的好处；当超过该持有量时，机会成本上升带来的损失又会大于现金短缺成本带来的好处。

成本分析模型的思路就是根据企业的实际情况，选取若干个现金持有量进行比较，其三项成本总额最低的，便为较合理的持有量。

【例 8-1】ABC 公司现拥有五种现金持有方案。经测算，公司的现金管理成本为 15 000 元，资金的平均收益率（机会成本）为 10%，则五种现金持有方案的成本分析如表 8-3 所示。

表 8-3　五种现金持有方案的成本分析

单位：元

项目	方案一	方案二	方案三	方案四	方案五
现金持有量	200 000	220 000	240 000	260 000	280 000
机会成本	20 000	22 000	24 000	26 000	28 000
管理成本	15 000	15 000	15 000	15 000	15 000
短缺成本	22 000	19 000	15 500	14 000	13 000
持有总成本	57 000	56 000	54 500	55 000	56 000

通过比较表 8-2 中五种现金持有方案的成本，可知方案三，即现金持有量为 240 000 元时，现金持有的总成本最低，所以 240 000 元为 ABC 公司的最佳现金持有量。

（二）存货模式

存货模式是指以存货经济进货批量模型为出发点来确定最佳现金持有量的方法，其着眼点也是使持有现金有关总成本最低。在现金持有成本中，管理成本因其相对固定，同现金持有量的多少关系不大，将其视为与决策无关因素而不予考虑；另外，由于短缺成本的不确定性和无法计量性，所以对其不加考虑。在存货模式中，我们重点考虑机会成本和转换成本。所谓转换成本，是指将现金转换为有价证券或将有价证券转换为现金而发生的交易费用。如果企业想保持较低的现金持有量，就必须在现金不足时将有价证券转换为现金；当现金持有量较大时，就应将现金转换为有价证券。显然，转换成本和机会成本随着现金持有量的变化而变化，但它们的变动方向相反。因此，我们需要找到一个最佳现金持有量，使持有现金的机会成本和转换成本总和最低。包含机会成本和转换成本的总成本可表示为

$$\mathrm{TC}=\frac{Q}{2}\times K+\frac{D}{Q}\times T \quad (8\text{-}1)$$

式中：TC 表示持有现金的总成本；Q 表示现金持有量；K 表示有价证券的利息率；D 表示某一时期现金的总需要量；T 表示每次有价证券的转换成本。

式（8-1）中的 $Q/2$ 为现金的平均持有量，$(Q/2)\times K$ 为持有现金的机会成本，D/Q 为有价证券的转换次数，$(D/Q)\times T$ 为企业在一定时期内有价证券转换总成本。

式（8-1）中 K、D、T 为常量，我们可以通过数学方法求出总成本最低时的现金持有量 Q^*，其表达式为

$$Q^*=\sqrt{\frac{2DT}{K}} \tag{8-2}$$

此时

$$TC=\sqrt{2DKT} \tag{8-3}$$

【例 8-2】ABC 公司现金收支情况较稳定，预计每年的现金需要量为 3 000 000 元，每一次将现金转化成有价证券的成本为 60 元，有价证券的年利率为 10%，则：

最佳现金持有量 $(Q^*)=\sqrt{\frac{2DT}{K}}=\sqrt{\frac{2\times60\times3\ 000\ 000}{10\%}}$=60 000（元）。

机会成本 $=\frac{K\times Q}{2}=\frac{10\%\times60\ 000}{2}$=3 000（元）。

转换成本 $=\frac{T\times D}{Q}=\frac{3\ 000\ 000\times60}{60\ 000}$=3 000（元）。

最佳现金持有量的总成本 =3 000+3 000=6 000（元）。

计算结果表明，该公司的现金持有量为 60 000 元时，持有现金的相关总成本最低。

（三）现金周转模式

现金周转模式是从现金周转的角度出发，根据现金的周转速度确定现金持有量的方法。它主要通过以下三个步骤来计算：

（1）计算现金周转期。

现金周转期 = 应收账款周转期 + 存货周转期 − 应付账款周转期　（8-4）

（2）计算现金周转率。

现金周转率 = 360 天 / 现金周转期　（8-5）

（3）计算最佳现金持有量。

最佳现金持有量 = 年现金需求额 / 现金周转率　（8-6）

其中，现金周转期是指企业从支付购买材料款到销售商品收回现金的时间；现金周转率是指一年中现金的周转次数。

【例 8-3】ABC 公司销售商品形成应收账款的平均收款期为 50 天，而采购材料应付账款的平均付款期为 40 天，假设该公司的存货周转期为 65 天，预计全年现金需求额为 480 万元。试计算确定该公司的最佳现金持有量。

【解答】

现金周转期 = 应收账款周转期 + 存货周转期 − 应付账款周转期 =50+65−40=75（天）。

现金周转率 = 360/ 现金周转期 =360/75=4.8（次）。

最佳现金持有量 = 年现金需求额 / 现金周转率 =480/4.8=100（万元）。

通过计算可知，当企业全年现金需求额为 480 万元时，最佳现金持有量为 100 万元。

（四）随机模式

在实际情况下，企业每日的现金需求量不是一个固定的值，而是在一定的区间内上下浮动。因此，在现金需求量难以预知的情况下，我们可以通过引入随机模式来对企业现金持有量进行控制。凭借历史经验和数据测算出企业现金持有量的上限和下限。当现金持有量高于上限

时，企业买入有价证券来降低公司现金持有量；当现金持有量低于下限时，企业卖出有价证券来提升公司现金持有量；当现金持有量在上限和下限之间，公司不需要进行调整。企业对现金持有量的控制，如图 8-3 所示。

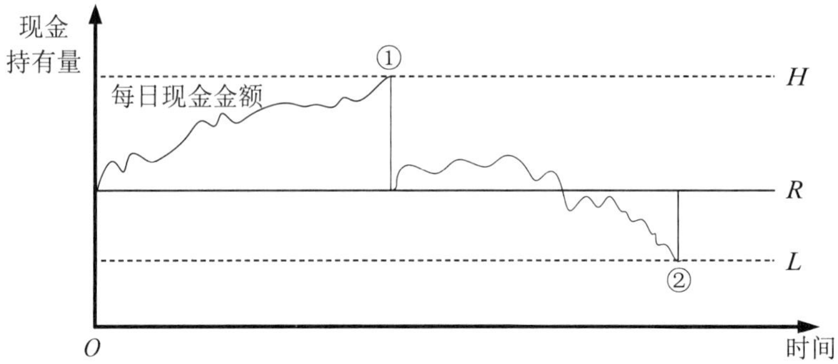

图 8-3 企业对现金持有量的控制

虚线 H 表示现金持有量上限，虚线 L 表示现金持有量下限。R 表示返还线。当公司现金存量超过 H 线时，如①点，公司会买入有价证券使现金持有量回落到返还线 R；当公司现金存量低于 L 线时，如②点，公司会卖出有价证券使现金持有量回升到返还线 R；当现金持有量介于 H 线和 L 线之间时，公司不需要进行操作。

上限 H 和返还线 R 可以用下列公式表示

$$H=3R-2L \quad (8-7)$$

$$R=\sqrt[3]{\frac{3b\delta^2}{4i}}+L \quad (8-8)$$

式中：b 表示每次有价证券转换成本；i 表示有价证券日利息率；δ 表示预期每日现金存量波动的标准差。

【例 8-4】 ABC 公司根据历史经验测算出公司每日现金存量波动的标准差为 120 万元，持有现金最低存量为 600 万元，同时每次有价证券的转换成本为 54 万元，有价证券的日利息率为 0.01%。我们运用随机模式来确定该公司现金持有量的合理区间。

【解答】 根据式（8-8），本例中 b=54，i=0.01%，δ=120，L=600。

（1）计算现金持有量返还线水平 R。

$$R=\sqrt[3]{\frac{3\times54\times120^2}{4\times0.01\%}}+600=2\ 400（万元）$$

（2）计算现金持有量上限水平 H。

$$H=3\times2\ 400-2\times600=6\ 000（万元）$$

上述计算结果表明，当该公司的现金余额达到 6 000 万元时，应以 3 600 万元现金去投资有价证券（如国库券），使现金持有量回落到 2 400 万元水平；当公司的现金余额回落到 600 万元时，则应将 1 800 万元有价证券变现，使现金持有量回升到 2 400 万元的水平。

四、现金管理制度

现金是企业流动性最强的资产，也是最容易受到侵蚀的资产。因此，必须制定现金管理制度。根据中国人民银行、财政部等有关部门对企事业单位现金的使用与管理的有关规定，企业现金管理制度的主要内容如下：

（1）规定现金的使用范围。这里的现金，是指库存现金（现钞）。企业用现金从事交易，只能在一定范围内进行，包括：支付职工薪酬；支付个人劳务报酬；根据国家规定颁发给个人的科学技术、文化艺术、体育等各种奖金；支付各种劳保、福利费用及国家规定的对个人的其他支出；向个人收购农副产品和其他物资的价款；出差人员必须携带的差旅费；结算起点（1 000 元）以下的零星支出等。

（2）规定库存现金限额。企业库存现金由其开户银行根据企业的实际需要核定限额，一般以 3 ～ 5 天的零星开支额为限。边远地区和交通不发达地区，可以按多于 5 天，但不超过 15 天的日常零星开支核定。

（3）不得坐支现金。企业不得从本单位的人民币现金收入中直接支付交易款，现金收入应于当日终了时送存开户银行。

（4）不得出租、出借银行账户。

（5）不得签发空头支票和远期支票。

（6）不得套用银行信用。

（7）不得保存账外公款，包括不得将公款以个人名义存入银行和保存账外现金等各种形式的账外公款。

五、现金的内部控制

现金的管理除了执行国家有关部门对现金管理的相应规定，还必须从内部控制角度入手，建立内部控制制度，这是有效实施现金预算控制的基本前提和保证。

（一）现金支出内部控制

1. 现金支付程序

企业应当按照规定的程序办理现金支付业务。

（1）支付申请。单位有关部门或个人用款时，应当提前向审批人提交现金支付申请，注明款项的用途、金额、预算、支付方式等内容，并附有经济合同或相关证明。

（2）支付审批。审批人根据其职责、权限和相应程序对支付申请进行审批。对不符合规定的现金支付申请，审批人应当拒绝批准。

（3）支付复核。复核人应当对批准后的现金支付申请进行复核，复核无误后，交由出纳人员办理支付手续。对于审批人超越授权范围审批的现金业务，经办人员有权拒绝办理，并及时向审批人的上级授权部门报告。出纳人员应当根据复核无误的支付申请，按规定办理现金支付手续，及时登记现金和银行存款日记账。

2. 授权审批制度

为了审核支出的合法性及防止贪污盗窃，对于现金支出应建立严格的授权批准制度，明确审批人对现金业务的授权批准方式、权限、程序、责任和相关控制措施，规定经办人办理现金业务的职责范围和工作要求。授权批准制度有以下两种模式：

（1）“一支笔”模式。“一支笔”模式是指企业的一切支出，必须全部经过最高管理人员的审批。这种模式有利于最高管理人员对现金的集中控制，避免支付分散化造成的资金效率低下和管理失控。但由于过于集中，不利于提高中层干部主动增收节支的积极性。此外，“一支笔”模式带有强烈的个人专制色彩，容易造成决策失误、职权滥用，甚至挪用、贪污、侵占企业资金。因此，对于重要现金支付业务，提倡实行集体决策和审批制度。

（2）预算管理模式。在预算管理模式下，将支出分为预算内支出和预算外支出。对预算内支出，由费用发生的各分公司、部门经理进行签字，对于大额支出须同时经过财务经理或总经理签字，即联签制；对预算外支出，遵循例外管理原则，报经决策机构批准后，由决策者或部门经理签字。

审批人应当根据授权批准制度的规定，在授权范围内进行审批，不得超越审批权限。对于重要现金支付业务，应当实行集体决策和审批，并建立责任追究制度，防范贪污、侵占、挪用货币资金等行为。审批权限一般用支出金额大小来表示。

对于预算外现金支付，金额较小的，为提高工作效率，可由上一级主管经理审批；金额较大的，应经过一定的决策机构，如董事局会议、经理联席会等批准、签字。

预算管理模式将支付审批与预算管理相结合，既下放了一定权限，使公司的高层管理者集中精力抓好大事，又通过预算控制，防止了支付的随意性。这种授权批准制度适合于大型公司。

（二）现金集中管理制度

20 世纪 90 年代后期，经营机构遍布全国的大型公司和集团公司相继出现。特别是集团公司，通过层层控股在内部形成了许多具有独立法人资格的子公司。这样的集团公司，该如何控制其现金资产？是集权还是分权？从财务理论上讲，这个问题是没有标准答案的，一定要对具体问题进行具体分析，即只要使自身的现金管理达到均衡和高效，就是最优的管理模式。而现金的集中管理显得尤为重要。

一般来说，企业实现现金集中管理有四种主要模式：统收统支模式、拨付备用金模式、设立结算中心模式、财务公司模式。

（1）统收统支模式。统收统支模式是指集团的一切现金收付活动都集中在集团财务部门，各分支机构或子公司不单独设立财务账号，一切收入直接进入总部的账户，一切现金支出都通过财务部门付出，现金收支的批准权高度集中在经营者或者经营者授权的代表手中。

（2）拨付备用金模式。拨付备用金是指企业按照一定的期限统拨给所属分支机构或子公司一定数额的现金，备其使用。各分支机构或子公司发生现金支出后，持有关凭证到企业财务部门报销以补足备用金。

（3）设立结算中心模式。结算中心又称内部银行，是集团公司实现资金集中控制的最主要方式。结算中心通常设立于集团总部的财务部内，是一个独立运行的职能机构，负责办理内部各成员或分公司现金收付和往来结算业务的专门机构。

（4）财务公司模式。财务公司模式就是通过财务公司实现资金的集中管理。财务公司是大型集团公司或跨国公司投资设立的一个独立的法人实体。它是由中国人民银行批准设立，经营部分银行业务的非银行金融机构。除了经营联合贷款、包销债券、不动产抵押、财务及投资咨询等业务，它的主要职责是负责集团公司或跨国公司内部各成员企业间的财务协调和资金调度。

六、现金日常管理

企业在确定了现金最佳持有量并制定了相应的现金管理制度之后，还需要采取一定的措施加强其日常管理，确保能够尽快收回，提高现金的周转速度和利用效率。现金日常管理主要包括以下两个方面内容。

（一）现金收回的管理

现金收回管理在于缩短从客户付款（以票据形式支付）到票据兑现存入企业账户的时间，即企业应从客户方面尽可能迅速地收回货款。例如，企业在异地的客户寄来一张转账汇票，经常由于邮递和银行之间办理结算而使企业延迟收到现金。为了做好货币资金的收取工作，企业可以采取以下措施。

1. 集中银行法

集中银行法是指在收款比较集中的若干地区设立多个收款中心来代替通常只在公司总部设立的单一收款中心，并指定一个主要银行（通常是公司总部所在地的银行）作为集中银行，以加快货款回收速度的一种方法。

采用集中银行法可以缩短收款时间，提高收款的效率。这种方法主要有以下两个优点：

（1）缩短账单和货款的邮寄时间。付款账单由各个收款中心向各地区客户寄发付款账单，客户付款直接邮寄到最近的收款中心即可，故大大缩短了邮寄时间。

（2）缩短支票兑现时间。各个收款中心收到客户交来的支票可以直接存入当地的银行，兑现时间大大减少。

不过，设立收款中心所需的费用开支也不小。因此，企业是否采取收款中心这一办法进行收账，应该考虑设立收账中心所增加的开支是否小于用所节约的货币资金进行投资可获得的额外收益。

2. 锁箱系统

锁箱系统是通过承租多个邮政信箱，以缩短从收到客户付款到存入当地银行的时间的一种管理方法。采用锁箱系统的方法有以下三个优点：①免除了企业办理收款及款项存入银行等手续；②缩短了票据在企业停留的时间，加快货款回收速度；③客户直接将票据寄到当地指定的邮政信箱而不是企业总部，大大缩短了票据邮寄时间。当然，采用该方法也同样存在成本较高的缺点。租用邮政信箱需要支付租金，授权当地银行开启也需要支付银行额外的服务费用，从而增加了企业的费用支出。

（二）现金支出的管理

为增强企业资金利用效率，提高总体收益率，企业在尽可能加速现金收回的同时，应考虑推迟对供应商的付款。推迟付款和加速收款都可以增加现金在企业的停留时间，从而为企业带来更多的投资收益。延期支付账款的方法一般有以下两种。

1. 合理利用现金“浮游量”

所谓现金的浮游量，是指企业账户上现金余额与银行账户上所示的存款余额之间的差额。一般来说，如果企业办理收款的效率较高，收到的票据能及时进账；而企业签发给其他单位的票据因对方单位未及时办理进账而在一定时间内尚未从本企业账户上付款，这时就会出现企业银行存款账户上的余额小于企业在银行的存款余额的现象，产生现金浮游量。现金浮游量的存在使得企业在自己账户上的余额已经为零甚至负数时（这时企业在银行账户上可能还有相当数量的存款余额），仍可继续签发票据支付款项。当然，这样做是存在风险的，关键是能够比较准确地预测现金浮游量，并加以充分利用。

2. 利用商业信用，控制付款时间

在不影响企业信誉的前提下，合理安排好付款时间是非常重要的。例如，企业在采购原材料时，供应商提供的付款条件是“3/10，N/40”。若企业希望享受现金折扣，则可以在发票开出后的第 10 天付款，不必提早在 1 ～ 9 天付；若企业因现金周转问题而无法享受现金折扣，则应该在开出发票后的第 40 天付款，也不必提前付款。

第四节 应收账款管理

随着商品经济的发展和社会主义市场经济体制的建立和完善，信用购货已经成为一种趋势。对于购货方而言，赊购使其从供应方处获得了一项融资，减轻了资金周转压力；对于供应商而言，延迟收取货款可加速其产品销售，提高存货周转率。应收账款便是在这种信用购销条件下产生的一种债权性资产。这里所说的应收账款，是指因对外销售产品、材料、提供劳务及其他原因，应向购货单位或接受劳务的单位及其他单位收取的款项，包括应收销货款、其他应收款、应收票据等。

一、应收账款的特点

应收账款是商业信用中形成的特殊资产，与日常的生产经营活动有着密切的关系。财务管理中将应收账款归类为经营资产，而会计核算中将其确认为金融资产。从应收账款的风险性和盈利性看，它具有以下特点：

（1）违约风险大。应收账款是一种债权性资产，是建立在购销双方某种契约上的债权。如果付款方财务状况不佳或信誉较差，很可能出现到期无法收回或只能收回部分款项，形成坏账损失。即使最后收回了全部账款，也可能使企业为收款付出了较大的代价，或者使企业承担了不必要的机会成本。

（2）变现力较差，流动性风险较大。应收账款是企业未来向债务人收款的一种权利，但在到期前还不是现金。在我国目前的信用环境下，应收账款一般是不能提前变现的，也不能作为支付手段转让给他人。在特殊情况下，应收账款可以出售给银行，那也会使企业遭受一定的损失，因为受让应收账款的银行会要求转让方支付较高的利息。

（3）通货膨胀风险较大。应收账款没有保值的功能，到期收回账款的数额的上限是当初的欠款额。当物价快速上涨时，企业最多也只能收回原来的欠款，付款人不可能给予债权人购买力损失的任何补偿。所以，如果付款方拖欠付款，持有应收账款的企业就会遭受购买力损失。

（4）盈利性差。就应收账款这种资产本身来说，其盈利基本不存在。因为企业持有应收账款不但不可能增值，还会承受一定的机会成本，并可能遭受坏账损失，发生收账费用，物价上涨时还会出现购买力损失。当然，应收账款会产生间接的好处。赊销企业会以低价吸引顾客，增加销售，从而增加企业的盈利。

综上所述，对应收账款这种资产我们应该辩证地看待其利弊。在信用决策时应当综合考虑持有应收账款所带来的有利之处和不利影响，做出正确的决策。

二、持有应收账款的成本

企业采用赊销方式销售商品固然可以扩大销售收入，加快企业存货周转，但是持有应收账款也是有代价的。这种代价就是应收账款的成本，主要包括管理成本、机会成本和坏账成本。

1. 管理成本

应收账款的管理成本是指企业对应收账款进行管理而发生的成本，是应收账款成本的重要组成部分。管理成本主要包括对客户信用调查费用、收集信息的费用、账簿记录保管和账款催收费用等。其中，客户信用调查费用和收集信息的费用往往随应收账款的增长而增长。

2. 机会成本

应收账款的机会成本是指应收账款占用资金而失去投资于其他方面可能获取收益所付出的代价。这种成本可用一般有价证券的利息率计算，也可用公司的加权平均资本成本计算。它的计算公式为

$$\text{应收账款的机会成本} = \text{维持赊销业务所需要的资金} \times \text{资本成本} \tag{8-9}$$

式（8-9）中的“维持赊销业务所需要的资金”可以理解为“应收账款年平均余额”，也可以理解为“维持赊销业务实际资金占用额”。资本成本通常用资产报酬率来衡量。

在实际工作中，维持赊销业务所需要的应收账款平均余额往往不能直接获得，需要通过计算得到，计算步骤如下：

（1）计算应收账款平均余额。

$$\text{应收账款平均余额} = \frac{\text{年赊销净额}}{360} \times \text{应收账款平均收现期} \tag{8-10}$$

式中：赊销净额 = 赊销收入总额 − 销售折扣。

（2）计算应收账款资金占用额。

$$\text{应收账款资金占用额} = \text{应收账款平均余额} \times \text{变动成本率} \tag{8-11}$$

式中：变动成本率 = 变动成本 / 销售收入。

需要指出的是，在计算应收账款资金占用额时，存在两种计算思路。第一种思路是考虑在应收账款平均余额的基础上乘以“变动成本率”。这是因为企业维持赊销业务实际所占用的资金不是应收的全部销售额，而是所垫付的成本和费用，又因为在不同信用政策下企业的固定成本总额是不变的，可以不予考虑，所以在应收账款平均余额上直接乘以变动成本率，将按销售收入计算的货款转化为实际垫付的成本。第二种思路是应收账款资金占用额可以直接按照应收账款平均余额确定，不必乘以销售成本率。这是从机会成本的本来意义去考虑，因为如果企业不实施赊销，收回货款的数额将是按照销售额（含税）计算的应收账款余额，而不仅仅是所垫付的成本。这里我们将采用第一种思路计算应收账款资金占用额。

【例 8-5】ABC 公司 2020 年赊销收入总额为 450 万元，销售折扣为赊销总额的 2%，应收账款平均收现期为 60 天，假定变动成本率为 80%，资本成本为 10%。试计算 ABC 公司应收账款的机会成本。

【解答】根据以上资料可得：

赊销收入净额 =450×(1−2%)=441（万元）。

应收账款平均余额 =(441/360)×60=73.5（万元）。

应收账款资金占用额 =73.5×80%=58.8（万元）。

应收账款机会成本 =58.8×10%=5.88（万元）。

3. 坏账成本

应收账款的坏账成本也称坏账损失，是指应收账款因故不能收回而给企业造成的损失。该损失不仅导致企业失去销售将实现的利润，还会使生产成本一并无法收回。值得注意的是，坏账成本与企业会计核算中计提的坏账准备金是两个不同的概念。坏账准备金是企业根据会计准则的规定，按一定的方法估计的未来可能无法收回的应收账款数额，而不是实际发生的坏账成本。财务管理中需要考虑的坏账成本是指实际确认的坏账损失。一般来说，坏账成本与应收账款数额成正比，即企业的应收账款的余额越大，其坏账成本也就越高；反之亦然。

三、信用政策

信用政策也称为赊账政策，是指企业对应收账款进行规划和控制而确立的方针和制度。在制定信用政策时，企业一方面要考虑扩大销售，另一方面要考虑降低应收账款占用的资金，缩短应收账款的回收期，防止发生坏账损失。信用政策由信用标准、信用期限和现金折扣三部分组成。

（一）信用标准

信用标准是客户获得企业商业信用所应具备的基本条件。信用标准必须合理恰当，如果标准过于苛刻，则客户达不到企业规定的信用标准，就不能享受企业按商业信用赋予的各种优惠，从而影响企业产品的销售；如果标准过于宽松，则可能使企业产生大量的坏账损失或客户延期付款的情况，给企业带来损失。那么，怎样的信用标准才是合理恰当的呢？企业一般可从定性和定量的角度加以分析。

1. 信用标准的定性分析

企业在制定信用标准时，首先应进行定性分析。在分析中主要考虑以下三个方面的问题：

（1）同行业竞争对手的情况。同业竞争对手采用的信用标准是企业制定自身标准的必要参照系。从竞争对手的具体做法上可以了解其采取的竞争策略，有助于企业采取不至于丧失市场竞争优势的信用标准。如果竞争对手实力很强，企业就应考虑是否采取较低的信用标准，增强对客户的吸引力；如果竞争对手实力很弱，则可以考虑制定较严格的信用标准。

（2）企业承担违约风险的能力。如果企业具有较强的违约风险承担能力，可设置较低的信用标准，以扩大企业产品的规模；如果企业承担违约风险的能力较弱，则应该制定较严格的信用标准，降低购买方违约的风险。

（3）对客户的资信进行调查与分析。它通常是按信用的“5C”系统逐一进行评估的。所谓“5C”系统，即反映客户信用品质的五个方面：品质（Character）、能力（Capacity）、资本（Capital）、抵押（Collateral）和条件（Conditions）。

品质是指客户的信誉，即履行偿债义务的可能性。企业必须设法了解客户过去的付款记录，看其是否有按期如数付款的一贯做法，以及与其他供货企业的关系是否良好。这一点经常被视为评价客户信用的首要因素。

能力是指客户的偿债能力，即其流动资产的数量和质量，以及与流动负债的比例。客户的流动资产越多，其转换为现金支付款项的能力越强。同时，还应注意客户流动资产的质量，看是否有存货过多、过时或质量下降，影响其变现能力和支付能力的情况。

资本是指客户的财务实力和财务状况，表明客户可能偿还债务的背景。

抵押是指客户拒付款项或无力支付款项时能被用作抵押的资产。这对于不知底细或信用状况有争议的客户尤为重要。一旦收不到这些客户的款项，便以抵押品抵补。如果这些客户提供足够的抵押，就可以考虑向他们提供相应的信用。

条件是指可能影响客户付款能力的经济环境。例如，万一出现经济不景气的情况，会对客户的付款产生什么影响、客户会如何做等，这需要了解客户面临的经济环境及其以往的付款情况。

2. 信用标准的定量分析

在进行信用标准定量分析时，常会用到信用评分法。该方法将若干个财务指标和信用指标用线性关系结合起来，并据此来进行信用评级。在选取财务比率时，往往需要结合盈利能力、偿债能力、营运能力和发展能力等各项指标来进行综合评价，企业也可结合自身情况来进行选取。

【例 8-6】假定普华公司是 ABC 公司的重要客户，该公司 2020 年度各类财务指标和信用指标如表 8-4 所示。ABC 公司现拟对其进行信用评估，我们来计算普华公司信用评价的综合得分。

表 8-4　普华公司 2020 年度各类财务指标和信用指标

具体指标	数值	具体指标	数值
流动比率	2.63	销售毛利率	6.20%
速动比率	1.52	营业利润率	5.78%
资产负债率	45%	总资产报酬率	10.21%
权益乘数	1.82	销售获现率	1.05
利息保障倍数	4.62	营运指数	2.48
应收账款周转率	7.50	每股经营活动现金净流量	0.26
存货周转率	6.38	付款历史	良好
总资产周转率	2.81	以往信用评估等级	AA

根据普华公司的各项财务指标和信用指标，参考 ABC 公司既定的评估标准，可得到普华公司的信用评分，如表 8-5 所示。

表 8-5　普华公司的信用评分

指标	权重（%）（1）	设定的标准（2）	实际数值（3）	相对比率（4）	该项得分（5=1×4）
流动比率	15	2.00	2.63	1.32	19.8
资产负债率	15	40%	45%	0.89	13.35
利息保障倍数	5	3.00	4.62	1.54	7.7
应收账款周转率	10	6.50	7.50	1.15	11.5
存货周转率	5	8.00	6.38	0.80	4
销售毛利率	15	7.00%	6.20%	0.89	13.35

续表

指标	权重（%） （1）	设定的标准 （2）	实际数值 （3）	相对比率 （4）	该项得分 （5=1×4）
营业利润率	10	6.00%	5.78%	0.96	9.6
营运指数	5	2.00	2.48	1.24	6.2
付款历史	10	优秀为 10；良好为 8；一般为 6；差为 4。	良好	—	8
信用评估等级	10	AAA 与 AA 为 10；A 与 BBB 为 8；BB 与 B 为 6；CCC 及以下为 4	AA	—	10
合计	100	—	—	—	103.5

表 8-5 中的相对比率，在计算过程中应按以下三种不同情况来计算：①若指标为正指标，即指标值越大越好，则相对比率 = 实际数值 / 标准比率。②若指标为逆指标，即指标值为越小越好，则相对比率 = 标准比率 / 实际数值。③若指标为中性指标，即指标值既不是越大越好，也不是越小越好，则当实际数值小于标准比率时，相对比率 = 实际数值 / 标准比率；当标准比率小于实际数值时，相对比率 = 标准比率 / 实际数值。另外，该项得分的数值等于比重乘以相对比率值。

根据表 8-5 的计算，我们可知普华公司的信用评估得分为 103.5 分，ABC 公司可对其他每位客户进行相同的信用评估并计算出得分，然后根据得分排队。分数高的排在前面，优先给予应收账款信用；分数低的排在后面，延迟考虑给予应收账款信用；当分数低于一定界限时，可直接取消其信用待遇，甚至要求预付货款。

前面我们分别从定性和定量两个视角给出了信用标准，解决了企业赊销时“允许什么样的客户欠款”的问题。接下来需要讨论的是“我们可以让客户欠多少款”的问题，就是如何确定一个客户的信用额度问题。信用额度一般指银行授予其基本客户一定金额的信用限度，就是在规定的一段时间内，企业可以循环使用这么多融资金额。债权人通过考察公司的营运能力、盈利能力、偿债能力等情况，授予其不同的信用额度。

然而对某一客户授予多少信用额度，在理论上没有统一的计量标准。在实际工作中，银行或信用评估机构会从实践中摸索确定信用额度的某些方法。表 8-6 列示的就是确定客户信用额度的一种方法。

表 8-6 信用额度计算表

客户名称	信用等级	授信额度比例系数	注册资本	净资产	流动资产总额	授信额度
甲	AAA	0.85 ～ 1.00	4 000 万元	7 800 万元	9 850 万元	1 360 万～ 1 600 万元
乙	AA	0.70 ～ 0.85	1 200 万元	1 650 万元	1 850 万元	259 万～ 315 万元
丙	A	0.55 ～ 0.70	500 万元	1 100 万元	2 500 万元	110 万～ 140 万元
丁	BBB	0.40 ～ 0.55	800 万元	720 万元	1 120 万元	86 万～ 119 万元

授予客户信用额度的最高限度的制约条件是：①不超过客户注册资本的 40%；②不超过客户净资产的 30%；③不超过客户流动资产总额的 20%。

（二）信用期限

信用期限是指企业赊销商品时允许客户推迟付款的最长期限，如 ABC 公司允许其客户最迟可在购买商品后 60 天内付款，则 60 天就是信用期限。确定应收账款的信用期限是企业信用政策的重要内容，因为延长信用期限可以吸引更多的客户，促进销售，从而获取更大的收益。但太长的信用期限也会给企业带来风险与损失：应收账款收款期过长，占用的资金也会相应增加，使得企业资金的利用效率下降；另外，随着信用期限的延长，企业发生坏账的风险和收账费用也会加大，从而增加企业的不良资产。因此，企业应综合考虑各方面因素，确定合理的信用期限，增强企业的获利能力。

信用期限的确定，主要依据分析改变现行信用期限对企业收入和成本的影响。延长信用期限会使企业发生三种应收账款的成本，分别是机会成本、坏账成本和收账成本。当新的信用政策创造的收益增加额大于其引起的三种应收账款的成本增加额时，新的信用政策就是合理可行的。下面我们来举例说明。

【例 8-7】若 ABC 公司以往一直采用现销的方式销售产品，现公司打算给予客户一定的信用期限从而扩大销售，有两种方案可供选择，如表 8-7 所示。这里假设 ABC 公司要求客户仍按发票金额付款，不给折扣。假设该产品的单位售价为 50 元 / 件，单位变动成本为 40 元 / 件，该公司的资本成本为 15%。请分析：何种信用期限最为合理？

表 8-7　ABC 公司的两种信用期限方案

项目	现销	信用期 30 天	信用期 45 天
销售量（件）	30 000	36 000	38 400
销售额（元）	1 500 000	1 800 000	1 920 000
销售成本（元）	1 250 000	1 490 000	1 586 000
其中：变动成本	1 200 000	1 440 000	1 536 000
固定成本	50 000	50 000	50 000
可能发生的收账费用（元）	0	10 000	13 000
可能发生的坏账损失（元）	0	12 000	18 000

【解答】

（1）计算增加的收益。

信用期 30 天与现销相比增加的毛收益额 =(36 000−30 000)×(50−40)=60 000（元）。

信用期 45 天与信用期 30 天相比增加的收益额 =(38 400−36 000)×(50−40)=24 000（元）。

（2）计算应收账款占用资金的机会成本增加额。

①信用期为 30 天时：

应收账款平均余额 =(1 800 000/360)×30=150 000（元）。

应收账款资金占用额 =150 000×80%=120 000（元）。

应收账款的机会成本 =120 000×15%=18 000（元）。

②信用期为 45 天时：

应收账款平均余额 =(1 920 000/360)×45=240 000（元）。

应收账款资金占用额 =240 000×80%=192 000（元）。

应收账款的机会成本 =192 000×15%=28 800（元）。

③信用期 30 天与现销相比增加的机会成本为 18 000 元；信用期 45 天与信用期 30 天相比增加的机会成本为 10 800 元。

（3）收账费用的增加。

信用期 30 天与现销相比增加的收账费用为 10 000 元；信用期 45 天与信用期 30 天相比增加的收账费用为 3 000 元。

（4）坏账损失的增加。

信用期 30 天与现销相比增加的坏账损失为 12 000 元；信用期 45 天与信用期 30 天相比增加的坏账损失为 6 000 元。

（5）改变信用政策的税前损益。

①信用期 30 天与现销相比：

税前损益增加额 = 毛收益增加额 − 成本增加额 =60 000−18 000−10 000−12 000=20 000(元)。

②信用期 45 天与信用期 30 天相比：

税前损益增加额 =24 000−10 800−3000−6000=4 200（元）。

计算结果表明，信用期 45 天比信用期 30 天产生更多的税前损益，而信用期 30 天比现销产生更多的损益，所以信用期为 45 天对 ABC 公司最有利。

（三）现金折扣

现金折扣是指为了吸引客户，承诺其若在规定的期限内提前付款，将给予其一定货款折扣的优惠。实行现金折扣不仅可以招揽更多的客户前来购货，借此扩大销售量，还可以缩短平均收款期，减少应收账款占用资金，提高资金利用效率。现金折扣常用“3/15，2/30，N/45”这样的一些符号形式来表示，其含义是：3/15 表示顾客在 15 天内付款，可享受 3% 的价格优惠，即只需支付原价的 97%；2/30 表示顾客在 30 天内付款，可享受 2% 的价格优惠，即只需支付原价的 98%；N/45 表示顾客付款的最后期限为 45 天，此时付款无优惠，即全额支付。

现金折扣决策原理与前面所述信用期限决策是相同的，基本思路都是考虑提供折扣的收益应该大于因客户享受折扣带来的损失。同时，它也应该和信用期限结合起来综合考虑。例如，要求客户最迟不超过 30 天付款，若希望客户 20 天、10 天付款，能给予多大折扣？或者给予 4%、2% 的折扣，是否能吸引客户在折扣期内付款？当企业给予客户某种现金折扣时，应当考虑折扣所能带来的收益与成本孰高孰低，权衡利弊，最终确定最佳方案。

【例 8-8】沿用例 8-7 的资料，假定 ABC 公司为吸引客户尽早付款，给出了如下现金折扣政策：

30 天信用期限的折扣政策为“2/10，N/30”，估计会有 50% 的客户将享受现金折扣优惠，另外 50% 的客户（除坏账外）会在第 30 天时付款。

45 天信用期限的现金折扣政策为“2/15，1/30，N/45”，估计会有 50% 的客户将在 15 天内付款，30% 的客户将在 30 天内付款，余下 20% 的客户（除坏账外）会在第 45 天时付款。

假设不同信用期限下的销售额、销售成本、收账费用、坏账损失与例 8-7 的资料相同，资本成本仍为 15%。那么，在给出现金折扣政策的情况下，是 30 天的信用期限对公司有利，还是 45 天的信用期限对公司有利？

【解答】

（1）45 天信用期限比 30 天信用期限增加的毛收益为 24 000 元。

（2）计算应收账款占用资金的机会成本增加额。

30 天信用期限的机会成本 =[(1 800 000×50%/360)×10+(1 800 000×50%/360)×30]×80%×15%=12 000（元）。

45 天信用期限的机会成本 =[(1 920 000×50%/360)×15+(1 920 000×30%/360)×30+(1 920 000×20%/360)×45]×80%×15%=16 320（元）。

应收账款的机会成本增加 4 320 元。

（3）计算现金折扣成本的变化。

30 天信用期限的现金折扣成本 =1 800 000×50%×2%=18 000（元）。

45 天信用期限的现金折扣成本 =1 920 000×50%×2%+1 920 000×30%×1%=24 960（元）。

现金折扣成本增加 6 960 元。

（4）税前损益的比较。

税前损益增加 =24 000−4 320−6 960−3 000−6 000= 3 720（元）。

计算结果表明，在给出现金折扣政策的情况下，45 天的信用期限优于 30 天的信用期限。

综上所述，信用政策的诸方面是相互联系、相互影响的。但无论采用怎样的信用政策，分析的思路总是将各种信用政策下的收益和成本（包括机会成本、收账费用、坏账损失和现金折扣损失等）的变化进行分析和权衡。只有当增加的收益超过发生的成本费用时，才应当采用该种信用政策。

四、收账政策

收账政策是指当客户违反信用条件，拖欠或是拒付货款时，企业采取的措施或策略。企业制定适当的收账政策，其根本目的是尽可能地减少坏账损失。一般对于短期拖欠的客户，可采取婉转的书信方式催讨，但对于长期拖欠的客户，可采取上门催讨或法律诉讼的方式解决。

收账政策中的一项重要的内容就是有效控制企业的收账费用。收账费用是指在收账过程中发生的各类支出，主要包括通信联系费用、上门催收及法律诉讼等费用。一般而言，收账费用与坏账损失成反向变动的关系，即收账费用越大，收账措施越有力，可收回的账款越大，坏账损失越小。因此，选择收账政策的一个重要准则是：应收账款的机会成本、收账费用和坏账损失的总和达到最小。

【例 8-9】XYZ 公司全年销售额为 3 000 000 元，其中 80% 为赊销，变动成本率为 70%，应收账款的机会成本按 12% 计算。按照目前的收账政策，全年收账费用为 200 000 元。公司拟通过修改原有的收账政策来获取更多的收益，现有甲、乙两个方案，有关资料如表 8-8 所示。请问 XYZ 公司选择何种方案更有利？

表 8-8 XYZ 公司制定收账政策的有关资料

项目	现行收账政策	方案甲	方案乙
全年销售收入（元）	3 000 000	3 000 000	3 000 000
坏账损失占销售额的比率	5%	3%	2%
收账费用（元）	200 000	250 000	280 000
应收账款平均收现期（天）	60	45	30

【解答】根据表 8-8 的资料，我们可以计算出不同收账政策下应收账款的机会成本、收账费用和坏账损失，如表 8-9 所示（计算过程略）。

表 8-9 不同收账政策下应收账款的机会成本、收账费用和坏账损失

项目	现行收账政策	方案甲	方案乙
收账费用（元）	200 000	250 000	280 000
机会成本（元）	33 600	25 200	16 800
坏账损失（元）	150 000	90 000	60 000
成本合计	383 600	365 200	356 800

从表中结果可以看到，实行方案乙的总成本小于方案甲，方案甲小于现行收账政策，所以公司应该选择方案乙。

五、应收账款的日常管理

（一）应收账款的账龄分析

应收账款的账龄分析就是通过编制应收账款账龄分析表来反映不同账龄的应收账款数额和比例，从而有利于分析应收账款的质量情况和回收情况。表 8-10 是一张简单的账龄分析表。

表 8-10 一张简单的账龄分析表

2020 年 12 月 31 日

客户名称	未到期（元）	超过信用期限 0 ~ 30 天（元）	超过信用期限 31 ~ 60 天（元）	超过信用期限 61 ~ 90 天（元）	超过信用期限 90 天以上（元）	合计（元）	占合计的百分比（%）
A 公司		20 000		60 000		80 000	12.12
B 公司			30 000			30 000	4.55
C 公司	10 000	50 000				60 000	9.09
D 公司				60 000		60 000	9.09
E 公司			120 000			120 000	18.18
F 公司	30 000			40 000		70 000	10.61
G 公司					150 000	150 000	22.72
H 公司	90 000					90 000	13.64
合计	130 000	70 000	150 000	160 000	150 000	660 000	100.00
占合计的百分比(%)	19.70	10.61	22.73	24.24	22.73	100.00	

通过账龄分析表，我们可以掌握以下信息：

（1）公司的应收账款有多少还在信用期限内。

（2）公司应收账款中超过信用期限款项的账龄如何，主要分布在哪个区间。例如，从表8-10中我们不难发现，在超过信用期限61～90天的账款最多，说明公司的收账政策还有待加强，账龄时间过长。

（3）若将不同时点的应收账款账龄分析表进行对比，我们可以发现应收账款账龄的变动趋势，从而控制其向不利的方向发展。

（4）有助于公司分析在某一时点的应收账款平均账龄，从而考察应收账款的回收效率。应收账款平均账龄的计算公式为

$$\text{应收账款平均账龄}=\frac{\sum(\text{某笔应收账款余额})\times\text{该笔应收账款欠款天数}}{\text{全部应收账款欠款余额}} \tag{8-12}$$

从式（8-12）中我们可以看出，应收账款平均账龄实际上是某一时日所有应收账款欠款天数的加权平均数。应收账款账龄越短，说明应收账款平均欠款时间越短，应收账款的质量就越好。

除应收账款平均账龄外，我们还可以用销货款回收平均天数来对销货款回收的及时性进行衡量。它是已收回货款的回收天数按收回金额加权平均计算得到的，其计算公式为

$$\text{销货款回收平均天数}=\frac{\sum(\text{某笔收回的销货款})\times\text{该笔销货款收回天数}}{\text{本期收回的全部销货款}} \tag{8-13}$$

销货款回收平均天数一般来说越短越好，但它只能说明已收回货款的平均欠款天数，没有反映尚未收回货款的欠款天数，所以它可作为应收账款平均账龄的补充指标来考核。

（二）坏账管理

只要企业采用信用赊销方式，就会不可避免地产生坏账损失。因此，企业必须加强坏账管理，其主要内容就是建立坏账准备制度。

坏账准备制度是指企业按照事先确定的比例估计坏账损失，并计提相应的坏账准备金，其关键是合理地确定计提坏账准备的比例。坏账准备金的计提比例与企业应收账款账龄长短有着密切的关系。随着应收账款账龄的增加，企业可以适当地调高提取坏账的比例。当然，计提比例的确定往往建立在历史经验数据的基础上。

需要指出的是，计提坏账准备金是一种会计行为，其目的是将可能发生的坏账损失提前在财务报表中加以反映，减少坏账给企业经营成果的稳定性带来不利影响；而不能理解为计提坏账准备金就可以减少坏账损失。控制坏账损失是企业销售部门和其他有关部门（包括财务部门）的职责，它与应收账款管理的各个环节是密切相关的。同时，坏账损失的多少也是反映企业收账政策是否有效的标志之一，通常用坏账损失率加以衡量，其计算公式为

$$\text{坏账损失率}=\text{本期发生坏账损失}/\text{本期全部销售收入} \tag{8-14}$$

式（8-14）中的“本期发生坏账损失”有两种理解：一是本期销货款中已在本期确认为坏账的全额；二是在本期确认的坏账总额，包括以前年度出售产品的货款在本期确认为坏账的部分。因此，在运用该指标时，要合理界定坏账的归属期和责任人。

（三）应收账款的投资额控制

应收账款实际上是企业为了获得更大的收益而进行的一种投资，但这同时也相应地增加了

信用成本，所以企业应该将应收账款的投资额控制在合理的范围内。

那么，应收账款投资额应该控制在什么水平才是最合理的呢？一般来说，当企业获利能力较差、资金较为紧张时，企业应当将应收账款控制在较低的水平；当企业获利能力较强、资金较为宽松时，则可以维持在较高的水平，从而扩大销售额，增加企业利润。衡量应收账款投资额的指标是销货款回收率，其计算公式为

$$销货款回收率=\frac{本期收回销货款}{本期全部销货款}\times 100\% \tag{8-15}$$

该指标反映的是收入中心已售产品的货款在多大程度上已兑现，其中的“本期收回销货款”有两种口径：一是本期销售且在本期收回的货款；二是本期收回的全部销货款，包括以前年度销售但在本期收回的销货款。两种口径下计算得到的销货款回收率显然是不同的。在确定评价指标时，应事先明确计算的口径。

第五节 存货管理

存货是指企业在经营过程中为了销售或生产耗用的需要而必须储备的各种物资，主要包括产成品、半成品、在产品、原料、燃料和低值易耗品等。由于存货在流动资产中所占的比重较大，对企业生产经营的成功与否具有直接的影响，并且最终会影响到企业的收益水平，因此，存货的管理在整个资产营运管理中具有重要的地位。

一、存货的特点

存货是指企业在日常活动中持有以备出售的产成品或商品、处在生产过程中的在产品、在生产过程或提供劳务过程中耗用的材料和物料等。存货是企业流动资产的重要内容，是企业生产经营的物质基础。存货在企业生产经营过程中具有以下特点。

1. 形态的多样化

企业存货的形态是多种多样的。对于典型的制造企业来说，存货主要有原材料、在制品、产成品等。不同的存货在企业的生产经营中具有不同的功能。例如，原材料是为了在生产经营中耗用而储备的，在制品是需要继续加工的，产成品是为出售而储备的。

与此同时，不同企业的存货形态也千差万别。钢铁企业的存货与超市的存货完全不同，机械制造企业的存货与饭店的存货也是完全不同的。一种资产在某一企业是存货，而在另外一个企业则可能是固定资产。例如，汽车对汽车制造企业来说是存货，但对一般的企业来说，则是固定资产。

企业存货形态的多样化使得存货的管理变得十分复杂。每个企业必须根据本企业所拥有的存货的特点，对不同的存货采取不同的保管手段和管理方法。

2. 价值转移方式的特殊性

存货是劳动对象。与固定资产不同，在企业的生产经营过程中，存货的价值通常是伴随着生产经营活动的发生而一次转移完成的。也就是说，价值的转移与实物的转移基本上是一致的。当然，也有些存货（如周转材料）可以在多次生产经营活动中使用，逐步转移其价值。存货价值转移的这个特点要求管理者对存货的管理具有很强的时效性。

3. 空间上的并存性

虽然大多数存货的实物和价值转移是一次完成的，但一个企业在任何时候，其各种存货是并存的。也就是说，任何一个处于正常生产经营的企业，其各种不同的存货并存于企业的各个阶段。例如，每个月月末，企业都会有一定数量和价值的原材料、半成品、在制品和产成品等。当然，不同时点上各种存货的实物数量和价值量是存在一定差异的。

4. 价值的差异性

企业拥有的存货不但在实物形态上具有多样性，而且不同的存货其价值也存在很大的差异。例如，建材是施工企业持有的主要存货，不同的建材其价值差异很大，如钢筋比水泥值钱，水泥比黄沙值钱。不同企业的存货价值差异可能更为悬殊，如金银首饰商店的存货比钢铁公司的存货当然珍贵得多。存货的这种价值差异性要求企业对存货实行分类管理，后面介绍的ABC 分类管理法就是基于这样的考虑。

二、存货的风险性和盈利性

存货的特殊性决定了存货这种资产的风险和盈利具有某些特征。一般来说，存货不存在违约风险，但其流动性风险较高，其盈利性存在差异。总体来说，存货的风险性和盈利性呈现以下特征。

1. 流动性风险较大

虽然存货是一种流动资产，但其流动性一般较差。原材料需要经过生产环节加工成产品，而产品要通过销售环节才能变现，或者先形成应收账款，然后变现，所以存货的流动性不及应收账款。

不同行业的企业，其存货的流动性也存在很大的差别。一些生产经营周期较短的企业（如超市），其存货的流动性比较强；而生产经营周期较长的企业（如船舶制造企业），其存货的流动性很弱。同一企业中不同存货的流动性也存在差异。原材料的流动性弱于在制品，在制品的流动性又比产成品逊色得多。同样一个企业，处于经营旺季时的存货，其流动性强于处于淡季时的存货。

存货较弱的流动性使得其流动性风险增大。当企业出现财务危机时，如果企业以现金和应收账款变现来偿付债务有困难，那么也很难以存货直接去偿还债务（企业实施债务重组时可以存货偿还债务，这是迫不得已的举措）。因此，即使一个企业拥有大量存货，而其现金资产和变现力较强的其他资产较为匮乏，也有可能陷入财务困境。

2. 通货膨胀风险较小

虽然存货的流动性风险较大，但其通货膨胀风险相对较小。这是因为当发生通货膨胀时，大多数商品的价格都会上涨，企业库存的原材料价值会上升，在制品和产成品的价格也会上涨，即便这种水涨船高的现象暂时不出现，也只是时间问题。当然，不同企业的存货的抗通胀能力是不同的。例如，金银首饰商店里的存货比汽车制造企业的存货更具保值功能，房地产企业的存货比家电制造企业的存货涨价更快、幅度更大。由于大多数企业中的存货的通货膨胀风险较小，所以在物价上涨时，企业囤积一些存货是一种明智的选择。

3. 盈利性因“物”而异

既然存货的流动性比较差，那么根据资产流动性和收益性的关系，我们可以得出一个基本结论：存货具有较强的盈利性。这就是说，持有存货一般能给企业带来较高的收益。从会计核算的角度看，一个企业拥有的存货总体上说不会出现减值，其可变现净值往往大于其账面成本。这就说明存货具有较强的盈利潜力。这种潜力在存货售出时转化为真正的盈利。存货的这种盈利性是企业获利的源泉，也是企业追求的经营目标之一。

当然，不同的存货，其盈利能力不同。就不同企业而言，不同存货的盈利性差异源于市场环境，垄断性行业的存货盈利性显著强于竞争性行业的存货盈利性。就同一企业而言，产成品的盈利性一般强于在制品，而在制品的盈利性通常强于原材料。存货盈利性的差异要求企业在进行存货管理时，区分具有不同盈利水平的存货，并分别进行管理。

三、存货管理有关的成本

企业持有任何一种资产都有成本，对资产实施管理也会发生相应的成本。与存货相关的成本主要有取得成本、储存成本和缺货成本等。

（一）取得成本

取得成本是指为取得某种存货而发生的成本，用 C_a 表示。取得成本又可分为订货成本和购置成本。

1. 订货成本

订货成本是指企业向供应商订货所发生的相关费用，如办公费、差旅费、各种通信费和咨询费等。订货成本中有一部分成本与订货次数无关，如企业在购货地常设采购机构的基本开支，这是固定订货成本，用 F_1 表示。另一部分与订货次数有关，如差旅费、邮资等，称为变动订货成本，每次订货的变动成本用 K 表示。订货次数等于存货年需求量 D 与每次进货量 Q 之商。订货成本的计算公式为

$$\text{订货成本}=F_1+\frac{D}{Q}\times K \tag{8-16}$$

2. 购置成本

购置成本是指存货本身的价值，一般用数量与采购单价的乘积来确定。如果年需要量用 D 表示，采购单价用 U 表示，那么购置成本可表示为 $D\times U$。

订货成本加上购置成本，就等于存货的取得成本，用公式可表达为

$$C_a=F_1+\frac{D}{Q}\times K+D\times U \tag{8-17}$$

（二）储存成本

储存成本是指为保持一定数量的存货而发生的成本，包括存货占用资金的机会成本、仓库费用、保险费用、存货破损和变质损失等，通常用 C_c 表示。

储存成本又分为固定储存成本和变动储存成本。固定储存成本与持有存货的数量无关，如仓库折旧或租金、仓库职工的固定工资等，用 F_2 表示。变动储存成本与存货的数量有关，如存货占用资金的机会成本、存货的破损和变值损失、存货的保险费等，其单位变动成本用 K_c 表示。Q 为存货的最高库存量（每次的采购量），$\frac{Q}{2}$可理解为存货平均库存量。由此，储存成本可表示为

$$C_c=F_2+K_c\times\frac{Q}{2} \tag{8-18}$$

（三）缺货成本

缺货成本是指由于存货供应中断而造成的损失，包括材料供应中断造成的停工损失、产成品库存缺货造成的拖欠发货损失和丧失销售机会的损失。如果企业以紧急采购代用材料解决库存材料中断之急，那么缺货成本表现为紧急采购代用材料所增加的购入成本。缺货成本用 C_s 表示。

如果以 TC 表示与存货相关的总成本，我们可以得到

$$\mathrm{TC}=C_a+C_c+C_s=F_1+\frac{D}{Q}\times K+D\times U+F_2+K_c\times\frac{Q}{2}+C_s \tag{8-19}$$

四、存货的 ABC 分类管理

我们在分析存货的特点时指出，企业的存货形式多样、品种繁多，价值差异颇大。为了节省成本管理的成本，提高成本管理的效率，必须对存货实行 ABC 分类管理。存货的 ABC 分类管理就是按照一定的标准，将企业的存货划分为 A、B、C 三类，对不同种类的存货实施不同的管理方法。

1. 存货 ABC 分类的标准

存货 ABC 分类的标准主要有两个：一是金额（价值），二是数量。其中，金额标准是最基本的，数量标准仅作为参考。

A 类存货的价值量大，但品种数量可能比较少；B 类存货的价值量一般，品种数量相对较多；C 类存货的品种数量繁多，但其价值量很小。例如，一个大型百货商场拥有上万种商品，其中金银首饰、家用电器、钟表、高档皮具等商品的品种数量并不是很多，但价值相当大，应当归属为 A 类存货；大众化服饰、鞋帽、床上用品、布匹等商品品种数量较多，但价值量相对于 A 类存货要小得多，应当归属为 B 类存货；大多数小商品，如普通文具、日常卫生用品、杂货等，品种数量很多，但所占存货价值的比例相当低，应当归属为 C 类存货。一般来说，A、B、C 三类存货的价值比重大致为 7∶2∶1，而品种数量之比大致为 1∶2∶7。

2. 存货 ABC 分类的具体划分

每一个企业的存货形态不一，企业应该根据本企业的实际情况，按照前述的标准对存货进行 A、B、C 分类。具体分类的步骤是：

（1）列出企业全部存货的明细表，并计算出每一种存货的价值量及其占全部存货价值总额的百分比。

（2）按照每种存货价值量由大到小进行排序，并累计其价值量。

（3）确定价值百分比累计在 70% 左右的存货为 A 类存货，价值百分比累计在 70% ～ 90% 的存货为 B 类存货，其余的存货即价值百分比累计在 10% 左右的存货为 C 类存货。

3. 存货 ABC 分类管理方法的运用

对存货进行 ABC 分类管理，可以使企业在存货管理中分清主次，采取相应的策略对存货实施有效的管理和控制。由于 A 类存货品种数量较少，企业完全有能力也必须按照每一个品种进行管理；对 B 类存货企业不必像对 A 类存货那样花费过多的精力和成本进行精细管理，可以按照一定的类别实行“粗线条”管理；而对 C 类存货一般只要把握一个总价值量就可以了，没有必要对该类存货中的每一品种实行分别管理。例如，在分析不同存货的流动性、风险性和

盈利性及其对企业的影响时，对 A 类存货必须分析每一品种对企业整个存货资产的流动性、风险性和盈利性的影响；对 B 类存货可以按若干类别分别进行分析；对 C 类存货只要做出大致判断即可。又如，在进行经济进货批量和储存分析时，对 A 类存货应该按照品种分别估计它们的持有成本，分别确定经济进货批量；对 B 类存货可以简化一些，按照大类分析其对企业的影响；对 C 类存货则只要进行总量分析，没有必要也不可能对其进行详细分析。

当然，将存货进行 ABC 分类管理主要是考虑到企业人力、财力等管理资源的有限性，提高管理效率，降低管理成本，而并不是说企业在经营中对 C 类存货可以马虎了事，更不是说这些存货的供应、生产和销售可以随心所欲。我们这里说的存货 ABC 分类管理主要是从财务管理的视角对存货的价值管理，与日常生产经营中的存货管理要求不同。

五、经济订货量基本模型

存货管理的目标之一是实现存货持有量的最优化，就是使式（8-19）中的 TC 值达到最小。实现存货管理目标，关键在于确定一个最佳的存货订货量和库存量，并对其加以控制。经济订货量是指能使一定时期内存货的总成本达到最低点的进货数量。由上述存货成本的分析，我们可以得出三种成本中的变动订货成本、变动储存成本及允许的缺货成本是决策的相关成本（与订货量 Q 相关），其他成本（如固定订货成本、固定储存成本和购置成本）均为非相关成本（与订货量 Q 无关）。在相关成本中，不同的成本项目与进货批量也存在不同的变动关系。例如，当减少每一次订购的批量时，储存的存货会减少，储存成本会降低，但缺货成本会上升；同时，采购次数增加，进货变动成本也会增加。相反，当扩大每一次订货批量时，储存成本会上升，缺货成本和变动订货成本会下降。经济订货量决策就是要寻找总成本最低的订购批量。

影响存货总成本的因素有很多，为便于学习，我们先来了解一下存货的经济订货量基本模型。该模型是建立在一定的假设条件之下的。这些假设条件包括：

（1）企业能够及时补充存货，即需要订货时便可立即取得存货。

（2）能集中到货，而不是陆续入库。

（3）不允许缺货，即 TC_s 为零，因为良好的存货管理本来就不应该出现缺货成本。

（4）需求量稳定，并且能预测，即 D 为已知常量。

（5）存货单价不变，不考虑现金折扣，即 U 为已知常量。

（6）企业现金充足，不会因现金短缺而影响进货。

（7）所需存货市场供应充足，不会因买不到需要的存货而影响其他方面。

设立了上述假设后，存货总成本的计算公式可以简化为

$$\mathrm{TC}=F_1+\frac{D}{Q}\times K+D\times U+F_2+K_c\times\frac{Q}{2} \tag{8-20}$$

当式（8-20）中的 F_1、K、D、U、F_2、K_c 为常量时，TC 的大小取决于 Q。为了求出 TC 的最小值，对其进行数学推导，可得出以下经济订货批量的计算公式

$$Q^*=\sqrt{\frac{2KD}{K_c}} \tag{8-21}$$

式（8-21）被称为经济订货批量的基本模型，用这个模型求出的每次订货批量，可使 TC 值达到最小。

从这个基本模型我们可以得到与经济订货批量有关的存货总成本、订货次数、订货周期和存货资金占用额的几个计算公式。

（1）与批量有关的存货总成本计算公式。

$$TC\ (Q^*)=\frac{KD}{\sqrt{\frac{2KD}{K_c}}}+\frac{\sqrt{\frac{2KD}{K_c}}}{2}\times K_c=\sqrt{2KDK_c} \tag{8-22}$$

（2）每年最佳订货次数的计算公式。

$$N^*=\frac{D}{Q^*}=\frac{D}{\sqrt{\frac{2KD}{K_c}}}=\sqrt{\frac{DK_c}{2K}} \tag{8-23}$$

（3）最佳订货周期的计算公式如下。

$$t^*=\frac{1}{N^*}=\sqrt{\frac{2K}{DK_c}} \tag{8-24}$$

（4）经济订货量占用资金的计算公式。

$$I^*=\frac{Q^*}{2}\times U=\sqrt{\frac{KD}{2K_c}}\times U \tag{8-25}$$

【例 8-10】XYZ 公司在生产经营过程中需要使用甲材料，估计全年的耗用量为 45 000 千克，该材料的单位采购价格为 15 元，每千克甲材料年储存成本平均为存货采购成本的 20%，平均每次订货成本为 675 元。请问 XYZ 公司对甲材料的经济订货批量是多少？在此订货批量下，计算与经济订货批量有关的存货总成本、订货次数和存货资金占用额。

【解答】本例中，D=45 000，U=15，K=675，K_c=15×20%=3。直接应用经济订货批量基本模型的各个计算公式，可得到：

经济订货批量：$Q^*=\sqrt{\frac{2KD}{K_c}}=\sqrt{\frac{2\times675\times45\,000}{3}}$=4 500（千克）。

与批量有关的存货总成本：TC（Q^*）= $\sqrt{2KDK_c}=\sqrt{2\times675\times45\,000\times3}$=13 500（元）。

订货次数：$N^*=\frac{D}{Q^*}=\frac{45\,000}{4\,500}$=10（次）。

经济订货量占用资金：$I^*=\frac{Q^*}{2}\times U=\frac{4\,500}{2}\times15$=33 750（元）。

六、经济订货批量基本模型的扩展形式

现实中，我们并不能满足经济订货量基本模型的各种假设。为了提高可用性，需放宽假设来改进模型，包括存在商业折扣的情形、存货陆续供应和使用的情形等。下面我们来做简单的介绍。

（一）存在商业折扣的情形

在前面介绍的经济订货批量的基本模型中，我们假设存货的采购价格与每一次的采购数量无关。然而，在市场经济条件下，销售方为了吸引客户，常常会给购买方提供商业折扣。这时

购买方在进行存货经济订货批量决策时，除了要考虑订货成本和储存成本，还必须考虑采购数量对采购价格的影响。

【例 8-11】假设例 8-10 中，供货方规定：一次订购甲材料超过 7 500 千克，可以获得 1% 的商业折扣；超过 9 000 千克，可以获得 2% 的商业折扣。此时，XYZ 公司应如何做出订货批量的决策？

【解答】

（1）首先，计算按经济订货批量（一次采购 4 500 千克）采购时的总成本（含采购成本，下同）。

总成本 = 年需要量 × 采购单价 + 经济订货批量的存货变动总成本 =45 000×15+13 500=688 500（元）。

（2）其次，计算每次采购 7 500 千克时的总成本。

采购成本 =45 000×15×(1−1%)=668 250（元）。

与订货批量相关的存货变动总成本 =3×7 500/2+675×45 000/7 500=15 300（元）。

总成本 =668 250+15 300=683 550（元）。

（3）再次，计算每次采购 9 000 千克时的总成本。

采购成本 =45 000×15×(1−2%)=661 500（元）。

与订货批量相关的存货变动总成本 =3×9 000/2+675×45 000/9 000=16 875（元）。

总成本 =661 500+16 875=678 375（元）。

计算结果表明，XYZ 公司每次应采购 9 000 千克，即享受 2% 的商业折扣时，总成本最低。

（二）存货陆续供应和使用的情形

建立基本模型时，我们假设存货一次全部入库；而事实上，各批存货可能陆续入库。在这种情况下，需要对基本模型做一些修改。这时需要增加两个变量：每日耗用量（用 d 表示）、每日送货量（用 P 表示）。

设每批订货数为 Q，由于每日送货量为 P，所以该批货全部送达所需日数为 $\frac{Q}{P}$，称为送货期，送货期内全部耗用量为 $\frac{Q}{P}\times d$，每批送完时，最高存量为 $Q-\frac{Q}{P}\times d$，平均存量为 $\frac{1}{2}(Q-\frac{Q}{P}\times d)=\frac{Q}{2}(1-\frac{d}{P})$，这样，与批量有关的总成本为

$$\mathrm{TC}=\frac{D}{Q}\times K+\frac{Q}{2}(1-\frac{d}{P})\times K_{\mathrm{c}} \tag{8-26}$$

求导得出存货陆续供应和使用的经济批量公式及总成本公式分别为

$$Q^{*}=\sqrt{\frac{2KD}{K_{\mathrm{c}}}\times\frac{P}{P-d}} \tag{8-27}$$

$$T(Q^{*})=\sqrt{2KDK_{\mathrm{c}}(1-\frac{d}{P})} \tag{8-28}$$

【例 8-12】在例 8-10 中，假设甲材料每日耗用量为 125 千克，每日送货量为 800 千克，其他条件不变，此时的经济批量决策如下：

$$Q^{*}=\sqrt{\frac{2KD}{K_c}\times\frac{P}{P-d}}=\sqrt{\frac{2\times675\times45\,000}{3}\times\frac{800}{800-125}}=4\,899\text{（千克）。}$$

$$\mathrm{TC}(Q^{*})=\sqrt{2KDK_c(1-\frac{d}{P})}=\sqrt{2\times675\times45\,000\times3\times(1-\frac{125}{800})}\approx12\,400\text{（元）。}$$

以上讨论是假设存货的供需稳定且确知，即每日需求量不变，交货时间也固定不变。实际上，每日需求量可能变化，交货时间也可能变化。为防止由此造成的损失，就需要保险储备。保险储备的经济批量模型在此不再展开。

七、存货的日常管理

存货具有保证生产销售正常进行，并满足经营需要的作用，因此，存货在企业中非常重要，是企业资产的重要组成部分，对其加强管理必不可少。下面我们从存货日常管理的要求和基本工作内容加以说明。

1. 要建立存货管理制度

企业应当建立必要的存货管理制度，主要包括：

（1）建立完整的存货账簿记录制度。存货账簿记录主要是指存货记录的总账和依据负责部门的不同设置的明细账，以落实各部门存货的实物管理和资金管理。

（2）建立健全存货采购、生产和销售有关的管理制度。采购存货要有计划和预算，对重要的存货（如A类存货）要确定最佳进货批量。进货渠道要“货比三家”，采购要有严格的审批制度，进货要由专人负责等。存货的生产环节要有严格的质量保证体系，核算产品的质量成本，在保证质量的前提下尽可能地降低生产成本。存货的销售环节也要有相应的制度保证，如建立适合企业的信用政策和收账政策、销售商品要有明确的授权等。

（3）制定定期的盘存制度。存货盘点是保证存货账实相符的重要手段，特别是当存货增减变动剧烈的时候，规范的盘点制度尤为重要。现实工作中，企业往往采用存货的永续盘存制度，即在存货明细账中随时反映出每种存货的收入、发出和结存情况，在此基础上进行数量和金额的双重控制，但该制度存货明细分类核算工作量较大，需要较多的人力和费用，企业应该建立健全定时盘点制度来保证其正常有序地进行。

2. 及时把握存货资产的价值变化

财务部门应及时计算存货价值在企业资产总额中所占的比重，并进行动态比较，估计企业存货价值在总资产中的合理比重。同时，要分析存货所占用资金量的变化，并根据生产经营的需要，判断各种主要存货的需要量处于过剩还是不足，及时向生产经营部门反馈信息。

3. 认真分析各种存货的风险性和盈利性，使存货的风险与收益相匹配

总体来说，存货的流动性风险较大，通货膨胀风险较小，而盈利性较强；但不同的存货，其风险性和盈利性并不相同。企业管理人员应当认真分析各类存货，尤其是A类存货的风险性和盈利性，不能只考虑降低风险而忽视存货资产总体的盈利性，也不能为了增强存货的盈利性而承担过高的流动性风险。

4. 准确预测存货的价格走势，合理调整存货结构

在激烈的市场竞争中，各种存货的价格随市场千变万化。营销部门要根据市场环境的变化，准确预测各种存货的价格走势，并在此基础上提出相应的对策。例如，当原材料预期要涨

价时，企业应当利用现有资金或适当筹资，集中采购并囤积一些原材料。必要时，可以利用期货合约锁定原材料价格。又如，当某种产品预期会涨价时，要在可能的情况下调整产品结构，多投产有涨价潜力的高附加值产品，或者惜售该类产品；同时削减预期会跌价的产品产量，尽快出手。

5. 根据经济进货批量严格控制存货的投资额

存货也是企业的一种投资，存货占用资金需要付出成本，包括机会成本和储存成本等。企业各个部门要根据经济进货量模型，合理确定各主要存货的经济采购量和产量，在保证正常生产经营的前提下，尽可能地节约存货投资额。如果采购部门对资金的超标准需要不是因为需求的正常增加所引起的，则企业授权审批人员应在授权范围内对其进行严格的审批，控制存货的购进成本和数量。

第六节 固定资产管理

固定资产是企业的劳动资料，是企业开展正常生产经营活动必需的物资，属于最重要的非流动资产，在企业资产中占有很大的比重。固定资产管理主要包括固定资产的购置、使用、折旧和处置等方面。

一、固定资产的概念和种类

（一）固定资产的概念和特点

固定资产是指为生产产品、提供劳务、出租或经营管理持有的使用寿命超过一个会计期间的有形资产。固定资产与存货都是企业开展生产经营必不可少的物质基础，但固定资产不同于存货，它在企业经营中具有以下特点：

（1）持有的目的是用于生产经营活动而不是出售。这一特点是固定资产区别于商品等流动资产的重要标志。例如，房屋对一般企业来说属于固定资产，企业持有房屋的目的并不是出售；但对房地产企业来说，房屋（指商品房）则属于存货，因为房地产企业持有商品房的目的是出售。同样，汽车对于汽车制造企业来说属于存货，而对于交通运输企业和一般的工商企业则属于固定资产。

（2）资金投入量大，对企业生产经营的影响深远。这一特点表明：第一，企业为了获得固定资产并把它投入生产经营而发生的支出，属于资本性支出而不属于收益性支出；第二，企业固定资产投资对企业的经营会产生深远的影响，一旦投资失误，会直接影响企业日后较长时间的经营活动。例如，企业在设计生产能力时超过了需要量，造成固定资产投资过度、生产能力闲置，就会给日后的经营造成压力。

（3）价值转移方式特别。固定资产的使用寿命超过一个会计期间，但又不是无限期的；它可以在企业多个生产经营周期中重复使用，而不改变其实物形态。当然，固定资产在使用过程中必然会发生价值损耗，这种价值损耗是逐步转移到产品或劳务成本中的，而不像存货那样一次性转移。这一特点说明了对固定资产计提折旧的必要性。

（二）固定资产的种类

固定资产的种类繁多，根据不同的管理需要和核算要求，可以进行不同的分类，主要有以下几种常见的分类方法。

1. 按固定资产的经济用途分类

按固定资产的经济用途不同，可将固定资产分为生产经营用固定资产和非生产经营用固定资产。生产经营用固定资产是指直接服务于企业生产经营过程中的各种固定资产，如生产经营用的房屋、建筑物、机器、设备、器具、工具等。非生产经营用固定资产是指不直接服务于生产经营过程的各种固定资产，如职工宿舍、食堂、浴室等使用的房屋、设备和其他固定资产等。从资产管理的角度看，生产经营用固定资产无疑是企业固定资产管理的重点。

2. 按固定资产使用情况分类

按固定资产使用情况不同，可将固定资产分为使用中固定资产、未使用固定资产和不需使用固定资产。使用中固定资产是指正在使用中的经营性和非经营性固定资产。由于季节性经营或大修理等原因，暂时停止使用的固定资产仍属于企业使用中固定资产。未使用固定资产是指已完工或已购建的尚未正式使用的新增固定资产，以及因进行改建、扩建等原因暂停使用的固定资产，如企业购建的尚未正式使用的固定资产、经营任务变更停止使用的备用设备等。不需使用固定资产是指本企业多余或不适用的各种固定资产。这类固定资产将由企业处置（出售、报废等），不久便会退出企业。

3. 按固定资产的所有权分类

按企业是否拥有固定资产的所有权，可将固定资产分为自有固定资产和租入固定资产。自有固定资产是指企业拥有其所有权的固定资产。企业使用的固定资产大多属于自有固定资产。租入固定资产是指企业采用租赁方式从其他单位租入的固定资产。

二、固定资产的风险性和盈利性

从资产的风险性和盈利性来看，固定资产呈现明显的财务特征。与存货一样，固定资产一般不存在违约风险，但其流动性风险很大，盈利性存在差异。总体来说，固定资产的风险性和盈利性呈现以下特征。

1. 流动性风险很大

固定资产，顾名思义，就是相对固定的一种资产，不仅其实物形态不易变化，其价值流动性也很差。这是因为企业不可能随意将固定资产出售变现，其价值通常以折旧的方式转移到产品成本中去，并随着产品的出售而回收。

由于固定资产的流动性差，满足固定资产的资金必须具有相对的稳定性，所以企业应当拥有一定数量的长期可支配资金（如所有者权益和长期负债），与固定资产相匹配。

2. 通货膨胀风险较小

固定资产的通货膨胀风险相对较小。这是因为，当发生通货膨胀时，大多数生产资料都会涨价，尤其是房屋、建筑物，其抗通胀的能力很强。当然，有些固定资产也很容易贬值，尤其是一些专用设备，一旦变现，其可收回净额会大打折扣。

3. 盈利性较强

固定资产通常具有较强的盈利性。从现代经济学的观点看，资本是创造企业盈利最重要的因素，而固定资产是企业资本的沉淀物，所以从某种意义上说，固定资产是创造企业盈利的资源之一。当然，不同的固定资产，其盈利能力不尽相同。这里我们必须区分单项资产的盈利能力和企业的综合盈利能力。对有些固定资产而言，单项资产的盈利能力很强，如房屋、建筑物等，单独将其出售就能获得高于其账面价值数倍的经济利益；有些固定资产虽然单项资产的盈利能力并不明显，甚至可能会出现资产减值的情况，但当这些资产与其他资产结合在一起时，就会产生较强的盈利能力。

三、固定资产购置的管理

固定资产购置的管理是固定资产投资决策的后续问题。固定资产投资决策考虑的是企业是否应当进行固定资产投资及投资方案的设计等问题，而固定资产购置是在既定的投资方案下如何取得需要的固定资产。关于固定资产投资决策的问题，本书第四章“项目投资管理”中已有阐述，这里只简要介绍固定资产购置管理的基本要求。

1. 认真开展固定资产投资可行性分析

由于固定资产使用时间长、投资数额大，一旦投资决策失误，不仅会造成投资本身的巨大浪费，而且还会导致企业日后生产经营方面的困难。因此，企业在固定资产投资前必须根据自身的具体情况和投资环境，认真研究投资方案的可行性，对投资之后为企业带来的经济效益和社会效益进行预测，在各种投资方案中尽可能地选择投资少、效益高、回收期短的方案。

2. 科学进行固定资产的预测分析

随着企业生产经营的不断发展，企业所需的固定资产必然会发生相应的变化，无论是数量、种类，还是提供的效能，都会不断变动去适应企业的变革。因此，正确预测固定资产的需求是固定资产购置管理的一项重要任务。

首先要合理预测固定资产的需求量。企业应综合考虑生产经营的任务、生产规模、生产能力等各方面的因素，采用科学的方法进行预测，并加以合理配置，以尽可能少的固定资产满足企业生产经营的需要。预测需求量不仅有助于企业了解固定资产的存量，平衡生产任务和生产能力，挖掘固定资产的潜力，还可以加强固定资产的效果，为固定资产的正确使用和处置提供依据。

其次要合理预测固定资产的使用年限和日常损耗。企业在充分了解即将投资的固定资产的前提下，应该结合自身具体情况，如固定资产在日常生产经营过程中发生的损耗程度，合理分析其使用年限，并与其他同类型可供选择的固定资产进行比较，综合考虑购买该项固定资产的合理性。

3. 认真分析供货渠道，谨慎选择供应商

企业在完成固定资产预测工作以后，明确了所需购置的固定资产类别和数量，接下来应当认真分析生产资料市场，充分把握该类固定资产的货源及供求状况，从质量、价格、售后服务及结算方式等方面综合考虑，选择对本企业最为有利的供应商。尤其是购置一些通用设备，一定要货比三家，必要时采用招标的方式确定供应商。

4. 合理安排固定资产购置所需资金

企业购买固定资产往往存在两种情况：一种是进行固定资产定期购置更新，另一种是由于企业改变经营战略等原因而临时决定购买。在定期更新的情况下，企业往往可以提前制定出各期所需资金量，并通过企业的盈余公积、未分配利润等方式来筹集资金。在临时决定购买的情况下，如果临时购买所需资金较多，企业权益资本无法满足时，就需要通过对外融资的方式来解决，这时企业还需比较各种融资方式的优劣。

5. 完善固定资产购置审批制度

固定资产购置必须经过相应管理层的审批，因此，企业必须制定完善的授权审批制度，合理划分各个管理层的审批权限，防止管理人员的越权审批给企业带来的损失。例如，规定经理层（如具体审批人员为公司总经理）拥有 300 万元以下的固定资产购置审批权限，董事会（如具体审批人员为公司董事长）拥有 500 万元以下的固定资产购置审批权限，而 500 万元以上的固定资产购置则需要公司股东会审议通过，并由股东会委托董事长审批。同时，应当明确固定资产购置中审批人员的责任，做到责权分明。

6. 遵循会计准则的要求，规范固定资产入账价值

固定资产的入账价值属于会计核算中固定资产的初始计量。按照我国会计准则的规定，企业对于购置的固定资产，应按实际发生的购买价格、相关税费，以及使固定资产达到预定可使用状态前所发生的可归属于该项固定资产的运输费、装卸费、安装费和专业人员服务费等作为入账价值。以一笔款项购入多项没有单独标价的固定资产，应当按照各项固定资产公允价值比例对总成本进行分配，分别确定各项固定资产的入账价值。切忌随意确定固定资产的入账价值。

固定资产计量是否规范不仅会影响企业的资产价值和各种资产的价值构成，还会影响企业的盈利水平，这种影响有时可能是很长远的。例如，2009 年我国实行“消费型增值税”以后，购置某些固定资产的增值税进项税依法予以抵扣，这就意味着购置这些固定资产的进项税额不应作为固定资产的入账价值。如果企业仍将其计入固定资产的价值，不仅会使企业多缴纳不该缴纳的增值税，虚增固定资产账面价值，还会增加该固定资产使用期间的折旧，影响企业以后年度的盈利水平。

四、固定资产折旧的管理

固定资产在使用过程中发生的价值损耗称为固定资产的折旧。从会计核算的角度看，固定资产折旧是指在固定资产使用寿命内，按照确定的方法对应计折旧额进行系统分摊。这种分摊有两个去向：一是转移到产品成本，构成存货的价值；二是作为期间费用，直接减少企业当期的利润。无论哪种转移方式，最终都将在产品销售之后转换为货币资金回收，作为固定资产损耗部分价值的补偿。由此可见，固定资产折旧对营业成本、利润确认及货币资金的流转都有重大的影响。因此，固定资产的折旧管理是企业财务管理的重要内容。

（一）明确影响固定资产折旧的因素

固定资产折旧管理首先要确定影响固定资产折旧的因素。这些因素主要包括以下几项。

1. 计提折旧的基数

固定资产计提折旧的基数是该固定资产的原始价值。企业对固定资产计提折旧，应在其基数范围内计提。当然，如果某些固定资产只有重置价值而没有原始价值，则折旧的计提只能按重置价值进行。同时，企业也可根据特定的经营要求，经有关部门批准后，对某固定资产价值进行修订，重新计算和提取各期的折旧额。

2. 折旧年限

固定资产的折旧年限是指固定资产的预计经济服务寿命。企业在确定固定资产折旧年限时，要考虑该资产的预计生产能力或实物产量、有形损耗和无形损耗及法律或者相关规定对资

产使用的限制。估计的折旧年限是影响每期折旧额高低的重要因素，在其他条件不变的前提下，折旧年限越短，每期计提的折旧额越大；反之亦然。

3. 预计净残值

固定资产的预计净残值是指假定固定资产预计使用寿命已满并处于使用寿命终了的预期状态，从该项资产处置中获得收入扣除预计处置费用后的金额。一般按固定资产原始价值的百分比（净残值率）来估计。固定资产原值减去预计净残值的差额才是应计提折旧的总额（若不计提减值准备）。显然，残值估计越大，计提的折旧额越少；反之亦然。

按照会计准则的规定，企业应当根据固定资产的性质和使用情况，合理确定固定资产的使用寿命和预计净残值。固定资产的使用寿命、预计净残值一经确定，不得随意变更。

4. 固定资产实际损耗

企业在制定其折旧政策时，必须充分考虑固定资产的各种损耗，特别要预计可能出现的各种无形损耗，并要以其预计损耗程度作为选择折旧方法和确定折旧年限的依据。若在现实工作中发现某项固定资产的损耗超出原有的预期，从而使原折旧方式对该固定资产已不再适用，企业应及时修改原来的折旧计划。

（二）严格按照规定的范围计提固定资产折旧

企业不能随意确定固定资产的折旧范围，而应根据会计准则的要求严格执行。简单地说，企业在用的固定资产均应计提折旧。应当注意的是，房屋和建筑物无论是否使用，均应计提折旧；融资租赁方式租入的固定资产和经营租赁方式租出的固定资产，均应计提折旧。但下列固定资产不计提折旧：①已提足折旧继续使用的固定资产；②以经营方式租入的固定资产和融资方式租出的固定资产；③未提足折旧提前报废的固定资产；④持有待售的固定资产。

固定资产折旧按月计提，并以月初可提取折旧的固定资产账面原值为依据。当月增加的固定资产，当月不提折旧，从下月起计提折旧。当月减少的固定资产，当月照提折旧，从下月起停止计提折旧。

（三）合理确定固定资产折旧方法

1. 固定资产折旧方法

固定资产折旧方法是指固定资产应计提的折旧总额在各使用期间进行分配的方法。不同的折旧方法，决定了固定资产各使用期间不同的折旧额。按照现行会计准则的要求，企业应当根据与固定资产有关的经济利益的预期实现方式，合理选择固定资产折旧方法。可选用的折旧方法包括年限平均法、工作量法、双倍余额递减法和年数总和法等。固定资产的折旧方法一经确定，不得随意变更。

（1）年限平均法

年限平均法又称直线法，是指将固定资产的应计折旧额均衡地分摊于各会计期间的一种方法。采用这种方法每期的固定资产折旧额是相等的。

在实务中，企业取得一项固定资产后，先要为该项固定资产建立卡片，合理预计该项固定资产的折旧年限和净残值，并以此核定其折旧率（折旧额与原始价值的比率），并按固定资产原始价值与月折旧率的乘积来计算月折旧额。运用年限平均法计提折旧，易于掌握，且便于使用，其前提是这些固定资产在使用中各期的损耗是相同的。对于那些技术进步较快，或者各期使用时间和价值损耗不均匀的固定资产，该种方法并不适用。

（2）工作量法

工作量法又称产量法，是根据固定资产的实际工作量计提折旧的一种方法。采用这种方法先要核定单位工作量的折旧额，再根据该固定资产在各期的工作量大小来计算其折旧额。工作量法由于考虑了固定资产的使用强度，比起年限平均法所计提的折旧额要准确一些。一般适用于那些各期工作量（产量）不等或使用时间不均匀的专用设备，如发电机组、从事货物运输业务的运输工具等。

（3）双倍余额递减法

双倍余额递减法是一种加速折旧方法，是指在不考虑固定资产净残值的情况下，根据每期期初固定资产账面余额和双倍的直线折旧率计算固定资产折旧的一种方法。采用这种方法计提折旧时，每年固定资产的折旧率是相等的（不考虑净残值下的直线法折旧率的两倍），但由于每期期初固定资产的账面净值呈（等比级数）递减变化，所以各期折旧额也呈（等比级数）递减变化。为使固定资产在其使用寿命内所计提的折旧总额等于其应计折旧额，采用双倍余额递减法计提折旧时，应当在其折旧年限到期的前两年内，将固定资产净值扣减预计残值后的余额平均摊销。

（4）年数总和法

年数总和法是我国会计准则规定可以采用的一种加速折旧的方法。它是指将固定资产的原始价值减去净残值后的净额（应计折旧额）乘以一个逐年递减的折旧率计算每年折旧额的一种方法。采用这种方法计提折旧时，虽然计提折旧的基数是不变的，但由于每年的折旧率呈（等差级数）递减变化，所以各期折旧额也呈（等差级数）递减变化。

下面我们通过实例来说明各种固定资产折旧方法的运用。

【例 8-13】ABC 公司是一家电力生产企业，现在构建了一套发电机组，其原始价值为 72 000 万元，预计寿命期为 8 年，根据该发电机组的生产能力和供电市场的状况，预计该机组在使用寿命期内的发电总量为 86.4 亿千瓦时，预计报废时的净残值为 2 880 万元（净残值率为 4%）。假设该机组投入使用的第一个月的发电量为 7 500 万千瓦时。

试分别采用年限平均法、双倍余额递减法和年数总和法，计算该机组每年的折旧额；采用工作量法计算该发电机组使用第一个月的折旧额。

【解答】

（1）采用年限平均法计算每年的折旧额。

年折旧额 =(72 000−2 880)/8=8 640（万元）。

月折旧额 =8 640/12=720（万元）。

核定的年折旧率为 12%（8 640/72 000），月折旧率为 1%（720/72 000 或 12%/12）。

（2）采用工作量法计算第一个月的折旧额。

单位工作量折旧额 =(72 000–2 880)/864 000=0.08 元 / 千瓦时。

机组投入使用的第一个月的发电量为 7 500 万千瓦时，该月应计提折旧额为 600 万元。

（3）采用双倍余额递减法计算每年的折旧额。

年折旧率 =(2/8)×100%=25%。

第一年折旧额 = 72 000×25%=18 000（万元）。

第二年折旧额 =(72 000−18 000)×25%=13 500（万元）。

第三年折旧额 =(72 000−18 000−13 500)×25%=10 125（万元）。

以此类推，计算各年的折旧额。显然，每年的折旧额呈等比级数增长，其公比为“1- 折旧率”。本例中，每年的折旧额等于上年折旧额乘以 0.75。运用等比级数求和公式，可以计算出前 6 年的累计折旧额为

$$\frac{18\,000\times(1-0.75^6)}{(1-0.75)}\approx 59\,185.54（万元）$$

最后两年应计提的折旧额合计为 9 934.46 万元，每年的折旧额为 4 967.23 万元。

（4）采用年数总和法（年数总和为 36）计算每年的折旧额。

第一年折旧额 =(72 000−2 880)×(8/36)=15 360（万元）。

第二年折旧额 =(72 000−2 880)×(7/36)=13 440（万元）。

第三年折旧额 =(72 000−2 880)×(6/36)=11 520（万元）。

以此类推，第 4 年到第 8 年的折旧额依次为 9 600 万元、7 680 万元、5 760 万元、3 840 万元和 1 920 万元。显然，每年的折旧额呈等差级数递减（本例中公差为 −1920）。

将例 8-13 中 ABC 公司的发电机组按照上述各种折旧方法（工作量法除外）计算得出的折旧额汇总，如表 8-11 所示。

表 8-11　折旧额汇总

单位：万元

年份	年限平均法		双倍余额递减法		年数总和法	
	折旧额	年折旧率	折旧额	折旧率	折旧额	折旧率
1	8 640.00	12%	18 000.00	25%	15 360.00	8/36
2	8 640.00	12%	13 500.00	25%	13 440.00	7/36
3	8 640.00	12%	10 125.00	25%	11 520.00	6/36
4	8 640.00	12%	7 593.75	25%	9 600.00	5/36
5	8 640.00	12%	5 695.31	25%	7 680.00	4/36
6	8 640.00	12%	4 271.49	25%	5 760.00	3/36
7	8 640.00	12%	4 967.23	—	3 840.00	2/36
8	8 640.00	12%	4 967.23	—	1 920.00	1/36

2. 固定资产折旧方法的选择

前面介绍的固定资产折旧方法是我国会计准则允许采用的折旧方法。从理论上说，还有其他一些固定资产折旧方法，如余额递减法等。

从表 8-11 中可以看出，采用年限平均法计算固定资产折旧较为简单，如果固定资产各期的磨损程度相同，各期应分摊相同的折旧费，这时采用年限平均法计提折旧是合理的。但是，若固定资产在各期使用不均匀，采用年限平均法计算折旧就不能反映固定资产的实际使用情况，提取的折旧数与固定资产的损耗程度也不相符。

与年限平均法不同，双倍余额递减法在计算折旧时采用了递减的折旧基数和固定的折旧率，年数总和法则采用了固定的折旧基数和递减的折旧率，每期的折旧额因此而递减。这两种

方法均属于加速折旧的方法，其结果是前期多提折旧，后期少提折旧，实现快速收回固定资产价值的目的。

简单地说，固定资产折旧方法的选择实际上是年限平均法与加速折旧方法的选择。企业在选择折旧方法时，应当综合考虑企业各方面的因素，做出合理选择。一般来说，企业选择固定资产折旧方法应当考虑以下主要因素：

（1）固定资产实物损耗的实际情况。不同类型的固定资产，其实物损耗规律各不相同。例如，房屋建筑物，其实物损耗的多少一般与使用时间有直接关系，适合年限平均法计提折旧。而通用设备和专用设备，其前期损耗较多，后期较少，采用加速折旧的方法比较符合固定资产效用递减的规律。因此，企业在选择折旧方法时，要尽可能遵循固定资产实物损耗的规律，合理选择折旧方法。

（2）固定资产无形损耗。一些技术含量比较高的企业，其设备的技术进步和更新速度比较快，对这些固定资产应当缩短折旧年限，同时采用加速折旧方法。这样可以在固定资产使用前期收回较多的折旧额，防止设备提前淘汰给企业带来的损失，为企业技术进步提供动力。

（3）企业产出的分布情况。固定资产折旧大多数构成存货的价值，因此，折旧的计提最好与企业产出（产销量与营业收入）匹配。也就是说，在产出高的时期应当多提折旧，在产出少的时期应当少提折旧。例如，某一种新产品投产后，前期的销售量会由于市场的原因而相对较少，进入成长期后销售量会迅速增长，到衰退期销售量又会减少。因此，对生产该新产品的设备应当采用“两头少、中间多”的折旧方法（我国并没有采用此类折旧方法）。这样一来，各个时期单位产品所承担的折旧成本比较均匀，符合投入产出匹配的原则。

（4）固定资产的维修成本。折旧和维修费用是固定资产使用期间的两种主要成本。固定资产在使用过程中的维修费用通常具有某种规律，一般是前期较少，后期较多。为了使固定资产的使用总成本在各期比较均匀，这就要求折旧的分布是先多后少。当然，也有一些设备的维修费用会出现“两头多、中间少”的情形，那么折旧的分布最好是“两头少、中间多”。

（5）企业盈余管理的需要。简单地说，盈余管理是企业管理人员在会计准则允许的范围内，有目的地采取各种手段达到期望报告盈余的行为。由于固定资产折旧最终会影响企业的盈利，折旧方法的选择也就成为许多企业进行盈余管理的重要手段。例如，某一时期企业的盈利水平较高时，企业可能希望多计提折旧而将一部分盈利推迟反映；相反，如果企业的盈利受到经营的影响而无法达到预期的目标，企业管理层可能会利用少提折旧而使账面盈利较为乐观。利用折旧进行盈余管理的事例比比皆是，这里不再展开。

（6）企业所得税。折旧既然会影响企业的盈利水平，一般也会影响各期的所得税。因此，所得税是企业选择折旧政策必须考虑的重要因素。

这里首先需要考虑的是所得税法对企业固定资产折旧方法的法律限制。我国《企业所得税法》规定，固定资产按照直线法计算的折旧，准予扣除；企业的固定资产由于技术进步等原因，确需加速折旧的，可以缩短折旧年限或者采取加速折旧的方法。这就是说，从税法的规定看，企业不能任意选择固定资产折旧方法，但在税法允许的情况下，企业还是存在选择折旧政策的一些自主权。

对于一般的企业，其所得税政策相对稳定，没有享受所得税优惠政策，那么加速折旧法（如果税法允许）可以使企业获得推迟纳税的好处。有人甚至说，加速折旧相当于使企业获得了一笔“无息贷款”。

对于一些享受所得税优惠政策的企业，其折旧方法的选择应该考虑税收优惠政策的实际情况。例如，我国《企业所得税法》规定：“符合条件的环境保护、节能节水项目的所得，自项目取得第一笔生产经营收入所属纳税年度起，第一年至第三年免征企业所得税，第四年至第六年减半征收企业所得税。”如果某企业属于上述税收优惠之列，其固定资产就不应当采用加速折旧方法。因为加速折旧会使该企业在免税和减税期间的应纳税所得额减少，减弱税收优惠带来的好处。

另外，当企业认为国家税收政策会出现变化时，应当根据税收政策可能的变化，合理选择固定资产折旧方法。例如，我国从 2008 年起将企业所得税的基准税率从 33% 降低为 25%。如果企业在 2008 年前有新建的固定资产投入使用，那么加速折旧法无疑是比较明智的选择。

五、固定资产维修、保养的管理

为了保持固定资产处于良好的使用状态，充分发挥其工作能力，必须经常对其进行维修和保养。固定资产维修和保养需要归口管理，由专人负责。固定资产维修分为日常维修与保养和大修理两种。

固定资产日常维修与保养通常是结合在一起的。固定资产使用部门和设备管理部门要定期检查固定资产的运行状况，一旦出现故障，应及时检修。发生的维修和保养费用应一次计入产品成本或计入当期损益。

固定资产大修理是固定资产运营管理的重要环节，企业应当制定固定资产的大修理计划，对拟进行大修理的对象、范围、实施部门和费用做出合理的安排。企业财务管理部门要做好固定资产大修理的费用预算，及时筹措大修理所需资金。会计部门要对大修理费用做出正确的会计核算，对于数额较大的大修理费用，可以采用待摊或预提的方法进行会计处理。

与此同时，企业还要做好固定资产保险工作。对于房屋、建筑物及价值较大且存在安全隐患的固定资产，在做好日常维修与保养的同时，必须为其购买财产保险，以便发生自然灾害或意外事故时，能够获得保险赔偿，减少企业的损失。

六、固定资产处置的管理

（一）固定资产处置的方式

固定资产使用期满，或者虽然未到期满但已不能使用，或者由于各种原因企业无须使用的，应当对其进行处置。固定资产处置包括出售、报废和毁损、对外投资、非货币性资产交换转出、债务重组转出等。

（二）固定资产处置的程序

固定资产处置是企业固定资产管理的重要环节，企业必须制定相应的管理制度，规范固定资产处置行为。

（1）提出申请。固定资产不能继续使用的，要由固定资产使用部门提出处置申请；固定资产需要转作他用的，需要由相关部门提出申请。处置申请提交固定资产管理部门，由管理部门受理后提交企业分管领导。

（2）审议。负责固定资产管理的领导对固定资产处置申请签署意见后，根据固定资产价值的大小和处置的缘由，交由企业相关决策机构审议。对于金额较小的固定资产的处置，可由经理会议做出决议；金额较大的固定资产的处置由董事会或股东会审议，做出决定。

（3）处置。审议通过后，固定资产管理部门负责对该项固定资产实施处置，办理相关的手续。

（4）进行会计处理。企业处置固定资产应通过“固定资产清理”科目核算。转入清理时，应将该项固定资产账面价值和处置过程中所发生的清理费用、相关税金计入“固定资产清理”科目，对于处置时取得的收入，作为“固定资产清理”科目的抵减项目。处置完毕后，根据固定资产的不同处置结果，将“固定资产清理”科目的余额结转。出售、报废或毁损的固定资产处置收益或损失转为当期的营业外收支；作为非货币性资产交换处置的固定资产成本转为换入资产的成本；债务重组转出的固定资产成本抵减相关债务的价值；对外投资的固定资产转为长期股权投资的成本。

第七节 无形资产管理

无形资产是相对于有形资产而言的，是指那些不具备实物形态的非货币性资产。它通常是企业所拥有的某项法定权利，可以帮助企业获得高于一般水平的获利能力。无形资产管理是企业资产营运管理的重要组成部分。

一、无形资产的概念和分类

无形资产是指企业拥有或者控制的、没有实物形态的非货币性资产。这一定义表明了无形资产的基本特征：第一，无形资产是没有实物形态的资产；第二，无形资产属于非货币性资产。

无形资产按其内容不同，可分为专利权、商标权、土地使用权、著作权、特许权、非专利技术等。

1. 专利权

专利权是国家依法授予专利发明人对某一产品的造型、配方、结构、制造工艺和流程在一定期限内制造、出售或使用其发明的特殊权利。拥有专利权可使企业在这些方面取得垄断地位和优势。专利权具有一定的有效期，并只在其适用的专利法规管辖区域内有效。

2. 商标权

商标权是指企业专门在某种指定的商品上使用特定的名称、图案、标记的权利。

3. 土地使用权

土地使用权是指国家准许某一企业在一定期间内对国有土地享有开发、利用、经营的权利。

4. 著作权

著作权是指著作权人对其著作依法享有的出版、发行等方面的专有权利。

5. 特许权

特许权也称专营权，是指在某一地区经营或销售某种特定商品的权利，或是一家企业接受另一家企业使用其商标、商号、技术秘密等的权利。

6. 非专利技术

非专利技术也称专有技术，是指发明人垄断的、不公开的、具有实用价值的先进技术、资料、技能、知识等。它与专利权不同，不受法律保护。

二、无形资产的风险性和盈利性

无形资产的财务特征与固定资产类似。从资产的风险性和盈利性来看，无形资产一般不存在违约风险，但其流动性风险很大，盈利性存在很大的不确定因素。

1. 流动性风险很大

企业拥有无形资产的目的不是出售，而是使其在生产经营中发挥作用。因此，企业不可能随意将无形资产变现，其价值通常以摊销的方式转移到各期的损益，并随着产品的出售而回收。

2. 通货膨胀风险较小

无形资产具有较强的抗通胀能力，一旦发生通货膨胀，大多数无形资产都会涨价，土地使用权和一些特许权尤其如此。当然，有些无形资产也很容易出现贬值，如某些专利权和非专利技术，随着技术进步会出现明显的减值。

3. 盈利性较强，但存在很大的不确定性

众所周知，现代企业的竞争在很大程度上是品牌的竞争，品牌创造价值已成为一个共识。可以这么说，许多优势企业获得的超额利润大多是由无形资产创造的，说明无形资产具有较强的盈利性。然而大多数无形资产的盈利性存在很大的不确定性，如名牌企业的商标很值钱，可以给企业带来超额利润；但一旦出现意外，该商标在消费者心目中失去信誉，即使产品质量和售后服务仍一如既往，其产品价格也会一落千丈。这时，商标不仅不会给企业带来超额利润，相反可能使企业发生亏损。

三、无形资产取得的管理

随着技术进步，无形资产作为企业重要的资源在企业中扮演着越来越重要的角色，无形资产管理也成为企业资产管理的重要内容。企业取得无形资产涉及许多管理上的问题，我们在这里主要阐述无形资产取得管理中的几项基本要求。

1. 取得无形资产要与企业实施的经营战略相结合

企业取得无形资产通常与企业的经营战略联系在一起。例如，购买土地使用权、自行开发一项技术、注册一项商标，都是企业实施经营战略的举措。因此，企业必须从整个企业的发展战略来考虑无形资产的配置问题，不能盲目地购置一项无形资产；否则将影响企业的长远发展，甚至拖垮企业。

2. 建立健全无形资产取得的管理制度

企业取得无形资产必须建立完善的管理制度。例如，制定符合企业发展规划的无形资产购置计划、进行购建无形资产的可行性分析、建立无形资产取得的审批制度、组建自行开发无形资产的团队等。

3. 合理确定无形资产的入账价值

从财务管理的视角看，无形资产价值的高低对企业的资产结构、资产的流动性及盈利性会产生很大的影响。因此，必须关注无形资产入账价值的确认。与其他资产一样，企业的无形资产可以通过各种方式取得，如外购、自行开发、投资者投入、非货币性资产交换和债务重组等。各种方式取得的无形资产，其入账价值也有所不同。

（1）外购无形资产，应以购买价款、相关税费及直接归属于使该项资产达到预定用途所发生的其他支出作为入账价值。

（2）自行开发并依法申请取得的无形资产，其入账价值包括依法取得时发生的注册费、律师费等费用和符合资本化条件的开发阶段的支出。企业研究阶段的支出和不符合资本化条件的开发阶段的支出应费用化，计入当期损益（管理费用）。如果企业无法区分研究阶段支出和开发阶段支出，应当将其所发生的研发支出全部费用化，计入当期损益。

（3）投资者投入的无形资产，应当按照投资合同或协议约定的价值作为入账价值。如果合同或协议约定价值显失公平的，应当由评估机构对其进行评估，按评估确定的价值作为入账价值。

（4）非货币性资产交换取得的无形资产，如果该交换具有商业性质且取得无形资产的公允价值能够可靠计量的，应当按照公允价值和应支付的相关税费作为入账价值；如果取得无形资产所发生的非货币性资产交换不具有商业性质或换入资产、换出资产的公允价值无法可靠计量的，应当以换出资产的账面价值和应支付的相关税费作为换入无形资产的入账价值。

（5）债务重组取得的无形资产的成本，应以抵债无形资产的公允价值作为入账价值。抵债资产公允价值与账面价值的差额，计入营业外收入或营业外支出。

四、无形资产摊销的管理

与固定资产类似，无形资产给企业带来的经济利益具有长期性。因此，企业应当将无形资产的账面价值以某种方式进行分摊，转为各期费用。这与固定资产折旧的性质完全相同。这个价值转移的过程就称为无形资产摊销。

（一）无形资产摊销期限

无形资产摊销管理的关键在于确定摊销的期限。无形资产摊销期限的长短直接影响到无形资产成本转化为费用的快慢程度，企业应合理确定无形资产的摊销期限，具体应遵循以下原则：

（1）企业摊销无形资产，应当自无形资产可供使用时起，至不再作为无形资产确认时止。

（2）企业持有的无形资产通常来源于合同性权利或是其他法定权利，而且合同规定或法律规定有明确使用年限的，其摊销期限不应超过合同性权利或其他法定权利的期限；如果合同性权利或其他法定权利能够在到期时因续约等延续，且有证据表明企业续约不需要付出大额成本的，摊销期限应当包括续约期。

（3）合同或法律没有规定使用寿命的，企业应当综合各方面情况，聘请相关专家进行论证、与同行业的情况进行比较、参考历史经验等，确定无形资产为企业带来未来经济利益的期限。

（4）若经过上述努力仍无法合理确定无形资产为企业带来经济利益期限的，则将其作为使用寿命不确定的无形资产；使用寿命不确定的无形资产，不进行摊销。

（二）无形资产摊销方法

无形资产摊销对企业的资产价值和盈利水平会产生较大的影响，因为无形资产摊销一方面减少了企业资产的账面价值，另一方面减少了企业当期的盈利水平。企业选择的无形资产摊销方法一般为直线法，即将无形资产成本在其摊销期限内平均摊销。无形资产的应摊销金额为其入账价值扣除残值后的金额（使用寿命有限的无形资产，一般其残值应当视为零）。

五、无形资产转让的管理

（一）无形资产的转让方式

企业拥有的无形资产，也可以依法转让。转让无形资产有两种方式：一是使用权转让，二是所有权转让。使用权是指按照无形资产的性能和用途加以利用，以满足生产经营需要的权利；所有权是指企业在规定的范围内对其无形资产享有的占有、使用、收益、处置的权利。

1. 无形资产使用权转让

转让无形资产的使用权，出让方仍保留对该项无形资产的所有权，对其仍拥有占有、使用、收益、处置的权利，只是将使用权让渡给其他企业；受让方只能根据合同规定使用该项无形资产，不享有其所有权。

2. 无形资产所有权转让

转让无形资产所有权，出让方对无形资产不再享有占有、使用、收益、处置的权利，其与固定资产处置基本相同。企业一旦将所有权转让出去，就不能再以盈利为目的使用该项无形资产。

（二）无形资产转让应注意的问题

1. 谨慎做出无形资产转让的决策

与取得无形资产一样，无形资产对外转让通常也是企业实施某一发展战略的重要举措。因此，一定要谨慎对待无形资产转让的决策，分析转让无形资产对企业造成的有利和不利影响。例如，企业转让商标的使用权，要评判受让企业的生产经营能力、产品质量、经营者的诚信等方面，合理估计受让企业使用该商标给本企业产品带来的冲击。

2. 对无形资产进行合理的估价

合理定价是无形资产转让中的敏感问题，企业通常采用与受让企业谈判的方式确定无形资产的出让价格。在谈判前，企业管理者应当对被转让的无形资产进行估价。估价的基本方法是现金流量贴现法，即无形资产的价值应当等于企业未来使用该项无形资产所产生的经济利益的现值。在具体估算时，企业要充分考虑影响无形资产价值的各种可能的因素，尽可能地正确估计未来的现金流量和贴现率，使得谈判时的报价既不会造成本企业无形资产的流失，也能使受让方乐意接受。

3. 规范进行无形资产转让的会计处理

企业转让无形资产的使用权取得的收入，应作为其他业务收入处理，无形资产的账面余额、累计摊销和计提的减值准备不予转销；转让使用权而发生的相关税费，应作为其他业务成本。企业转让无形资产的所有权取得的收入扣除无形资产账面价值后的差额，应作为其他收益或营业外收支处理。

【思考与练习】

一、思考题

1. 资产的风险主要体现在哪些方面？

2. 风险性和盈利性是资产的两个财务特征，不同的资产其风险与盈利存在差异。请你列出两种不同的资产，并说明其风险性和盈利性的关系。

3. 企业持有现金的动机主要有哪些？请你举例说明。

4. 在现金折扣条件“1/10，N/30”中，卖方给予买方的折扣相当于年利率 18.2% 的代价。而现实中，买方并不想在折扣期内付款。你认为卖方为什么愿意付出如此高的代价，而买方又为何不愿意在折扣期内付款？

5. 账龄分析表是应收账款日常管理的重要工具。请你指出：从账龄分析表中我们可以获取哪些信息？

6. 与存货管理有关的成本有哪几类？它们与订货量的高低呈怎样的关系？

7. 企业选择固定资产折旧方法主要应考虑哪些因素？

8. 企业无形资产转让有哪两种方式？企业转让无形资产应注意哪些问题？

二、单项选择题

1. 下列资产中，违约风险最大的资产是（　　），流动性风险最大的资产是（　　）。

A. 现金　　B. 应收账款　　C. 存货　　D. 无形资产

2. 企业为应付意外紧急情况而需要保持一定现金支付能力，持有现金的这种动机是(　　)。

A. 交易动机　　B. 预防动机　　C. 投机动机　　D. 投资动机

3. 下列与现金持有量呈正比例变化的成本是（　　）。

A. 管理成本　　B. 转换成本　　C. 机会成本　　D. 短缺成本

4. 下列不属于应收账款管理中的信用政策内容的是（　　）。

A. 信用标准　　B. 信用期限　　C. 现金折扣　　D. 商业折扣

5. 收账费用属于应收账款持有成本中的（　　）。

A. 管理成本　　B. 机会成本　　C. 折扣损失　　D. 坏账成本

6. 某企业应收账款信用政策如下：信用期限为 60 天，无现金折扣，在此政策下全年的赊销额为 4 500 万元，变动成本率为 80%，假设所有客户均在信用期内付款，无坏账损失。若应收账款投资的必要报酬率为 12%，则应收账款占用资金的机会成本（要考虑变动成本率）为（　　）万元。

A. 72　　B. 90　　C. 600　　D. 750

7. 反映销货款回收及时性的指标是（　　）。

A. 应收账款平均账龄　　B. 销货款回收平均天数

C. 销货款回收率　　D. 坏账损失率

8. 某企业某年需要耗用零件 12 000 件，每订购一次的订货成本为 400 元，每个零件年储存成本为 15 元。那么，该种零件的经济进货批量下的与存货相关的总成本为（　　）元。

A. 800　　B. 2 000　　C. 3 000　　D. 12 000

9. 对存货进行 ABC 分类管理时，对于那些存货品种数量繁多而价值金额却很小的存货，应当作为（ ）进行管理。

A. A 类存货 B. B 类存货

C. C 类存货 D. 以上答案均不正确

10. 无形资产的财务特征之一是（ ）。

A. 流动性风险很小 B. 通货膨胀风险很大

C. 存在违约风险 D. 盈利性存在很大的不确定性

三、多项选择题

1. 下列资产中，通货膨胀风险一般较小的资产有（ ）。

A. 存货 B. 应收账款 C. 固定资产 D. 无形资产

2. 现金具有以下哪些特点（ ）。

A. 现金具有普遍可接受性

B. 现金资产是企业暂时间歇的资金

C. 现金流动性最强但盈利性最弱

D. 现金流动性弱但盈利性较强

3. 确定最佳现金持有量的存货模式中，需要考虑（ ）之和最小。

A. 机会成本 B. 管理成本 C. 转换成本 D. 短缺成本

4. 若其他条件不变，延长信用期有一般会使（ ）。

A. 销售额增加 B. 应收账款余额减少

C. 收账费用增加 D. 坏账损失增加

5. 在其他因素不变的情况下，企业采用更为积极的收账政策，可能导致的结果有（ ）。

A. 平均收账期缩短，坏账损失减少

B. 应收账款平均占用额减少，应收账款机会成本减少

C. 应收账款平均占用额增加，应收账款机会成本上升

D. 应收账款的机会成本、坏账损失和收账费用总和必定减少

6. 建立存货经济进货批量基本模式的假设条件包括（ ）。

A. 存货的耗用是均衡的 B. 不存在数量折扣

C. 仓储条件不受限制 D. 可能出现缺货的情况

7. 在存货经济订货量的基本模型中，与每年最佳订货次数有关的变量是（ ）。

A. 存货年需求量 B. 每次订货的变动成本

C. 固定储存成本 D. 储存存货的单位变动成本

8. 现行会计准则规定的加速折旧方法有（ ）。

A. 年限平均法 B. 工作量法

C. 年数总和法 D. 双倍余额递减法

四、计算分析题

1. 羽信有限公司预计 2021 年现金支出金额为 2 500 000 元，公司资本成本为 8%，现金与有价证券的转换成本为 250 元 / 次，且该公司每年现金收支情况比较稳定。试运用存货模式计算最佳现金持有量及在该持有量下与现金持有量相关的总成本。

2. ABC 公司本年的销售额（全为赊销，下同）为 4 500 万元。该公司产品销售的变动成

本率为 70%，目前的信用期限为 30 天，无现金折扣。由于部分客户经常拖欠货款，实际平均收现期为 45 天，坏账损失为销售额的 1%，收账费用约为销售额的 1.5%。因此，该公司的财务部门和销售部门协商，拟改变信用政策，将信用期限改为 60 天，并给出现金折扣条件“2/10，N/60”。估计会产生如下影响：销售额将增加 300 万元，全部客户中约有 50% 会在折扣期内付款，估计余下 50% 货款中的 4% 将成为坏账，除享受折扣和坏账外的货款均在信用期内收回，收账费用占销售额的比重不变。设该公司最低的资产报酬率为 12%。

请计算分析后回答：该公司改变信用政策是否有利？

3. 林风塑料制品公司 A 种材料的年耗用量为 540 吨，正常采购成本为每吨 750 元，每订购一次的订货成本为 1 500 元，每吨 A 材料年变动储存成本为 800 元。请你为该公司下列存货控制问题进行计算：

（1）在不考虑短缺成本的前提下，该企业每次订购该种材料的批量为多少时，订货成本和变动储存成本之和最低？最低总成本为多少？

（2）假设供应商规定：一次采购 A 种材料达到或超过 60 吨，可以享受 2% 的商业折扣，则林风公司从降低总成本（含采购成本）角度考虑，是否应该提高进货批量而享受商业折扣？

（3）假如 A 种材料为陆续供应和使用，平均每日需用量为 1.5 吨，每天的送货量为 5 吨。试计算该情况下 A 材料的经济订货批量及在此批量下与批量有关的最低总成本。

五、案例题

【案例一】　ABC 公司调整信用政策

（一）背景情况介绍

ABC 公司成立于 1990 年春天，其主要经营范围是生产和销售家用电器。在成立初期，公司凭借产品质量过硬、售后服务周到等特点而在市场中不断扩大销售份额、扩充自身的领域。

公司的财务总监 F 先生属于风险的厌恶者，对于风险一般采取规避的态度，因此公司的信用政策制定得非常严格，对于客户信用要求的标准很高，对所提供的信用优惠政策范围做了严格限制，以此来防止坏账等损失的发生。然而鉴于当时的市场供求环境和竞争程度，公司的销售未受到很大影响，客户的数量仍然可以呈现出逐步上涨的趋势。

但是，随着市场经济的发展，家电企业不断涌现，ABC 公司的竞争对手不断增加，家电行业的竞争逐渐加剧。此时，ABC 公司的销售开始出现下滑的态势。公司管理层为此召开会议，分析出现这种情况的原因。与会人员包括总经理 G 先生、财务总监 F 先生、技术总监 W 先生、销售部门经理 Y 先生等。经过调研取证、讨论分析，与会人员发表了各自的意见。

技术总监 W 先生通过充分的证据论证，认为公司产品在质量、功能、品种、特性等方面是处于行业前列的，而且公司的生产技术也在不断地更新，已经采用了 FMS（弹性制造系统），可以依据市场需求的变化来调整生产，因此销售下滑的原因不是出于技术问题。

销售部门经理 Y 先生通过在销售过程中客户对产品的反馈意见，证实了 W 先生所说的确属实，并且 Y 先生依据销售部对市场进行的调研，提出公司售后服务工作周到，得到现有客户认可；公司销售环节采取了诸如有奖销售、商业折扣等促销手段，然而成效不大，客户数量有减无增，其主要原因是公司信用政策制定过于严格，信用期限短，对于客户信用要求的标准太高，提供的信用优惠政策范围限制较大。Y 先生分析认为，家电行业的主要客户是家电销售超市和销售公司，由于家电产品的单位价格都比较高，所以这些客户为了避免占用大量资金，在管理上倾向于先赊购商品，待商品销售后再结算货款。但是由于ABC公司信用政策严格，使得部分客户望而生畏，把一些客户拒之门外。因此，Y先生建议适当调整现有信用政策，适当放宽优惠政策的范围、降低标准，吸引更多客户。

销售部门经理Y先生的建议将矛头指向了财务总监F先生，F先生对此陈述了自己的观点。F先生认为，放宽信用政策、延长信用期间、降低标准虽然可以加大销售量，但也会将一些信用度较低的客户引入企业，使客户群鱼龙混杂，不利于公司管理，而且会加大发生坏账的可能性，增加公司占用的资金，增加公司的机会成本、坏账损失和后期的收账费用，因此这样做有可能会得不偿失。

当双方僵持不下时，总经理G先生做出决定，由财务总监F先生、销售部门经理Y先生牵头组成工作小组，对放宽信用政策后公司收益变化的情况做出调研分析，并在三个月内提交分析报告，届时将依据该报告做出相应决策。

（二）数据的采集与分析

会议后，财务总监F先生、销售部门经理Y先生立即商讨并研究成立了工作小组。该小组成员由财务、销售、市场调研等部门的工作人员组成。工作小组成立后，F先生、Y先生召开会议商榷工作方案，分配工作任务，最后制订出工作计划。该计划的简要内容如下：

（1）由市场调研部门对现在市场状况进行调查分析，搜集同行业企业信用政策信息，并进行归类总结以供参考。

（2）由销售部门依据市场调研部门的调查结果及销售情况的历史资料，对不同信用政策情况下本公司的销售状况进行市场分析预测，估算出赊销收入金额。

（3）以销售部门的预测为基础，由财务部门会同信用管理等相关部门对不同信用政策情况下本公司的收益、成本费用等相关资料进行预测搜集，并进行计算分析。

（4）依据财务部门的计算分析结果，形成分析报告提交管理层决策。

按照工作计划，工作小组成员开始分头行动。经过两个多月的辛勤劳作，工作小组成员的数据采集工作结束了，其数据的基本情况如下。

（1）公司目前执行的信用政策：①信用期限为30天；②不提供现金折扣；③对信用等级评价为A^+、A的客户提供赊销。公司目前的年赊销收入额为3 600万元，坏账损失率为2%。除坏账外，其他货款均在信用期内收回，年收账费用为80万元。产品的变动成本率为60%，应收账款占用资金的机会成本按照15%计算。

（2）公司可选择的信用政策有以下三种方案：

甲方案：将信用期限延长至45天，将客户的信用标准放宽为A^+、A、A^-三个等级，仍然不提供现金折扣。在这种信用政策条件下，公司的年赊销收入额将增至6 000万元，坏账损失率为4%。除坏账外，其他货款的平均收现期约为50天，年收账费用为130万元。

乙方案：将信用期限延长至60天，将客户的信用标准放宽为A^+、A、A^-、B^+四个等级，为在30天内付款的客户提供2%的折扣。在这种信用政策条件下，公司的年赊销收入额将增至9 300万元，约有30%的客户享受现金折扣优惠，此时的坏账损失率为6.5%。除享受折扣和发生的坏账外，其他货款的平均收现期为75天，年收账费用为200万元。

丙方案：将信用期限延长至90天，将客户的信用标准放宽为A^+、A、A^-、B^+四个等级，为在30天内付款的客户提供4%的折扣，为在60天内付款的客户提供2%的折扣。在这种信用政策条件下，公司的年赊销收入额将增至 10 800 万元，约有 20% 的客户享受 4% 的现金折扣优惠，约有 30% 的客户享受 2% 的现金折扣优惠，此时的坏账损失率为 9%。除享受折扣和发生的坏账外，其他货款的平均收现期为 120 天，年收账费用为 400 万元。

问题：

（1）依据工作小组提供的数据，请你进行必要的计算和分析，对 ABC 公司目前的信用政策做出评价。

（2）你认为该公司是否应当改变目前的信用政策？若你认为应当改变目前的信用政策，那么应该选择哪种方案？

（3）请你代工作小组将资料汇总、整理后形成一份分析报告提交给公司总经理，待其做出决定。

【案例二】　禾苗公司的折旧政策

资料：

禾苗微电子技术有限公司是国家重点扶持的高新技术企业，成立于 2020 年年初，2020 年开始经营。从 2020 年起，该公司 3 年内享受 15% 的所得税优惠税率，之后将按照 25% 的税率计征。该公司 2020 年年底建成一大型生产线项目，原始价值为 900 万元，估计该设备的寿命期为 8 年，税法规定的最短折旧年限为 5 年，会计核算可以选择的折旧年限为 5 ～ 8 年，预计报废时的净残值为 36 万元。税法和会计准则规定有三种折旧方法可供选择：年限平均法、双倍余额递减法和年数总和法。

在确定该固定资产折旧政策时，该公司会计人员有不同的观点：

负责成本核算工作的王明认为，本公司属于高新技术企业，按照税法规定设备可以采用加速折旧法；从会计核算谨慎性要求考虑，公司应当对固定资产加速折旧，折旧年限定为 5 年，折旧方法采用双倍余额递减法或年数总和法。

主管会计赵凯认为，本公司属于高新技术企业，前 3 年能够享受 15% 的低税率，从减轻税负方面考虑，应当将折旧年限定得尽可能长（如 8 年），并采用年限平均法计提折旧。

负责固定资产会计工作的钱莹则认为，本公司属于高新技术企业，技术进步迅速，设备更新较快，采用加速折旧法能促进设备更新和技术进步，故应在 5 年内采用双倍余额递减法或年数总和法计提折旧。

问题：

（1）请你分别代表上述三位会计人员进一步解释他们选择相应折旧政策（折旧年限和折旧方法）的理由。

（2）如果上述大型生产线从 2021 年 1 月开始计提折旧，请你在税法和会计准则允许范围内选择使第一年折旧额最大和最小的两种折旧政策，并计算这两种折旧政策下第一年折旧的差异额。

（3）从该公司的所得税税负角度考虑，怎样的折旧政策使得公司在该资产使用寿命期内的所得税税负最重？何种折旧政策使得公司在该资产使用寿命期内的所得税税负最轻？并计算这两种折旧政策下公司承担的所得税的差异额（指整个使用寿命期内的所得税差异总额；计算时假设当年的折旧费用全额影响当年的应纳税所得额）。

第九章　财务报表分析

【引子】

北京万泰生物药业股份有限公司（以下简称“万泰生物”）是一家主要从事体外诊断试剂、仪器与疫苗研发、生产及销售的高新技术企业。2020 年 4 月 29 日，该公司首次向社会公开发行 A 股股票 4 360 万股，发行后股本为 43 360 万股。2020 年 5 月 24 日，公司股票在上海证券交易所挂牌上市（股票简称“万泰生物”，股票代码：603392）。如果你在新浪财经网中查阅该公司的相关资讯，至少会发现该公司 2020 年度的下列指标：

年末流动比率为 2.39；年末速动比率为 1.90；年末资产负债率为 26.35%；销售净利率为 28.96%；资产报酬率为 29.68%；净资产收益率为 26.51%；加权平均净资产收益率为 32.10%；等等。

假如你以前没有学过财务分析的有关知识，也没有接触过财务管理与财务分析工作，你可能会感到疑惑：上述这些指标各是什么含义？流动比率 2.39 是偏高还是偏低了？同一公司同一时期的净资产收益率与加权平均净资产收益率相差那么大，两者有何区别？……

那么，请认真学习“财务报表分析”这一章内容，之后你对这些问题会有较为清楚的认识。

财务报表分析是财务分析的重要组成部分，而财务分析又是企业财务管理的重要手段。作为企业管理人员，必须掌握财务分析的基本理论和方法，并能运用这些方法对企业的财务报表进行各种有价值的分析，为企业内外的信息使用者提供有益的帮助。本章阐述的内容并不是财务报表分析的全部内容，更不是财务分析的全部内容。本章首先从理论上阐述企业财务报表分析的目的和基本方法，并结合上市公司财务报表和其他有关信息，介绍重要财务比率的计算与分析，最后简要介绍财务比率的综合分析方法。

第一节　财务报表分析概述

一、财务报表分析的含义

在阐述财务报表分析的含义时，有必要先说明什么是财务分析。财务分析是以财务信息和其他相关信息为依据，采用一系列专门的分析技术和方法，对企业等经济组织的财务活动和经营活动的盈利能力、营运能力、偿债能力和增长能力等进行分析与评价的一种管理活动。这是广义的财务分析，包含了前面我们介绍的许多财务管理的内容。

对财务报表分析内涵的界定，理论界和实务界一直存在一些分歧。归纳起来主要有两种观点：一种观点认为，财务报表分析等同于财务分析，财务报表分析就是财务分析的全部内容；另一种观点认为，财务报表分析是财务分析的一部分，企业财务分析分为相互联系的两大领域，即内部财务分析和外部财务分析。前者是指企业内部管理层为判断其财务状况、经营成果而进行的分析，通常也称为财务诊断分析；后者是指企业外部的利益关系人（如投资者、债权人）所做的分析。由于外部财务分析主要以财务会计报表为依据，因此通常被称为财务报表分析。

本书对财务报表分析的解释遵循后一种观点，将财务报表分析理解为：以财务报表和其他经济信息为依据，采用专门方法，系统分析和评价企业过去的经营成果、财务状况及其变动趋势，以支持财务报表使用者做出正确决策。理解这一概念，应注意以下几点：

（1）财务报表分析的主体是财务信息使用者和相关的决策者，包括企业的投资者、债权人、企业内部管理者、政府等利益相关者。当然，很多情况下企业外部有关人士并不擅长财务报表分析，他们只是使用分析的结果。

（2）财务报表分析的客体是指财务报表分析的对象，如企业的经营成果、财务状况等方面。

（3）财务报表分析的依据主要是财务报表提供的财务信息。当然在进行财务报表分析时，还要用到其他有关经济信息，如报表附注的内容、企业的预算资料、行业发展的有关资料等。

（4）财务报表分析的方法是财务分析的各种方法，从这一点看，财务报表分析与财务分析没有明显的区别。

（5）财务报表分析的目的是为财务信息使用者进行各种决策提供帮助。

二、财务报表分析的目的及其演变

前面已经指出，财务报表分析的目的是将财务报表数据转换成更为有用的信息，帮助财务报表使用者做出更为合理的决策。

最早的财务报表分析，主要是为银行服务的信用分析。由于借贷资本在公司资本中的比重不断增加，债权人需要对借款人进行信用调查和分析，因此逐步形成了偿债能力分析等有关内容。

资本市场出现以后，财务报表分析由为债权人服务扩展到为各种投资人服务。社会筹资范围扩大，非银行债权人和股权投资人增加，公众进入资本市场。投资人要求的信息更为广泛，逐步形成了盈利能力分析、筹资结构分析和利润分配分析等新的分析内容，形成了比较完善的外部财务报表分析体系。

随着公司组织形式的不断发展，经理人员为获得股东的好评和债权人的信任，需要改善公司的盈利能力和偿债能力，逐步形成了内部财务分析的有关内容，并使财务报表分析由外部分析扩大到内部分析。内部财务分析的目的是找出管理行为与报表数据的关系，通过管理来改善未来的财务报表。这时的财务报表分析逐渐渗透到财务分析的各个领域，形成了财务分析理论体系。

由于财务报表使用越来越专业化，提供的信息越来越多，报表分析的技术日趋复杂。许多报表使用者感到从财务报表中提取有用的信息日益困难，于是开始求助于专业人士，并促使财务分析师发展成为专门职业。专业财务分析师的出现，对于报表分析技术的发展具有重要的推动作用。传统的财务报表分析逐步扩展成为包括经营战略分析、会计分析、财务分析和前景分析等内容的更完善的体系。

三、财务报表分析的基本方法

财务报表分析运用的方法很多，但最基本的方法有四种，即比较分析法、比率分析法、因素分析法和趋势分析法。它们各有所长，在实际分析时应当相互结合使用。

（一）比较分析法

人们常说“分析比较”，就是说“分析”总是与“比较”联系在一起的。或者说，最简单的分析就是比较。因此，比较是财务报表分析最基本的方法。财务报表的比较分析法是指通过对财务报表相关数据和指标的对比，从数量上确定差异，从而揭示和评价企业财务状况和经营成果的一种分析方法。

运用比较分析法应当明确一个问题——比较的形式，即拿什么来进行比较，也就是比较的参照物。在实际工作中，比较的形式是多种多样的，其中最主要的有下面三种：

1. 与历史水平比较

这是不同时期相同项目或相同指标的数值之间的对比，可以将本期实际完成数与上年实际数对比，也可以与历史最好水平相比较，还可以与过去某一时期的平均水平相比较。通过这种纵向比较，可以了解财务指标的发展、变化情况，有助于吸取历史经验和教训，合理评价现状。

与上年数据相比较时，通常要计算增减额和增长幅度，其计算公式为

$$\text{增减额}=\text{本期实际值}-\text{上期实际值} \tag{9-1}$$

$$\text{增长率}=\frac{\text{增长额}}{\text{上期实际值}}\times 100\% \tag{9-2}$$

2. 与计划数比较

比较分析另一种基本形式是将本期某一财务指标的实际完成数与该指标的计划数相比较，进而说明该指标的计划完成情况。这种比较通常需要计算某项财务指标的计划完成程度相对指标，其计算公式为

$$\text{计划完成程度相对指标}=\frac{\text{实际完成额}}{\text{计划完成值}}\times 100\% \tag{9-3}$$

3. 与行业平均水平比较

前面两种比较形式都局限于本企业的范围，为了客观地评价一个企业的经营业绩，需要将本企业的主要财务指标与该企业所在行业的平均水平进行比较，特别是与主要竞争者的相同财务指标进行比较。通过这种横向比较，可以发现本企业与同类企业之间存在的差异，找出产生差异的原因，有利于有针对性地提出改进措施。

在运用比较分析法时，分析者还可以根据需要，采用其他的比较形式。例如，将本企业本期的实际数与国内同类企业的先进水平比较等。

（二）比率分析法

比率分析法是指会计报表中具有内在联系的几个项目之间进行对比，用比率反映它们的相互关系，据此分析和评价企业财务状况和经营成果的一种分析方法。

比率分析实际上是“选择、计算、评价”的过程。“选择”就是将会计报表中相互联系的项目选择出来，如资产负债表中的“资产总额”和利润表中的“净利润”具有某种相关性，将它们选择出来做分析；“计算”就是将选择的项目进行数值运算，计算出财务比率，如根据“资产总额”和“净利润”可以计算出“资产净利率”这个财务比率；“评价”就是运用一定的标准对财务比率的高低做出优劣的评判。

比率分析法有它的优点。它运用相对数进行分析，排除了企业不同规模的影响，使不同分析对象之间建立起可比性，适合不同企业之间及同一企业不同时期的比较。比率分析法是财务

报表分析重点运用的方法，同时它必须和比较分析法结合使用，因为对各种财务比率的评价必须借助于比较的手段。例如，资产负债率是一个财务比率，在财务分析时，我们不仅要计算该指标本年度的数值，还要将该指标本年度的数值与上年度的数据进行对比，观察其增减变化的情况，进而分析其变动的原因。

（三）因素分析法

因素分析法是依据分析指标与其影响因素之间的关系，从数量上确定各因素对分析指标影响程度的一种分析方法。因素分析法的理论依据是现象之间的相关性，即经济变量之间存在着某种因果关系。应该说，因素分析法是一种深层次的分析方法，运用这种方法可以揭示产生差异的原因及各因素的影响程度。

因素分析法最常用的是连环替代法，它是运用指数分析法的基本原理，将各个因素的实际数与基期数（或计划数）进行逐一替代，从而计算各因素的影响程度。连环替代法的一般步骤如下：①比较指标的实际数与基数，确定分析对象；②分解指标，确定影响指标的各项因素；③连环顺序替代，计算替代结果；④比较各因素的替代结果，确定各因素对分析指标的影响程度；⑤加计影响数值，验算分析结果。连环替代法在统计学教科书中有详细的介绍，本章最后一节例 9-4 介绍了如何运用此方法进行因素分析。

（四）趋势分析法

趋势分析法是通过比较企业持续几期的会计报表项目或财务指标来了解其变化情况，并以此来预测企业未来的发展趋势的一种方法。应当指出的是，趋势分析法与比较分析法是有区别的。比较分析可以与历史数据进行比较，也可以与计划数相比较，或者与行业平均水平相比较；而趋势分析必然是将本期实际完成数与本企业以前各期的实际完成数相对比。另外，趋势分析是通过观察某项财务指标连续若干期数据的变化情况来认识过去的变化规律，预测未来的发展趋势。

趋势分析有两种基本形式：定基趋势分析和环比趋势分析。定基趋势分析法是指在连续几期的会计数据中，以某期为固定基期（一般为第一期），分别计算其他各期对固定基期的变动情况，以判断其发展趋势。环比趋势分析法是指在连续几期的会计数据中，每一期分别与上期进行比较，分别计算各期的变动情况，以判断发展趋势。

在运用趋势分析法时，应注意以下几点：

（1）选择合适的基期。基期必须具有代表性、正常性和可比性。

（2）进行趋势分析所需要的期数一般应在三期以上。一般而言，选择的期数越多，分析结果的准确性越高。

（3）分析过程应排除不可比因素，在计算口径上力求一致，当会计政策、会计制度等变化时，应对相关指标做适当调整，并注意偶然事件的影响。

除了上述四种基本方法，财务报表分析的方法还有平衡分析法、本量利分析法等。由于篇幅的限制，在此不做详细介绍。

第二节　财务报表分析依赖的信息

财务报表分析必须以充分、有用的信息作为依据。总体来说，财务报表分析的主要依据是财务会计报告所提供的信息。财务会计报告（以下简称财务报告）是综合反映企业在一定时期的财务状况、经营成果和现金流量情况的书面文件，包括财务会计报表（以下简称财务报表或会计报表）和表外信息。财务报表是对企业财务状况、经营成果和现金流量的结构性表述，是企业财务报表分析所依赖的主要信息。财务报表包括资产负债表、利润表、现金流量表、所有者权益变动表和附注。各种财务报表按照反映的会计主体不同可以分为个别报表和合并报表。个别报表是某一会计主体编制的反映单个经济实体的财务状况、经营成果和现金流量情况的会计报表；合并报表是以母公司和子公司组成的企业集团为会计主体，以母公司和子公司单独编制的个别报表为基础，由母公司编制的综合反映企业集团财务状况、经营成果和现金流量的会计报表。

关于企业财务报表的意义、作用、结构和编制方法，一般会计学教材都有详尽的介绍。下面我们简要介绍资产负债表、利润表和现金流量表的作用，并给出我国上市公司财务报表的基本结构。

一、资产负债表

资产负债表是反映企业在某一定特定日期的财务状况的会计报表。它是以“资产＝负债＋所有者权益”这一会计等式为依据，把企业一定日期的资产、负债和所有者权益各项目，按照一定的分类标准和一定的顺序排列而形成的。

资产负债表是最早出现的会计报表。它表明企业在某一特定日期所拥有或控制的经济资源、所承担的现有义务和所有者对净资产的要求权。通过阅读和分析资产负债表，可以看出企业至某一日期止拥有多少资产，资产的结构如何；企业未来需要用多少资产或劳务偿清债务，负债的构成情况怎样；企业的所有者在企业资产中享有多少经济利益。同时，根据资产负债表的要素构成，可以计算企业的资产负债率、流动比率、速动比率等财务指标，分析企业的偿债能力，判断企业的财务状况，为会计信息使用者（尤其是债权人）进行决策提供重要的依据。

资产负债表分为左右两侧，左侧列示资产各项目，右侧列示负债和所有者权益各项目，资产各项目的合计数等于负债和所有者权益各项目的合计数。同时，资产负债表提供“年初数”和“期末数”的比较资料，便于使用者分析比较。江中药业股份有限公司（以下简称“江中药业”）2018—2020 年 12 月 31 日的合并资产负债表如表 9-1 所示。

表 9-1　江中药业 2018—2020 年 12 月 31 日的合并资产负债表

单位：万元

资产	2020 年末	2019 年末	2018 年末	负债及所有者权益	2020 年末	2019 年末	2018 年末
流动资产：				**流动负债：**			
货币资金	109 996.42	92 729.98	101 460.76	短期借款			
交易性金融资产	98 089.33	65 406.88		应付票据			
应收票据	331.85	89 639.82	97 486.81	应付账款	4 556.06	5 630.51	11 954.90
应收账款	17 178.54	20 778.38	412.88	预收款项			10 101.72
应收款项融资	72 141.45	3 890.58		合同负债	16 904.17	11 199.50	
预付款项	2 183.54	1 942.73	1 912.91	应付职工薪酬	9 848.12	11 604.27	6 274.15

续表

资产	2020年末	2019年末	2018年末	负债及所有者权益	2020年末	2019年末	2018年末
其他应收款	1 097.63	1 870.20	693.77	应交税费	3 841.85	6 454.56	8 633.32
其中：应收利息				其他应付款	24 998.55	40 002.45	5 645.38
应收股利				其中：应付利息			
存货	24 674.12	24 250.23	17 184.66	应付股利			
合同资产				一年内到期的非流动负债			2 000.00
持有待售资产				其他流动负债			763.63
一年内到期的非流动资产	654.75			流动负债合计	60 148.76	74 891.28	45 373.10
其他流动资产	1 173.98	5 663.85	10 222.92	**非流动负债：**			
流动资产合计	327 521.61	306 172.64	229 374.71	长期借款			
非流动资产：				应付债券			
可供出售金融资产			13 560.00	长期应付款			5 000.00
债权投资		1 047.60		预计负债			
长期应收款				长期递延收益	5 057.95	5 808.24	5 979.97
长期股权投资	4 532.33	5 397.32	5 731.79	递延所得税负债	2 020.69	2 784.19	
其他权益工具投资				其他非流动负债			
其他非流动金融资产	11 126.09	15 382.51		非流动负债合计	7 078.64	8 592.43	10 979.97
投资性房地产				负债合计	67 227.40	83 483.71	56 353.07
固定资产	101 927.68	106 291.41	93 405.69	**所有者权益：**			
在建工程	233.09		2 042.67	股本	63 000.00	52 500.00	42 000.00
工程物资				资本公积	43 535.84	43 535.84	43 535.84
固定资产净额				减：库存股			
无形资产	37 780.61	36 000.40	31 550.48	其他综合收益			
开发支出				专项储备			
商誉	1 477.61	1 477.61		盈余公积	30 763.48	26 067.29	21 552.85
长期待摊费用	59.44	87.69	113.24	未分配利润	250 387.47	233 959.73	218 240.94
递延所得税资产	3 897.89	3 702.76	2 599.93	归属于母公司所有者权益合计	387 686.80	356 062.86	325 329.64
其他非流动资产	3 801.05	359.43	3 318.68	少数股东权益	37 443.19	36 372.80	14.49
非流动资产合计	164 835.78	169 746.73	152 322.49	所有者权益合计	425 129.98	392 435.66	325 344.13
资产总计	492 357.38	475 919.38	381 697.20	负债和所有者权益总计	492 357.38	475 919.38	381 697.20

二、利润表

利润表是指反映企业在一定会计期间经营成果的会计报表。企业在持续不断的生产经营过程中，取得各种收入，同时发生各种成本、费用和损失。利润表把一定时期的收入与同一会计期间相关的费用进行配比，计算出企业一定时期的经营成果。

通过阅读和分析利润表，可以看出企业在某一会计期间实现了多少收入、发生了多少费用，进而了解其生产经营的收益或损失情况。同时，通过利润表提供的不同时期的数字（本月数、本年累计数和上年数），可以揭示企业实现收益的变动趋势，分析企业的获利能力。投资者可以通过利润表提供的信息，了解投资者投入资本的完整性，分析企业的投资价值；企业的经营者可以据此分析企业经营计划的实现情况，并在分析的基础上，抓住影响企业经营成果的主要因素，采取有效措施增利扭亏，提高企业的经济效益。

不同国家和地区规定企业利润表的结构存在一定的差异，目前各国普遍使用的利润表有多步式利润表和单步式利润表两种格式。我国会计准则规定采用多步式利润表。江中药业 2018—2020 年度的合并利润表如表 9-2 所示。

表 9-2 江中药业公司 2018—2020 年度的合并利润表

单位：万元

项目	2020 年度	2019 年度	2018 年度
一、营业总收入	244 145.18	244 940.44	175 522.90
其中：营业收入	244 145.18	244 940.44	175 522.90
二、营业总成本	189 596.11	193 108.88	122 928.50
其中：营业成本	84 552.22	81 675.11	57 136.62
利息支出			
税金及附加	4 571.19	4 786.88	4 002.60
销售费用	81 591.23	86 884.70	50 299.58
管理费用	14 632.64	16 677.23	9 543.54
研发费用	5 555.32	4 750.97	2 962.10
财务费用	−1 306.50	−1 666.01	−1 015.95
其中：利息费用	192.82		
利息收入	1 526.56	1 696.56	1 044.38
加：其他收益	4 823.87	2 047.58	640.50
投资收益（损失以“-”号填列）	−531.48	881.25	1 838.18
其中：对联营企业和合营企业的投资收益	−864.99	−334.48	348.56
汇兑收益（损失以“-”号填列）			
公允价值变动收益（损失以“-”号填列）	−1 066.08	1 359.03	
信用减值损失（损失以“-”号填列）	−131.32	1 001.39	

续表

项目	2020 年度	2019 年度	2018 年度
资产减值损失（损失以“-”号填列）	-230.12	-261.61	-299.09
资产处置收益（损失以“-”号填列）	-20.83	-98.33	42.41
三、营业利润（亏损以“-”号填列）	57 393.10	56 760.87	54 816.41
加：营业外收入	806.33	316.32	295.09
减：营业外支出	259.93	477.25	317.15
四、利润总额（亏损总额以“-”号填列）	57 939.50	56 599.94	54 794.35
减：所得税费用	8 907.18	8 656.29	7 771.10
五、净利润（净亏损以“-”号填列）	49 032.32	47 943.65	47 023.25
归属于母公司所有者的净利润	47 373.94	46 359.65	47 024.82
少数股东损益	1 658.38	1 584.00	-1.57
六、其他综合收益的税后净额			
七、综合收益总额	49 032.32	47 943.65	47 023.25
归属于母公司所有者的综合收益总额	47 373.94	46 359.65	47 024.82
归属于少数股东的综合收益总额	1 658.38	1 584.00	-1.57
八、每股收益			
基本每股收益（元）	0.75	0.88	1.12
稀释每股收益（元）	0.75	0.88	1.12

三、现金流量表

现金流量表是反映企业在一定会计期间的现金和现金等价物流入和流出情况的会计报表。现金流量表是以现金为基础编制的财务状况变动表。这里的“现金”是指企业的库存现金、可以随时用于支付的存款及现金等价物。现金等价物是指企业持有的期限短、流动性高、易于转换为已知金额的现金、价值变动风险很小的短期投资。编制现金流量表的主要目的是为会计报表使用者提供企业在一定会计期间有关现金的流入量、流出量和净流量的信息。通过对现金流量表的阅读和分析，可以掌握企业现金流量的分布情况，揭示现金流量增减变动的原因，使企业的投资者和债权人了解企业从何处取得现金、如何使用现金，进而更加准确地分析企业的偿债能力和盈利的质量等。

企业一定时期内现金的流入和流出是由各种因素产生的，有些是与企业日常的经营活动相关的，有些则是企业在理财活动中产生的。因此，要反映现金流量的信息，首先要对各种经营业务产生或运用的现金流量进行合理的分类，在现金流量表中分类地加以反映。通常按照企业经营业务发生的性质不同，将现金流量分为三类：经营活动产生的现金流量；投资活动产生的现金流量；筹资活动产生的现金流量。江中药业 2018—2020 年度的合并现金流量表如表 9-3 所示。

表 9-3 江中药业 2018—2020 年度的合并现金流量表

单位：万元

项目	2020 年度	2019 年度	2018 年度
一、经营活动产生的现金流量			
销售商品、提供劳务收到的现金	287 759.20	266 021.64	188 185.88
收到的税费返还			
收到其他与经营活动有关的现金	6 297.30	4 937.26	4 492.31
经营活动现金流入小计	294 056.50	270 958.90	192 678.19
购买商品、接受劳务支付的现金	57 322.77	60 103.49	46 668.40
支付给职工及为职工支付的现金	49 462.14	43 903.97	32 949.01
支付的各项税费	39 159.02	42 907.05	26 742.95
支付其他与经营活动有关的现金	72 862.45	59 926.62	37 693.23
经营活动现金流出小计	218 806.37	206 841.13	144 053.59
经营活动产生的现金流量净额	75 250.13	64 117.78	48 624.60
二、投资活动产生的现金流量			
收回投资收到的现金	295 257.00	210 476.69	5 722.49
取得投资收益收到的现金	2 950.64	2 421.47	1 549.00
处置固定资产、无形资产和其他长期资产收回的现金净额	66.01	7.66	71.94
处置子公司及其他营业单位收到的现金净额		13 120.85	
收到其他与投资活动有关的现金			
投资活动现金流入小计	298 273.65	226 026.67	7 343.43
购建固定资产、无形资产和其他长期资产支付的现金	18 253.40	7 633.23	12 137.86
投资支付的现金	345 900.00	269 542.00	1 350.00
取得子公司及其他营业单位支付的现金净额			
支付其他与投资活动有关的现金			4.05
投资活动现金流出小计	364 153.40	277 175.23	13 491.91
投资活动产生的现金流量净额	−65 879.75	−51 148.56	−6 148.48
三、筹资活动产生的现金流量			
吸收投资收到的现金			
其中：子公司吸收少数股东投资收到的现金			
取得借款收到的现金			
发行债券收到的现金			
收到其他与筹资活动有关的现金			
筹资活动现金流入小计			
偿还债务支付的现金		7 000.00	

续表

项目	2020 年度	2019 年度	2018 年度
分配股利、利润或偿付利息支付的现金	16 338.00	14 700.00	13 500.00
其中：子公司支付给少数股东的股利、利润			
支付其他与筹资活动有关的现金			
筹资活动现金流出小计	16 338.00	21 700.00	13 500.00
筹资活动产生的现金流量净额	−16 338.00	−21 700.00	−13 500.00
四、汇率变动对现金及现金等价物的影响			
五、现金及现金等价物净增加额	−6 967.62	−8 730.78	28 976.11
加：期初现金及现金等价物余额	92 729.98	101 460.76	72 484.65
六、期末现金及现金等价物余额	85 762.36	92 729.98	101 460.76

资产负债表、利润表和现金流量表分别从不同角度反映企业的财务状况、经营成果和现金流量情况。资产负债表反映企业一定日期所拥有的资产、需偿还的债务，以及投资者拥有的净资产情况；利润表反映企业一定期间内的经营成果，即利润或亏损的情况，表明企业运用资产的效益状况；现金流量表则反映企业一定期间现金的流入和流出情况，表明企业获得现金和现金等价物的能力。这三张会计报表为财务报表分析提供了丰富的数据资料，是财务报表分析所依赖的主要信息。

四、其他有关信息

进行财务报表分析，仅仅使用财务报表提供的信息是不够的，还要利用报表以外的信息（以下简称表外信息）作为分析的依据。表外信息涉及很多内容，如企业采用的会计政策、关联交易的情况、注册会计师对会计报表的审计意见、所在行业发展状况的数据、企业财务计划和财务预算有关资料、证券市场有关信息等。其中，附注是表外信息的重要载体，是对会计报表中列示项目所做的进一步说明，以及对未能在这些报表中列示项目的说明等。即对会计报表不能包括的内容，或者披露不详尽的内容做进一步的解释说明。每一个上市公司年度报告中都列示了附注的内容，请读者选择某一上市公司的年度报告，阅读其附注的内容。

第三节　基本财务比率

财务比率是根据相互联系的财务报表数据和其他有关数据计算得到的比值。财务比率按照比率分析的目的不同，可以分为资产权益结构比率、偿债能力比率、资产营运比率、盈利能力比率、现金流量比率等，对于上市公司还有一些特殊的财务比率。本节我们将重点介绍这些财务比率的意义及其计算公式，并结合江中药业 2020 年财务报表数据和附注的相关内容进行简单的分析和说明。

一、资产权益结构比率

资产权益结构比率是反映企业在某一特定日期各种资产项目、权益项目构成情况，以及资产和权益对比关系的财务比率，用以评价资产负债表中的资产、权益结构的合理性，以及资产权益的匹配关系。这类比率可以进一步分为资产构成比率、权益构成比率和资产—权益对比关系比率三类。计算这些比率主要依赖于资产负债表的相关数据。

（一）资产构成比率

资产构成比率是反映企业在某一特定日期（通常是年末）各类资产构成情况的结构相对数，主要通过资产负债表左侧提供的各项资产数额加以计算。最基本的资产构成比率有流动资产比率和非流动资产比率。

1. 流动资产比率

流动资产比率是衡量企业资产流动性的财务比率，反映企业总资产中有多大比例属于流动资产。该比率的高低在一定程度上说明企业偿还债务的能力，其计算公式为

$$\text{流动资产比率}=\frac{\text{流动资产合计}}{\text{资产总额}}\times 100\% \tag{9-4}$$

该比率越高，说明企业拥有的流动资产在总资产中所占的比重越大，表明企业资产的流动性越强。但该比率并不是越高越好，因为流动性强的资产，其盈利性通常较差，过高的流动资产比率可能会影响企业资产的盈利能力。而且，该比率的行业差异也很大。例如，交通运输企业的流动资产比率通常很低，而商品流通企业的流动资产比率往往比较高。

流动资产比率只能粗略地反映企业的资产结构。进一步分析，可以计算流动资产各主要项目的构成比率，如存货比率、应收账款比率等，其计算公式分别为

$$\text{存货比率}=\frac{\text{存货总额}}{\text{资产总额}}\times 100\% \tag{9-5}$$

$$\text{应收账款比率}=\frac{\text{应收账款总额}}{\text{资产总额}}\times 100\% \tag{9-6}$$

式（9-5）、式（9-6）上面计算公式中的存货总额是扣除了存货跌价准备后的可变现净值（下同），应收账款总额应包含“应收款项融资”项目的金额，但应扣除坏账准备金数额。这说明，这两项比率的高低在一定程度上受到会计政策的影响。

存货比率和应收账款比率分别反映了存货和应收账款在企业总资产中的份额。这两项比率越高，说明企业占用在这两类资产的资金量越大，企业资产的整体流动性在很大程度上依赖于存货和应收账款的变现力。分析时应关注企业是否存在存货积压和收款不得力的现象。当然，若存货比率和应收账款比率过低，可能说明企业的产品很畅销，货款收回很及时；也可能意味着企业的经营不景气，或者处于停产状态，基本不存在存货和应收账款。因此，评价存货比率和应收账款比率时，一定要结合企业销售规模及其增长情况，并考虑会计处理方法的谨慎性程度，做出合理的判断。

根据江中药业 2020 年的资产负债表（表 9-1）数据，我们可以计算该公司 2020 年年末的流动资产比率为

$$\text{流动资产比率}=\frac{327\,521.61}{492\,357.38}\times 100\%\approx 66.52\%$$

2019 年年末，该比率约为 64.33%（计算过程略，下同）。2020 年年末的存货比率为 5.01%（2019 年年末为 5.10%），应收账款比率为 18.14%（2019 年年末为 5.18%）。总体来说，该公司 2020 年年末的流动资产比率较 2019 年年末略有上升，而存货比率比 2019 年年末略有下降，应收账款比率有较大幅度的提高。当然，从资产负债表中可以看出，该公司 2020 年年末的流动资产比率较 2019 年年末上升的主要原因是货币资金和交易性金融资产的大幅增加。尤其是交易性金融资产 2020 年年末比 2019 年年末增加了 32 682.45 万元，这使流动资产在总资产中所占的比重提高了 2.19%。

2. 非流动资产比率

非流动资产比率反映企业总资产中有多大比例属于非流动资产。它与流动资产比率正好相反，其计算公式为

$$非流动资产比率=\frac{非流动资产总额}{资产总额}\times100\% \tag{9-7}$$

显然，流动资产比率与非流动资产比率此消彼长，二者之和等于 1，即

$$非流动资产比率+流动资产比率=100\% \tag{9-8}$$

为进一步分析需要，我们可以计算非流动资产中主要项目在总资产中所占的比率，如固定资产比率、无形资产比率等。它们的计算公式与式（9-5）、式（9-6）类似，这里不再列示。

不同行业的企业，其固定资产比率的高低存在很大差异。例如，酒店的固定资产比率较酿酒制造企业高得多，从事产品经营实体的企业比投资公司的固定资产比率更高。至于无形资产比率，企业之间的差异可能会更大，因为企业会计报表上反映的无形资产主要是土地使用权和研发支出资本化金额，而一个企业土地使用权和研发支出在各个时点的占用额往往不太均匀。

江中药业 2020 年年末的非流动资产比率约为 33.48%（2019 年年末约为 35.67%），固定资产比率约为 20.70%（2019 年年末约为 22.33%），无形资产比率约为 7.67%（2019 年年末约为 7.56%）。计算结果表明，该公司 2020 年年末非流动资产比率比 2019 年年末有小幅下降，固定资产比率和无形资产比率基本维持在 2019 年水平。

（二）权益构成比率

权益构成比率是反映企业债权人权益和所有者权益构成情况的结构相对数。这类比率主要有资产负债率、产权比率、短期资本比率、长期资本比率等。对负债结构做进一步分析，还可以有经营负债比率和金融负债比率、有息负债比率和无息负债比率等。

1. 资产负债率

资产负债率简称负债比率，是衡量企业负债程度的财务指标。该比率越高，说明企业负债经营的程度越高，同时表明企业承担的财务风险越大。资产负债率的计算公式为

$$资产负债率=\frac{负债总额}{资产总额}\times100\%=\frac{负债总额}{权益总额}\times100\% \tag{9-9}$$

式中：权益总额是指负债与所有者权益总额，在数值上等于资产总额。

显然，资产负债率也是一个反映企业权益构成情况的财务比率，它说明企业的资金来源中多大比例由债权人提供。

应当注意的是，不能将资产负债率理解为负债与所有者权益之比。如果一个企业拥有 2 000 万元的资产规模，而负债和所有者权益各占一半，那么其资产负债率是 50%，而不是

100%。换句话说，一个企业的资产负债率通常小于100%，资产负债率超过100%的企业并不常见，只有那些“资不抵债”的企业，其资产负债率才会超过100%。

江中药业2020年年末的资产负债率为

$$资产负债率=\frac{67\ 227.40}{492\ 357.38}\times100\%\approx13.65\%$$

可见，资产负债率比2019年年末的约17.54%下降了4.59%。总体来说，该公司的资产负债率处于一个很低的水平。

应当指出的是，对资产负债率的评价没有一个绝对合理的标准，因为每个企业的规模不同，经营业务的性质不同，盈利状况也不同，其筹资能力存在很大差异。过高或过低的资产负债率都不可取。从理论上说，盈利水平高的企业应当适当提高负债比率，以取得财务杠杆作用；盈利差的企业则不宜负债过高，以控制财务风险。

2. 产权比率

产权比率又称负债与所有者权益比率，反映债权人权益与所有者权益的比例关系，其计算公式为

$$产权比率=\frac{负债总额}{所有者权益总额}\times100\% \tag{9-10}$$

显然，产权比率是资产负债率的变换形式。它们存在如下数量关系

$$产权比率=\frac{资产负债率}{1-资产负债率}\times100\% \tag{9-11}$$

因此，对产权比率高低的评价与资产负债率的评价是相同的，只是数学表述方式不同而已。

江中药业2020年年末的产权比率为

$$产权比率=\frac{67\ 227.40}{425\ 129.98}\times100\%\approx15.81\%$$

该比率2019年年末约为21.27%，说明由于公司2020年年末负债出现较大幅度的减少（减幅接近20%），而所有者权益出现较大幅度的增加（增幅超过8%），使该公司2020年年末的产权比率比2019年年末有明显下降。

3. 短期资本比率

短期资本是指企业的短期负债，即流动负债。短期资本比率反映企业的资金来源中有多大比例属于流动负债，其计算公式为

$$短期资本比率=\frac{流动负债总额}{权益总额}\times100\% \tag{9-12}$$

对该比率高低也应该辩证地看待。该比率越高，说明企业短期债务越多，相比之下非流动负债与所有者权益相对较少，企业出现财务危机的可能性较大；同时也说明企业的加权平均资本成本较低，因为短期资本的成本通常低于长期资本的成本。

江中药业2020年年末短期资本比率为

$$短期资本比率=\frac{60\ 148.76}{492\ 357.38}\times100\%\approx12.22\%$$

该比率比2019年年末的约15.74%有一定程度的下降，说明该公司2020年资产的大幅增加主要依赖于非流动负债与所有者权益提供的资金来源。从另一方面也说明了企业的短期还款

压力非常小。

4. 长期资本比率

长期资本比率反映企业的权益总额中有多大比例属于非流动负债和所有者权益。非流动负债和所有者权益是在较长时期内可以由企业支配的资金，又称为长期资本。该比率的高低说明了企业资金来源的稳定程度，其计算公式为

$$长期资本比率=\frac{非流动负债+所有者权益}{权益总额}\times 100\% \tag{9-13}$$

该比率越高，说明企业资金来源比较稳定，较长时期内可支配的资金比例较高。显然，长期资本比率与短期资本比率此消彼长，二者之和等于 1，即

$$长期资本比率+短期资本比率=100\% \tag{9-14}$$

江中药业 2020 年年末的长期资本比率为 87.78%，2019 年年末为 84.26%，表明该公司资本大多数来自非流动负债和所有者权益，资本来源非常稳定。

5. 经营负债比率和金融负债比率

前面介绍的权益构成比率只能粗略地反映企业权益结构的大致情况。实际上，我们可以对债权人权益（负债）的构成情况做进一步分析，得到反映负债结构的比率。按照负债形成的原因不同，可以将企业的负债分为经营负债和金融负债。经营负债是指在企业日常经营活动中形成的负债，如应付票据[①]、应付账款、预收账款、应付职工薪酬、应交税费、应付股利[②]等。它们与企业的生产经营有直接关系，而且在正常情况下，这些负债的多少与企业的销售额有较为固定的比例关系。金融负债是指企业在筹资活动中获得的负债，如短期借款、长期借款、应付债券和融资租赁引起的长期应付款[③]等。它们与企业的生产经营没有直接关系。财务管理中，将负债分为经营负债和金融负债，主要是满足融资需求预测的需要。在财务分析中，我们有必要分析经营负债和金融负债在全部负债中所占的比重。为此，需要计算经营负债比率和金融负债比率，其计算公式分别为

$$经营负债比率=\frac{经营负债总额}{负债总额}\times 100\% \tag{9-15}$$

$$金融负债比率=\frac{金融负债总额}{负债总额}\times 100\% \tag{9-16}$$

经营负债比率和金融负债比率分别反映了企业的负债在多大程度上源于经营活动或筹资活动。财务报表分析中通过对这两项财务比率的对比，可以揭示企业负债与经营活动的关联程度，为编制融资计划提供依据。通常企业在进行财务预测时，先估计经营中自然产生的负债数额，再考虑通过金融工具筹集不足的资金。

显然，经营负债比率和金融负债比率之和为 100%。从江中药业的资产负债表中可以看出，该公司 2020 年年末和 2019 年年末的负债全部为经营负债，不存在金融负债。因此，经营负债比率为 100%，而金融负债比率为 0。这说明该公司日常经营活动产生的现金流足以满足公司经营的需要，不再需要采用金融工具获得金融负债。

---

① 在我国，应付票据通常与企业的经营活动有直接的关联，属于经营负债。但在有些信用比较发达的国家里，应付票据是票据贴现形成的负债，是一种融资手段。

② 普通股的应付股利没有强制性，属于经营负债；而优先股的应付股利因其事先确定，具有一定的强制性，属于金融负债。

③ 融资租赁引起的长期应付款应当属于金融负债，与经营活动有关的长期应付款属于经营负债。

6. 有息负债比率和无息负债比率

按照负债是否需要支付利息，可以将企业的负债分为有息负债和无息负债。有息负债是需要向债权人支付利息的负债，企业获得有息负债会直接发生资本成本。有息负债大多是金融活动中形成的，主要包括带息应付票据、短期借款、长期借款、应付债券和长期应付款等。无息负债是有息负债以外的负债，从表面上看，它没有直接资本成本。无息负债通常是在经营活动中形成的。财务管理中将负债分为有息负债和无息负债，主要是为了研究资本成本与资本结构的关系。

有息负债比率和无息负债比率是反映这两种负债在全部负债中所占份额的比率，其计算公式分别为

$$\text{有息负债比率}=\frac{\text{有息负债总额}}{\text{负债总额}}\times 100\% \tag{9-17}$$

$$\text{无息负债比率}=\frac{\text{无息负债总额}}{\text{负债总额}}\times 100\%=1-\text{有息负债比率} \tag{9-18}$$

显然，有息负债比率和无息负债比率之和为 100%。我们可以分别计算江中药业 2020 年年末和 2019 年年末的有息负债。

江中药业 2020 年年末和 2019 年年末的所有负债均为无息负债，不存在有息负债。因此，无息负债比率为 100%，而有息负债比率为 0。这说明该公司使用债权人资本不需要付出直接的代价。

（三）资产—权益对比关系比率

众所周知，资产负债表两侧反映的资产与负债及所有者权益在总量上是平衡的，但其中的各个部分并没有固定的平衡关系。尽管如此，我们仍然可以这样认为：非流动资产应当由相对比较稳定的长期资本来满足，而流动资产应当由短期资本来满足。资产和权益的这种对比关系可以通过长期资产适合率来衡量。该比率说明长期资本对长期资产（非流动资产）的保证程度，其计算公式为

$$\text{长期资产适合率}=\frac{\text{长期资本总额}}{\text{非流动资产总额}}\times 100\% \tag{9-19}$$

该比率一般要求在 100% 以上。如果指标值低于 100%，说明一部分非流动资产需要由短期债务资本来保证，这说明资产和权益在内部结构上存在某种失衡的状态。

江中药业 2020 年年末的长期资产适合率为

$$\text{长期资产适合率}=\frac{7\,078.64+425\,129.98}{164\,835.78}\times 100\%\approx 262.21\%$$

该比率 2019 年年末约为 236.25%，远超过 100%，说明该公司长期资本对长期资产的保障程度非常高，且 2020 年年末这种保障程度在进一步增强。当然，过高的长期资产适合率也说明该公司在某些方面存在缺陷。例如，长期资产适合率过高，说明公司的资本来源主要依靠长期负债和所有者权益，这两种资本来源虽然具有较强的固定性和稳定性，但其资本成本往往也比较高，这也说明公司的加权平均资本成本相对较高。

二、偿债能力比率

偿债能力的强弱是企业财务状况优劣的重要标志。偿债能力是指企业偿还各种债务的能力，包括短期偿债能力和长期偿债能力。一个企业偿债能力的好坏主要体现在企业负债比例的高低及其构成情况、资产的流动性等方面。因此，分析企业的偿债能力，需要将资产负债表中的相关资产与负债进行对比，计算出财务比率，并做出评价。反映企业偿债能力的财务比率分为短期偿债能力比率和长期偿债能力比率。

（一）短期偿债能力比率

短期偿债能力是指企业偿还流动负债的能力。反映企业短期偿债能力的财务比率主要有流动比率、速动比率、现金比率和现金流量比率等。

1. 流动比率

流动比率是指流动资产相当于流动负债的倍数。它是衡量一个企业以流动资产偿还短期债务的能力，即每 1 元流动负债有多少流动资产作为支付的保障，其计算公式为

$$\text{流动比率}=\frac{\text{流动资产总额}}{\text{流动负债总额}}\times 100\% \qquad (9\text{-}20)$$

从偿债能力看，流动比率越高越好。但是，过高的流动比率可能说明企业在其他方面存在问题。这是因为，如果企业的流动比率过高，可能是流动资产过多，也可能是流动负债相对较少，这两种情况对企业通常会产生不利的影响。流动资产过多，可能是现金闲置，或者应收账款过多，或者存货过多。流动负债过少，通常表明企业的加权平均资本成本较高，因为流动负债较少意味着非流动负债或所有者权益较多，而非流动负债和所有者权益的筹资成本远高于流动负债的筹资成本。

一般认为，企业流动比率较合理的标准为 2 倍。当然，这一标准不是绝对的。例如，酒店业、旅游业等服务行业的流动比率比较低，2 倍的标准显然太高了；而商品流通企业的流动比率相对都比较高，2 倍的标准似乎又偏低了。同一企业在产销旺季时的流动比率会比较高，而淡季时流动比率会比较低。所以，同一企业在不同时期对流动比率的评价标准也不是一成不变的。

根据前面江中药业 2020 年度的财务报表，我们可以计算出该公司 2020 年年末的流动比率为

$$\text{流动比率}=\frac{327\ 521.61}{60\ 148.76}\times 100\%\approx 544.52\%$$

该公司 2019 年年末的流动比率约为 408.82%，说明 2020 年年末流动比率比 2019 年年末有明显上升，表明总体上流动资产的增长速度略高于流动负债的增长速度；而流动资产增加的主要原因是货币资金和交易性金融资产的大幅度增加。该公司流动比率的指标值远远高于 2 倍的一般标准，以流动资产偿还其流动负债绰绰有余，短期偿债能力非常强。

2. 速动比率

速动比率是速动资产与流动负债的比率。它能更合理地反映企业的短期偿债能力，其计算公式为

$$\text{速动比率}=\frac{\text{速动资产总额}}{\text{流动负债总额}}\times 100\% \qquad (9\text{-}21)$$

速动资产是指流动资产中变现能力较强的那些资产，通常以流动资产扣除存货后的差额来表示。之所以把存货从流动资产中剔除，主要考虑到存货的变现速度较慢，有些存货可能已抵押给债权人，或者已经出现跌价损失的存货未计提跌价准备而存在价值被高估的现象。从谨慎的角度来看，把存货从流动资产总额中扣除而计算出的速动比率，更加令人信服。

速动比率越高，说明企业短期偿债能力越强。一般认为，该比率较合理的标准为1∶1，即速动资产刚好抵付短期债务，但评价时应当注意行业的特殊性。

江中药业2020年年末的速动比率为

$$速动比率=\frac{327\ 521.61-24\ 674.12}{60\ 148.76}\times100\%\approx503.50\%$$

这一比率比2019年年末的约376.44%有明显上升，其主要原因是2020年年末该公司在流动资产比2019年年末增加7%的情况下，存货与2019年年末基本持平，而流动负债比2019年年末减少近20%。从速动比率指标值可以看出，该公司以速动资产偿还其流动负债也应付自如，短期偿债能力无须担忧。

需要指出的是，以速动比率来评价企业的短期偿债能力，应注意以下问题：

（1）速动资产只是从流动资产中扣除了存货，其中还包含变现力较差的预付账款。因此，有人建议在流动资产中扣除存货的基础上，再减去预付账款，然后再与流动负债相比。这一比率称为保守速动比率。保守速动比率比一般的速动比率能更准确地体现企业偿还短期债务的能力。

（2）速动资产中仍含有应收账款，如果应收账款的金额过大或质量较差，事实上也会高估速动比率。在评价速动比率指标时，应结合应收账款周转率指标分析应收账款的质量。

（3）速动比率同流动比率一样，反映的是报告期末的情况，并不代表企业长期的财务状况。企业为筹借资金可能会人为地粉饰速动比率，作为债权人应进一步对企业不同时点的速动资产、流动资产和流动负债情况进行分析。

3. 现金比率

现金比率是反映企业以现金资产偿付短期债务的财务比率。它反映的是一种直接的偿债能力，其计算公式为

$$现金比率=\frac{现金资产总额}{流动负债总额}\times100\% \tag{9-22}$$

其中，现金资产包括货币资金和现金等价物。该比率越大，说明企业立即偿付短期债务的能力越强。在企业将应收账款和存货抵押出去或已有迹象表明其变现能力存在较大问题的情况下，计算现金比率反映短期偿债能力更有现实意义。对现金比率的评价很难说有绝对合理的标准，一般认为，该比率应在20%～30%，在这一水平上的现金资产应付流动负债不会有太大问题。

江中药业2020年年末的现金比率为

$$现金比率=\frac{109\ 996.42+98\ 089.33}{60\ 148.76}\times100\%\approx345.95\%$$

该公司2019年年末的现金比率约为211.16%。现金比率出奇地高，现金及现金等价物存量远远超过短期需要偿还的流动负债。换句话说，江中药业可以用2020年年末的现金资产来

偿付所有流动负债（如果公司愿意如此），剩余的现金满足公司日常经营活动也是绰绰有余的。这一方面说明公司立即偿还短期债务的能力非常强，但另一方面也使人产生该公司年末的现金资产是否存在闲置的疑问。

4．现金流量比率

现金流量比率是从现金流入和流出的动态角度对企业实际（短期）偿债能力进行的再次修正，其计算公式为

$$现金流量比率=\frac{年经营现金净流量}{流动负债总额}\times 100\% \quad (9\text{-}23)$$

该比率越大，说明经营活动产生的现金流量在较大程度上能保证短期债务的偿付。用该指标评价企业短期偿债能力更为谨慎。

查阅江中药业 2020 年度的现金流量表和资产负债表，可以计算出该公司 2020 年的现金流量比率为

$$现金流量比率=\frac{75\ 250.13}{60\ 148.76}\times 100\%\approx 125.11\%$$

而 2019 年年末该比率约为 85.61%。导致 2020 年现金流量比率上升的原因是，该公司 2020 年经营活动产生现金的能力比上年有所提升，年末的流动负债却在减少。因此，从现金流量比率指标值看，该公司的动态短期偿债能力也是非常乐观的。

【例 9-1】欢乐食品有限公司根据 2020 年 11 月 30 日财务会计报表计算的速动比率为 120%。公司拟向银行借款，银行对借款人的速动比率有一定的要求。为此，公司总经理希望在 2020 年年末将速动比率指标值适当提升。

请你指出：该公司 2020 年 12 月可以采取哪些（可能的）临时措施来提高其年末的速动比率？

【解答】

可以采取的临时措施有（不限于下列答案）：

（1）如果公司有足够的货币资金，可以突击地用一部分货币资金偿还银行短期借款，或偿付应付款。

（2）临时出售一些闲置的非流动资产（如闲置的设备等），以增加流动资产。

（3）可能的话，与债权人实施债务重组，如以固定资产偿付所欠货款。

（4）可能的话，突击出售一批商品，减少存货，从而增加速动资产（无论出售商品的货款在 2020 年年末是否收回），即便以低于商品账面成本的售价出售商品，导致流动资产总额的减少，也会增加公司年末的速动资产，从而提升速动比率指标数值。

【例 9-2】众所周知，流动比率是反映企业短期偿债能力的重要财务比率之一。根据经验，一般认为企业的流动比率在 200% 比较合理。从偿债能力看，流动比率越高，说明其短期偿债能力越强。然而，看待任何事物都应一分为二，流动比率也不是越高越好；过高的流动比率可能说明企业在其他方面存在问题。

请你指出：一个企业过高的流动比率说明这个企业可能会在哪些方面出现问题？

【解答】从流动比率的计算公式可知，一个企业的流动比率过高，可能是流动资产过多，也可能是流动负债相对较少。

若流动资产过多，可能是现金太多，说明企业存在现金闲置的现象，资金使用效率不高；流动资产过多也可能是应收款项较多，说明企业货款回收不力，资产质量欠佳，赊销政策存在问题；流动资产过多也可能是存货过多，说明企业的产品可能存在滞销现象，或存在盲目采购现象。

流动比率过高也可能是流动负债相对过少，通常表明企业的加权平均资本成本较高。这是因为，流动负债较少意味着长期负债或所有者权益较多，而长期负债和所有者权益的筹资成本远高于流动负债的筹资成本，这种资本结构的加权平均资本成本往往较高。

（二）长期偿债能力比率

长期偿债能力是指企业偿还非流动负债本金和支付利息的能力，实际上是指企业偿还全部债务的能力。从评价指标来看，反映企业长期偿债能力的主要财务比率有资产负债率、产权比率、有形净值债务率和利息保障倍数等。由于资产负债率和产权比率在前面已经介绍，这里我们着重说明其他两项财务比率。

1. 资产负债率

资产负债率既是权益结构比率，也是反映偿债能力的比率。从债权人的角度看，该比率越低说明企业的还债能力越强，其出借资金越安全；较高的资产负债率意味着企业具有较大的财务风险，债权人出借资金的风险也会增大。因此，债权人总希望放贷对象保持较低的资产负债率水平。从股东的角度看，在企业盈利水平能力较强的情况下，较高的资产负债率可为股东带来更高的收益率，这便是所谓的财务杠杆效应。

另外，对资产负债率的评价不能用静止的观点。资产负债率是一项时点指标，即资产负债率是企业某一日期（通常是期末）的资产负债率，而这一日期的资产、负债又受到许多人为因素和偶然因素的影响。其实，在一定时期内的不同时点上，企业的资产负债率是在经常发生变化的。而分析人士和会计信息使用者所见到的资产负债率只是“一瞬间”的状态。因此，不能过分看重企业 12 月 31 日的资产负债率。例如，在期末企业实施突击还债、实行债务重组等，都有可能降低企业的资产负债率。资产、负债的不同结构可能会使相同水平的资产负债率数值产生不同的偿债能力和财务状况。例如，在一定的资产负债率条件下，资产的流动性强弱、负债的到期日远近都会影响实际的偿债能力。

2. 产权比率

产权比率一方面反映了企业债权人权益和所有者权益的比例关系，同时也能反映企业的长期偿债能力。它说明的是企业净资产对债权人利益的保障程度。产权比率越高，意味着债权人利益的保障程度较低，其长期偿债能力越弱。产权比率的计算公式在前面已经介绍，这里不再赘述。

3. 有形净值债务率

有形净值债务率是对产权比率的修正。它能更保守、谨慎地反映债务的保障程度，其计算公式为

$$有形净值债务率=\frac{负债总额}{有形净资产}\times100\% \qquad (9\text{-}24)$$

其中的有形净资产是指扣除无形资产以后的净资产。之所以将无形资产扣除，是因为某些企业（尤其是高科技企业）中无形资产所占的比重较高，而无形资产给企业带来经济利益具有

很大的不确定性，一旦企业的财务状况恶化，企业的无形资产将会严重贬值，所以将净资产中扣除无形资产（包括商誉）后的差额（称为“有形净值”）与负债相对比，更能反映债权人利益的受保障程度。有形净值债务率越低，债务保障程度越高，说明企业有效偿债能力越强；反之亦然。

江中药业 2020 年年末的有形净值债务率为

$$有形净值债务率=\frac{67\ 227.40}{425\ 129.98-37\ 780.61-1\ 477.61}\times 100\%\approx 17.42\%$$

2019 年年末该比率约为 23.52%。该公司 2019 年年末与 2020 年年末的有形净值债务率非常低，说明该公司的有形净值对负债的保障程度很高，以有形净值偿还其债务的能力非常强，且这种强大的偿债能力于 2020 年还在提升。

4. 利息保障倍数

利息保障倍数，也称已获利息倍数或利息支付倍数。它是息税前利润与利息费用的比率，用来反映企业支付债务利息的能力，其计算公式为

$$利息保障倍数=\frac{息税前利润}{利息费用} \tag{9-25}$$

需要说明的是式（9−25）中“分子”与“分母”的计算口径问题。

关于分母“利息费用”的口径，存在不同的观点，现说明如下：

（1）使用权责发生制基础的利息费用，包括应当由本期负担且在本期支付的利息费用和应由本期负担但本期尚未支付的应计利息费用；但不包括前期已经计提但在本期支付的利息费用。作为企业外部人员，很难获得上述口径的利息费用，往往以利润表中“财务费用”项目的数额来替代。但实际上财务费用的构成项目很多，如外币业务会计中的汇兑损益、发行债券的利息调整摊销额及支付给金融机构的手续费等。

（2）使用收付实现制基础的利息口径，即利息费用是指企业本期实际支付给债权人的利息数额。支持这种计算口径的观点是：如果将利息保障倍数作为反映企业偿还债务和支付利息能力的一个财务指标，公式中的利息必须以本期实际支付的利息数额来衡量。这是因为，如果负债的利息仅仅是一种应计费用，尚未实际支付，很难说它能够反映支付能力，至少不能反映它过去的利息支付能力。

（3）无论是使用权责发生制基础的利息费用还是收付实现制基础的利息口径，都有一个问题要明确：利息保障倍数中的利息费用是否应当包括已经资本化的利息？笔者认为，作为反映企业偿债能力的财务指标，利息保障倍数中的利息应当是包括费用化和资本化的全部利息。

利息保障倍数指标计算公式中分子“息税前利润”，是指企业扣除利息费用和所得税前的利润，可以理解为企业能用来支付利息的总收益。一般按照利润表中的“利润总额”项目和式（9−25）中的分母“利息费用”之和来计算，即仅仅将计算利润总额中已经扣除的利息费用重新加回去，而不调整利润表“财务费用”项目中除利息费用外的其他项目（如利息收入、金融机构手续费等）。

对于外部会计信息使用者而言，利用公开披露的会计信息是比较现实的选择。下面我们以上述第一种观点确定利息费用的计算口径，计算江中药业的利息保障倍数。据江中药业 2020 年度报告中会计报表附注的披露，该公司 2019 年度没有发生利息费用，无法计算该年度的利

息保障倍数；2020 年度发生的利息费用为 192.82 万元，那么 2020 年度的利息保障倍数为

$$2020\text{年度的利息保障倍数}=\frac{57\,939.50+192.82}{192.82}\approx 301.48\text{（倍）}$$

应当说，该公司 2020 年度的利息保障倍数相当高，这一方面说明企业的盈利能力较强，另一方面也反映了该公司的有息债务量非常少（注意：2020 年年末资产负债表中不存在有息负债并不能否定该公司在 2020 年中曾经有过有息负债）。

在评价利息保障倍数比率高低时，要注意其评价标准的合理性。利息保障倍数至少要达到 1 倍，这是肯定的；从偿付利息能力看，该指标的值越高越好。但在评价一个企业的利息保障倍数时，需要考虑其负债经营程度，尤其是有息负债的数额多少。一般来说，一个企业的负债比率越高，支付的利息费用越多，该指标的评价标准应越低；反之亦然。试想，一个负债率极低的企业，只要稍有盈利，其利息保障倍数就可能很高；而一个负债率很高的企业，其利息保障倍数若能达到 1.5 倍，就不错了。

另外，我们需要纠正一个错误的认识，即认为利息保障倍数只是反映企业偿还债务能力的指标。实际上，该指标从一个侧面反映了企业获利能力的强弱。

三、资产营运能力比率

资产营运能力是指企业运用现有资源从事生产经营活动的能力，实际上就是指资金的使用效率。反映企业资产营运能力的指标是各种资产周转率。资产周转率有两种计算方法：周转次数和周转天数，二者成反比。资产周转次数越多，说明企业资产的营运能力越强；而资产周转天数越多，则说明资产的使用效率越差。它们的计算公式为

$$\text{某类资产周转次数}=\frac{\text{流转额}}{\text{该类资产平均总额}} \tag{9-26}$$

$$\text{某类资产周转天数}=\frac{360}{\text{该类资产周转次数}}=\frac{\text{该类资产平均总额}}{\text{流转额}}\times 360 \tag{9-27}$$

式（9-26）、式（9-27）中的流转额可以是营业收入，也可以是想赊销净额或营业成本，计算时应根据资产的类别确定。资产周转率各种指标的计算，既要运用资产负债表的数据，又要运用利润表的资料。而且，资产平均余额应按该种资产全年的平均余额计算，由于一般外部人员无法获得各项资产的时点资料，因此，通常以年初余额和年末余额的平均值来估计资产平均余额。

根据企业资产的重要性，一般反映资产营运能力的财务比率主要有以下几项。

1. 总资产周转率

总资产周转率是反映全部资产的周转速度的财务比率。它有两种形式：总资产周转次数和总资产周转天数。总资产周转次数的计算公式为

$$\text{总资产周转次数}=\frac{\text{营业收入总额}}{\text{资产平均总额}} \tag{9-28}$$

总资产周转次数越多，即总资产周转天数越少，说明在一定资产规模下企业能实现更多的销售额，资产的总体使用效率越高。

江中药业 2020 年度的总资产周转次数为

$$总资产周转次数=\frac{244\ 145.18}{\frac{1}{2}(492\ 357.38+475\ 919.38)}\approx 0.5043（次）$$

2019 年该指标值约为 0.5712 次，从而计算出 2020 年度和 2019 年度的总资产周转天数分别约为 714 天和 630 天。在分析总资产周转率时，应以企业以前年度的实际水平、同行业平均水平作为参照物进行对比，从中找出差距，挖掘企业潜力，提高资产利用效率。

2. 流动资产周转率

总资产周转率反映的是企业全部资产的使用效率，而资产周转速度的快慢主要受流动资产周转速度的影响。因此，为进一步分析资产的周转情况，需要计算和分析流动资产周转率。流动资产周转率反映流动资产的周转速度，可以用流动资产周转次数和流动资产周转天数两种形式表示。流动资产周转次数的计算公式为

$$流动资产周转次数=\frac{营业收入总额}{流动资产平均总额} \tag{9-29}$$

流动资产周转次数越多，说明流动资产的周转速度越快，流动资金的使用效率越高；相反，说明流动资产周转速度越慢，流动资产管理效率越低。

根据江中药业 2020 年度的利润表和资产负债表，我们可以计算出该公司 2020 年的流动资产周转次数为

$$流动资产周转次数=\frac{244\ 145.18}{\frac{1}{2}(327\ 521.61+306\ 172.64)}\approx 0.7705（次）$$

2019 年该指标值约为 0.9147 次，从而计算出 2020 年度和 2019 年度的流动资产周转天数分别约为 467 天和 394 天。这一周转速度是否正常，需要与同行业可比公司相对比，这里不再展开。

流动资产周转率说明企业流动资产总体周转情况，而流动资产又包括应收账款、存货等项目。因此，我们可以进一步分析反映构成流动资产各项目周转情况的财务比率，主要有应收账款周转率和存货周转率。

3. 应收账款周转率

应收账款周转率是反映企业应收账款周转情况的财务比率。它有两种形式：应收账款周转次数和应收账款周转天数。应收账款周转次数的计算公式为

$$应收账款周转次数=\frac{账款净额}{应收账款平均总额} \tag{9-30}$$

式中的赊销净额是指全部销售收入中扣除销售退回、销售折扣、折让及现销部分后的销售额。在财务分析时，由于企业外部人员无法直接获得“赊销净额”的数额，往往以利润表中的“营业收入”替代“赊销净额”，计算应收账款周转率。这种替代可能会导致计算得到的应收账款周转率数值被严重歪曲，主要原因是计算口径问题。其一，赊销净额仅仅是销售额中不属于现销的那部分营业收入，以营业收入来替代赊销净额计算应收账款周转率，其假设前提是企业的营业收入全部为赊销收入，否则会严重夸大应收账款周转率的计算结果。其二，营业收入是按不含增值税的销售额计算的，而赊销净额应当按照含税销售额计算，二者的计算口径不一致。因此，即使企业营业收入全部属于赊销，计算应收账款周转率时也应当将不含税金额转换

为含税金额。作为企业管理人员，在财务分析时最好直接查阅账簿记录，以实际发生的赊销净额来计算应收账款周转率，而赊销净额最准确的数据应当是“应收账款”账户借方本期发生额。

由于我们无法获得江中药业 2020 年赊销净额的数据，只能用利润表中的营业收入来代替赊销净额计算该公司 2020 年的应收账款周转率。

$$\text{应收账款周转次数}=\frac{244\ 145.18}{\frac{1}{2}(89\ 319.99+24\ 668.96)}\approx 4.28\text{（次）}$$

2019 年该指标值约为 19.53 次，从而计算出 2020 年度和 2019 年度的应收账款周转天数分别约为 84 天和 18 天。显然，该公司 2020 年应收账款周转次数明显低于上年水平，应收账款周转周期明显拉长，主要原因是该公司最近 3 年应收账款（含应收款项融资）余额成倍增加，可能是公司信用政策放宽，应收账款管理中出现某些问题。

应收账款周转次数越多，即应收账款周转天数越少，说明企业应收账款周转速度越快，企业收回应收账款的时间越短。但财务评价时，不能一味地认为应收账款周转次数越多越好，因为有时严格的信用政策会使企业几乎没有应收账款余额，这种情况下计算的应收账款周转率会很高，但实际上企业的销售由于严格的信用政策而受到严重影响。因此，对应收账款周转率的评价应当结合企业所采用的信用政策的实际，通过对不同时期相同指标的比较，做出合理的评判。

4. 存货周转率

存货周转率是反映存货周转情况的财务比率。它有两种形式：存货周转次数和存货周转天数。存货周转次数是销货成本与存货平均余额的比值，而存货周转天数则是计算期天数与周转次数的比值。存货周转次数的计算公式为

$$\text{存货周转次数}=\frac{\text{销货成本总额}}{\text{存货平均总额}}\tag{9-31}$$

式中的销货成本是指本期已售商品的制造成本或进价。企业外部人员很难获得销货成本的准确信息，一般用利润表中的“营业成本”替代。这样处理虽然在一定程度上夸大了存货周转率的数值，但并不影响对该指标进行纵向或横向比较分析的合理性。

江中药业 2020 年度的存货周转次数为

$$\text{存货周转次数}=\frac{84\ 552.22}{\frac{1}{2}(24\ 674.12+24\ 250.23)}\approx 3.46\text{（次）}$$

2019 年该指标值约为 3.94 次，从而计算出 2020 年度和 2019 年度的存货周转天数分别约为 104 天和 91 天。江中药业 2020 年的存货周转情况不及 2019 年，存货平均余额的增速高于营业成本的增速。

存货周转次数越多，存货周转天数越少，说明存货周转速度越快，其流动性越强；而且表明存货的资金占用额越低，存货积压不明显。对该指标进行评价时，必须考虑行业的特点，不能简单地以数值的高低做出判断。

【例 9-3】ABC 公司按照 2020 年 11 月末及 1—11 月份的财务数据计算的流动比率为 200%，速动比率为 120%，资产负债率为 40%，利息保障倍数为 3 倍，存货周转率为 4 次，销售毛利率为 25%。该公司 2020 年 12 月决定向客户赊销一批商品，该批商品的生产成本为 250

万元，售价为 200 万元，该货款在 2020 年年末未收回。如果其他条件不变，也不考虑增值税、所得税等税收因素。

请你指出：上述赊销业务会引起该公司的流动比率、速动比率、资产负债率、存货周转率和销售毛利率发生怎样的变化（指出指标值比原来是提高、下降还是不变）？并简要说明理由。

【解答】

（1）该业务发生以后，年末流动资产减少，而流动负债不变，故流动比率下降。

（2）该业务发生以后，年末存货减少，速动资产增加，而流动负债不变，故速动比率提高。

（3）该业务发生以后，年末资产总额减少，而负债不变，故资产负债率上升。

（4）该业务发生以后，年末存货减少，而本年度营业成本增加，故存货周转率提高。

（5）该业务发生以后，本年度毛利减少，销售额增加，故销售毛利率下降。

四、盈利能力比率

盈利能力也称获利能力，是指企业赚取利润的能力。根据盈利产生的动因不同，可以将反映盈利能力的财务比率分为两类：一类是反映经营业务盈利能力的财务比率，另一类是反映资源使用效益的财务比率。

（一）经营业务盈利能力比率

经营业务盈利能力是指企业从事的生产经营活动为企业创造利润的能力。它主要与企业经营的产品或业务有关。反映企业经营业务盈利能力的财务比率主要有销售毛利率、边际贡献率、营业利润率和营业净利率等，而计算这些财务比率主要利用利润表的数据。

1. 销售毛利率

销售毛利率简称毛利率，可以反映企业经营的产品或劳务的直接盈利能力，即每 1 元销售收入能带来多少毛利，其计算公式为

$$销售毛利率=\frac{毛利额}{销售收入}\times100\% \tag{9-32}$$

式中的毛利额是指销售收入扣除销售成本后的差额。

毛利率可以按每一产品和业务分别计算，以衡量各种产品和业务的盈利能力。例如，商业企业常以毛利率作为商品定价的依据。例如，进价为 100 元的商品，若核定的毛利率为 20%，则其售价应为 125 元 [100/（1–20%）]。毛利率也可以按企业经营的全部产品和业务计算，这时销售毛利率就是整个企业的毛利额与销售额的比值，这个比值也是各种产品（业务）毛利率按各自的销售额为权数计算的加权平均数（请读者自行证明）。企业外部人员不可能获得企业每一产品或业务的销售额和销售成本的资料，他们只能根据利润表中的“营业收入”和“营业成本”来计算整个企业的销售毛利率，因此，计算得到的销售毛利率实际上是一个近似数①。

按照上述思路，我们可以计算出江中药业 2020 年度的销售毛利率为

$$销售毛利率=\frac{244\ 145.18-84\ 552.22}{244\ 145.18}\times100\%\approx65.37\%$$

该公司 2020 年的销售毛利率比 2019 年度的约 66.66% 略有下降。一般来说，导致毛利率

---

① 利润表中列示的营业收入与营业成本不一定都属于销售商品的收入与成本，真正意义上的销售毛利率应当按照商品销售中的不含税销售收入和销售成本计算。

下降的直接原因有三个：一是产品成本提高；二是产品价格下跌；三是产品结构变化。当然，深层次的原因就比较复杂了，必须通过阅读企业内部有关成本项目构成的明细资料等，才能进行更深入的分析。

毛利率具有很明显的行业特征，不同的行业、不同的经营业务，其毛利率千差万别。目前A股上市公司中，毛利率普遍较高的行业是医药、酿酒、软件等；而毛利率相对较低的行业是家电、机械设备制造业等。对毛利率指标的评价，应考虑产品的销售规模和营销策略等因素，不能仅仅以毛利率的高低随意下结论。例如，采用薄利多销策略的企业，其毛利率必然远远低于实行精品化营销策略的企业，但不能以此否认薄利多销的优势。

2. 边际贡献率

边际贡献率是指边际贡献与销售收入的比率，说明了每1元销售收入对企业的贡献大小。该指标能较合理地反映企业经营各种产品和业务对企业盈利的直接贡献。有关边际贡献率的计算公式在本书的第七章第二节已有详细介绍，这里不再赘述。

由于目前大多数企业未能提供固定成本和变动成本的资料，所以准确计算边际贡献率还存在一些障碍。

3. 营业利润率

营业利润率也称销售利润率，是反映企业全部营业收入所具有的盈利能力，即每1元营业收入能带来多少利润，其一般计算公式为

$$营业利润率=\frac{利润}{营业收入}\times 100\% \tag{9-33}$$

式中的分子可以用利润总额或净利润，如果考虑到式中分子、分母的匹配性，营业利润率应当按照营业利润计算。该比率越高，说明企业经营的产品和业务的盈利能力越强，成本的节约和费用的控制成效越显著。该比率行业之间的差异较大。一般来说，技术密集型企业的营业利润率高于资本密集型企业，资本密集型企业的营业利润率高于劳动密集型企业。因此，对该指标评价时，应结合不同行业的具体情况做具体分析。

根据江中药业2020年度的利润表，我们可以计算出其2020年度、2019年度和2018年度的营业利润率（按营业利润计算）分别约为23.51%、23.17%和31.23%（计算过程略）。从计算结果看，该公司2019年和2020年的营业利润率没有显著变化，但与2018年的营业净利率差异较大。需要注意的是，这种差异并不一定都是日常经营活动引起的，因为现行利润表中的“营业利润”包含了一些受会计政策影响较大的项目，如公允价值变动收益、资产减值损失等。

为了消除这些非完全经营因素对营业利润的影响，有人认为应以“调整后营业利润”和营业收入作为计算营业利润率的依据。调整后营业利润是指利润表中的营业利润剔除公允价值变动损益、投资收益和非流动资产减值损失等项目后的金额。也有一些学者认为，应按照息前营业利润（不扣除利息费用的营业利润）和营业收入作为营业利润率的依据，理由是：营业利润率既然作为反映企业经营的产品和业务的盈利能力的指标，其数值不应受企业负债水平高低的影响。

4. 营业净利率

营业净利率是指企业在经营过程中实现的净利润与同期营业收入的比率。它表示企业每实现1元营业收入能够取得多少净利润，其计算公式为

$$营业净利率=\frac{净利润}{营业收入}\times100\% \qquad (9\text{-}34)$$

如果以合并利润表为依据计算营业净利率，式（9-34）中的“净利润”应选择合并利润表中的全部净利润，而非归属于母公司股东的净利润。

我们可以根据江中药业利润表的资料计算出该公司2020年度、2019年度和2018年度的营业净利率分别约为20.08%、19.57%和26.79%。从纵向看，该指标最近3年的变化情况与营业利润率的变化如出一辙。

值得一提的是，营业利润率和营业净利率这两项指标与销售毛利率不同，它们并不仅仅衡量企业经营活动的获利能力强弱，还受到财务政策（资本结构）的影响；营业净利率还受到所得税政策的影响。也就是说，影响营业利润率和营业净利率的因素比影响销售毛利率的因素复杂得多。例如，江中药业2020年度的销售毛利率高达65.37%，而营业净利率为20.08%。虽然该公司的营业净利率也处于较高水平，却比销售毛利率低了45个百分点之多。

（二）资源使用效益比率

资源使用效益是指企业使用其拥有的经济资源而产生的财务成果。这里所指的经济资源就是企业的资产。它有两种口径：一是总资产，二是净资产。因此，反映资源使用效益的财务比率主要有总资产报酬率和净资产收益率两项。

1. 总资产报酬率

总资产报酬率反映企业全部资产获取收益的能力。它是反映盈利能力中综合性最强的财务指标之一，其计算公式为

$$总资产报酬率=\frac{息税前利润总额}{资产平均总额}\times100\% \qquad (9\text{-}35)$$

式中的息税前利润总额是指企业在扣除利息费用和缴纳所得税之前的盈利总额。也就是说，假如企业不负债经营，也不缴纳所得税，企业应该有多少利润。从理论上说，息税前利润是一个纯经营的概念，与企业的财务政策或资本结构无关。从这个意义上说，同行业中具有不同资本结构的企业，其总资产报酬率具有较强的可比性。

查阅江中药业2019—2020年度的利润表附注可知，该公司2019年度没有利息费用，2020年度发生的利息费用为192.82万元。我们按照前面计算利息保障倍数指标时相同的口径确定息税前利润数额，以年初资产与年末资产的平均数计算资产平均总额，那么该公司2020年的总资产报酬率为

$$总资产报酬率=\frac{57\,939.50+192.82}{\frac{1}{2}(492\,357.38+475\,919.38)}\times100\%\approx12.01\%$$

总资产报酬率比2019年的约13.20%略有下降。不过，江中药业的总资产报酬率仍处于较高水平。在财务分析实务中，通常将某一企业的总资产报酬率与该企业所在行业该项指标的平均水平加以比较。有时也可以将总资产报酬率与企业债务的平均利率做对比。如果总资产报酬率大于平均利率，表明举债经营对企业是有利的，企业可以通过举债获得财务杠杆效益；如果总资产报酬率小于平均利率，表明企业运用举债所得资本所产生的收益不足以支付债务利息，负债经营对企业会产生财务杠杆负效应，这时企业举债是不明智的选择，也许是无奈之举。

2. 净资产收益率

净资产收益率也称所有者权益报酬率或权益净利率，是反映股东投入企业的权益资本获取收益的财务比率。它是投资者最为关注的财务指标之一，其计算公式为

$$净资产收益率=\frac{净利润}{净资产}\times 100\% \tag{9-36}$$

需要注意的是，式中的净利润与净资产有不同的计算口径。在对上市公司会计报表进行财务分析时，人们通常以合并报表作为财务分析的主要数据来源。而合并利润表的净利润有合并净利润与归属于母公司股东的净利润之分，同时还有一个所谓的扣除非经常性损益后的净利润。同样，净资产也有全部所有者权益与归属于母公司所有者权益之分。另外，由于公司的净资产是一个时点数（余额），净资产收益率计算公式中的分母“净资产”又有不同的计算口径。这就形成了上市公司信息披露中的两种净资产收益率：一种是全面摊薄净资产收益率，另一种是加权平均净资产收益率。全面摊薄净资产收益率是用企业报告期的净利润除以期末股东权益，强调企业年末的财务状况，是一个静态指标，表示期末单位净资产对当期净利润的贡献。加权平均净资产收益率是把年度内各种影响净资产增减变化的财务活动与经营活动（包括增发、配股、分红、股份回购等）按照各影响净资产的金额以时间进行加权平均的考量，强调的是经营期净资产盈利的结果，是一个动态指标。除此之外，还有简单加权平均净资产收益率，即用报告期的净利润除以平均股东权益（股东权益的年初和年末数的简单平均数）计算净资产收益率。

为方便起见，这里我们按照合并利润表全部净利润和合并资产负债表年末全部所有者权益的比值来计算净资产收益率。在此计算口径下，江中药业 2020 年度的净资产收益率为

$$净资产收益率=\frac{49\ 032.32}{425\ 129.98}\times 100\%\approx 11.53\%$$

相同口径下，该公司 2019 年的净资产收益率约为 12.22%。计算结果表明，对该公司的股东来说，平均每 100 元的投资额在 2020 年使用一年能够赚取 11.53 元的净收益。这一收益水平是否达到股东期望收益率水平，是股东决定是否继续持有公司股份的重要依据。

五、现金流量比率

现金流量比率是指根据现金流量表的信息和其他有关信息计算的财务比率，主要反映企业在一定时期的现金流量与资产、负债、所有者权益及收入、费用、利润之间的相关性和协调性。根据财务报表分析的需要，现金流量比率可以有很多种类，有些在前面已做介绍，如现金流量比率等。这里我们主要介绍其中常用的四个现金流量比率。

1. 营业收入收现率

营业收入收现率是反映企业在一定时期内销售收入的收现程度的比率。它是本期销售商品和提供劳务收到的现金与本期营业收入总额的比值，其计算公式为

$$营业收入收现率=\frac{本期销售商品、提供劳务收到的现金}{本期营业收入总额}\times 100\% \tag{9-37}$$

式中分子的数据直接来源于现金流量表，分母的数据来自利润表。营业收入收现率越高，通常说明企业实施了较为严格的信用政策，销售可能出现萎缩，而强调货款的回收，导致企业年末应收款项较年初大幅减少或预收账款较年初大幅增加；反之，说明企业可能实施了较为宽

松的信用政策，过度赊销导致销售收入剧增，而货款的回收不够及时，销售商品的兑现程度不高。因此，分析者应当结合企业的实际情况，观察该比率连续几年的数值，做出综合评价。

江中药业 2020 年度的营业收入收现率为

$$\text{营业收入收现率}=\frac{287\ 759.20}{244\ 145.18}\times 100\%\approx 117.86\%$$

该比率 2018 年和 2019 年分别约为 107.21% 和 108.61%，说明该公司 2018—2020 年销售商品、提供劳务收回的现金均超过了当年实现的营业收入，且这一比率在稳步上升，说明该公司销货款回收情况比较理想。

对营业收入收现率指标的评价，应注意该比率分子与分母计算口径的差异。现金流量表中“销售商品、提供劳务收回的现金”的数额包含了增值税销项税额，而利润表中“营业收入”的数额则是不含增值税的销售额。因此，假如企业在一定时期内的销货款均在本期收到，该比率应在 113% 左右（假定增值税税率为 13%）。

2. 利润兑现率

利润兑现率说明企业在一定时期内实现的利润在多大程度上获得现金流量的增加，其计算公式为

$$\text{利润兑现率}=\frac{\text{本期经营活动现金净流量}}{\text{本期净利润}}\times 100\% \tag{9-38}$$

式中的本期经营活动现金净流量直接取自现金流量表。

众所周知，经营活动现金净流量和净利润是两个不同的概念。现金净流量是现金流入量减去现金流出量的差额，而净利润是收入减去成本费用的差额。由于一定时期内的收入不等于现金流入，成本费用也不等于现金流出，所以经营活动现金净流量与净利润一般是不相等的。其中，最主要的原因是折旧（含无形资产摊销等，下同）。因为计算利润时需要将折旧作为一种费用扣除，而折旧并没有形成现金流出，因此，企业在一定时期内的经营活动现金净流量应该大于净利润。换言之，利润兑现率应该大于 100%。当然，有些企业的利润兑现率远低于 100%，甚至出现负值（如经营活动现金流量为负，净利润为正）。这表明企业的利润兑现程度很差，同时也说明利润的质量较差，或者说利润存在虚假的可能性较大。

江中药业 2020 年度的利润兑现率为

$$\text{利润兑现率}=\frac{75\ 250.13}{49\ 032.32}\times 100\%\approx 153.47\%$$

2018 年度和 2019 年度这一比率分别约为 133.74% 和 103.41%，说明该公司近两年净利润的兑现程度比较理想。

3. 现金流量利息保障倍数

现金流量利息保障倍数是指经营活动现金净流量为利息费用的倍数，其计算公式为

$$\text{现金流量利息保障倍数}=\frac{\text{本期经营活动现金净流量}}{\text{本期利息费用}}\times 100\% \tag{9-39}$$

式中的本期利息费用应基于收付实现制的利息费用，即本期实际发生的利息支出，包括作为财务费用的利息和资本化的利息。

现金流量利息保障倍数是对前面利息保障倍数的修正。它是从企业产生现金流量能力的角

度去衡量利息的保障程度，比前面以收益为基础的利息保障倍数更可靠。这是因为实际用以支付利息的是现金，而不是收益。

由于江中药业最近 3 年不存在有息负债，且实际支付的利息费用数据很难从财务报表中获取，这里就不再计算其现金流量利息保障倍数。

4. 股利现金流量保障倍数

股利现金流量保障倍数反映企业经营现金净流量为所需支付现金股利的倍数，其计算公式为

$$股利现金流量保障倍数=\frac{本期经营活动现金净流量}{本期现金股利}\times 100\% \qquad (9\text{-}40)$$

股利现金流量保障倍数可以用来衡量现金股利的支付能力。该倍数越大，说明公司支付现金股利的能力越强。式中的本期现金股利有两种口径：一是本年度实际支付的现金股利，一般属于上一年度利润分配的现金股利；二是本年度利润分配方案拟发放的现金股利。两种口径的现金股利均可以从当年或下一年的所有者权益变动表中获取。按照第一种口径的现金股利计算的股利现金流量保障倍数反映的是公司当年经营活动产生的现金流量在多大程度上保障当年实际支付的现金股利，而按照第二种口径的现金股利计算的股利现金流量保障倍数反映的则是公司当年经营活动产生的现金流量在多大程度上保障当年拟发放现金股利。

查阅江中药业 2018—2020 年度的所有者权益变动表可知，该公司 2018—2020 年实际支付的现金股利分别为 13 500 万元、14 700 万元和 15 750 万元，2020 年度利润分配方案中分配的现金股利总额为 17 010 万元（此现金股利在 2021 年 6 月 7 日实际支付）。而该公司 2018—2020 年度现金流量表中经营活动产生的现金流量净额分别为 75 250.13 万元、64 117.78 万元和 48 624.60 万元。因此，我们可以计算出该公司 2018—2020 年的股利现金保障倍数（按第一种口径的现金股利计算）分别约为 4.78 倍、4.36 倍和 3.60 倍（计算过程略，下同），而按照第二种口径的现金股利计算的该指标分别约为 4.42 倍、4.07 倍和 3.31 倍。应该说，该公司经营现金净流量对现金股利的保障相当有力，以经营活动产生的现金流量支付现金股利不存在问题。当然，这从一个侧面也说明了该公司分配的现金股利比较少，现金股利相对于公司创造的现金流量基本保持在 20% ～ 30%，公司对股东的眼前利益相对不够重视，这也是 A 股上市公司的“通病”。

六、上市公司特殊的财务比率

上市公司是股份有限公司的典型代表，由于其股票在证券交易所挂牌交易，其会计信息备受投资者的关注。在分析上市公司的财务报表时，除了计算分析前面的财务比率，分析者还应当计算上市公司特有的财务比率。这些比率包括每股收益、每股净资产、每股经营活动现金净流量、股利收益率等。

1. 每股收益

每股收益是反映股份有限公司普通股股东持有每一股份所能享有公司利润或承担公司亏损的业绩评价指标。该指标有助于投资者、债权人等信息使用者评价公司或公司之间的盈利能力，预测公司成长潜力，进而做出经济决策。

会计准则中将每股收益分为基本每股收益与稀释每股收益两种。基本每股收益是按照归属

于普通股股东的当期净利润，除以发行在外普通股加权平均股数计算的，其计算公式为

$$基本每股收益 = \frac{净利润 - 优先股股利}{发行在外普通股加权平均股数} \quad (9\text{-}41)$$

式中的净利润应该按照归属于母公司股东的净利润计算，而发行在外普通股加权平均股数的计算则比较复杂。如果公司在报告期内普通股数量保持不变，则发行在外普通股加权平均数就是该公司期末普通股股数；如果在报告期内普通股数量发生变化，则发行在外普通股加权平均股数应当根据股份增减的数量按照时间长短加权平均计算。具体计算方法这里不再展开。

稀释每股收益是指存在稀释性潜在普通股时，按规定分别调整归属于普通股股东的当期净利润和发行在外普通股加权平均股数，并据以计算的每股收益。

上市公司利润表中直接列示了基本每股收益和稀释每股收益的数据。由于江中药业不存在优先股或可转换债券等，2018—2020 年度的基本每股收益和稀释每股收益均相等，分别为 1.12 元、0.88 元和 0.75 元。近 3 年每股收益出现递减趋势的直接原因是该公司 2018—2020 年度均实施了股票股利或资本公积金转增股本的方案，公司股本总数由 2017 年年末的 30 000 万股增加到 2020 年末的 63 000 万股，而近 3 年净利润的增加幅度赶不上股本的扩张速度。

每股收益越高，说明公司按单位股本计算的获利水平越高。但在分析中应该注意，同一上市公司不同时期的每股收益指标值并没有可比性，因为同一公司可能由于高比例送转股本实现股本的快速扩张，A 股市场中有很多上市公司目前的总股本已经较上市之初翻了好几倍，若公司的盈利水平没能同步增长，势必导致每股收益指标值被“摊薄”。同样，不同的上市公司，每股收益指标值也没有可比性。例如，同在 A 股市场上市的“贵州茅台”和“五粮液”，2020 年两个公司的每股收益分别为 37.17 元和 5.14 元，二者之比约为 7.23 倍，我们不能因此认为贵州茅台股票的价值应该是五粮液的 7.23 倍，而应当将上市公司的每股收益与股票的市价结合起来分析股票的投资价值。众所周知，将公司股票每股市价与每股收益相比得到的比值叫作股票的市盈率，市盈率的高低在很大程度上体现了股票的投资价值。市盈率的意义和计算方法在本书的第五章第二节中有详细介绍，这里不再展开。

2. 每股净资产

每股净资产表示股东每股股票所拥有的净资产份额，反映了公司股票的账面价值。在不存在优先股的前提下，其计算公式为

$$每股净资产 = \frac{股东权益总额}{发行在外普通股股数} \quad (9\text{-}42)$$

式中的股东权益总额应该按照归属于母公司所有者权益计算，发行在外普通股股数通常按照年末数计算。

根据江中药业 2018—2020 年的财务报表数据，我们可以计算出该公司 2018—2020 年年末的每股净资产分别为 7.75 元、6.78 元和 6.15 元。近 3 年该指标值逐年下降的原因与前面对每股收益的分析基本相同。

公司的每股净资产越高，说明公司股票的每股账面价值越大。分析时可用连续几期的该指标数值进行对比，以分析企业净资产的积累速度及成长性。与前面对每股收益的分析类似，同一上市公司不同时点或者不同上市公司之间，每股净资产指标值并没有可比性。证券投资分析时将每股净资产数值与股票每股市价进行对比，计算公司股票的市净率（见本书第五章第二节

的相关内容），以确定该股票的投资价值。

3. 每股经营活动现金净流量

每股经营活动现金净流量反映股份公司普通股每股所拥有的经营现金净流量，其计算公式为

$$每股经营活动现金净流量=\frac{经营现金净流量}{发行在外普通股股平均股数} \tag{9-43}$$

式（9-43）也可以按年末发行在外的普通股股数计算。该指标越大，说明公司经营成果的质量越高；同时，公司支付现金股利的能力越强。分析时，通常将该指标与每股收益指标进行对比，以评价每股收益的现金保障程度。

根据江中药业2018—2020年的资产负债表和现金流量表，我们可以计算出该公司2018—2020年度的每股经营现金净流量（按年末总股本计算）分别为1.16元、1.22元和1.19元。计算结果表明，该公司近3年每股经营现金净流量并没有像每股收益指标那样出现明显下降，说明该公司经营活动产生的现金流量基本上能随着股本的扩张而同步增长。

4. 股利收益率

股利收益率是按照报告年度的股利水平和股票价格计算的投资收益率。它是假定投资者以目前的市价购进公司股票，准备长期持有，按照获得的现金股利作为投资收益而计算的投资收益率，其计算公式为

$$股利收益率=\frac{报告年度每股现金股利}{目前股票市价}\times 100\% \tag{9-44}$$

从理论上说，式（9-44）中的分子应该使用未来预计的年均现金股利，但未来的现金股利具有很大的不确定性，以报告年度的现金股利计算该指标有较强的可操作性和实际意义。而报告年度的现金股利又有两种口径：一是当年实际支付的现金股利，二是当年利润分配方案中确定的股利。分析时，可以根据需要选择。由于股票的市价具有很大的波动性，且因为利润分配和公积金转增股本等方案的实施而“除权”，所以有人认为计算股利收益率时应该对股价做“复权”处理，并且以某一时期（通常为一年）的平均股价来计算更为合理。

据查，江中药业2020年利润分配方案为每10股派2.70元现金。此方案于2021年6月7日实施，以6月4日股权登记日公司股票收盘价格12.05元计算，其股利收益率约为2.24%。这一水平超过银行一年期存款利率水平，说明投资江中药业股票仅仅考虑分红，其投资收益率也是有吸引力的。与之相反的是，目前A股市场绝大多数股票的股利收益率远远低于银行一年期存款利率；就算第一高价股“贵州茅台”，其股利收益率也不到1%。从这一点上说，A股市场的大多数股票并没有投资价值。当然，这样分析比较片面，因为股票投资除了股利，还有一种收益，就是资本利得。现实情况是，大多数投资者购买上市公司股票的主要目的是获得资本利得，而不是现金股利。

第四节 财务比率的综合分析

计算和分析单项财务比率，只能说明企业某一状况的优劣和某一方面能力的强弱，显然这种孤立的财务分析并不能完全满足决策者的需要。信息使用者希望通过财务报表分析，对企业

各个方面进行全面、综合的分析和评价。这就需要将反映企业资产负债结构、偿债能力、资产营运能力、盈利能力和现金流量情况的财务比率有机地结合起来，做出系统、深入、综合的评价。这是财务比率的综合分析要解决的问题。财务比率的综合分析在实际应用中有许多方法，这里主要介绍杜邦财务分析体系和沃尔评分法。

一、杜邦财务分析体系

杜邦财务分析体系又称杜邦分析法，是利用各主要财务指标间的内在联系，对企业财务状况及经济效益进行综合系统分析评价的方法。这种方法由美国杜邦公司创立并最先采用，所以称为杜邦财务分析体系。

（一）杜邦财务分析指标体系

杜邦财务分析体系是通过一组财务指标体系来构建的，其核心指标是净资产收益率（股东权益报酬率或权益净利率）。围绕该核心指标可以建立一个完整的杜邦财务分析系统图，如图9-1所示。

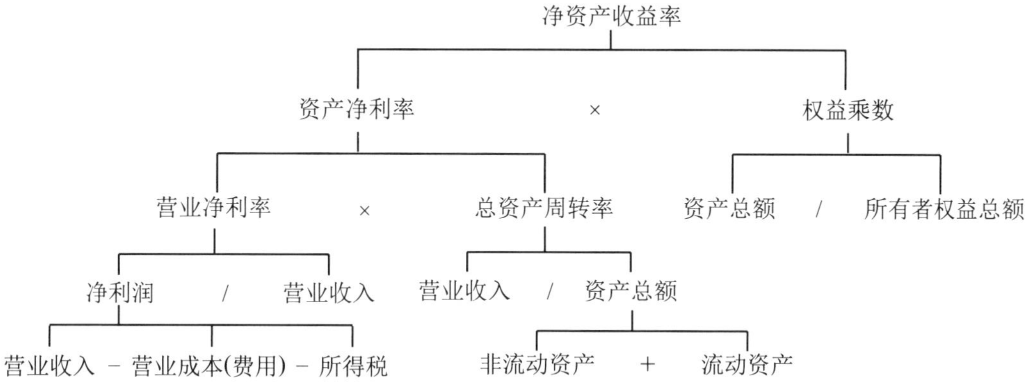

图 9—1　杜邦财务分析系统图

从图 9-1 中，我们可以建立各项财务指标的关系如下

$$净资产收益率=资产净利率\times权益乘数$$

$$资产净利率=营业净利率\times总资产周转率$$

$$权益乘数=资产总额/所有者权益总额$$

将上述公式联系起来，可以得到各种财务指标的相互关系为

$$\begin{aligned}净资产收益率&=\frac{净利润}{所有者权益}=\frac{净利润}{营业收入}\times\frac{营业收入}{资产总额}\times\frac{资产总额}{所有者权益总额}\\&=营业净利率\times总资产周转率\times权益乘数\end{aligned}\tag{9-45}$$

从图 9-1 和式（9-45）中可以看出，杜邦分析系统是把有关财务比率和财务指标以系统分析图的形式联结在一起。我们从中可以得到以下启示：

首先，作为该系统的核心指标，净资产收益率是一个综合性很强、与企业财务管理目标相关性最大的指标。它由企业的营业净利率、总资产周转率和权益乘数所决定。

其次，资产净利率是影响净资产收益率的重要指标之一，具有较强的综合性。它集中反映了销售、利润及资产周转之间的数量关系。

再次，营业净利率说明了企业净利润与营业收入之间的关系。从营业净利率和总资产周转率来看，要提高这两项财务比率，营业收入和净利润是关键。扩大销售收入、降低成本费用开支是提高企业营业净利率的根本途径，扩大销售同时也会使资产周转速度加快。另一方面，降低成本、费用也是提高营业净利率的一个重要措施，我们可以从成本费用的构成中看出其结构是否合理，从而找出降低成本费用的途径和加强成本费用控制的方法。

最后，杜邦财务分析系统图的右半部分，主要是分析资本结构对利润率的影响。在一定的盈利水平下，如果资产总额保持不变，适当地负债经营，可以相应地减少所有者权益所占的比例，从而达到提高净资产收益率的目的。

（二）杜邦财务分析体系的意义

杜邦财务分析体系实际上是将比率分析法、比较分析法和因素分析法有机结合的一种综合性的财务分析方法。该方法将企业的各种财务活动、各项财务指标相互联系起来加以综合分析，也就是将企业财务活动及财务指标看作一个大系统，对系统内相互依存、相互作用的各种因素进行综合分析。因此，杜邦财务分析体系是企业改善经营管理、提高获利能力的一种有效分析工具，其作用主要体现在以下几个方面：

第一，从杜邦财务分析系统图中能够直接地解释有关重要财务指标的变动原因，揭示有关财务指标的内在联系，从而能够把各项指标进行相互比较分析，引导管理者进行正确决策分析。从杜邦财务分析体系可以看出，净资产收益率的大小受到三个指标值的影响：营业净利率、总资产周转率和权益乘数。营业净利率反映了企业所经营产品（或服务）的盈利能力；总资产周转率反映了企业资产使用效率的高低，即在相同的产品盈利能力下，企业的盈利水平与资产使用效率成正比关系；权益乘数反映了企业负债经营的程度，也就是企业利用财务杠杆的程度，即在相同的盈利水平下，权益乘数越大，净资产收益率越高。因此，要提高企业的净资产收益率，不仅要有盈利能力强的产品和业务，还要加速资金周转，同时要充分利用财务杠杆作用，尽可能地负债经营。

第二，能帮助企业成本管理部门研究和寻求降低产品成本的途径，使管理人员能从成本变化的趋势来下达企业在计划年度的定额成本控制和目标成本控制。

第三，有助于决策部门合理配置企业的经济资源，优化企业资本结构，充分运用企业资产，提高所有者的投资报酬率。

（三）杜邦财务分析体系的运用

通过以上分析我们可以知道，杜邦财务分析体系突破了财务分析中各项指标间的孤立性，从而使各项指标间的相互关系、相互作用简明、直接地表现出来。通过这种逐层分析，不仅可以了解企业财务状况的全貌及各项财务分析指标间的结构关系，查明各项主要财务指标增减变动的影响因素及存在问题，还可以帮助决策者优化经营结构和财务结构，为企业提高偿债能力和经营效益提供基本思路。下面我们运用江中药业 2019—2020 年的财务数据来说明杜邦财务分析体系的应用。

【例 9-4】江中药业 2019—2020 年的净资产收益率及影响该指标的有关因素如表 9-4 所示。

表 9-4　江中药业 2019—2020 年的净资产收益率及影响该指标的有关因素①

财务比率	2020 年实际数	2019 年实际数
净资产收益率	11.53%	12.22%
营业净利率	20.08%	19.57%
总资产周转率	0.4959	0.5147
权益乘数	1.1581	1.2127

现在我们运用杜邦财务分析体系来比较该公司 2020 年的净资产收益率与 2019 年的净资产收益率，并应用连环替代法定量分析各个因素对净资产收益率的影响程度。

【解答】

（1）该公司 2020 年的净资产收益率约为 11.53%，比 2019 年的约 12.22% 下降了 0.69 个百分点。

（2）该公司 2020 年净资产收益率的杜邦财务分析体系为

$$11.53\% \approx 20.08\% \times 0.4959 \times 1.1581$$

2019 年净资产收益率的杜邦财务分析体系为

$$12.22\% \approx 19.57\% \times 0.5147 \times 1.2127$$

按照杜邦财务分析体系确定的指标顺序，进行连环替代，计算各因素对净资产收益率的影响方向和影响程度。

营业净利率的影响：$0.5147 \times 1.2127 \times (20.08\% - 19.57\%) \approx 0.32\%$。

总资产周转率的影响：$20.08\% \times 1.2127 \times (0.4959 - 0.5147) \approx -0.46\%$。

权益乘数的影响：$20.08\% \times 0.4959 \times (1.1581 - 1.2127) \approx -0.54\%$。

根据上述计算结果，我们可以做如下分析：江中药业 2020 年净资产收益率比 2019 年下降 0.69%。其中，营业净利率上升使净资产收益率提高了 0.32%；总资产周转率下降使净资产收益率下降了 0.46%；权益乘数下降使净资产收益率下降了 0.54%。

当然，上面的因素分析是比较粗浅的，更深入的分析需要公司内部经营和财务方面的数据资料，尤其是销售和成本方面的资料。

二、沃尔评分法

沃尔评分法是由亚历山大·沃尔提出的一种评价企业信用状况的综合财务评价方法。亚历山大·沃尔在 20 世纪初出版的《信用晴雨表研究》和《财务报表比率分析》中首次比较完整地应用沃尔评分法对企业财务状况进行分析，以评价企业信用水平的高低。

沃尔评分法的基本思路是：将若干个财务比率用线性关系结合起来，计算信用能力指数。沃尔最初选择了如下七个财务比率：流动比率、净资产与负债比率、资产与固定资产比率、销售成本与存货比率、销售额与应收账款比率、销售额与固定资产比率及销售额与净资产比率，并分别给定了它们在综合评价中的比重（得分），总和为 100 分。同时，确定了各财务比率的评价标准，将实际值与标准比率相对比，得到每项指标的得分，最后计算出总得分。

下面我们运用沃尔评分法对江中药业的财务状况做出综合评价。江中药业 2020 年财务比

① 表中净资产收益率按合并报表全部净利润和全部所有者权益年末数计算，权益乘数按合并报表年末总资产和全部所有者权益计算。

率的沃尔评分法如表 9-5 所示。

表 9-5 江中药业 2020 年财务比率的沃尔评分法

考核指标	比重（%）①	标准比率 ②	实际比率 ③	相对比率 ④ = ③ / ②	评分 ⑤ = ① × ④
流动比率	25	2.85	5.45	1.9123	47.8070
净资产与负债比率	25	2.5	6.32	2.5280	63.2000
资产与固定资产比率	15	3.5	4.83	1.3800	20.7000
销售成本与存货比率	10	4.75	3.43	0.7221	7.2211
销售额与应收账款比率	10	4	2.73	0.6825	6.8250
销售额与固定资产比率	10	3.2	2.4	0.7500	7.5000
销售额与净资产比率	5	1.25	0.57	0.4560	2.2800
合计	100	—	—	—	155.53

表 9-5 中的“标准比率”为作者假设，“实际比率”是根据江中药业 2020 年财务报表及相关资料计算得到（部分比率前面已有计算结果）的。按照沃尔评分法，江中药业财务状况的综合得分为 155.53 分。由于计算过程中“标准比率”是假设的，所以这一结果并不能真实说明江中药业的综合财务状况，我们只是给出一个运用沃尔评分法的例子。

从理论上说，沃尔评分法存在缺陷，主要是：为什么财务评价要选择这七个指标，而不是更多或更少；为什么不选择别的财务比率；凭借什么依据确定各项指标在综合评价中所占的比重。也许这是沃尔的经验总结，不可能有什么严格的理论证明。

虽然现代社会与沃尔的时代相比，已经发生很大的变化，但是沃尔评分法作为一种基本的财务指标评判方法，目前仍有借鉴作用，其思想理念、思维方式一直影响着人们去构造各种财务综合分析模式。

【思考与练习】

一、思考题

1. 财务报表分析中计算分析“长期资产适合率”的目的是什么？该指标是不是越高越好？为什么？

2. 企业的资产负债率既不是越高越好，也不是越低越好。请你说明：债权人和投资者对资产负债率高低的评价有何不同？

3. 由于激烈的市场竞争，汽车制造商会对大多数汽车采取降价的策略。M 公司是一家汽车贸易商行，其日常会计核算中对于发出商品的计价方法一直采用先进先出法。现在他们想将存货计价方法改为月末一次加权平均法，主要是为了顺利获得银行贷款。请你根据下列情况为他们做出选择：

（1）若银行审阅公司财务报表主要关注公司的成本费用利润率，为获得银行贷款，你认为 M 公司是否应当改变原来的存货计价方法？为什么？

（2）若银行审阅公司财务报表主要关注公司的存货周转速度，为获得银行贷款，你认为 M

公司是否应当改变原来的存货计价方法？为什么？

4. 在计算财务比率时，我们发现有些企业的应收账款周转次数竟然多达50次，请你说明导致应收账款周转次数如此之多的可能原因有哪些？

5. 杜邦财务分析体系是综合财务分析的重要工具。请你回答：

（1）杜邦财务分析体系将净资产收益率指标进行怎样的分解？请你写出表达式，并简述这样分解的意义何在？

（2）有人认为，在企业的经营效率和经营效益不变的情况下，企业的负债比率越高，则权益乘数越大，根据杜邦财务分析体系可知，其净资产收益率也就越高。这样理解存在什么缺陷？

6. 联合实业股份有限公司是一家上市公司，半年前发行了可转换公司债券，且可转换公司债券也在证券交易所上市交易。现在债券持有人可以将可转换公司债券转换成股票。公司财务人员认为：可转换公司债券转换成股票会引起公司资产负债率下降，利息支出减少，从而降低公司的资本成本；同时会增加以后年度的利润总额和每股收益，也会提高以后年度的净资产收益率。

请你指出该公司财务人员的观点存在哪些错误？

二、单项选择题

1. 运用比较分析法时，必须合理确定比较的参照系，下列各项属于横向比较时使用的参照系是（　　）。

A. 企业上年的实际数　　B. 企业历史最好水平

C. 行业平均数　　D. 企业制定的计划数

2. 如果某企业年末流动比率远高于行业平均值，而速动比率却低于行业平均值，这通常说明该企业（　　）。

A. 流动资产比率高于行业平均水平　　B. 存货比率高于行业平均水平

C. 应收账款比率高于行业平均水平　　D. 短期资本比率高于行业平均水平

3. 若某企业本期所有的利息费用均计入财务费用核算，其利息保障倍数等于1，说明该企业（　　）。

A. 负债比率很高　　B. 利润总额等于利息费用

C. 利润总额等于利息费用的两倍　　D. 处于盈亏平衡状态

4. 下列反映资产负债率、产权比率和有形净值债务率三项财务比率数值的大小关系中，正确的是（　　）。

A. 资产负债率＜产权比率≤有形净值债务率

B. 产权比率＜资产负债率＜有形净值债务率

C. 资产负债率＜有形净值债务率≤产权比率

D. 有形净值债务率＜资产负债率＜产权比率

5. 资产负债率、产权比率与权益乘数的数量关系是（　　）。

A. 资产负债率＝产权比率×权益乘数

B. 资产负债率＝产权比率/权益乘数

C. 资产负债率＝产权比率/（权益乘数-1）

D. 资产负债率＝（1-产权比率）×权益乘数

6. 计算盈利能力比率时，主要利用的财务报表是（ ）。

A. 资产负债表　　B. 利润表

C. 现金流量表　　D. 所有者权益变动表

7. 已知某公司本年度的营业收入（均为商品销售收入）为 20 000 万元，净利润为 1 250 万元，本年度现金流量表中“销售商品、提供劳务收到的现金”项目的金额为 25 000 万元，“经营活动产生的现金流量净额”项目为 2 000 万元。则本年度的营业收入收现率为（ ），利润兑现率为（ ）。

A. 62.5%　　B. 80%　　C. 125%　　D. 160%

8. 杜邦财务分析体系的核心指标是（ ）。

A. 权益乘数　　B. 总资产报酬率

C. 净资产收益率　　D. 营业利润率

三、多项选择题

1. 下列属于财务分析中的金融负债项目的有（ ）。

A. 应付账款　　B. 短期借款　　C. 长期借款　　D. 应付债券

2. 下列属于反映企业短期偿债能力的财务比率有（ ）。

A. 流动比率　　B. 速动比率

C. 现金比率　　D. 有形净值债务率

3. 某公司原来的流动比率为 2∶1，速动比率为 1∶1，若该公司实施突击性偿债，即用货币资金偿还短期借款，会引起（ ）。

A. 流动比率上升　　B. 速动比率上升

C. 流动比率下降　　D. 速动比率不变

4. 下列财务比率属于反映企业盈利能力的有（ ）。

A. 总资产报酬率　　B. 权益乘数

C. 营业利润率　　D. 成本费用利润率

5. 下列关于财务比率之间的数量关系，正确的有（ ）。

A. 流动资产比率 + 非流动资产比率 =100%

B. 产权比率 × 权益乘数 =100%

C. 经营负债比率 + 金融负债比率 =100%

D. 边际贡献率 + 变动成本率 =100%

6. 下列财务比率属于现金流量比率的有（ ）。

A. 营业收入收现率　　B. 利润兑现率

C. 现金流量利息保障倍数　　D. 股利现金流量保障倍数

7. 某上市公司创办 5 年来，每年均盈利。那么下列关于该上市公司本年度财务比率数值大小的判断，正确的有（ ）。

A. 每股收益必定大于零

B. 每股净资产必定大于每股面值

C. 每股经营活动现金净流量必定大于零

D. 股利收益率必定低于净资产收益率

8. 杜邦财务分析体系将净资产收益率分解为下列（　　）指标的乘积。

A. 权益乘数　　B. 总资产周转率

C. 净资产收益率　　D. 营业净利率

四、计算分析题

1. ABC公司本年度产品销售收入净额为1 680万元，销售毛利率为25%，销售收入中现销收入占30%，其余70%为赊销。本年年初的流动资产为720万元，其中应收账款为187万元，存货为420万元；本年年末的流动资产为840万元，其中应收账款为205万元，存货为480万元，流动负债年初为480万元，年末为500万元。

要求：计算该公司本年度应收账款周转次数、存货周转次数及年末的流动比率和速动比率。

2. 力达公司目前的流动比率为200%，速动比率为100%，资产负债率为40%。如果该公司发生下列各项经济业务（假设该公司处于盈利状态，所得税税率为25%，无纳税调整事项，均不考虑增值税）：

（1）向A单位购入材料共计120万元，材料已入库，货款未付。

（2）以银行存款支付前期购货款20万元。

（3）出售固定资产，其账面净值为50万元，出售价款为60万元，已收存银行。

（4）向社会公众发行5年期的债券20 000万元，款项已存入银行。

（5）以远低于成本的价格出售（处理）一批积压商品，取得货款5万元。

请你指出：上述各项业务的发生，分别对力达公司有关指标的影响方向（指标值提高的画“+”，下降的画“−”，不变的画“○”，不必说明理由）。

指标名称	业务1	业务2	业务3	业务4	业务5
非流动资产比率					
有息负债比率					
流动比率					
速动比率					
资产负债率					

3. 新科技公司是一家化工原料生产企业，目前正处于免税期。2020年、2019年该公司有关财务比率及其行业平均数见下表。

财务比率	2020年行业平均数	2020年本公司实际数	2019年本公司实际数
应收账款周转天数（天）	35	36	36
存货周转次数（次）	2.5	2.59	2.11
销售毛利率	38.00%	40.00%	40.00%
营业利润率（息税前利润）	10.00%	9.60%	10.63%
营业净利率	6.27%	7.20%	6.81%
总资产周转率	1.14	1.11	1.07
固定资产周转率	1.4	2.02	1.82
资产负债率	58.00%	50.00%	61.30%
利息保障倍数（倍）	2.68	4	2.78

要求：

（1）运用杜邦财务分析体系，比较2020年本公司与同行业平均的净资产收益率，定性分析其差异的原因。

（2）运用杜邦财务分析体系，比较本公司2020年与2019年的净资产收益率，定性分析其变化的原因。

五、案例题

【案例】 万泰生物财务报表分析

北京万泰生物药业股份有限公司前身为“北京万泰生物药业有限公司”，于1991年4月24日成立。2007年12月，北京万泰生物药业有限公司整体变更为北京万泰生物药业股份有限公司。公司历经增资和股权转让，截至2021年12月31日，公司注册资本为人民币39 000万元。经中国证券监督管理委员会证监许可〔2020〕518号文核准，上海证券交易所自律监管决定书104号文批准，公司于2020年4月29日在上海证券交易所首次公开发行A股股票43 360万股，发行后股本43 360万股。2020年5月24日，北京万泰生物药业股份有限公司股票在上海证券交易所挂牌上市（股票简称“万泰生物”，股票代码：603392）。公司主要从事体外诊断试剂、仪器与疫苗研发、生产及销售，其产品涵盖酶联免疫、胶体金、化学发光、核酸、生化等诊断试剂、质控品及疫苗等多个领域。公司法定代表人为邱子欣，注册地址为北京市昌平区科学园路31号。

公司的控股股东为养生堂有限公司，截至2020年12月31日，养生堂有限公司直接持有北京万泰生物药业股份有限公司24 707.50万股，占公司总股本56.98%的股份。实际控制人为钟睒睒，直接持有公司7 880.0518万股，占公司总股本18.17%的股份，并通过养生堂有限公司间接持有公司56.98%的股份。

该公司2018—2020年年末的合并资产负债表、合并利润表、合并现金流量表分别如下。

2018—2020年年末的合并资产负债表

编制单位：北京万泰生物药业股份有限公司　　单位：万元

资产	2020年末	2019年末	2018年末	负债及所有者权益	2020年末	2019年末	2018年末
流动资产：				**流动负债：**			
货币资金	71 066.64	28 360.14	42 703.62	短期借款	7 765.58		
交易性金融资产	5 036.09	5 800.11	34.37	交易性金融负债			
应收票据	729.23	989.92	790.63	应付票据			
应收账款	69 133.07	25 149.42	18 491.64	应付账款	11 273.76	8 504.67	7 444.04
应收款项融资	1 297.88			预收款项		12 302.66	3 869.29
预付款项	2 620.05	1 678.97	908.49	合同负债	4 092.31		
其他应收款（合计）	1 290.37	651.93	985.5	应付职工薪酬	9 508.69	5 991.85	4 772.66
其中：应收利息			208.77	应交税费	1 390.94	1 160.86	1 390.26
应收股利				其他应付款	48 581.20	21 243.03	16 952.91
存货	40 003.73	23 643.39	21 864.20	其中：应付利息		3.02	3.16
持有待售的资产				应付股利			

续表

资产	2020年末	2019年末	2018年末	负债及所有者权益	2020年末	2019年末	2018年末
一年内到期的非流动资产				一年内到期的非流动负债			
其他流动资产	6 601.91	2 292.02	1 279.93	其他流动负债	290.11		
流动资产合计	197 778.97	88 565.91	87 058.39	流动负债合计	82 902.59	49 203.06	34 429.16
非流动资产：				**非流动负债：**			
债权投资	20 000.00	20 000.00		长期借款		2 100.00	2 100.00
长期应收款				应付债券			
长期股权投资		2 343.93	1 790.69	长期应付款			
其他权益工具投资				预计负债			
其他非流动金融资产	1 129.54	506.17		递延收益	9 426.02	7 115.95	7 894.56
投资性房地产		616.05	634.05	递延所得税负债			
固定资产	55 947.83	54 602.73	56 107.09	其他非流动负债			
在建工程	23 149.89	8 167.61	2 345.52	非流动负债合计	9 426.02	9 215.95	9 994.56
工程物资				负债合计	92 328.61	58 419.01	44 423.72
生产性生物资产				**所有者权益：**			
油气资产				实收资本（或股本）	43 360.00	39 000.00	39 000.00
使用权资产				资本公积	44 627.14	17 202.33	17 202.33
无形资产	23 394.66	24 203.13	24 887.23	减：库存股			
开发支出				其他综合收益			
商誉				专项储备			
长期待摊费用	2 047.56	1 768.33	1 607.60	盈余公积	22 770.51	19 736.97	17 509.32
递延所得税资产	5 649.40	9 368.81	6 403.65	一般风险准备			
其他非流动资产	21 270.03	6 349.29	632.30	未分配利润	144 608.86	79 942.65	61 283.88
非流动资产合计	152 588.91	127 926.05	94 408.13	归属于母公司股东权益合计	255 366.50	155 881.96	134 995.53
				少数股东权益	2 672.77	2 190.98	2 047.27
				所有者权益合计	258 039.27	158 072.94	137 042.79
资产总计	350 367.88	216 491.95	181 466.51	负债和所有者权益总计	350 367.88	216 491.95	181 466.51

2018—2020年度的合并利润表

编制单位：北京万泰生物药业股份有限公司 单位：万元

项目	2020年度	2019年度	2018年度
一、营业总收入	235 425.68	118 375.42	98 268.67
其中：营业收入	235 425.68	118 375.42	98 268.67
二、营业总成本	158 766.11	100 405.09	83 4 323.50

续表

项目	2020 年度	2019 年度	2018 年度
其中：营业成本	44 214.17	33 086.44	26 908.44
税金及附加	1 250.78	925.08	798.52
销售费用	69 094.43	33 339.18	26 574.35
管理费用	11 636.86	17 213.05	15 393.02
研发费用	31 433.22	16 598.00	13 833.92
财务费用	1 136.66	−756.66	−75.75
其中：利息费用	168.58	104.11	603.94
利息收入	497.60	857.01	625.59
加：其他收益	4 777.43	4 915.68	2 429.31
投资收益（损失以“−”号填列）	1 360.60	1 368.32	208.08
其中：对联营企业和合营企业的投资收益	224.72	1 040.97	208.48
公允价值变动收益（损失以“−”号填列）	34.86	19.65	0.46
信用减值损失（损失以“−”号填列）	−2 449.23	449.94	
资产减值损失（损失以“−”号填列）	−2 915.47	−1 853.59	−1 912.79
资产处置收益（损失以“−”号填列）	52.52	−137.44	13 351.11
三、营业利润（亏损以“−”号填列）	77 520.29	21 833.00	28 912.34
加：营业外收入	31.21	5.56	128.43
减：营业外支出	1 106.33	157.78	12.11
四、利润总额（亏损总额以“−”号填列）	76 445.16	21 680.78	29 028.67
减：所得税费用	8 263.64	650.63	−258.95
五、净利润（净亏损以“−”号填列）	68 181.52	21 030.15	29 287.61
归属于母公司所有者的净利润	67 699.73	20 886.43	29 306.78
少数股东损益	481.78	143.72	−19.17
六、其他综合收益的税后净额			
七、综合收益总额	68 181.52	21 030.15	29 287.61
归属于母公司所有者的综合收益总额	67 699.73	20 886.43	29 306.78
归属于少数股东的综合收益总额	481.78	143.72	−19.17
八、每股收益			
基本每股收益（元）	1.62	0.54	0.78
稀释每股收益（元）	1.62	0.54	0.78

2018—2020 年度的合并现金流量表

编制单位：北京万泰生物药业股份有限公司　　单位：万元

项目	2020 年度	2019 年度	2018 年度
一、经营活动产生的现金流量			
销售商品、提供劳务收到的现金	188 902.17	124 922.33	104 787.17
收到的税费返还			
收到的其他与经营活动有关的现金	12 468.76	6 812.88	6 926.11
经营活动现金流入小计	201 370.94	131 735.21	111 713.28
购买商品、接受劳务支付的现金	48 469.62	30 477.35	26 768.18
支付给职工以及为职工支付的现金	34 597.79	26 763.75	22 029.81
支付的各项税费	14 534.46	9 990.11	8 610.65
支付的其他与经营活动有关的现金	56 948.42	37 235.95	33 473.91
经营活动现金流出小计	154 550.29	104 467.15	90 882.55
经营活动产生的现金流量净额	46 820.65	27 268.05	20 830.73
二、投资活动产生的现金流量			
收回投资所收到的现金	15 325.70	67.51	64.63
取得投资收益所收到的现金	577.94	1 115.93	241.14
处置固定资产、无形资产和其他长期资产所收回的现金净额	273.47	67.68	13 413.66
处置子公司及其他营业单位收到的现金净额			
收到的其他与投资活动有关的现金	49 950.63	103 804.52	52 027.50
投资活动现金流入小计	66 127.75	105 055.63	65 746.94
购建固定资产、无形资产和其他长期资产所支付的现金	39 043.66	16 200.07	24 606.17
投资所支付的现金	15 205.03	70.46	32.06
取得子公司及其他营业单位支付的现金净额			
支付的其他与投资活动有关的现金	41 418.88	108 621.96	76 360.62
投资活动现金流出小计	95 667.57	124 892.50	100 998.85
投资活动产生的现金流量净额	−29 539.82	−19 836.86	−35 251.91
三、筹资活动产生的现金流量			
吸收投资收到的现金	34 228.00		17 856.00
其中：子公司吸收少数股东投资收到的现金			
取得借款收到的现金	9 036.69		
发行债券收到的现金			
收到其他与筹资活动有关的现金	715.20	451.53	2 179.81

续表

项目	2020 年度	2019 年度	2018 年度
筹资活动现金流入小计	43 979.90	451.53	20 035.81
偿还债务支付的现金	3 376.80		19 734.61
分配股利、利润或偿付利息所支付的现金	165.38	104.25	629.40
支付其他与筹资活动有关的现金	2 458.63	864.97	2 577.05
筹资活动现金流出小计	6 000.80	969.22	22 941.06
筹资活动产生的现金流量净额	37 979.10	−517.69	−2 905.25
四、汇率变动对现金及现金等价物的影响	−900.90	21.70	96.20
五、现金及现金等价物净增加额	54 359.03	6 935.20	−17 230.23
加：期初现金及现金等价物余额	15 787.25	8 852.05	26 082.28
六、期末现金及现金等价物余额	70 146.29	15 787.25	8 852.05

请你查找我国医药行业上市公司 2020 年度有关财务指标的行业平均数，再查找该公司网站获取相关资料。

要求：

（1）根据所给资料和你查阅的资料，用比率分析法和比较分析法分析该公司 2020 年年末的偿债能力、2020 年度流动资产的营运能力和盈利能力。

（2）运用杜邦财务分析体系比较该公司 2020 年和 2019 年的净资产收益率（均按年末净资产计算），并应用连环替代法定量分析营业利润率、总资产周转率和权益乘数对净资产收益率变化的影响程度。

（3）从该公司的财务报表分析中，你认为该公司的经营活动和财务活动暴露出哪些问题？请你给出一些合理的建议。

附 表

附表一

复利终值系数表

期数	1%	2%	3%	4%	5%	6%	7%	8%	9%	10%
1	1.0100	1.0200	1.0300	1.0400	1.0500	1.0600	1.0700	1.0800	1.0900	1.1000
2	1.0201	1.0404	1.0609	1.0816	1.1025	1.1236	1.1449	1.1664	1.1881	1.2100
3	1.0303	1.0612	1.0927	1.1249	1.1576	1.1910	1.2250	1.2597	1.2950	1.3310
4	1.0406	1.0824	1.1255	1.1699	1.2155	1.2625	1.3108	1.3605	1.4116	1.4641
5	1.0510	1.1041	1.1593	1.2167	1.2763	1.3382	1.4026	1.4693	1.5386	1.6105
6	1.0615	1.1262	1.1941	1.2653	1.3401	1.4185	1.5007	1.5809	1.6771	1.7716
7	1.0721	1.1487	1.2299	1.3159	1.4071	1.5036	1.6058	1.7738	1.8280	1.9487
8	1.0829	1.1717	1.2668	1.3686	1.4775	1.5938	1.7182	1.8509	1.9926	2.1436
9	1.0937	1.1951	1.3048	1.4233	1.5513	1.6895	1.8385	1.9990	2.1719	2.3579
10	1.1046	1.2190	1.3439	1.4802	1.6289	1.7908	1.9672	2.1589	2.3674	2.5937
11	1.1157	1.2434	1.3824	1.5395	1.7103	1.8983	2.1049	2.3316	2.5804	2.8531
12	1.1268	1.2682	1.4258	1.6010	1.7959	2.0122	2.2522	2.5182	2.8127	3.1384
13	1.1381	1.2936	1.4685	1.6651	1.8856	2.1329	2.4098	2.7196	3.0658	3.4523
14	1.1459	1.3195	1.5126	1.7317	1.9799	2.2609	2.5785	2.9372	3.3417	3.7975
15	1.1610	1.3459	1.5580	1.8009	2.0789	2.3966	2.7590	3.1722	3.6425	4.1772
16	1.1726	1.3728	1.6047	1.8730	2.1829	2.5404	2.9522	3.4259	3.9703	4.5950
17	1.1843	1.4002	1.6528	1.9479	2.2920	2.6928	3.1588	3.7000	4.3276	5.0545
18	1.1961	1.4282	1.7024	2.0258	2.4066	2.8543	3.3799	3.9960	4.7171	5.5599
19	1.2081	1.4568	1.7535	2.1068	2.5270	3.0256	3.6165	4.3157	5.1417	6.1159
20	1.2202	1.4859	1.8061	2.1911	2.6533	3.2071	3.8697	4.6610	5.6044	6.7275
21	1.2324	1.5157	1.8603	2.2788	2.7860	3.3996	4.1406	5.0338	6.1088	7.4002
22	1.2447	1.5460	1.9161	2.3699	2.9253	3.6035	4.4304	5.4365	6.6586	8.1403
23	1.2572	1.5769	1.9736	2.4647	3.0715	3.8197	4.7405	5.8715	7.2579	8.2543
24	1.2697	1.6084	2.0328	2.5633	3.2251	4.0489	5.0724	6.3412	7.9111	9.8497
25	1.2824	1.6406	2.0938	2.6658	3.3864	4.2919	5.4274	6.8485	8.6231	10.835
26	1.2953	1.6734	2.1566	2.7725	3.5557	4.5494	5.8076	7.3964	9.3992	11.918
27	1.3082	1.7069	2.2213	2.8834	3.7335	4.8823	6.2139	7.9881	10.245	13.110
28	1.3213	1.7410	2.2879	2.9987	3.9201	5.1117	6.6488	8.6271	11.167	14.421
29	1.3345	1.7758	2.3566	3.1187	4.1161	5.4184	7.1143	9.3173	12.172	15.863
30	1.3478	1.8114	2.4273	3.2434	4.3219	5.7435	7.6123	10.063	13.268	17.449
40	1.4889	2.2080	3.2620	4.8010	7.0400	10.286	14.794	21.725	31.408	45.259
50	1.6446	2.6916	4.3839	7.1067	11.467	18.420	29.457	46.902	74.358	117.39
60	1.8167	3.2810	5.8916	10.520	18.679	32.988	57.946	101.26	176.03	304.48

续表

期数	12%	14%	15%	16%	18%	20%	24%	28%	32%	36%
1	1. 1200	1. 1400	1. 1500	1. 1600	1. 1800	1. 2000	1. 2400	1. 2800	1. 3200	1. 3600
2	1. 2544	1. 2996	1. 3225	1. 3456	1. 3924	1. 4400	1. 5376	1. 6384	1. 7424	1. 8496
3	1. 4049	1. 4815	1. 5209	1. 5609	1. 6430	1. 7280	1. 9066	2. 0872	2. 3000	2. 5155
4	1. 5735	1. 6890	1. 7490	1. 8106	1. 9388	2. 0736	2. 3642	2. 6844	3. 0360	3. 4210
5	1. 7623	1. 9254	2. 0114	2. 1003	2. 2878	2. 4883	2. 9316	3. 4360	4. 0075	4. 6526
6	1. 9738	2. 1950	2. 3131	2. 4364	2. 6996	2. 9860	3. 6352	4. 3980	5. 2899	6. 3275
7	2. 2107	2. 5023	2. 6600	2. 8262	3. 1855	3. 5832	4. 5077	5. 6295	6. 9826	8. 6054
8	2. 4760	2. 8526	3. 0590	3. 2784	3. 7589	4. 2998	5. 5895	7. 2508	9. 2170	11. 703
9	2. 7731	3. 2519	3. 5179	3. 8030	4. 4355	5. 1598	6. 9310	9. 2234	12. 166	15. 917
10	3. 1058	3. 7072	4. 0456	4. 4114	5. 2338	6. 1917	8. 5944	11. 806	16. 060	21. 647
11	3. 4785	4. 2262	4. 6524	5. 1173	6. 1759	7. 4301	10. 657	15. 112	21. 119	29. 439
12	3. 8960	4. 8179	5. 3503	5. 9360	7. 2876	8. 9161	13. 215	19. 343	27. 983	40. 037
13	4. 3635	5. 4924	6. 1528	6. 8858	8. 5994	10. 699	16. 386	24. 759	36. 937	54. 451
14	4. 8871	6. 2613	7. 0757	7. 9875	10. 147	12. 839	20. 319	31. 691	48. 757	74. 053
15	5. 4736	7. 1379	8. 1371	9. 2655	11. 974	15. 407	25. 196	40. 565	64. 395	100. 71
16	6. 1304	8. 1372	9. 3576	10. 748	14. 129	18. 448	31. 243	51. 923	84. 954	136. 97
17	6. 8660	9. 2765	10. 761	12. 468	16. 672	22. 186	38. 741	66. 461	112. 14	186. 28
18	7. 6900	10. 575	12. 375	14. 463	19. 673	26. 623	48. 039	86. 071	148. 02	253. 34
19	8. 6128	12. 056	14. 232	16. 777	23. 214	31. 948	59. 568	108. 89	195. 39	344. 54
20	9. 6463	13. 743	16. 367	19. 461	27. 393	38. 338	73. 864	139. 38	257. 92	468. 57
21	10. 804	15. 668	18. 822	22. 574	32. 324	46. 005	91. 592	178. 41	340. 45	637. 26
22	12. 100	17. 861	21. 645	26. 186	38. 142	55. 206	113. 57	228. 36	449. 39	866. 67
23	13. 552	20. 362	24. 891	30. 376	45. 008	66. 247	140. 83	292. 30	593. 20	1 178. 7
24	15. 179	23. 212	28. 625	35. 236	53. 109	79. 497	174. 63	374. 14	783. 02	1 603. 0
25	17. 000	26. 462	32. 919	40. 874	62. 669	95. 396	216. 54	478. 90	1 033. 6	2 180. 1
26	19. 040	30. 167	37. 857	47. 414	73. 949	114. 48	268. 51	613. 00	1 364. 3	2 964. 9
27	21. 325	34. 390	43. 535	55. 000	87. 260	137. 37	332. 95	784. 64	1 800. 9	4 032. 3
28	23. 884	39. 204	50. 006	63. 800	102. 97	164. 84	412. 86	1 004. 3	2 377. 2	5 483. 9
29	26. 750	44. 693	57. 575	74. 009	121. 50	197. 81	511. 95	1 285. 6	3 137. 9	7 458. 1
30	29. 960	50. 950	66. 212	85. 850	143. 37	237. 38	634. 82	1 645. 5	4 142. 1	10 143
40	93. 051	188. 83	267. 86	378. 72	750. 38	1 469. 8	5 455. 9	19 427	66 521	*
50	289. 00	700. 23	1 083. 7	1 670. 7	3 927. 4	9 100. 4	46 890	*	*	*
60	897. 60	2 595. 9	4 384. 0	7 370. 2	20 555	56 348	*	*	*	*

* >99 999

附表二　　复利现值系数表

期数	1%	2%	3%	4%	5%	6%	7%	8%	9%	10%
1	.9901	.9804	.9709	.9615	.9524	.9434	.9346	.9259	.9174	.9091
2	.9803	.9712	.9426	.9246	.9070	.8900	.8734	.8573	.8417	.8264
3	.9706	.9423	.9151	.8890	.8638	.8396	.8163	.7938	.7722	.7513
4	.9610	.9238	.8885	.8548	.8227	.7921	.7629	.7350	.7084	.6830
5	.9515	.9057	.8626	.8219	.7835	.7473	.7130	.6806	.6499	.6209
6	.9420	.8880	.8375	.7903	.7462	.7050	.6663	.6302	.5963	.5645
7	.9327	.8606	.8131	.7599	.7107	.6651	.6227	.5835	.5470	.5132
8	.9235	.8535	.7874	.7307	.6768	.6274	.5820	.5403	.5019	.4665
9	.9143	.8368	.7664	.7026	.6446	.5919	.5439	.5002	.4604	.4241
10	.9053	.8203	.7441	.6756	.6139	.5584	.5083	.4632	.4224	.3855
11	.8963	.8043	.7224	.6496	.5847	.5268	.4751	.4289	.3875	.3505
12	.8874	.7885	.7014	.6246	.5568	.4970	.4440	.3971	.3555	.3186
13	.8787	.7730	.6810	.6006	.5303	.4688	.4150	.3677	.3262	.2897
14	.8700	.7579	.6611	.5775	.5051	.4423	.3878	.3405	.2992	.2633
15	.8613	.7430	.6419	.5553	.4810	.4173	.3624	.3152	.2745	.2394
16	.8528	.7284	.6232	.5339	.4581	.3936	.3387	.2919	.2519	.2176
17	.8444	.7142	.6050	.5134	.4363	.3714	.3166	.2703	.2311	.1978
18	.8360	.7002	.5874	.4936	.4155	.3503	.2959	.2502	.2120	.1799
19	.8277	.6864	.5703	.4746	.3957	.3305	.2765	.2317	.1945	.1635
20	.8195	.6730	.5537	.4564	.3769	.3118	.2584	.2145	.1784	.1486
21	.8114	.6598	.5375	.4388	.3589	.2942	.2415	.1987	.1637	.1351
22	.8034	.6468	.5219	.4220	.3418	.2775	.2257	.1839	.1502	.1228
23	.7954	.6342	.5067	.4057	.3256	.2618	.2109	.1703	.1378	.1117
24	.7876	.6217	.4919	.3901	.3101	.2470	.1971	.1577	.1264	.1015
25	.7798	.6095	.4776	.3751	.2953	.2330	.1842	.1460	.1160	.0923
26	.7720	.5976	.4637	.3604	.2812	.2198	.1722	.1352	.1064	.0839
27	.7644	.5859	.4502	.3468	.2678	.2074	.1609	.1252	.0976	.0763
28	.7568	.5744	.4371	.3335	.2551	.1956	.1504	.1159	.0895	.0693
29	.7493	.5631	.4243	.3207	.2429	.1846	.1406	.1073	.0822	.0630
30	.7419	.5521	.4120	.3083	.2314	.1741	.1314	.0994	.0754	.0573
35	.7059	.5000	.3554	.2534	.1813	.1301	.0937	.0676	.0490	.0356
40	.6717	.4529	.3066	.2083	.1420	.0972	.0668	.0460	.0318	.0221
45	.6391	.4102	.2644	.1712	.1113	.0727	.0476	.0313	.0207	.0137
50	.6080	.3715	.2281	.1407	.0872	.0543	.0339	.0213	.0134	.0085
55	.5785	.3365	.1968	.1157	.0683	.0406	.0242	.0145	.0087	.0053

续表

期数	12%	14%	15%	16%	18%	20%	24%	28%	32%	36%
1	.8929	.8772	.8696	.8621	.8475	.8333	.8065	.7813	.7576	.7353
2	.7972	.7695	.7561	.7432	.7182	.6944	.6504	.6104	.5739	.5407
3	.7118	.6750	.6575	.6407	.6086	.5787	.5245	.4768	.4348	.3975
4	.6355	.5921	.5718	.5523	.5158	.4823	.4230	.3725	.3294	.2923
5	.5674	.5194	.4972	.4762	.4371	.4019	.3411	.2910	.2495	.2149
6	.5066	.4556	.4323	.4104	.3704	.3349	.2751	.2274	.1890	.1580
7	.4523	.3996	.3759	.3538	.3139	.2791	.2218	.1776	.1432	.1162
8	.4039	.3506	.3269	.3050	.2660	.2326	.1789	.1388	.1085	.0854
9	.3606	.3075	.2843	.2630	.2255	.1938	.1443	.1084	.0822	.0628
10	.3220	.2697	.2472	.2267	.1911	.1615	.1164	.0847	.0623	.0462
11	.2875	.2366	.2149	.1954	.1619	.1346	.0938	.0662	.0472	.0340
12	.2567	.2076	.1869	.1685	.1373	.1122	.0757	.0517	.0357	.0250
13	.2292	.1821	.1625	.1452	.1163	.0935	.0610	.0404	.0271	.0184
14	.2046	.1597	.1413	.1252	.0985	.0779	.0492	.0316	.0205	.0135
15	.1827	.1401	.1229	.1079	.0835	.0649	.0397	.0247	.0155	.0099
16	.1631	.1229	.1069	.0980	.0709	.0541	.0320	.0193	.0118	.0073
17	.1456	.1078	.0929	.0802	.0600	.0451	.0259	.0150	.0089	.0054
18	.1300	.0946	.0808	.0691	.0508	.0376	.0208	.0118	.0068	.0039
19	.1161	.0829	.0703	.0596	.0431	.0313	.0168	.0092	.0051	.0029
20	.1037	.0728	.0611	.0514	.0365	.0261	.0135	.0072	.0039	.0021
21	.0926	.0638	.0531	.0443	.0309	.0217	.0109	.0056	.0029	.0016
22	.0826	.0560	.0462	.0382	.0262	.0181	.0088	.0044	.0022	.0012
23	.0738	.0491	.0402	.0329	.0222	.0151	.0071	.0034	.0017	.0008
24	.0659	.0431	.0349	.0284	.0188	.0126	.0057	.0027	.0013	.0006
25	.0588	.0378	.0304	.0245	.0160	.0105	.0046	.0021	.0010	.0005
26	.0525	.0331	.0264	.0211	.0135	.0087	.0037	.0016	.0007	.0003
27	.0469	.0291	.0230	.0182	.0115	.0073	.0030	.0013	.0006	.0002
28	.0419	.0255	.0200	.0157	.0097	.0061	.0024	.0010	.0004	.0002
29	.0374	.0224	.0174	.0135	.0082	.0051	.0020	.0008	.0003	.0001
30	.0334	.0196	.0151	.0116	.0070	.0042	.0016	.0006	.0002	.0001
35	.0189	.0102	.0075	.0055	.0030	.0017	.0005	.0002	.0001	*
40	.0107	.0053	.0037	.0026	.0013	.0007	.0002	.0001	*	*
45	.0061	.0027	.0019	.0013	.0006	.0003	.0001	*	*	*
50	.0035	.0014	.0009	.0006	.0003	.0001	*	*	*	*
55	.0020	.0007	.0005	.0003	.0001	*	*	*	*	*

* <0001

附表三 年金终值系数表

期数	1%	2%	3%	4%	5%	6%	7%	8%	9%	10%
1	1.0000	1.0000	1.0000	1.0000	1.0000	1.0000	1.0000	1.0000	1.0000	1.0000
2	2.0100	2.0200	2.0300	2.0400	2.0500	2.0600	2.0700	2.0800	2.0900	2.1000
3	3.0301	3.0604	3.0909	3.1216	3.1525	3.1836	3.2149	3.2464	3.2781	3.3100
4	4.0604	4.1216	4.1836	4.2465	4.3101	4.3746	4.4399	4.5061	4.5731	4.6410
5	5.1010	5.2040	5.3091	5.4163	5.5256	5.6371	5.7507	5.8666	5.9847	6.1051
6	6.1520	6.3081	6.4684	6.6330	6.8019	6.9753	7.1533	7.3359	7.5233	7.7156
7	7.2135	7.4343	7.6625	7.8983	8.1420	8.3938	8.6540	8.9228	9.2004	9.4872
8	8.2857	8.5830	8.8923	9.2142	9.5491	9.8975	10.260	10.637	11.028	11.436
9	9.3685	9.7546	10.159	10.583	11.027	11.491	11.978	12.488	13.021	13.579
10	10.462	10.950	11.464	12.006	12.578	13.181	13.816	14.487	15.193	15.937
11	11.567	12.169	12.808	13.486	14.207	14.972	15.784	16.645	17.560	18.531
12	12.683	13.412	14.192	15.026	15.917	16.870	17.888	18.977	20.141	21.384
13	13.809	14.680	15.618	16.627	17.713	18.882	20.141	21.495	22.953	24.523
14	14.947	15.974	17.086	18.292	19.599	21.015	22.550	24.214	26.019	27.975
15	16.097	17.293	18.599	20.024	21.579	23.276	25.129	27.152	29.361	31.772
16	17.258	18.639	20.157	21.825	23.657	25.673	27.888	30.324	33.003	35.950
17	18.430	20.012	21.762	23.698	25.840	28.213	30.840	33.750	36.974	40.545
18	19.615	21.412	23.414	25.645	28.132	30.906	33.999	37.450	41.301	45.599
19	20.811	22.841	25.117	27.671	30.539	33.760	37.379	41.446	46.018	51.159
20	22.019	24.297	26.870	29.778	33.066	36.786	40.955	45.752	51.160	57.275
21	23.239	25.783	28.676	31.969	35.719	39.993	44.865	50.423	56.765	64.002
22	24.472	27.299	30.537	34.249	38.505	43.392	49.006	55.457	62.873	71.403
23	25.716	28.845	32.453	36.618	41.430	46.996	53.436	60.883	69.532	79.543
24	26.973	30.422	34.426	39.083	44.502	50.816	58.177	66.765	76.790	88.497
25	28.243	32.030	36.459	41.646	47.727	54.863	63.294	73.106	84.701	98.347
26	29.526	33.671	38.553	44.312	51.113	59.156	68.676	79.954	93.324	109.18
27	30.821	35.344	40.710	47.084	54.669	63.706	74.484	87.351	102.72	121.10
28	32.129	37.051	42.931	49.968	58.403	68.528	80.698	95.339	112.97	134.21
29	33.450	38.792	45.219	52.966	62.323	73.640	87.347	103.97	124.14	148.63
30	34.785	40.568	47.575	56.085	66.439	79.058	94.461	113.28	136.31	164.49
40	48.886	60.402	75.401	95.026	120.80	154.76	199.64	259.06	337.88	442.59
50	64.463	84.579	112.80	152.67	209.35	290.34	406.53	573.77	815.08	1 163.9
60	81.670	114.05	163.05	237.99	353.58	533.13	813.52	1 253.2	1 944.8	3 034.8

续表

期数	12%	14%	15%	16%	18%	20%	24%	28%	32%	36%
1	1.0000	1.0000	1.0000	1.0000	1.0000	1.0000	1.0000	1.0000	1.0000	1.0000
2	2.1200	2.1400	2.1500	2.1600	2.1800	2.2000	2.2400	2.2800	2.3200	2.3600
3	3.3744	3.4396	3.4725	3.5056	3.5724	3.6400	3.7776	3.9184	3.0624	3.2096
4	4.7793	4.9211	4.9934	5.0665	5.2154	5.3680	5.6842	6.0156	6.3624	6.7251
5	6.3528	6.6101	6.7424	6.8771	7.1542	7.4416	8.0484	8.6999	9.3983	10.146
6	8.1152	8.5355	8.7537	8.9775	9.4420	9.9299	10.980	12.136	13.406	14.799
7	10.089	10.730	11.067	11.414	12.142	12.916	14.615	16.534	18.696	21.126
8	12.300	13.233	13.727	14.240	15.327	16.499	19.123	22.163	25.678	29.732
9	14.776	16.085	16.786	17.519	19.086	20.799	24.712	29.369	34.895	41.435
10	17.549	19.337	20.304	21.321	23.521	25.959	31.643	38.593	47.062	57.352
11	20.655	23.045	24.349	25.733	28.755	32.150	40.238	50.398	63.122	78.988
12	24.133	27.271	29.002	30.850	34.931	39.581	50.895	65.510	84.320	108.44
13	28.029	32.089	34.352	36.786	42.219	48.497	64.110	84.853	112.30	148.47
14	32.393	37.581	40.505	43.672	50.818	59.196	80.496	109.61	149.24	202.93
15	37.280	43.842	47.580	51.660	60.965	72.035	100.82	141.30	198.00	276.98
16	42.753	50.980	55.717	60.925	72.939	87.442	126.01	181.87	262.36	377.69
17	48.884	59.118	65.075	71.673	87.068	105.93	157.25	233.79	347.31	514.66
18	55.750	68.394	75.836	84.141	103.74	128.12	195.99	300.25	459.45	770.94
19	63.440	78.969	88.212	98.603	123.41	154.74	244.03	385.32	607.47	954.28
20	72.052	91.025	102.44	115.38	146.63	186.69	303.60	494.21	802.86	1 298.8
21	81.699	104.77	118.81	134.84	174.02	225.03	377.46	633.59	1 060.8	1 767.4
22	92.503	120.44	137.63	157.41	206.34	271.03	469.06	812.00	1 401.2	2 404.7
23	104.60	138.30	159.28	183.60	244.49	326.24	582.63	1 040.4	1 850.6	3 271.3
24	118.16	185.66	184.17	213.98	289.49	392.48	723.46	1 332.7	2 443.8	4 450.0
25	133.33	181.87	212.79	249.21	342.60	471.98	898.09	1 706.8	3 226.8	6 053.0
26	150.33	208.33	245.71	290.09	405.27	567.38	1 114.6	2 185.7	4 260.4	8 233.1
27	169.37	238.50	283.57	337.50	479.22	681.85	1 383.1	2 798.7	5 624.8	11 198.0
28	190.70	272.89	327.10	392.50	566.48	819.22	1 716.1	3 583.3	7 425.7	15 230.3
29	214.58	312.09	377.17	456.30	669.45	984.07	2 129.0	4 587.7	9 802.9	20 714.2
30	241.33	356.79	434.75	530.31	790.95	1 181.9	2 640.9	5 873.2	12 941	28 172.3
40	767.09	1 342.0	1 779.1	2 360.8	4 163.2	7 343.2	27 290	69 377	*	*
50	2 400.0	4 994.5	7 217.7	10 436	21 813	45 497	*	*	*	*
60	7 471.6	18 535	29 220	46 058	*	*	*	*	*	*

* >99 999

附表四 年金现值系数表

期数	1%	2%	3%	4%	5%	6%	7%	8%	9%
1	0.9901	0.9804	0.9709	0.9615	0.9524	0.9434	0.9346	0.9259	0.9174
2	1.9704	1.9416	1.9135	1.8861	1.8594	1.8334	1.8080	1.7833	1.7591
3	2.9410	2.8839	2.8286	2.7751	2.7232	2.6730	2.6243	2.5771	2.5313
4	3.9020	3.8077	3.7171	3.6299	3.5460	3.4651	3.3872	3.3121	3.2397
5	4.8534	4.7135	4.5797	4.4518	4.3295	4.2124	4.1002	3.9927	3.8897
6	5.7955	5.6014	5.4172	5.2421	5.0757	4.9173	4.7665	4.6229	4.4859
7	6.7282	6.4720	6.2303	6.0021	5.7864	5.5824	5.3893	5.2064	5.0330
8	7.6517	7.3255	7.0197	6.7327	6.4632	6.2098	5.9713	5.7466	5.5348
9	8.5660	8.1622	7.7861	7.4353	7.1078	6.8017	6.5152	6.2469	5.9952
10	9.4713	8.9826	8.5302	8.1109	7.7217	7.3601	7.0236	6.7101	6.417
11	10.3676	9.7868	9.2526	8.7605	8.3064	7.8869	7.4987	7.1390	6.8052
12	11.2551	10.5753	9.9540	9.3851	8.8633	8.3838	7.9427	7.5361	7.1607
13	12.1337	11.3484	10.6350	9.9856	9.3936	8.8527	8.3577	7.9038	7.4869
14	13.0037	12.1062	11.2961	10.5631	9.8986	9.2950	8.7455	8.2442	7.7862
15	13.8651	12.8493	11.9379	11.1184	10.3797	9.7122	9.1079	8.5595	8.0607
16	14.7179	13.5777	12.5611	11.6523	10.8378	10.1059	9.4466	8.8514	8.3126
17	15.5623	14.2919	13.1661	12.1657	11.2741	10.4773	9.7632	9.1216	8.5436
18	16.3983	14.9920	13.7535	12.6896	11.6896	10.8276	10.0591	9.3719	8.7556
19	17.2260	15.6785	14.3238	13.1339	12.0853	11.1581	10.3356	9.6036	8.9601
20	18.0456	16.3514	14.8775	13.5903	12.4622	11.4699	10.5940	9.8181	9.1285
21	18.8570	17.0112	15.4150	14.0292	12.8212	11.7641	10.8355	10.0618	9.2922
22	19.6604	17.6580	15.9369	14.4511	13.4886	12.3034	11.0612	10.2007	9.4426
23	20.4558	18.2922	16.4436	14.8568	13.4886	12.3034	11.2722	10.3711	9.5802
24	21.2434	18.9139	16.9355	15.2470	13.7986	12.5504	11.4693	10.5288	9.7066
25	22.0232	19.5235	17.4131	15.6221	14.0939	12.7834	11.6536	10.6748	9.8226
26	22.7952	20.1210	17.8768	15.9828	14.3752	13.0032	11.8258	10.8100	9.9290
27	23.5596	20.7059	18.3270	16.3296	14.6430	13.2105	11.9867	10.9352	10.0266
28	24.3164	21.2813	18.7641	16.6631	14.8981	13.4062	12.1371	11.0511	10.1161
29	25.0658	21.8444	19.1885	16.9837	15.1411	13.5907	12.2777	11.1584	10.1983
30	25.8077	22.3965	19.6004	17.2920	15.3725	13.7648	12.4090	11.2578	10.2737
35	29.4086	24.9986	21.4872	18.6646	16.3742	14.4982	12.9477	11.6546	10.5668
40	32.8347	27.3555	23.1148	19.7928	17.1591	15.0463	13.3317	11.9246	10.7574
45	36.0945	29.4902	24.5187	20.7200	17.7741	15.4558	13.6055	12.1084	10.8812
50	39.1961	31.4236	25.7298	21.4822	18.2559	15.7619	13.8007	12.2335	10.9617
55	42.1472	33.1748	26.7744	22.1086	18.6335	15.9905	13.9399	12.3186	11.0140

续表

期数	10%	12%	14%	15%	16%	18%	20%	24%	28%	32%
1	0.9091	0.8929	0.8772	0.8696	0.8621	0.8475	0.8333	0.8065	0.7813	0.7576
2	1.7355	1.6901	1.6467	1.6257	1.6052	1.5656	1.5278	1.4568	1.3916	1.3315
3	2.4869	2.4018	2.3216	2.2832	2.2459	2.1743	2.1065	1.9813	1.8684	1.7663
4	3.1699	3.0373	2.9137	2.8550	2.7982	2.6901	2.5887	2.4043	2.2410	2.0957
5	3.7908	3.6048	3.4331	3.3522	3.2743	3.1272	2.9906	2.7454	2.5320	2.3452
6	4.3553	4.1114	3.8887	3.7845	3.6847	3.4976	3.3255	3.0205	2.7594	2.5342
7	4.8684	4.5638	4.2882	4.1604	4.0386	3.8115	3.6046	3.2423	2.9370	2.6775
8	5.3349	4.9676	4.6389	4.4873	4.3436	4.0776	3.8372	3.4212	3.0758	2.7860
9	5.7590	5.3282	4.9464	4.7716	4.6065	4.3030	4.0310	3.5655	3.1842	2.8681
10	6.1446	5.6502	5.2161	5.0188	4.8332	4.4941	4.1925	3.6819	3.2689	2.9304
11	6.4951	5.9377	5.4527	5.2337	5.0284	4.6560	4.3271	3.7757	3.3351	2.9776
12	6.8137	6.1944	5.6603	5.4206	5.1971	4.7932	4.4392	3.8514	3.3868	3.0133
13	7.1034	6.4235	5.8424	5.5831	5.3423	4.9095	4.5327	3.9124	3.4272	3.0404
14	7.3667	6.6282	6.0021	5.7245	5.4675	5.0081	4.6106	3.9616	3.4587	3.0609
15	7.6061	6.8109	6.1422	5.8474	5.5755	5.0916	4.6755	4.0013	3.4834	3.0764
16	7.8237	6.9740	6.2651	5.9542	5.6685	5.1624	4.7296	4.0333	3.5026	3.0882
17	8.0216	7.1196	6.3729	6.0472	5.7487	5.2223	4.7746	4.0591	3.5177	3.0971
18	8.2014	7.2497	6.4674	6.1280	5.8178	5.2732	4.8122	4.0799	3.5294	3.1039
19	8.3649	7.3658	6.5504	6.1982	5.8775	5.3162	4.8435	4.0967	3.5386	3.1090
20	8.5136	7.4694	6.6231	6.2593	5.9288	5.3527	4.8696	4.1103	3.5458	3.1129
21	8.6487	7.5620	6.6870	6.3125	5.9731	5.3837	4.8913	4.1212	3.5514	3.1158
22	8.7715	7.6446	6.7429	6.3587	6.0113	5.4099	4.9094	4.1300	3.5558	3.1180
23	8.8832	7.7184	6.7921	6.3988	6.0442	5.4321	4.9245	4.1371	3.5592	3.1197
24	8.9847	7.7843	6.8351	6.4338	6.0726	5.4509	4.9371	4.1428	3.5619	3.1210
25	9.0770	7.8431	6.8729	6.4641	6.0971	5.4669	4.9476	4.1474	3.5640	3.1220
26	9.1609	7.8957	6.9061	6.4906	6.1182	5.4804	4.9563	4.1511	3.5656	3.1227
27	9.2372	7.9426	6.9352	6.5135	6.1364	5.4919	4.9636	4.1542	3.5669	3.1233
28	9.3066	7.9844	6.9607	6.5335	6.1520	5.5016	4.9697	4.1566	3.5679	3.1237
29	9.3696	8.0218	6.9830	6.5509	6.1656	5.5098	4.9747	4.1585	3.5687	3.1240
30	9.4269	8.0552	7.0027	6.5660	6.1772	5.5168	4.9789	4.1601	3.5693	3.1242
35	9.6442	8.1755	7.0700	6.6166	6.2153	5.5386	4.9915	1.1644	3.5708	3.1248
40	9.7791	8.2438	7.1050	6.6418	6.2335	5.5482	4.1659	4.1659	3.5712	3.1250
45	9.8628	8.2825	7.1232	6.6543	6.2421	5.5523	4.9986	4.1664	3.5714	3.1250
50	9.9148	8.3045	7.1327	6.6605	6.2463	5.5541	4.9995	4.1666	3.5714	3.1250
55	9.9471	8.3170	7.1376	6.6636	6.2482	5.5549	4.9998	4.1666	3.5714	3.1250

参考书目

[1] 财政部会计资格评价中心. 财务管理 [M]. 北京：经济科学出版社，2021.

[2] 中国注册会计师协会. 财务成本管理 [M]. 北京：中国财政经济出版社，2021.

[3] 杨忠智. 财务管理 [M]. 厦门：厦门大学出版社，2019.

[4] 荆新，王化成，刘俊彦. 财务管理学 [M]. 8 版. 北京：中国人民大学出版社，2018.

[5] 斯蒂芬·A. 罗斯，等. 公司理财 [M]. 吴世农，沈艺峰，王志强，等译. 11 版. 北京：机械工业出版社，2017.

[6] 任海峙，安宁. 财务管理学 [M]. 4 版. 上海：上海财经大学出版社，2018.

[7] 刘文国. 财务报表分析 [M]. 3 版. 上海：上海财经大学出版社，2018.

[8] 杨蕊，黄淼，赵艳丽. 财务管理学 [M]. 北京：清华大学出版社，2017.

[9] 赵锡军，魏建华. 证券投资分析 [M]. 6 版. 北京：中国人民大学出版社，2015.

[10] 周雨笛，符蓉. 我国财务管理理论研究热点及趋势 [J]. 财会月刊，2014.

[11] 陈雨露. 公司理财 [M]. 3 版. 北京：高等教育出版社，2014.

[12] 祝锡萍，关宏超，朱萍. 财务管理基础 [M]. 2 版. 人民邮电出版社，2013.

[13] 刘少波，时旭辉. 证券投资学 [M]. 2 版. 广州：暨南大学出版社，2013.

[14] 祝锡萍. 企业财务系统：平衡、均衡和权衡 [M]. 杭州：浙江大学出版社，2009.

[15] 郭复初. 公司高级财务 [M]. 上海：立信会计出版社，2001.